Bremm • Von der Chaussee zur Schiene

Militärgeschichtliche Studien

Herausgegeben vom
Militärgeschichtlichen Forschungsamt

Band 40

R. Oldenbourg Verlag München 2005

Von der Chaussee zur Schiene

Militärstrategie und Eisenbahnen
in Preußen von 1833
bis zum Feldzug von 1866

Von
Klaus-Jürgen Bremm

R. Oldenbourg Verlag München 2005

Gedruckt mit Unterstützung der Gerda Henkel Stiftung, Düsseldorf

Margarete Bremm (1932-2004)
in dankbarer Erinnerung

Die Deutsche Bibliothek - CIP-Einheitsaufnahme

Ein Titeldatensatz für diese Publikation ist bei der
Deutschen Bibliothek erhältlich

© 2005 Oldenbourg Wissenschaftsverlag GmbH, München
Rosenheimer Str. 145, D-81671 München
Internet: http://www.oldenbourg-verlag.de
Das Werk einschließlich aller Abbildungen ist urheberrechtlich geschützt. Jede Verwertung außerhalb der Grenzen des Urheberrechtsgesetzes ist ohne Zustimmung des Verlages unzulässig und strafbar. Das gilt insbesondere für Vervielfältigungen, Übersetzungen, Mikroverfilmungen und die Einspeicherung und Bearbeitung in elektronischen Systemen.
Gedruckt auf säurefreiem, alterungsbeständigem Papier (chlorfrei gebleicht).

Satz: Militärgeschichtliches Forschungsamt, Potsdam
Druck und Bindung: R. Oldenbourg Graphische Betriebe Druckerei GmbH, München

ISBN 3-486-57590-2

Inhalt

Vorwort		IX
Danksagung		XI
I.	**Einleitung**	1
	1. Problemstellung	1
	2. Forschungsstand	5
	3. Quellenlage	10
II.	**Konzeptionelle Überlegungen zur militärischen Nutzung der Eisenbahnen in Preußen 1833-1849**	15
	1. Die Vordenker der deutschen Eisenbahnen	15
	a. Friedrich Harkort, Ludolf Camphausen und die Anfänge der Rheinischen Eisenbahnen	15
	b. Friedrich List und der Plan zu einem deutschen Eisenbahnnetz	22
	2. Chausseen oder Dampfwagen? – Die Haltung der preußischen Militärs zur Eisenbahnfrage 1829-1841	27
	a. Die Operationsplanungen der preußischen Armee nach 1815	27
	b. Die Debatte um die militärische Nutzung der Eisenbahnen in Preußen 1834-1841	44
	c. Die Integration der Eisenbahnen in das preußische Festungssystem	65
	3. Das militärische Eisenbahnwesen bei den benachbarten europäischen Mächten	80
	a. Frankreichs Kampf um ein nationales Eisenbahnnetz 1832-1848	80
	b. Die Entwicklung des Militäreisenbahnwesens in der Habsburgermonarchie bis zur Revolution von 1848/49	90
	c. Preußen, Österreich und Frankreich in der frühen Eisenbahnzeit – Ein Vergleich	99
III.	**Die organisatorische und operative Bewältigung der Eisenbahnfrage**	107
	1. Die Anfänge der militärischen Nutzung der Eisenbahnen in Preußen 1839-1850	107

    a. Staatseisenbahnen oder Privatgesellschaften? – Aufbau und
       Organisation eines preußischen Eisenbahnnetzes 1838-1848   107
    b. Effekt statt Effizienz – Die frühesten militärischen Eisen-
       bahntransporte in Deutschland und Europa seit 1830   116
    c. Die Debatte im preußischen Staatsministerium
       um ermäßigte Militärtarife   119
    d. Erste Truppenversuche der Armee mit Pferden
       und Militärfahrzeugen auf den preußischen Eisenbahnen   125
2. Preußens Bemühungen um ein militärisch
   nutzbares Eisenbahnnetz in Deutschland 1838-1848   128
    a. Die erste preußische Eisenbahninitiative
       beim Deutschen Bund 1838   128
    b. Karl Eduard Pönitz und sein Konzept
       eines strategischen Eisenbahnnetzes
       in Deutschland 1840/42   135
    c. Die Verhandlungen in der Deutschen Bundesversammlung
       über ein gemeinsames strategisches Eisenbahnnetz   138
    d. Sieg der Reaktion mit revolutionärer Technik –
       Die preußischen Eisenbahntransporte
       während der Revolutionszeit 1848/50   146
3. Die Grundlegung eines Militäreisenbahnwesens
   in Preußen 1849-1864   154
    a. Von der Improvisation zur Organisation – Armee und
       zivile Eisenbahnbehörden in der Auseinandersetzung
       um die militärische Nutzung der Eisenbahnen   154
    b. Die ersten militärischen Eisenbahnreglements
       in Preußen, Österreich und Frankreich   168
    c. Die Entwicklung des Militäreisenbahnwesens
       in Österreich und Frankreich bis zum Krieg von 1859   174
    d. Die preußischen Aufmarschplanungen während
       des Krieges von 1859   177
    e. Die preußisch-österreichischen Eisenbahntransporte
       während des Dänischen Krieges von 1864   182
4. Der Einsatz der Eisenbahnen in den Feldzügen von 1866   188
    a. Der preußische Eisenbahnaufmarsch
       gegen Sachsen und Österreich   188
    b. Umrisse eines modernen Kriegsbildes –
       Der Einsatz der Eisenbahnen im Feldzug gegen Hannover   199
    c. Kaum der Aufgabe gewachsen –
       Die preußischen Feldeisenbahnabteilungen
       in Böhmen und Sachsen   204
    d. Planungsmängel oder Versäumnis
       der Eisenbahnen? – Die gescheiterte Versorgung der
       preußischen Armee im böhmischen Feldzug   211

	5. Die Eisenbahn als Angriffswaffe.	
	Die operativen Konsequenzen des Feldzuges von 1866	217
	a. Der Feldzug von 1866 und der Einsatz der Eisenbahnen – Ein Fazit	217
	b. Die Lehren von 1866 – Das militärische Eisenbahnwesen in Preußen bis zum Krieg von 1870/71	219
	c. Der Wandel der operativen Vorstellungen in der preußischen Armee 1850–1870	222
IV.	Früher und schneller als gedacht – Resümee einer Geschichte der militärischen Nutzung der Eisenbahnen in Preußen	229

Anhang
Dokumente ... 237
Karten ... 243
Abbildungen ... 247
Tabellen ... 249
Die Leiter der wichtigsten preußischen Ministerien ... 253
Quellen und Literatur ... 257
Namenregister ... 275

Vorwort

Unbestreitbar führte die militärische Nutzung der Eisenbahnen im 19. Jahrhundert zu einer Revolutionierung der damaligen Kriegführung.

Die neue Technik versetzte die Armeeführungen erstmals in die Lage, größere Truppenbewegungen auf die Stunde genau zu planen und durchzuführen. Eine Generalstabsarbeit im modernen Sinne wurde somit überhaupt erst möglich.

Die Beschleunigung der Truppenbewegungen engte freilich auch tendenziell den Spielraum der Politik ein, wie es 1866 anläßlich der ersten großen Eisenbahntransporte der preußischen Armee schon ansatzweise erkennbar war. Hatten erst einmal die Transporte begonnen, waren sie kaum noch anzuhalten, ohne Gefahr zu laufen, die Verbände entlang einer mehrere Hundert Kilometer langen Strecke zu zersplittern und somit nicht mehr einsatzbereit zur Verfügung zu haben.

Nachdem vor sechs Jahren in den Militärgeschichtlichen Studien die Arbeit von Burkhard Köster über das Verhältnis von Militär und Eisenbahn in der Habsburgermonarchie vorgelegt worden ist, füllt nun die Untersuchung von Klaus-Jürgen Bremm über die analoge Entwicklung in Preußen die fraglos noch vorhandene Lücke für den zweiten wichtigen deutschen Staat des 19. Jahrhunderts.

Unter Heranziehung umfangreichen Archivmaterials zeigt der Autor, wie die preußische Armee schon in den dreißiger Jahren die Eisenbahnen durchaus als eine Bereicherung ihrer operativen Möglichkeit eingestuft hatte, auch wenn sie zunächst nicht auf die bewährten Chausseen verzichten wollte. Aus den grundlegenden Denkschriften der Armee und des Generalstabes zur Eisenbahnfrage gelingt es Bremm, schon für die Frühzeit der Eisenbahnen ein konsistentes Meinungsbild der Militärs zu rekonstruieren, das er auch in die damals bestehenden operativen Planungen besonders für den westlichen Kriegsschauplatz einfügt. Damit kann er überzeugend die bisherigen Befunde widerlegen, die von einer anfänglich kritischen Haltung der Armee gegenüber den Eisenbahnen ausgingen. Anders als in der Habsburgermonarchie führte allerdings das große Interesse der preußischen Militärs an den Eisenbahnen zu einer oft erheblichen Verzögerung des privat finanzierten Eisenbahnbaus, sofern die neuen Strecken nicht den klar definierten militärischen Anforderungen entsprachen. Die Rheintalbahn und die bei der Wirtschaft besonders berüchtigte Ostbahn nach Königsberg liefern hierfür die prominentesten Beispiele.

Der Autor verfolgt die konzeptionelle Phase der militärischen Aneignung der Eisenbahnen in Preußen auch unter gebührender Berücksichtigung der Entwicklungen im benachbarten Ausland, und zeigt eindringlich, wie die Eisenbahnen schon vor Helmuth von Moltke von einem anfänglichen Hilfsmittel schließlich zu einem zentralen Element militärischer Planung avancierten. Mehr noch als die Entwicklung weitreichender Artilleriegeschütze und Infanteriewaffen trugen somit die Eisenbahnen zum grundlegenden Wandel des damaligen Kriegsbildes und zum Weg der Armeen in die Moderne bei.

Bremms Arbeit bildet einen weiteren wichtigen Schritt zur Untersuchung des Militärs in der Mitte des 19. Jahrhunderts, ein nach den Worten von Hans-Ulrich Wehler bisher »merkwürdig unerforschter Zeitraum«.

Die Schriftleitung des MGFA unter der Leitung von Dr. Arnim Lang war für die Betreuung des Projektes zuständig, die Koordination der Arbeiten übernahm Wilfried Rädisch; das Lektorat besorgte Marlies Raguschat (Potsdam), die Karten erstellte Bernd Nogli, die Texterfassung und -gestaltung war Aufgabe von Christine Nemitz und Carola Klinke. Ihnen allen – vor allem aber dem Autor – sei hiermit für das gezeigte Engagement gedankt.

Dr. Hans Ehlert
Oberst und Amtschef
des Militärgeschichtlichen Forschungsamtes

Danksagung

Als letzte und wohl angenehmste Aufgabe eines wissenschaftlichen Autors aus Anlaß der Veröffentlichung seiner Arbeit bleibt der Dank an alle, die bei der Erstellung der nun vorliegenden Studie wesentliche, wenn nicht sogar unverzichtbare Hilfe geleistet haben.

Allen voran gebührt dies meinem Doktorvater, Herrn Professor Dr. Jürgen Angelow von der Universität Potsdam, der sich sofort bereiterklärt hatte, die Arbeit eines externen Doktoranden zu betreuen und der mein Projekt aufmerksam und – wo es sein mußte – auch kritisch verfolgte.

Ebenso herzlich danke ich Frau Dr. Bärbel Holtz und Herrn Dr. Rainer Paetau von den Acta Borussica, die stets für meine Fragen vor allem zur Arbeitsweise des alten preußischen Beamtenstaates zugänglich waren. Ihre wichtigen Hinweise auf die Protokolle der Sitzungen des preußischen Staatsrates, in denen Eisenbahnfragen erörtert wurden, waren mir eine wesentliche Hilfe. Dr. Paetau hat zudem dankenswerterweise mein Manuskript gelesen und mich auf einige Unklarheiten aufmerksam gemacht. Besonders gern erinnere ich mich auch an seinen Rat, doch weniger hölzern klingende Überschriften für meine Kapitel zu wählen.

Danken möchte ich auch den Mitarbeitern des Geheimen Staatsarchivs Preußischer Kulturbesitz in Berlin-Dahlem, die mir stets engagiert und kenntnisreich den Weg zu einer effektiven und fruchtbaren Nutzung der einschlägigen Quellen geebnet haben und mir anfangs geduldig halfen, manches Entzifferungsproblem zu lösen.

Eine wesentliche Hilfe war mir ein großzügig gewährtes Reisestipendium für meine Archivstudien, für das ich der Gerda Henkel Stiftung aus Düsseldorf äußerst verpflichtet bin.

Zur ungewöhnlichen Vorgeschichte meiner Dissertation gehört wohl, daß mich ein Hinweis von Herrn Dr. Marcus Junkelmann erstmals auf die Idee brachte, die jetzt vorliegende Arbeit anzugehen. In einem anderen Zusammenhang hatte er kritisch angemerkt, daß man wohl kaum eine Darstellung über die Schlacht von Königgrätz schreiben könne, ohne die Eisenbahntransporte zu erwähnen. Der in solchen Fällen übliche schnelle Griff zur einschlägigen Literatur ging allerdings ins Leere, denn es gab nicht eine einzige Monographie zu der gewünschten Thematik.

Daß ein derartig zentrales und darum attraktives Thema der Militärgeschichte des 19. Jahrhunderts noch nicht bearbeitet wurde, war erstaunlich und der Entschluß bald gefaßt, diese Arbeit nun selbst zu schreiben, zumal meine Anfrage zu den einschlägigen Quellen beim Archiv in Dahlem durchaus erfolgversprechend verlief. Herr Dr. Burkhard Köster hat mich in dieser Anfangsphase bestärkt, das Projekt zügig anzugehen und war zugleich auch mit seiner eigenen Dissertation über »Militär und Eisenbahn in der Habsburgermonarchie« mein leitendes Vorbild. Der damals durchaus kühne Wunsch, meine einmal fertige Arbeit neben seiner in der einschlägigen Reihe des Militärgeschichtlichen Forschungsamtes (MGFA) veröffentlichen zu können, hat sich nun realisiert. Dem MGFA gebührt daher mein aufrichtiger Dank dafür, meine Arbeit in seine attraktive Reihe »Militärgeschichtliche Studien« aufgenommen zu haben.

Viele andere freundliche Hinweise, Gespräche und Ermutigungen haben dazu beitragen, daß meine Arbeit stetig vorangeschritten und, um im Bilde zu bleiben, auf der Schiene geblieben ist. Erwähnen möchte ich nur Herrn Dr. Winfried Heinemann (MGFA) und Herrn Dr. Peter Többicke (Zentrum Innere Führung, Koblenz), bevor ich auch den privaten Bereich in meinen Dank einschließe. Sonderbarerweise geschieht dies immer zuletzt, und müßte eigentlich eher Entschuldigung heißen, wie alle wissen, die jemals eine größere wissenschaftliche Arbeit angefertigt haben. Denn der Preis, den meine inzwischen sechsjährige Tochter dafür bezahlt hat, daß sich ihr Vater monatelang in Archiven »herumgetrieben« hat, ist wahrscheinlich zu hoch, um diese Verpflichtung so schnell wieder abzutragen. Daß es eine nachträgliche Einsicht ist, bleibt freilich meine einzige Entschuldigung.

Klaus-Jürgen Bremm

I. Einleitung

1. Problemstellung

Um die Mitte des 19. Jahrhunderts lieferte die industrielle Revolution in Westeuropa und den Vereinigten Staaten den damaligen Armeeführungen eine Fülle neuer Technologien. Hierdurch veränderten sich nicht nur das bisherige Kriegsbild, sondern schließlich auch die Armeen selbst. Neu und revolutionär waren sowohl die technischen Innovationen als auch die Methode ihrer massenhaften Produktion, die es erlaubte, weitaus stärkere Armeen als bisher aufzustellen und auszurüsten[1]. Bei Waterloo kämpften 1815 noch insgesamt 200 000 Mann dreier Armeen gegeneinander[2], bei Königgrätz ein halbes Jahrhundert später zählten alle beteiligten Streitkräfte bereits zusammen über 480 000 Mann[3]. Die größeren Heeresstärken bedingten eine Erweiterung der Operationsgebiete, vor allem, um die wachsenden Verpflegungsbedürfnisse sicherzustellen. Dies machte wiederum neue Führungsmittel und -strukturen erforderlich. In den meisten Armeen übernahmen die Generalstäbe, anfangs nur unbedeutende Hilfsorgane der Heerführer, mehr und mehr die Leitung der Operationen[4]. Einige moderne Autoren bezeichneten die Gesamtheit dieser Vorgänge sogar als militärische Revolution[5], wobei sie sich an einer

---

[1] Strachan, European Armies, S. 111. Zur Steigerung der Gewehrproduktion in Preußen in den vierziger Jahren siehe auch Jany, Geschichte der preußischen Armee, Bd 4, S. 199-201. Von den im Januar 1841 bei Dreyse in Sömmerda bestellten 60 000 Zündnadelgewehren waren bis zum Januar 1848 insgesamt erst 45 000 Exemplare fertiggestellt. Da der Gesamtbedarf der Armee im Kriegsfalle sich auf 320 000 Gewehre belief, wurden weitere Gewehrfabriken unter staatlicher Direktion in Spandau und Neiße erreichtet, und die Jahresproduktion zu Beginn der fünfziger Jahre auf 22 000 Gewehre erhöht.

[2] Siehe etwa Fuller, The Decisive Battles, vol. 2, S. 524: Ca. 68 000 Mann in Wellingtons Armee und rund 72 000 Mann auf seiten der Franzosen. Die Stärke der drei preußischen Korps wird allgemein auf 60 000 Mann geschätzt.

[3] Der Feldzug von 1866 in Deutschland, S. 269 f. Etwa 240 000 Österreicher und Sachsen kämpften gegen 245 000 Preußen.

[4] Strachan, European Armies (wie Anm. 1), S. 125 f.

[5] Paul Kennedy sprach in seinem Buch: Aufstieg und Fall, S. 287 von der »preußischen militärischen Revolution der 1860er, die schon bald die deutsche Revolution der europäischen Politik hervorbringen sollte«. Siehe auch ebd., S. 298: »es wurden diejenigen Mächte [in den Kriegen von 1850-1870] besiegt, denen es nicht gelungen war, die militärische Revolution der Mitte des 19. Jahrhunderts zu übernehmen«. Ebenso Strachan, European Armies (wie Anm. 1), S. 114: »Die Technologie bewirkte in den Jahren von 1840 bis 1900 eine Revolution auf dem Schlachtfeld«.

ähnlich gravierenden Veränderung des Militärwesens im neuzeitlichen Europa orientierten[6].

Die neuen Technologien berührten sowohl die taktische wie auch die operativstrategische Ebene der Kriegführung[7]. Dank des Zündnadelgewehrs konnte die Infanterie nun erstmals den Feuerkampf aus gedeckten Stellungen führen. Die erhöhte Reichweite von Geschützen und Infanteriewaffen zwang die Angriffskolonnen zu weit ausholenden Bewegungen auf dem Gefechtsfeld[8]. Die elektronische Telegraphie wiederum beschleunigte die Nachrichtenübermittlung[9] und schien auch ein geeignetes Instrument zur Erleichterung von Mobilmachungen und Truppenführung im Kriege[10]. Besonders aber der Ausbau eines europäischen Eisenbahnnetzes schuf die Voraussetzungen für eine umwälzende Veränderung der bisherigen Kriegführung. Jetzt war es den Armeeführungen erstmals möglich, präzise Aufmarschpläne anzufertigen und bedeutende Truppenmassen in einem Bruchteil der bisher benötigten Zeit auf die Stunde genau an den Grenzen zu konzentrieren.

Es überrascht zunächst, daß ausgerechnet Preußen, die schwächste der Siegermächte von 1815 und neben Österreich der politisch und sozial am wenigsten modernisierte Staat, sich bis 1864 die neuen Techniken am konsequentesten aneignete und schließlich in drei siegreichen Kriegen zur führenden Kontinentalmacht in West- und Mitteleuropa aufstieg. Dabei hatte Preußen spätestens seit 1819 den Weg der militärischen und sozialen Reformen von 1808 bis 1814 verlas-

---

[6] Erstmals hatte der englische Historiker Michael Roberts den Prozeß der Verwandlung der europäischen Feudal- und Söldnerheere in die stehenden Armeen der frühneuzeitlichen Staaten als »militärische Revolution« bezeichnet. Siehe Roberts, The Military Revolution, erneut in: Roberts, Essays. Ebenso Parker, The Military Revolution; dt.: Die militärische Revolution.

[7] Das moderne Gliederungsschema von Taktik, Operation und Strategie, mit der letzteren als eine die Politik und Truppenführung integrierende oberste Handlungsebene, war dem 19. Jahrhundert unbekannt. Während sich der Bedeutungsgehalt der Taktik von dem modernen Sinn kaum unterschied, rangierten Operation und Strategie damals auf der gleichen Ebene, aber eindeutig von der Politik getrennt und ihr nachgeordnet. Allerdings wurden Strategie und Operation keineswegs synonym verwendet, sondern bildeten zwei Seiten ein und derselben Handlungsebene, wobei unter Strategie eher der Bereich der Planung und Entschlußfassung verstanden wurde, während die Operation als Durchführung oder handelnde Umsetzung einer Strategie gesehen wurde. Zur Diskussion dieses Begriffspaares siehe auch die Arbeit von Köster, Militär und Eisenbahn, S. 22-35. Für eine detailliertere Darstellung der zeitgenössischen militärischen Terminologie in Preußen wird auf Kapitel II.2.a). der vorliegenden Arbeit verwiesen.

[8] Siehe Wawro, The Austro-Prussian War, S. 10.

[9] Seit 1847/48 verwendeten die ersten preußischen Eisenbahngesellschaften den elektromagnetischen Telegraphen. Es dauerte jedoch bis in die sechziger Jahre, ehe er sich im Eisenbahnwesen durchgesetzt hatte. Siehe Hundert Jahre deutsche Eisenbahnen, S. 115.

[10] Gerade in der Verwendung des elektrischen Telegraphen war die preußische Armee allerdings sehr zurückhaltend. Siehe dazu: Showalter, Soldiers. Showalter sprach hier von der Telegraphie als einem »militärischen Stiefkind«. Auch Creveld, Command in War, S. 103, bezeichnete die militärische Nutzung der Telegraphie in den europäischen Armeen – im Gegensatz zu den Armeen des amerikanischen Sezessionskrieges – als sehr zögerlich. Die leichte und vollständige Unterbrechbarkeit der Verbindungen, die umständliche Handhabung der Geräte, und offenbar auch eine starke Abneigung der Truppenführer im Felde vor einer zu engen Anbindung an ihre Hauptquartiere schienen die wesentlichen Ursachen dafür zu sein. Zu letzterer Ansicht siehe Boehn, Generalstabsgeschäfte, S. 323 f.

sen und sich der restaurativen Friedensordnung des Wiener Kongresses verpflichtet. Auch die preußische Armee habe, so schrieb Manfred Messerschmidt im Handbuch zur Deutschen Militärgeschichte, diese neue Politik im »Fahrwasser [...] des Metternichschen Systems« akzeptiert. Sie sei mit inneren Problemen und vor allem mit den Fragen der innenpolitischen Absicherung der monarchischen Ordnung beschäftigt gewesen[11]. Hans Ulrich Wehler sprach sogar von einer »erstaunlichen militärischen und militärpolitischen Erstarrung« während der drei Friedensjahrzehnte seit 1815. Gleichwohl seien sie eine »wichtige formative Periode der Sozial- und Mentalitätsgeschichte der Armee« gewesen[12]. An technischen Innovationen schienen die Militärs in Preußen demnach kaum Interesse geäußert zu haben. Eine Verbesserung des militärischen Transportwesens, wie sie die neuen Eisenbahnen zu Beginn der dreißiger Jahre versprachen, sei dann auch in der Armee, nach Ansicht von Martin van Creveld, »auf nichts anderes als Opposition« gestoßen[13]. Den Absichten privater Gesellschaften zum Bau von Eisenbahnlinien habe die Armee sogar »entschlossen Widerstand geleistet« und erst während der Revolution von 1848/49 ein »ernsthaftes Interesse« für die Eisenbahnen entwickelt[14]. Überhaupt habe vor Helmuth v. Moltke (1800-1891), dem Chef des Generalstabes der preußischen Armee seit 1857, »die Masse der Offiziere noch keine rechte Vorstellung davon [gehabt], wie Eisenbahnen militärisch zu verwenden seien«[15]. So kann es auch nicht erstaunen, daß nach Ansicht von Denis Showalter die Eisenbahntransporte während der sogenannten Olmützkrise im Jahre 1850, als erstmals unter der Gefahr eines Krieges Österreichs gegen Preußen größere Truppenverbände in ihre Aufmarschräume befördert wurden, auf preußischer Seite in einem »Fiasko« geendet seien[16]. Erst unter Moltke sei auch, anknüpfend an die Tradition Friedrich II. und den Offensivgedanken bei Clausewitz, eine neue Strategie entworfen worden, die Preußens verletzbare Grenzen mit Präventivschlägen schützen sollte[17]. Voraussetzungen dazu waren schnellere Mobilisierungen und beschleunigte Aufmärsche. Die Eisenbahnen und die Telegraphenlinien seien dazu sogar unter staatliche Kontrolle gebracht und erheblich verbessert worden[18]. Somit war das Bild einer preußischen Armee entstanden, die ihre bis über den Vormärz hinaus reichende technische und konzeptionelle Rückständigkeit innerhalb nicht einmal einer Dekade von 1857 bis 1866 überwunden haben sollte.

Offenbar wurde die schnelle Einführung der Zündnadelgewehre, von denen Preußen immerhin schon im Jahre 1840 die ersten 60 000 Stück bestellt hatte, nicht im Widerspruch dazu gesehen. Auch die bereits publizierten Fakten der Geschichte der militärischen Nutzung der Eisenbahnen schienen keinen Anlaß zur Korrektur dieses Bildes zu geben. Dabei hatte Preußen schon im Jahre 1839, zehn

---

[11] Messerschmidt, Die Politische Geschichte, S. 9 f.
[12] Wehler, Deutsche Gesellschaftsgeschichte, S. 381.
[13] Creveld, Supplying War, S. 82 f.
[14] Ebd., S. 83.
[15] Die Entwicklung des Militäreisenbahnwesens, S. 237.
[16] Showalter, Railroads, S. 40.
[17] Siehe Wawro, The Austro-Prussian War, S. 16.
[18] Ebd., S. 17.

Jahre vor der Revolution von 1848/49, als zweiter Staat nach Großbritannien einen Truppentransport auf seiner neuen Berlin-Potsdamer-Eisenbahn durchgeführt. Nur drei Jahre später hatte die Armee auf derselben Strecke auch erfolgreiche Versuche zur Beförderung von Pferden und Artilleriefahrzeugen unternommen[19], 1846 war dann sogar der Transport einer ganzen Brigade nach Oberschlesien an die Grenze zum damaligen Freistaat Krakau erfolgt[20]. Auch die längst bekannte Tatsache, daß Preußen noch im gleichen Jahr zusammen mit Österreich eine Initiative beim Deutschen Bund zur militärischen Nutzung des deutschen Eisenbahnnetzes gestartet hatte, fügt sich nicht so recht in das Bild einer technologisch rückständigen Armee[21].

Es stellt sich somit die Frage, ob in Preußen die ersten entscheidenden Schritte zur militärischen Nutzung bedeutender technischer Neuerungen und vor allem der Eisenbahnen nicht schon lange vor der Ära Moltke unternommen wurden. Hier wäre vor allem zu klären, welche anfänglichen Einwände die Armee tatsächlich gegenüber den Eisenbahnen hegte, und wann und unter welchen Umständen sie deren militärische Vorteile erstmals erkannte. Wer waren die Protagonisten dieser Entwicklung? Daran schließt sich die Frage, in welchen Schritten der preußischen Armee die technische, organisatorische und operative Lösung der Eisenbahnfrage gelang und welche besonderen Umstände sie dabei begünstigten. Auch wäre zu klären, welche Vorstellungen auf seiten der Armee über das zukünftige Verhältnis von Eisenbahnen und Festungen herrschten. Gab es hier einen Konflikt zwischen fortifikatorischen und eisenbahntechnischen Interessen und zu wessen Gunsten wurde er schließlich entschieden? Von besonderem Interesse dürfte es auch sein, die Haltung der preußischen Militärs im Vergleich zur Behandlung der Eisenbahnfrage in der französischen und österreichischen Armee zu untersuchen. Wandten sich etwa im benachbarten Ausland die Militärs schneller und zielstrebiger der neuen Technik zu? Ergaben sich daraus für die ein oder andere Kontinentalmacht militärische Vorteile, wodurch die rivalisierenden Staaten gezwungen waren, sich nun ebenfalls intensiver mit der Eisenbahn und der Frage ihrer militärischen Nutzung zu beschäftigen? Insbesondere die Bedeutung der unterschiedlichen politischen Systeme, etwa des Zweikammersystem in der französischen Julimonarchie, wird dabei unter dem Gesichtspunkt ihrer innovativen Effektivität zu prüfen sein. Auf diese bisher noch weitgehend offenen Fragen versucht die vorliegende Arbeit Antworten zu geben.

---

[19] Meinke, Die ältesten Stimmen, S. 65.
[20] Erfahrungen über die Benutzung der Eisenbahnen, S. 124.
[21] Keul, Die Bundesmilitärkommission, S. 224-230.

2. Forschungsstand

Preußens Aufstieg zur beherrschenden Macht in Deutschland ist aus politischer, militärischer und ökonomischer Sicht oft beschrieben worden[22]. Lange Zeit fehlte jedoch eine ausführliche Darstellung der Rolle der Technik und vor allem der Militärtechnik in diesem Prozeß, die sich besonders mit der Haltung der preußischen Militärs gegenüber den neuen Technologien befaßt. Das Standardwerk über die Geschichte der preußischen Armee von Curt Jany[23] berührte die Frage der Adaption neuer Technologien durch die Armee nur am Rande, und auch die Rolle der Eisenbahnen fand bei ihm kaum Erwähnung. Einen Überblick zu dem Thema gab immerhin Michael Salewski[24], der dabei auch kurz auf die Anfänge der militärischen Nutzung der Eisenbahnen erörterte. Auf das Verhältnis der unterschiedlichen Bevölkerungsschichten im 19. Jahrhundert zur Modernisierung und zum technischen Fortschritt ging Rolf Peter Sieferle in seiner 1984 erschienenen Untersuchung »Fortschrittsfeinde?« ein. Ohne dabei die Haltung der Armeeführungen besonders zu erwähnen, gelangte er allgemein zu dem Resultat, daß die Machteliten, vor allem aber die zentralen Bürokratien in den deutschen Staaten trotz ihrer konservativen Grundhaltung und ihrer Bemühungen, Partizipationswünsche des aufstrebenden Bürgertums abzuwehren, den technischen Fortschritt grundsätzlich förderten[25]. Dies galt vor allem auch für die neuen Eisenbahnen, wo Sieferle unter Bezugnahme auf eine Auswahl zeitgenössischer Literatur in der politischen und ökonomischen Öffentlichkeit ein von Anfang an positives Meinungsklima konstatierte[26]. Speziell mit den preußischen Verhältnissen im Vormärz und dabei auch ausführlich mit der Rolle der Armee befaßte sich der Amerikaner Eric Dorn Brose 1993 in seiner Arbeit über die Politik des technologischen Wandels in Preußen bis zur Revolution von 1848[27]. Brose gelangte ebenso wie Sieferle, hierbei sich auch bereits auf Aktenmaterial stützend, zu dem Ergebnis, daß im vormärzlichen preußischen Beamtenstaat die Zustimmung gegenüber dem technologischen Wandel und vor allem gegenüber den Eisenbahnen überwog, Unterschiede im Meinungsbild zeigten sich allerdings im Detail und besonders in der Armee schien in Bezug auf den militärischen Nutzen der Eisenbahnen zunächst eine einheitliche Auffassung zu fehlen[28].

---

[22] Vgl. Henderson, The Industrial Revolution oder Henderson, The Rise of German Industrial Power. Stellvertretend für viele andere thematisch ähnlich ausgerichtete Werke sei hier die grundlegende Darstellung von Nipperdey genannt: Deutsche Geschichte. Die Geschichte des Deutschen Bundes unter militärpolitischem Gesichtspunkt beschrieb Angelow in seiner Arbeit: Von Wien nach Königgrätz. Neuerdings Simms, The Struggle. Siehe auch Wienhöfer, Das Militärwesen.
[23] Jany, Geschichte der preußischen Armee, Bd 4.
[24] Salewski, Geist und Technik, S. 73–97.
[25] Sieferle, Fortschrittsfeinde?, S. 56.
[26] Ebd., S. 93 f.
[27] Brose, The Politics.
[28] Ebd., S. 226, wo Brose im Zusammenhang mit der im Jahre 1836 eingesetzten Kommission zur Beurteilung der militärischen Auswirkungen der Eisenbahn von unterschiedlichen Ansichten bei Vertretern des preußischen Generalstabs und des Kriegsministeriums sprach.

Zweifel an einer einheitlich fortschrittsfeindlichen Front der militärischen und zivilen Bürokratie in Preußen hatte bereits Dietrich Eichholtz 1961 in seiner sehr detaillierten Arbeit über das Verhältnis von Junkern und Bourgeoisie vor 1848 in der preußischen Eisenbahngeschichte geäußert. Eichholtz konstatierte zwar einen »hartnäckige[n] und äußerst hemmende[n] Widerstand der Staatsregierung gegen den schnellen und freizügigen Vormarsch der kapitalistischen Industrie im allgemeinen und speziell des Eisenbahnbaues bzw. -kapitals«[29], doch harmonisierte die Fülle der präsentierten Fakten nur wenig mit dem in der marxistischen Geschichtsforschung üblichen Klassenmodell einer auf Profitmaximierung gerichteten rheinischen Bourgeoisie und einer zäh ihre Privilegien verteidigenden junkerlichen Staatsbürokratie. Immerhin besaß doch dieses zersplitterte, von angeblich bornierten, rückständigen und der Eisenbahn feindlich gesonnenen Bürokraten regierte Deutschland im Jahre 1847 bereits 4300 Bahnkilometer, wovon sich mehr als die Hälfte in Preußen befanden. Damit rangierte Deutschland hinter den Vereinigten Staaten und Großbritannien bereits an dritter Stelle in der Welt[30]. Eichholtz gelangte dann auch wenig später zu einer differenzierten Beurteilung der preußischen Regierungsarbeit. »Kein Zweifel, daß die Regierungen sowie die Oberpräsidenten oft Interesse für die Eisenbahnpläne und -vorhaben zeigten. Niemand kann behaupten, daß sie sich in jedem Fall auf die Seite der Junker und gegen die Eisenbahngesellschaften stellten[31].« Immerhin, so Eichholtz weiter, sei »Preußen ein Großstaat [gewesen], in Deutschland neben Sachsen das ökonomisch entwickelteste und neben Österreich das politisch ausschlaggebende Land. Auch im europäischen Konzert hatte Preußen eine Stimme zu halten und konnte es sich nicht leisten, den Einsatz zu versäumen. Hier gab es staatspolitische Rücksichten, [...][32].« Preußen als immer noch schwächste der Siegermächte von 1815 schien gar keine andere Wahl zu haben, sich angesichts seines geteilten und exponierten Territoriums die neue Transporttechnik zu Nutze zu machen, um seine Wirtschaft zu stärken und seine Armee möglichst schnell an bedrohten Grenzabschnitten konzentrieren zu können.

Die Frage nach den Details der militärischen Planungen und Vorbereitungen der preußischen Armee zwischen 1815 und 1848 für einen Kriegs- oder Krisenfall wurde bisher jedoch höchstens im Ansatz erörtert[33]. Es blieb daher in der Forschung in einem überraschenden Maße unklar, welche operativen Vorstellungen die Armeeführung eines Staates entwickelt hatte, der ein weit ausgedehntes, in die Gebiete dreier bedeutender Mächte ragendes Territorium zu verteidigen hatte und dessen gerade erst erworbene Provinzen im Westen zudem auch keine Landver-

---

[29] Eichholtz, Junker.
[30] Ebd., S. 5 f.
[31] Ebd., S. 67. Von einem ausschließlich klassengebundenen Handeln der maßgebenden Akteure konnte in Preußen also keine Rede sein.
[32] Ebd., S. 100.
[33] Am ehesten ging noch der von Friedrich A. v. Cochenhausen herausgegebene Band Von Scharnhorst zu Schlieffen auf diese Frage ein. Wenige Hinweise auf das Thema enthält auch Görlitz, Der deutsche Generalstab. Andere, modernere Arbeiten wie etwa die von Dupuy, A Genius for War, lieferten in dieser Hinsicht keine neuen Gesichtspunkte.

bindung zum östlichen Hauptteil der Monarchie besaßen. Angesichts dieser Ausgangslage muß den heutigen Betrachter die zunächst nur verhaltene Zustimmung maßgeblicher Militärs in Preußen zu den ersten Eisenbahnprojekten erstaunen, die ihnen doch die so dringend benötigte Möglichkeit schneller Truppentransporte in die entlegenen Provinzen des Staates zu bieten schienen. Unterschätzten etwa die Offiziere im Generalstab und im Kriegsministerium das Leistungsvermögen der Eisenbahnen, oder ließen sich vielleicht die ersten, von privaten Gesellschaften projektierten Strecken nicht in die bestehenden Kriegsplanungen der Armee integrieren? Fürchtete die militärische Führung etwa, die neuen Eisenbahnlinien könnten sie in ihrer Freiheit der Operationsführung einschränken, so daß man schließlich auf »Eisenbahnzonen« festgelegt sei, wo nach den Worten des im 19. Jahrhundert sehr bekannten Schweizer Militärtheoretikers Antoine Henri Jomini (1779-1869) jedes »geschickte Manöver, wenn nicht unmöglich, so doch sehr unsicher« geworden sei[34]?

Ein Bild der frühen Ansichten in der Armee über die Eisenbahnen lieferte die kurze Darstellung des preußischen Militäreisenbahnwesens vor Moltke, die im Jahre 1902 als Beiheft zum Militärwochenblatt erschienen war[35]. Der namentlich nicht genannte Verfasser hatte zwar Zugang zu einigen wichtigen, inzwischen nicht mehr auffindbaren Dokumenten des Kriegsministeriums, sein Überblick ist jedoch als ein typisches Beispiel für die damals weit verbreitete Moltkehagiographie zu werten[36]. Erst der »große Generalstabschef« wußte nach Ansicht des Autors die neue Technik als Instrument der Operationsführung in vollem Umfang zu würdigen. Für die skeptische Grundhaltung seiner Vorgänger hatte er dagegen keine andere Erklärung als Gleichgültigkeit oder Beharrungsvermögen[37]. Eine Erörterung der militärpolitischen Hintergründe und der damals in der preußischen Armee vorhandenen Kriegsplanungen, in die sich die zeitgenössischen Überlegungen zur militärischen Nutzung der Eisenbahn hätten einordnen lassen, fehlte hier leider völlig.

Eine weniger einseitige Darstellung der frühesten Ansichten zur militärischen Nutzung der Eisenbahnen, auch unter Einbeziehung ihrer zivilen Protagonisten, veröffentlichte während des I. Weltkrieges Bernhard Meinke im Archiv für Eisenbahnwesen[38]. Er beschränkte sich jedoch auf eine Übersicht der wichtigsten Schriften in chronologischer Reihenfolge. Die politischen, ökonomischen und militärischen Entwicklungen dieser Epoche sowie auch ihre bedeutenden technischen Fortschritte, denen viele der genannten Schriften erst ihre Entstehung ver-

---

[34] Brief vom 24.10.1866, in: Jomini, Abriß der Kriegskunst, S. 395.
[35] Die Entwicklung des Militäreisenbahnwesens, S. 237-246.
[36] Der Autor selbst bezeichnete seinen Aufsatz zwar als »Rückblick auf die militärische Geschichte des Eisenbahnwesens in Preußen-Deutschland«, tatsächlich aber behandelte er im wesentlichen nur die Ansichten der Generäle Krauseneck, Rühle v. Lilienstern und Reyher, der drei Vorgänger Moltkes im Amte des Generalstabschefs.
[37] Ebd., S. 240: »General v. Rühle, der die bayerischen Ansichten begutachten sollte, bewies hierbei, wie in der Beurteilung der Bahnen im Allgemeinen, keinen besonderen Seherblick.« Ebenso auf S. 243: »General v. Krauseneck war in demselben Jahr [1850] gestorben, ohne nennenswerten Aufschwung in dem Verständnis für die Eisenbahnfrage zu zeigen«.
[38] Meinke, Die ältesten Stimmen.

danken, erwähnte Meinke nur unvollständig. Wie die Eisenbahnen jedoch ihrerseits eine nachhaltige Änderung der bestehenden Kriegsplanungen herbeiführten und sich schließlich von einem Instrument der Verteidigung zu einem Angriffsmittel wandelten, beschrieb 1985 in prägnanter Weise Marcus Junkelmann in seinem Aufsatz »Die Eisenbahnen im Krieg«[39].

Die erste ausführliche Monographie über die Rolle der Militärtechnik und vor allem die der Eisenbahnen für den deutschen Einigungsprozeß lieferte 1975 der Amerikaner Denis Showalter[40]. Seit seiner Arbeit kann kein Zweifel mehr bestehen, daß die militärtechnischen Neuerungen und ihre Konsequenzen für Operationsführung und Taktik in der preußischen Armee unter allen Faktoren, die bislang als maßgeblich für den deutschen Einigungsprozeß angesehen wurden, einen besonderen Rang beanspruchen können[41]. Showalter arbeitete jedoch ausschließlich mit Sekundärliteratur und gab dafür die wenig überzeugende Begründung, daß die Auswertung von Memoiren und literarischen Quellen ein besserer Indikator der Auswirkungen militärischer Technologien als die sorgfältig in Archiven gehüteten Denkschriften und Gutachten seien[42]. Die Grenzen dieses Ansatzes zeigten sich bereits bei der Schilderung der Anfangszeit der preußischen Eisenbahnen, bei der sich Showalter mangels eigener Nutzung des Archivmaterials fast ausschließlich auf die Ausführungen des genannten Beiheftes zum Militärwochenblatt stützte und somit auch kaum zu davon abweichenden Anschauungen gelangen konnte[43]. Das von Meinke entworfene günstigere Bild der frühen militärischen Ansichten ließ Showalter dagegen weitgehend unbeachtet. Offen blieb bei ihm auch die Frage, inwieweit sich die Eisenbahn als militärisches Transportmittel in ihrer Frühzeit überhaupt in die operativen Überlegungen des preußischen Generalstabes einfügen ließ und welchen Beitrag die Militärs von ihr zur Lösung bestehender Probleme bei der Mobilisierungs- und Aufmarschplanung erwarteten.

---

[39] Junkelmann, Die Eisenbahnen, S. 233–245.
[40] Showalter, Railroads.
[41] Showalter verwendete den Begriff der »militärischen Revolution« allerdings nicht.
[42] Ebd., S. 15: »Memoiren und Tagebücher, Verbandsgeschichten und die zeitgenössische militärische Presse bilden das Forum der Antwort des deutschen Militärs auf die industrielle Revolution«. Bezeichnenderweise enthalten etwa die von Showalter zitierten Memoiren des Grafen Wartensleben-Carow, der ab 1864 im preußischen Generalstab für Eisenbahnfragen zuständig war, kaum verwertbare Einzelheiten über die militärischen Planungen der Eisenbahntransporte im Jahre 1866. Siehe Wartensleben-Carow, Erinnerungen. Andererseits befinden sich die unter Leitung von Wartensleben erstellten Marschtableaus für die Truppentransporte aller preußischen Armeekorps noch vollzählig in den Akten des preußischen Handelsministeriums im Geheimen Preußischen Staatsarchiv.
[43] Showalter, Railroads, S. 18: »Die Entwicklung des deutschen Eisenbahnnetzes in der ersten Hälfte des 19. Jahrhunderts war in keiner Weise durch die Anforderung der deutschen [gemeint ist hier wohl die preußische] Armee bedingt«. Brose, The Politics, S. 225, gelangte nach Sichtung des Archivmaterials zu einem beinahe entgegengesetzten Resultat: »Tatsächlich ist die Liste der Förderer der Eisenbahn in Uniform beeindruckend«. Als Beispiele nannte er den Obersten Eduard v. Peuker aus dem Generalstab, Eduard v. Kunowski, Albert Du Vignau, die beiden Brüder Wilhelm und Adolph Willisen sowie den General v. Müffling. Selbst der zunächst indifferente General v. Krauseneck wurde von Brose als »früher und beständiger Förderer der Eisenbahnen« eingestuft.

I. Einleitung

Über die Rolle der österreichischen Armee beim Aufbau eines Eisenbahnnetzes in der Habsburgermonarchie liegt inzwischen die grundlegende, auf der Auswertung von Archivmaterial basierende Arbeit von Burkhard Köster vor[44]. Sie wandte sich vor allem gegen die bisher in der Verkehrs- und Wirtschaftsgeschichtsforschung dominierende, aber kaum durch primäre Quellen gestützte Annahme, daß Regierung und Armee in Österreich schon bis 1841 die Möglichkeiten der militärischen Eisenbahnnutzung erfaßt hätten und somit bei dem ersten österreichischen Eisenbahnnetzentwurf strategische Interessen berücksichtigt worden seien. Dies habe insgesamt eine Verzögerung des Eisenbahnbaus und damit schließlich auch eine Beeinträchtigung der wirtschaftlichen Entwicklung in der Habsburgermonarchie bewirkt[45].

Eine Geschichte der militärischen Nutzung der Eisenbahnen in Frankreich stand dagegen bisher noch nicht zur Verfügung. Das neueste, umfangreiche Werk über die französischen Eisenbahnen von Francois Caron[46] widmete sich nur mit wenigen Zeilen diesem Aspekt. Auch die von André Corvisier herausgegebene Geschichte der französischen Armee überging das Thema der militärischen Nutzung der Eisenbahnen fast vollständig[47]. Vor kurzem erschien eine Arbeit von Allan Mitchell[48] über die preußisch-französische Eisenbahnrivalität, in der allerdings die Zeit vor 1866 für beide Seiten nur sehr knapp behandelt wurde. Auch konnte Mitchell kaum den Erwartungen gerecht werden, die er durch die Verwendung des Titels »The Great Train Race« geweckt hatte. Eine Darstellung der wechselseitig bedingten Fortschritte im Eisenbahnwesen beider Länder ist leider nur andeutungsweise unternommen worden[49]. Weitgehend offen ließ Mitchell auch die Frage, ob nicht gerade die Besorgnis vor dem Ausbau eines großen französischen Eisenbahnnetzes spätestens seit dem Eisenbahngesetz von 1842 dem Eisenbahnwesen in Deutschland einen bedeutenden Schub verliehen hat. Wie sehr sich die französischen Planungen zu einem strategisch nutzbaren Eisenbahnnetz in den vierziger Jahren auf die Anstrengungen des Deutschen Bundes zum Aufbau eines eigenen strategischen Eisenbahnnetzes ausgewirkt haben, skizzierte Wolfgang Keul[50] zumindest in einem Kapitel seiner Arbeit über die Bundesmilitärkommission. Da die Eisenbahnen jedoch nicht sein zentrales Thema waren, beschränkte er sich hier auf die Auswertung der Bestände des Bundesarchivs. Die umfangreiche Korrespondenz der Militärbevollmächtigten der einzelnen Bundesstaaten gerade

---

[44] Köster, Militär und Eisenbahn.
[45] Ebd., S. 294 f.
[46] Caron, Histoire.
[47] Histoire Militaire de la France.
[48] Mitchell, The Great Train Race.
[49] Mitchell erörterte die Rolle Frankreichs in dieser Beziehung nur sehr skizzenhaft auf Seite 61. Nicht ein einziges Mal erwähnte er den grundlegenden Aufsatz »Französische Ansichten über die militärische Benutzung und Bedeutung der Eisenbahnen vornehmlich für Frankreich«, der 1845 in einem Beiheft zum Militärwochenblatt erschienen war und erkennbaren Einfluß auf die Beratungen der Bundesversammlung in Frankfurt hatte.
[50] Keul, Die Bundesmilitärkommission, S. 219-224.

zu Eisenbahnangelegenheiten blieb dagegen unberücksichtigt[51]. Sein kritisches Bild der frühen Eisenbahnpolitik der Staaten des Deutschen Bundes um 1845, die von Zersplitterung, Uneinheitlichkeit und Konkurrenzdenken sowie der fast völligen Vernachlässigung militärischer Erfordernisse geprägt gewesen sei und in vielen Belangen ein getreues Abbild der Struktur des Deutschen Bundes geboten habe[52], schien allerdings eher auf die Verhältnisse in Süddeutschland zuzutreffen.

3. Quellenlage

Obwohl also über die militärische Nutzung der Eisenbahnen in Preußen unter den genannten Teilaspekten bereits Darstellungen verfügbar waren, kam bisher eine sich auf Archivmaterial stützende Gesamtbearbeitung des Themas nicht zustande. Eine Geschichte über das Verhältnis von Militär und Eisenbahnen in Preußen mit den wichtigsten Phasen der Aneignung dieser neuartigen Technik und ihrer Einordnung in den Rahmen der europäischen Entwicklung blieb somit ein Desiderat der Forschung. Offenbar schien der militärische Aspekt der Eisenbahnen aus der Sicht der in kaum übersehbarer Zahl vorliegenden Eisenbahnliteratur[53] von zu geringer Relevanz, um ihm wenigstens ein Kapitel im Rahmen der Gesamtarbeit einzuräumen[54]. Selbst in der neuesten Darstellungen des Krieges von 1866 von Geoffrey Wawro fand die Rolle der Eisenbahnen nur in der Vorgeschichte des Feldzuges eine knappe Erwähnung[55]. Dagegen wurde in Darstellungen von Armeegeschichten eine Geschichte der militärischen Nutzung der Eisenbahnen durchaus als noch zu füllende Lücke gesehen[56].

An der Quellenlage allein kann dies nicht gelegen haben. Auch wenn die Bestände des Heeresarchivs weitgehend verloren gegangen sind, blieben in den Akten anderer mit den militärischen Aspekten des Eisenbahnwesens befaßter ziviler preußischer Ministerien wichtige Dokumente mit militärischem Bezug oder sogar

---

[51] Siehe hierzu die Bestände des preußischen Ministeriums der auswärtigen Angelegenheiten im GStAPK III. HA, Nr. 6963, Politische und militärische Gesichtspunkte bei Anlegung von Eisenbahnen im Ausland sowie die Akten der preußischen Gesandtschaft am Bundestag, in: GStAPK I. HA Rep. 75 A, Bundesmilitärkommission. Preußische Gesandtschaft am Bundestag 1816–1866 Nr. 1336–1337, Anlegung von Eisenbahnen und vor allem Nr. 1338, Das deutsche Eisenbahnwesen vom militärischen Standpunkt.
[52] Keul, Die Bundesmilitärkommission, S. 224.
[53] Den aktuellsten Beitrag zur preußischen Eisenbahngeschichte, allerdings auf den Gegensatz zwischen staatlicher und privater Finanzierung fokusiert, lieferte Brophy, Capitalism.
[54] Eine Ausnahme in dieser Beziehung bildete immerhin die allerdings schon aus dem Jahre 1938 stammende Arbeit von Paul, Die preußische Eisenbahnpolitik.
[55] Wawro, The Austro-Prussian War, S. 10, 17, 20 und 50 beschränkte sich in seiner ansonsten sehr guten, auf bislang kaum genutzten Quellen des österreichischen Kriegsarchivs gestützten Arbeit, hinsichtlich der Nutzung der Eisenbahnen auf die Erwähnung der notwendigsten, allgemein bekannten Fakten. Man vermißt jedoch einen zusammenhängenden Abschnitt zur Rolle der Eisenbahnen in diesem Feldzug oder wenigstens einen Hinweis im Register.
[56] Ebenso wie eine Geschichte der militärischen Nutzung der Eisenbahnen in Preußen und Frankreich steht auch noch, trotz guter Quellenlage, eine entsprechende Darstellung für Bayern aus. Darauf hat bereits Wolf D. Gruner in seiner Arbeit Das bayerische Heer, hingewiesen.

militärischen Ursprungs erhalten, die die Aufnahme einer solchen Arbeit rechtfertigen[57]. Gemäß dem in der preußischen Administration bis 1848 praktizierten kollegialen Prinzip waren in der Regel grundsätzlich mehrere preußische Ministerien, vor allem das spätere Ministerium für Handel, Gewerbe und öffentliche Arbeiten, das Innenministerium sowie auch das Finanzministerium an den Eisenbahnangelegenheiten des Landes beteiligt. Daher finden sich in den entsprechenden Aktenbeständen noch häufig wichtige Dokumente des Kriegsministeriums und des Generalstabes, die entweder als Abschrift oder zumindest in ihrem wesentlichen Inhalt die Ansichten der Armee zu den erörterten Fragen enthalten. Ebenso weisen die Akten des Zivilkabinetts zu den verschiedenen Eisenbahnlinien noch vereinzelt militärische Stellungnahmen auf. Auch wenn diese verstreute militärische Überlieferung niemals vollständig sein kann, gestattet sie doch eine historische Rekonstruktion der Aneignung der neuen Technik seitens der Armee in konzeptioneller und organisatorischer Hinsicht.

Die geschilderte Überlieferungslage läßt es sinnvoll erscheinen, die Untersuchung des Aneignungsprozesses der Eisenbahn zu militärischen Zwecken nicht nur auf die Rolle der Militärs zu beschränken, sondern auch die Vorstellungen der zivilen Bürokratie in Preußen in bezug auf die gestellte Frage einzubeziehen. Weiteres Material zur Eisenbahnentwicklung enthalten die preußischen Gesetzessammlungen, in denen auch die Verträge aufgeführt sind, die Preußen seit 1841 zur Regelung grenzüberschreitender Eisenbahnlinien zunächst mit Braunschweig und Sachsen geschlossen hatte. Dabei wurde in allen Vereinbarungen ausdrücklich auf die militärischen Belange Bezug genommen[58]. Wichtige Hinweise vor allem zur militärischen Nutzung der Eisenbahnen in allen deutschen Staaten gibt auch die seit 1826 in Darmstadt erschienene Allgemeine Militär-Zeitung. Neben den ersten ausführlichen Beiträgen über die militärischen Möglichkeiten der Eisenbahnen finden sich hier Berichte über die frühesten in Europa durchgeführten Militärtransporte von 1830 bis 1846. Eine wichtige Quelle bildet außerdem das seit 1816 von der preußischen Armee herausgegebene Militärwochenblatt, in dem in den vierziger Jahren Aktenmaterial über die ersten preußischen Truppenversuche mit den Eisenbahnen veröffentlicht wurde. Für die Periode ab 1859 enthalten vor allem die vom Großen Generalstab herausgegebenen Dienstschriften des späteren Generalfeldmarschalls Helmuth v. Moltke wertvolle Hinweise auf den Wandel der strategischen Vorstellungen im preußischen Generalstab[59]. Offenbar hatte sich jedoch schon lange vor Moltke auf militärischer und ziviler Seite in Preußen die Erkenntnis durchgesetzt, daß die militärische Nutzung der Eisenbahnen gravierende Vorteile für die Kriegführung bieten würde, auch schien man in Berlin die Entwicklung der Eisenbahnen im benachbarten Ausland genau beobachten zu

---

[57] In den Akten des Preußischen Staatsministeriums GStAPK I. HA, Rep. 90, Nr. 1674 wurden ab 1836 Fragen der militärischen Nutzung der Eisenbahnen behandelt.
[58] Staatsvertrag zwischen Preußen, Hannover und Braunschweig über die Ausführung einer Eisenbahn von Magdeburg, Braunschweig, Hannover nach Minden vom 10.4.1841, in: Preußische Gesetzsammlung, 1842, Nr. 5, S. 46–51.
[59] Vor allem Moltke, Militärische Werke, I, Bd 2.

haben. Jedenfalls wurden in den Akten des preußischen Außenministeriums schon seit 1834 Vorgänge über ausländische Eisenbahnprojekte gesammelt[60].

Die vorliegende Arbeit umfaßt den Zeitraum von 1833 bis 1866. Sie reicht von den frühesten Überlegungen zu den militärischen Vorteilen der Eisenbahn durch ihre zivilen Protagonisten und endet mit der ersten praktischen Umsetzung dieser inzwischen längst weiterentwickelten Ideen im sogenannten Deutschen Krieg von 1866. Zunächst soll in einem ersten Hauptabschnitt die Debatte um die militärische Bedeutung der Eisenbahnen in der Armee und Bürokratie nachgezeichnet werden. Dabei müssen auch die damaligen Kriegsplanungen der preußischen Armee Berücksichtigung finden. Bei ihrer Rekonstruktion dürfen allerdings die späteren exakten Pläne, die bereits auf der Nutzung der Eisenbahnen beruhten, nicht als Bewertungsmuster herangezogen werden. Vielmehr muß auf zeitgenössische, einschlägige Denkschriften z.B. der damaligen Generalstabschefs v. Grolmann und v. Müffling zurückgegriffen werden, die sich zum Teil noch in einigen Nachlässen erhalten haben. Hilfreich in dieser Hinsicht waren auch verschiedene Denkschriften von Clausewitz über einen möglichen Krieg mit Frankreich aus den Jahren 1818, 1827 und 1831. Die so erzielten Ergebnisse gestatten erst eine zutreffende Würdigung der frühen militärischen Ansichten zur Rolle der Eisenbahnen. Dem schließt sich ein Vergleich mit den parallelen Entwicklungen des militärischen Eisenbahnwesens in Frankreich und Österreich an, der beiden wichtigsten Konkurrenten Preußens und seinen späteren Kriegsgegnern.

In ihrem zweiten Abschnitt befaßt sich die Arbeit mit der technischen, organisatorischen und operativen Bewältigung der Eisenbahnfrage. Dabei versteht sich die Untersuchung jedoch nicht als Beitrag zur Technikgeschichte, auch wenn sie die Geschichte einer neuen Technologie und ihrer Einführung in der preußischen Armee zum Thema hat. Technische und auch wirtschaftshistorische Fragestellungen können hier nur soweit berücksichtigt werden, als sie zur Klärung der wichtigsten Entwicklungsschritte in der militärischen Nutzung der Eisenbahnen beitragen und das besondere Verhältnis zwischen den privaten Eisenbahngesellschaften und der Armee verständlich machen. Probleme der Tarifbildung für Militärtransporte oder der Bereitstellung einer von der Armee definierten ausreichenden Menge an militärisch geeignetem Betriebsmaterial und schließlich überhaupt die häufiger von der Armee aufgeworfene Frage der Kontrolle der Eisenbahnen im Kriegsfall klären sich eher vor dem Hintergrund der wirtschaftlichen Gesamtsituation.

Größeren Raum widmet die Untersuchung der Rückbindung des Eisenbahnproblems in die politische Geschichte Europas und des Deutschen Bundes, da die Frage der militärischen Nutzung der Eisenbahnen durch die Armee in Preußen schon sehr früh das Feld der Außenpolitik berührte und damit deutlich über rein militärtechnische Gesichtspunkte hinausging. Es soll daher geklärt werden, inwieweit die preußische Regierung mittels der Planung und dem Bau von Eisenbahnen Einfluß auf die Verteidigungspolitik des Deutschen Bundes genommen oder eine derartige Politik überhaupt erst initiiert hat. In welcher Weise die Erfahrungen der Revolutionszeit 1848/50, aber schließlich auch die Gefahr einer zunehmenden

---

[60] GStAPK III. HA, Acta des Ministeriums der auswärtigen Angelegenheiten, Nr. 6963–6968.

politischen Isolierung Preußens nach Olmütz die Entwicklung des militärischen Eisenbahnwesens beschleunigten, wird in einem weiteren Schritt zu klären sein.

Abschließend wird die Rolle der Eisenbahnen für die militärische Planung unter Moltke bis zum Feldzug von 1866 untersucht. Die große Zahl von relevanten Quellen gerade zum Krieg von 1866[61] erlaubt eine ausführliche Darstellung nicht nur der anfänglichen Truppentransporte, sondern auch die Erörterung logistischer Probleme und die Beschreibung des erstmaligen Einsatzes der preußischen Feldeisenbahntruppen.

---

[61] Siehe die Aktenbestände des Ministeriums für Handel, Gewerbe und öffentliche Arbeiten, in: GStAPK I. HA Rep. 93 E, Nr. 2408-2412, Die Truppenbeförderung während der Mobilmachungen im Jahre 1866.

II. Konzeptionelle Überlegungen zur militärischen Nutzung der Eisenbahnen in Preußen 1833-1849

1. Die Vordenker der deutschen Eisenbahnen

a) Friedrich Harkort, Ludolf Camphausen und die Anfänge der Rheinischen Eisenbahnen

Am 27. September 1825 war in England der erste Personenzug die 41 km lange Strecke von Stockton nach Darlington gefahren[1]. Im selben Jahr hatte der westfälische Unternehmer Friedrich Harkort (1793-1880) in einem Zeitungsartikel erstmals öffentlich zum Bau von deutschen Eisenbahnen aufgerufen[2]. Die Eisenbahnen würden »manche Revolution in der Handelswelt hervorbringen«, verkündete Harkort seinen Lesern. Preußens neu erworbene rheinisch-westfälische Provinzen litten seit dem Frieden von 1815 unter der rigiden Zollpolitik der benachbarten Niederlande, wodurch die direkte Handelsroute auf dem Rhein zur Nordsee behindert wurde. Harkort empfahl zur Lösung des Problems den Bau von Eisenbahnen zu den norddeutschen Strömen. »Man verbinde Elberfeld, Köln und Duisburg mit Bremen oder Emden und Hollands Zölle sind nicht mehr«, schrieb er voller Pathos. Aber die von Harkort erhoffte Zeit, »wo der Triumphwagen des Gewerbefleißes mit rauchenden Kolossen bespannt [...] dem Gemeinsinn die Wege bahnt«, schien noch nicht gekommen. Die öffentliche Resonanz auf seine Schrift war zunächst nur gering[3], zum Teil sogar ablehnend. Um eine günstigere Stimmung für seine Ideen zu schaffen, begann Harkort mit einer kleinen, einschienigen Eisenbahn im Garten der Museumsgesellschaft in Elberfeld zu experimentieren. Konkrete Planungen zum Bau einer Bahn vom Rhein zur Weser setzten erst drei Jahre später ein, als sich die örtlichen preußischen Behörden für das Projekt zu interessieren begannen. Inzwischen hatten Beamte im Auftrag der obersten Bergwerksbehörde die englischen Bahnen inspiziert[4]. Auch der preußische

---

[1] Siehe dazu Fleck, Studien, 1896, S. 30. Die Strecke war noch hauptsächlich für den Betrieb mit Pferden vorgesehen. Die stärksten Steigungen wurden allerdings mit stehenden Dampfmaschinen und Zugseilen überbrückt.
[2] Harkorts Artikel erschien am 30.3.1825 im »Hermann«, einer westfälischen Zeitschrift, die wegen ihrer liberalen Tendenzen von 1819 bis 1823 von der preußischen Regierung verboten worden war. Der volle Wortlaut des Textes ist zitiert bei Berger, Der alte Harkort, S. 222-224.
[3] Ebd., S. 225. Außer einer anerkennenden Besprechung in einer späteren Ausgabe »herrschte Stille ringsum«. Siehe auch Fleck, Studien, 1896, S. 31.
[4] Fleck, Studien, 1896, S. 33.

Finanzminister Friedrich v. Motz (1775-1830) unterstützte jetzt den Plan. Er war der erste preußische Minister, der dem König im Mai 1828 den Bau einer Eisenbahn von Minden nach Lippstadt empfahl[5]. Von dort könne man per Schiff den Rhein erreichen. Motz' Tod zwei Jahre später dämpfte zwar die Hoffnungen der rheinischen Eisenbahnanhänger[6], doch ihre Zahl nahm jetzt ständig zu. Als Harkort auf dem dritten westfälischen Landtag[7] im Dezember 1830 den Antrag stellte, die preußische Regierung solle den Bau einer Bahn von Minden nach Lippstadt anweisen[8], traf er bereits auf eine breite öffentliche Unterstützung für sein Projekt[9]. Auch der ehemalige Staatskanzler Karl Reichsfreiherr vom Stein (1757-1831) sowie der Oberpräsident der Provinz Westfalen Ludwig Freiherr v. Vinke (1774-1844) traten nun für den Plan ein[10]. Erst drei Monate zuvor war in England als zweite Eisenbahnlinie in Europa die Strecke von Liverpool nach Manchester eröffnet worden.

Offenbar unbeeindruckt von der allgemeinen Stimmung in den Rheinlanden ließ sich die Regierung in Berlin mit ihrer Antwort jedoch fast anderthalb Jahre Zeit. In ihrem Landtagsabschied vom 22. Juli 1832 lehnte sie es schließlich ab, die projektierte Rhein-Weser Bahn, wie es der Landtag gewünscht hatte, auf eigene Rechnung zu bauen oder wenigstens mit Darlehen zu unterstützen. Die vorhandenen Chausseen erschienen den verantwortlichen Ministern als durchaus genügend. Zudem beruhte nach Auffassung der Regierung die Wirtschaftlichkeit der Strecke auf zu unsicheren Voraussetzungen. Auch dürften ihr Harkorts Vorstellungen einer zweigleisigen, für den Lokomotivbetrieb geeigneten Strecke »aus bestem Material«, die schließlich noch über die Elbe bis zur Oder verlängert werden sollte, als zu spekulativ erschienen sein[11]. Die Berliner Administration beschränkte sich daher auf die Empfehlung, für die Bahn eine Privatgesellschaft zu bilden, stellte allerdings eine Beihilfe in Form der Übernahme eines Teils der Aktien in Aussicht[12]. Eine generelle Ablehnung von Eisenbahnprojekten seitens der preußischen

---

[5] Verwaltungsbericht des Finanzministeriums vom 30. Mai 1828, erwähnt bei Berger, Der alte Harkort, S. 231.
[6] Siehe dazu auch die Hinweise bei Brophy, Capitalism, S. 30, der von kurzfristigen politischen Zielen der preußischen Administration sprach. So sei der preußische Außenminister v. Bernstorff ebenfalls an einer zollfreien Verbindung zwischen Weser und Rhein interessiert gewesen, um Druck auf die mitteldeutsche Zollunion von Sachsen, Hannover und Hessen-Kassel auszuüben. Durch die Unabhängigkeit Belgiens und dem Beitritt Hessen-Kassels zum Deutschen Zollverein 1831 sei dann aber das Interesse der Regierung an der geplanten Linie erloschen.
[7] Die preußischen Provinziallandtage waren erst 1823 auf dem Verordnungswege eingeführt worden. Mit den alten Ständevertretungen hatten sie nur noch den Namen gemeinsam, obwohl auch jetzt noch Grundbesitz die Voraussetzung zur Teilnahme war. Ursprünglich als Vorform eines allgemeinen preußischen Landtages eingerichtet, der jedoch erst im Jahre 1847 zusammentrat, besaßen die Provinziallandtage nur ein Beratungs- und Petitionsrecht, sowie kommunale Verwaltungsbefugnisse, jedoch kein Mitspracherecht in Steuerangelegenheiten. Siehe dazu auch Reinhard Koselleck, Preußen, S. 337-397.
[8] Fleck, Studien, 1896, S. 37.
[9] Berger, Der alte Harkort, S. 234 f. »Der Antrag fand eine über Erwartung günstige Aufnahme im Plenum des Landtages«.
[10] Fleck, Studien, 1896, S. 37.
[11] Ebd., S. 37 f.
[12] Siehe dazu Paul, Die preußische Eisenbahnpolitik, S. 260.

II. Konzeptionelle Überlegungen zur militärischen Nutzung der Eisenbahnen

Regierung darf darin jedoch nicht gesehen werden. Immerhin hatten noch im selben Jahr die Minister v. Schuckmann, v. Maaßen und Außenminister v. Ancillon dem König die vorläufige Konzessionierung einer Eisenbahn von Köln nach Amsterdam empfohlen und in ihrem Schreiben die Hoffnung ausgesprochen, daß dadurch die »ersprießlichsten Folgen« für den Warenverkehr entlang der Rheinroute entstehen könnten[13].

Für Harkort und seine Mitstreiter war die in ihrem Fall ablehnende Haltung der Regierung eine herbe Enttäuschung. Ohne die finanzielle Unterstützung des preußischen Staates war ein Großprojekt wie der Bau einer rund 260 Kilometer langen Eisenbahnlinie, weiter als jede andere bisher in England oder den Vereinigten Staaten angelegte Strecke, kaum realisierbar. Dabei hatten sie gehofft, daß die Regierung wenigstens die Hälfte des notwendigen Anlagekapitals unverzinslich zur Verfügung stellen würde[14].

Die exponierte Lage ihrer Provinzen hätte eigentlich bei der preußischen Regierung ein natürliches Bedürfnis nach guten Eisenbahnverbindungen hervorrufen müssen. In Berlin schreckte man jedoch vor den hohen Investitionskosten zurück und bevorzugte zunächst den privat finanzierten Bau von Eisenbahnen[15], obwohl es in Preußen eine starke Tradition direkter staatlicher Eingriffe in die Wirtschaft gab. Entsprechend hoch waren bei den ersten Eisenbahnprojekten auch die Erwartungen der Unternehmer an die Regierung[16]. Der Eisenbahnbau war aus ihrer Sicht, wie der Bau von Verkehrswegen überhaupt, eine staatliche Aufgabe. Die zu erwartende Verbesserung der Verkehrsinfrastruktur würde ihre geschäftlichen Aktivitäten nachhaltig begünstigen. An die Möglichkeit, durch den Betrieb von Eisenbahnen selbst Geld zu verdienen, glaubten sie offenbar nicht[17].

Das Eisenbahnzeitalter begann in Preußen in einer finanzpolitisch äußerst angespannten Lage[18]. Zwischen 1816 und 1831 hatte Preußen bereits sein Straßensystem auf über 10 300 km beinahe verdreifacht und dafür etwa 42 Mio. Taler investiert[19]. Weitere Investitionen hätten jetzt nur durch neue Anleihen finanziert werden können. Die preußische Staatsschuldenverordnung vom 17. Januar 1820 hatte die öffentliche Verschuldung auf die Summe von 180 Mio. Taler begrenzt. Hinzu addierten sich noch einmal rund 26 Mio. Taler Provinzschulden sowie unverzinsli-

---

[13] Schreiben der Staatsminister v. Schuckmann, v. Maaßen und v. Ancillon an den König vom 2.10.1832, in: GStAPK, I. HA Rep. 89, Zivilkabinett Nr. 2891, betr. die Eisenbahnen zwischen Köln und Amsterdam und die Verbindung der Amsterdam-Arnheimischen Bahn mit der Köln-Mindener-Eisenbahn durch die Oberhausen-Wesel-Emmerich-Bahn, Bl. 1.
[14] Fleck, Studien, 1896, S. 37.
[15] Daß sich König Friedrich Wilhelm III. gegen den Eisenbahnbau ausgesprochen habe, wie es Brophy, Capitalism, S. 30, behauptete, läßt sich allerdings nicht eindeutig belegen. In den letzten drei Jahren soll sich der Monarch sogar der Ansicht seiner Generale, die die Eisenbahnen befürworteten, gefügt haben. Ebd., S. 30.
[16] Ebd., S. 28 f.
[17] Ebd., S. 27.
[18] Treue, Wirtschafts- und Technikgeschichte, S. 429: »Als man in Berlin überzeugt war, für Straßen und Binnenschiffahrtswege genug Geld ausgegeben zu haben, als im Westen für Dampfschiffahrt, Häfen und Werften viel Privatkapital investiert worden war, erschien als neues Verkehrsmittel die Eisenbahn – in einem ungünstigen Augenblick also«.
[19] Brophy, Capitalism, S. 32.

che Staatstitel in Höhe von 11 Mio. Talern. Für die Verzinsung und Tilgung dieser Beträge mußte Preußen jährlich 20 Prozent seiner Staatseinnahmen aufwenden. Dazu kamen die außerordentlichen Aufwendungen für das Militärbudget in den Krisenjahren 1830-1832 in Höhe von rund 35 Mio. Taler[20]. Trotz gewaltiger Abzahlungsanstrengungen in Höhe von 42 Mio. Taler hatte somit der Stand der Staatsschulden bis 1833 nicht wesentlich gesenkt werden können[21]. Die Aufnahme neuer Anleihen hätte zudem die Billigung einer eigens einzuberufenden Versammlung aller preußischen Landstände erfordert. Diese Maßnahme wollte die konservative preußische Administration wegen ihrer unübersehbaren verfassungspolitischen Konsequenzen jedoch unter allen Umständen vermeiden[22].

Im Frühjahr 1833 unternahm Harkort einen neuen Versuch, die Regierung in Berlin für eine Rhein-Weser-Bahn zu gewinnen. In seiner wohl bekanntesten Schrift mit dem Titel »Die Eisenbahn von Minden nach Köln«[23] wies er erstmals mit Blick auf die latente Bedrohung des Rheinlandes durch Frankreich auch auf den militärischen Nutzen einer Bahnverbindung von Ostwestfalen zum Rhein hin. Preußens militärischer Schwerpunkt lag im Osten. Sieben seiner neun Armeekorps waren östlich der Elbe stationiert. Im Rheinland befanden sich nur das VII. Korps im Raum Münster und das VIII. Korps in Koblenz. Als im November 1831 eine 70 000 Mann starke französische Armee, unterstützt von einer Flotte von elf Kriegsschiffen, in das gerade erst unabhängig gewordene Belgien einmarschierte und die Niederländer am 23. Dezember 1831 zwang, die Festung Antwerpen zu räumen[24], sah sich Preußen veranlaßt, seine beiden westlichen Korps auf volle Kriegsstärke zu bringen und ein Observationskorps bei Aachen zu versammeln. Erst zwei Jahre zuvor hatte das komplette IV. Armeekorps von Magdeburg an den Rhein verlegt werden müssen, und auch dieses Mal wurden drei Regimenter zur Verstärkung im Westen eingesetzt[25]. Eine militärisch nutzbare Eisenbahn von der Weser an den Rhein hätte daher das lebhafte Interesse der preußischen Generalität finden müssen. Harkort kalkulierte in seiner Schrift, daß in derselben Zeit, während ein preußisches Korps von Magdeburg nach Minden oder Kassel marschierte, bereits ein französisches Heer von Straßburg aus Mainz, von Metz aus Koblenz oder von Brüssel aus Aachen erreichen konnte. »Wir verlieren also zehn Tagesmärsche, welche oft einen Feldzug entscheiden. Diesen Nachteil würde die Eisenbahn heben, indem 150 Wagen eine ganze Brigade in einem Tage von Minden nach Köln schafften, wo die Leute wohl ausgeruht mit Munition und Gepäck einträfen.« Mit Hilfe der Eisenbahn würde der Rhein besser als durch die bisher er-

---

[20] Wehler, Deutsche Gesellschaftsgeschichte, Bd 2, S. 385.
[21] Preußische Gesetzsammlung 1820, Nr. 1, S. 9: »Wir erklären diesen Staatsschuldenetat auf immer für geschlossen. Über die darin angegebene Summe [180 091 720 Taler] hinaus darf kein Staatsschuldschein oder irgendein anderes Staatsschuldendokument ausgestellt werden«. Zur Entwicklung der preußischen Staatsfinanzen siehe auch: Treue, Wirtschafts- und Technikgeschichte, S. 300 f.
[22] Vgl. dazu Brophy, Capitalism, S. 33: Hardenbergs Gesetz von 1820 hatte die endgültige Regelung der Staatsfinanzen mit der Verfassungsfrage verknüpft.
[23] Harkort, Die Eisenbahn.
[24] Histoire Militaire de la France, t. 2, S. 504.
[25] Jany, Geschichte der preußischen Armee, S. 152 f.

II. Konzeptionelle Überlegungen zur militärischen Nutzung der Eisenbahnen 19

richteten Festungen verteidigt werden können. »Denken wir uns eine Eisenbahn mit Telegraphen auf dem rechten Rheinufer von Mainz nach Wesel. Ein Rheinübergang der Franzosen dürfte dann kaum möglich sein, denn bevor der Angriff sich entwickelte, wäre eine stärkere Verteidigung an Ort und Stelle[26].«

Eine Stellungnahme seitens der Militärs zu Harkorts kühn klingenden Ideen ist nicht bekannt. Dabei wäre es mit Blick auf die gespannte politische Lage durchaus zu erwarten gewesen, daß derartige Überlegungen eher in der Armee angestellt wurden. Allerdings schien Harkort seine Vorstellungen nicht ohne vorherige Erörterung mit Vertretern des örtlichen Militärs veröffentlicht zu haben. Jedenfalls erwähnte Harkort, als er im November 1833 auf dem vierten westfälischen Landtag erneut den Antrag zum Bau der Weserbahn stellte, die befürwortende Stellungnahme des »einsichtsvollen« westfälischen Generalkommandos[27]. Kommandierender General des VII. Korps in Münster war damals Friedrich Karl v. Müffling (1775–1851)[28]. Den General schienen damals besonders Versorgungsprobleme der Truppen am Rhein beschäftigt zu haben. In Müfflings Nachlaß findet sich eine aus dem Jahre 1832 stammende Denkschrift[29], in der ein wohl höherer Offizier der Festung Koblenz-Ehrenbreitstein die Berechnung angestellt hatte, daß mit den örtlichen, am Rhein vorhandenen Vorräten an Korn und Mehl eine auf 125 000 Mann verstärkte Armee höchstens 19 Tage versorgt werden könnte. Neue Zufuhren vom Oberrhein oder aus Holland seien dagegen »bei den bestehenden Kombinationen« nicht verläßlich. Auch Landtransporte aus den östlichen Provinzen konnten das Problem nach Ansicht des Verfassers nicht lösen, da die zur Verstärkung zum Rhein ziehenden preußischen Korps alle Vorräte und Transportmittel in Beschlag nehmen würden. Wegen der Getreideversorgung der Armee stand v. Müffling auch in Korrespondenz mit dem westfälischen Freiherrn Friedrich Schorlemer v. Heringhausen (1786–1849). Dieser äußerte im April 1833 in einem seiner Briefe an den General die Ansicht, daß gerade eine Eisenbahn von Minden an den Rhein in dieser Frage Abhilfe schaffen könnte. Sämtliche Magazine mit »ihren Krebsschäden« seien entbehrlich, wenn man erst den Provinzen die nötigen Vorräte schnell zuführen könnte, was durch eine Eisenbahn in Westfalen erreicht würde, welche ungefähr auf die Mitte der preußischen Festungslinie am Rhein, nämlich Köln, träfe. »Köln braucht den größten Proviant, welchen es direkt und in gleicher Schnelligkeit auf den Rhein ab- und aufwärts von Koblenz nach Wesel, so wie direkt von Minden erhalten und mit diesen drei Festungen, als Waffenplatz, in

---

[26] Harkort, Die Eisenbahn, S. 26.
[27] Berger, Der alte Harkort, S. 246.
[28] Im Zusammenhang mit der geplanten Rhein-Weser Verbindung ist es erwähnenswert, daß v. Müffling im Jahre 1834 eine Arbeit mit dem Titel »Über die Römerstraßen am rechten Ufer des Niederrheins von dem Winterlager Vetera ausgehend zur Veste Aliso, über die Pontes longi zu den Marsen und zur niederen Weser« veröffentlicht hatte. Obwohl aktuelle Bezüge in diesem Werk nicht auftreten, ist doch die Vermutung naheliegend, daß sich v. Müffling auch mit der Anlage moderner Militärstraßen in diesem Raum besonders beschäftigt haben muß.
[29] Memoir über die Versorgung der Armee im Kriegsfall vom 4.2.1832, in: GStAPK, I. HA, Rep. 92, Nachlaß v. Müffling, Bl. 33 f.

rascher Verbindung bleiben würde[30].« Auch wenn sich eine Antwort Mütflings zu diesem Schreiben nicht mehr finden läßt, so muß doch angenommen werden, daß der General längst begonnen hatte, sich mit der Frage einer Eisenbahn an den Rhein zu beschäftigen. Aus einem Schreiben des Provinzialsteuerdirektors der Provinz Westfalen, Krüger, vom Juni 1835 geht immerhin hervor, daß nach Ansicht Müfflings die Rhein–Weser Verbindung im Falle eines Krieges mit Frankreich »unverzichtbar« sei[31]. Als Vorsitzender des Staatsrats leitete der General später auch die entscheidenden Beratungen über die Eisenbahnfrage, die der Verabschiedung des preußischen Eisenbahngesetzes von 1838 vorausgingen.

Harkorts und Schorlemers Überlegungen zu den militärischen Möglichkeiten der Eisenbahnen blieben keine Einzelfälle. Die spätestens seit der Krise von 1830/32 wieder stärker ins Bewußtsein getretenen außenpolitischen Risiken bewirkten, daß militärische Gesichtspunkte bei der Projektierung neuer Eisenbahnen vermehrt ins Spiel gebracht wurden. Die Eisenbahnprotagonisten konnten gerade jetzt darauf hoffen, unter der preußischen Generalität Verbündete für ihre Projekte gegenüber einer noch zögerlichen Staatsverwaltung zu finden. Als Unternehmer spekulierten sie darauf, die Militärs für ihre wirtschaftlichen Zwecke einspannen zu können. Tatsächlich hatten sie jedoch auch ein erhebliches Interesse daran, daß Preußen als neue Schutzmacht am Rhein gegenüber Frankreich militärisch stark genug sein würde, ihnen in einem möglichen Krieg eine Besetzung der Rheinlande zu ersparen. Schließlich lag die Zeit der napoleonischen Kriege und der Kontinentalsperre mit ihren für die Wirtschaft verheerenden Folgen kaum zwei Dekaden zurück.

Im August 1833 war noch eine dritte, die militärischen Vorteile der Eisenbahnen hervorhebende Ansicht unter dem Titel »Zur Eisenbahn von Köln nach Antwerpen«[32] veröffentlicht worden. Ihr Verfasser hieß Ludolf Camphausen (1803–1890). Ebenso wie Harkort stammte Camphausen aus den neuen, industriell fortgeschrittenen Westprovinzen der preußischen Monarchie und wie dieser glaubte er, daß die neuen Eisenbahnlinien vom Staat finanziert und gebaut werden müßten. Camphausen fürchtete sogar, daß eine private Aktiengesellschaft als ausschließliche Eigentümerin der Eisenbahnen »eine neue Gewalt im Staate bilden, und den Ansichten der Regierung nicht selten hemmend« entgegentreten würde[33]. Sofern sich die Eisenbahnen in staatlicher Hand befänden, würde dies auch ihre militärische Bedeutung beträchtlich erhöhen. Nach Camphausens Ansicht mußten besonders die preußischen Festungen am Rhein von den geplanten Eisenbahnen profitieren.

---

[30] Brief Schorlemers an General v. Müffling vom 17.4.1833, in: GStAPK, I. HA, Rep. 92, Nachlaß Müffling, A 15.
[31] Brief des geheimen Finanzrates und Provinzialsteuerdirektors der Provinz Westfalen, Krüger, vom 20.6.1835 an den damaligen Chef des Handelsamtes Christian v. Rother, zit. bei Brose, The Politics, S. 225.
[32] Camphausens erste Eisenbahnschrift »Zur Eisenbahn von Köln nach Antwerpen« datierte vom August 1833 und findet sich als Anhang 1 bei Schwann, Ludolf Camphausen, Bd 3, S. 287–305.
[33] Ebd., S. 293.

II. Konzeptionelle Überlegungen zur militärischen Nutzung der Eisenbahnen

»Die Ausführung der in Westfalen und der Rheinprovinz projektierten Anlagen würde die Festungen Wesel, Köln und Minden in Verbindung setzen, und einen Vertrag zwischen den eventuellen Aktionären und dem Militärökonomiedepartment zur wahrscheinlichen Folge haben, wovon eine der wichtigsten Bedingungen wäre, in unvorgesehenen Fällen große Massen augenblicklich fortzuschaffen[34].«

Vor allem das Prinzip der Volksbewaffnung in Preußen profitierte nach seiner Ansicht durch die Anlage von Eisenbahnen in besonderer Weise. »Ein unseren Staat in seiner ganzen Länge durchschneidender Schienenweg, würde mit Beibehaltung aller Kräfte unserer jetzigen Militärorganisation, zugleich solche Modifikationen derselben zulassen, daß hierin allein die zur Erbauung nötigen Geldmittel gefunden werden könnten[35].«

Mit Hilfe der Eisenbahnen könnten nach Ansicht Camphausens in Zukunft Mobilmachungen schneller und effizienter durchgeführt und möglicherweise die Zahl der präsenten Truppen verringert werden. Die eingesparten Kosten ließen sich zum Bau der benötigten Eisenbahnen verwenden. Camphausen hütete sich jedoch, mehr als Andeutungen in dieser Beziehung zu machen und sprach daher nur von Modifikationen der Militärorganisation. Im Gegensatz zu den konkurrierenden europäischen Mächten beruhte die preußische Armee seit 1814 auf der allgemeinen Wehrpflicht. Ihre Friedensstärke lag in der Zeit von 1815 bis 1848 zwischen 130 000 und 135 000 Mann. Die Dienstzeit in der Linie betrug drei Jahre, wurde aber aus Finanznot 1837 auf zwei Jahre verkürzt. Nach seiner aktiven Dienstzeit in der Linie gehörte der Wehrpflichtige zwei oder drei Jahre der Reserve an und trat anschließend für die nächsten sieben Jahre bis zu seinem 32. Lebensjahr in das erste Aufgebot der Landwehr. Die Landwehr bildete somit neben der Linie die zweite Säule der Armee. Seit der Egalisierung von Landwehr und Linie im Jahre 1819 gab es in Preußen 36 Landwehrregimenter des ersten Aufgebots zu je 3000 Mann, die in 16 Landwehrwehrbrigaden zusammengefaßt waren. Je eine Linien- und eine Landwehrbrigade bildeten zusammen mit einer Kavalleriebrigade eine Division. Zwei Divisionen wiederum bildeten ein preußisches Armeekorps, das einem Generalkommando unterstand[36]. In den Krisenjahren von 1830 bis 1832 erreichte die preußische Armee nach Einberufung ihrer Reserven in der Spitze eine Kriegsstärke von 210 000 Mann[37]. Durch Mobilisierung auch des zweiten Aufgebots der Landwehr, also der Jahrgänge, die älter als 32 Jahre alt waren, konnte die Armee auf ihre endgültige Kriegsstärke von insgesamt 500 000 Mann gebracht werden[38]. Auf Grund ihrer Struktur war die preußische Armee somit eher nur zur Verteidigung geeignet. Die langen Mobilisierungsfristen, vor allem aber die weiten Etappenwege der Reservisten aus Schlesien und Pommern an den Rhein, mußten Preußen jeden entschlossenen und offensiv vorgehenden Feind fürchten lassen. Hier schienen also die neuen Eisenbahnen tatsächlich eine wesentliche Hilfe darzustellen.

---

[34] Ebd., S. 292.
[35] Ebd.
[36] Siehe Wehler, Deutsche Gesellschaftsgeschichte, Bd 2, S. 382-389.
[37] Ebd., S. 385.
[38] Siehe Angelow, Von Wien nach Königgrätz, S. 75.

Camphausen favorisierte allerdings zunächst nur eine militärisch unbedeutende Eisenbahnlinie von Köln zum belgischen Seehafen Antwerpen. Erst zwei Jahre zuvor war Belgien unabhängig geworden und hatte sogleich mit den Planungen zu einem eigenem, staatlich finanziertem Eisenbahnsystem begonnen. Camphausen sah hier die Möglichkeit, mit einer verhältnismäßig kurzen und finanzierbaren Eisenbahn von Köln bis zur belgischen Grenze bei Kornelimünster günstig Anschluß an das zukünftige belgische Netz zugewinnen. Ein Komitee Kölner Kaufleute hatte am 5. Dezember 1833 die königliche Konzession zum Bau dieser Eisenbahn erhalten. Allerdings konnte die Gesellschaft den privaten Anlegern keine verbindlichen Zusagen über die künftigen Erträge der Bahn machen. So war das Interesse des Publikums an dem Projekt nur gering und Camphausen war gezwungen, bei der preußischen Regierung um eine staatliche Zinsgarantie auf das notwendige Anlagekapital nachzusuchen[39]. Es war dies nichts anderes als eine verdeckte Anleihe, wodurch die Regierung ihr verfassungspolitisches Problem, das jede neue Kreditaufnahme an die Zustimmung eines eigens dazu einberufenen allgemeinen preußischen Landtages band, geschickt umgehen konnte. Nur zu gern griff sie später auf diese Methode der Eisenbahnfinanzierung zurück.

Auch wenn die ersten preußischen Eisenbahnprojekte schon in ihrer Anfangszeit vor allem mit finanziellen Problemen zu kämpfen hatten und daher zunächst ins Stocken gerieten, kam schon bald der Gedanke auf, die bisher noch vereinzelten projektierten Linien zu einem das ganze Land verbindenden Eisenbahnnetz zusammenzufügen. Die somit vervielfachten Nutzungsmöglichkeiten der Bahnen würden ihre Rentabilität erhöhen, ebenso aber auch ihren militärischen Nutzen.

b) Friedrich List und der Plan zu einem deutschen Eisenbahnnetz

Als bedeutendster Visionär der deutschen Eisenbahnen gilt immer noch der aus Württemberg stammende Publizist Friedrich List (1789-1846). List war ein Verfechter des Freihandels und damit ein engagierter Gegner der deutschen Kleinstaaterei und ihrer die Wirtschaft hemmenden Zollgrenzen. Seine Überlegungen waren stark durch die Erfahrungen der napoleonischen Zeit geprägt, als die deutsche Staatenwelt zum Spielball französischer, englischer und russischer Interessen geworden war. Wohlstand und politische Macht gehörten daher aus seiner Sicht untrennbar zusammen. Individueller Wohlstand diente vor allem der Steigerung der nationalen Macht, und diese allein vermochte wiederum den Wohlstand zu schützen. List war überzeugt, daß Deutschland durch seine politische Einheit unweigerlich zur führenden Macht in Europa aufsteigen würde[40]. Ein erster Schritt dazu mußte allerdings seine wirtschaftliche Einigung in einer Zollunion sein. In dieser Frage war er schon bald in Konflikt mit der württembergischen Regierung geraten. 1825 hatte List nach kurzer Festungshaft in die Vereinigten Staaten emi-

---

[39] Reden, Die Eisenbahnen Deutschlands, I, 2, S. 939.
[40] Siehe Earle, Adam Smith, S. 142-154. »List vorrangiges Interesse in seinen politischen und ökonomischen Überlegungen galt der Macht, vor allem, wenn er Wohlstand und Macht miteinander verknüpfte«.

grieren müssen. Während seines fünfjährigen Exils lernte er das dortige Eisenbahnwesen kennen und begann sogar selbst mit dem Bau einer Eisenbahnlinie in Virginia. Die revolutionären Ereignisse von 1830 in Europa und die Hoffnung, unter nun günstigeren Umständen an einer Besserung der politischen Verhältnisse in Deutschland mitwirken zu können, veranlaßten List, versehen mit dem Titel eines amerikanischen Konsuls für die Stadt Hamburg, zur Rückkehr. Kaum wieder in Deutschland, reiste er im Frühjahr 1833 nach Sachsen, wo man inzwischen den Plan verfolgte, eine Eisenbahn von Dresden nach Leipzig zu bauen. List gelang es, in kürzester Zeit ein Komitee zusammenzubringen und genügend Anleger für das nötige Aktienkapital zu gewinnen. Dieser Erfolg stellte ihn jedoch längst nicht zufrieden. Noch im selben Jahr entwickelte er in einem Aufsatz die Vision eines Eisenbahnnetzes, das ganz Deutschland umspannen sollte, und dessen wichtigste Strecken die Eisenbahnen von Berlin nach Hamburg und von Leipzig nach Magdeburg sein sollten[41].

Zur Verwirklichung seiner Vorstellungen schien ihm Preußen als größter deutscher Staat und als treibende Kraft des kurz vor dem Abschluß stehenden Zollvereins der geeignetste Adressat. Im Oktober 1833 sandte er daher seine Schrift über das sächsische Eisenbahnsystem dem preußischen Finanzminister Carl Georg v. Maaßen (1769–1834). In seinem beigefügten Schreiben schwärmte er von den »unermeßlichen Veränderungen in moralischer, politischer und militärischer, wie in industrieller, kommerzieller und finanzieller Hinsicht, [die] durch die Einführung eines deutschen Eisenbahnsystems herbeigeführt würden«[42]. Dem Minister mögen diese Aussichten wohl zu spekulativ erschienen sein. Er ließ List für seine Mühe mit einem unverbindlichen Schreiben danken und den Vorgang zu den Akten legen[43]. Der Schwabe ließ sich jedoch durch diese kühle Gleichgültigkeit keineswegs entmutigen. In einem neuen Aufsatz, der im folgenden Jahr in der Allgemeinen Militär-Zeitung veröffentlicht wurde, beschäftigte er sich nun auch erstmals mit den militärischen Möglichkeiten der Eisenbahnen[44]. Mit dem ihm eigenen visionären Pathos verkündete List seinen Lesern, daß »ein vollständiges, auf das ganze Territorium einer großen Nation ausgedehntes Eisenbahnsystem [...] die Verteidigungskräfte desselben bis zu einem Grade vervollkommnen [würde], der kaum noch etwas zu wünschen übrig« ließe. Die Eisenbahnen würden schließlich auch den Bau neuer Festungen erübrigen, denn der Transport von 100 000 Mann aus dem Inneren des Landes zur bedrohten Grenze ließe sich nach seiner Berechnung mit nur 100 Lokomotiven und 2000 Waggons bewerkstelligen. Die dazu erforderlichen Transportkosten von einer Mio. Taler erforderten nur den zehnten Teil der Anlagekosten einer Festung ersten Ranges. Belastungen der Bevölkerung an den alten Marschstraßen durch Vorspanndienste und Einquartierungen würden

---

[41] List, Über ein sächsisches Eisenbahnsystem, S. 155–195.
[42] Ebd., Anhang, S. 826 (Schreiben vom 14.10.1833).
[43] Ebd., S. 821.
[44] List, Über den Wert der Eisenbahnen, in: Allgemeine Militär-Zeitung, Nr. 82 und 83 (1834), S. 655 f. und 662–664.

endlich entfallen, die Chausseen blieben geschont und die Truppe selbst gelangte ausgeruht an ihren Einsatzort[45].

List war somit der erste Autor überhaupt, der ein neues strategisches Verteidigungskonzept auf der Grundlage der militärischen Nutzung der Eisenbahnen entwickelt hatte. Besondere Aufwendungen des Staates oder des Militärbudgets waren aus seiner Sicht dazu gar nicht erforderlich. Allein durch die »Bedürfnisse der Industrie und des Verkehrs [würden] die Eisenbahnsysteme großer Kontinentalnationen sich netzartig gestalten«[46]. Auch diese neue Schrift hatte List im Juli 1834 der preußischen Regierung zugesandt, worauf ihm allerdings wieder nur mit einem kurzen Schreiben des Innenministers Gustav Adolph v. Rochow (1792-1847) gedankt wurde[47]. Im Gegensatz zu Harkort und Camphausen setzte List eher auf die private Initiative beim Bau von Eisenbahnen. »Das Privatinteresse, diese mächtige Triebfeder der Industrie, [müsse] durchaus bei den Eisenbahnunternehmungen in Bewegung gesetzt werden«, bemerkte er in einem weiteren Aufsatz zu Beginn des Jahres 1835[48], den er am 12. März an den neuen preußischen Finanzminister Albrecht Graf v. Alvensleben (1794-1858) geschickt hatte[49]. Keine Regierung verfüge über so große Geldsummen, um auf eigene Kosten Eisenbahnen herzustellen, stellte List mit Rücksicht auf die stets angespannte Finanzlage Berlins fest[50]. Dennoch könne Preußen Einfluß auf den Bau von Eisenbahnen nehmen, indem es die privaten Gesellschaften durch die Gewährung einer Zinsgarantie von 4 Prozent unterstützte. Eine solche Garantie wäre vor allem bei der Bahn von Berlin nach Hamburg, nach Lists Überzeugung zukünftig eine der ertragreichsten Linien in Europa, ohne jedes Risiko zu gewähren, da hier tatsächlich mit einer 12prozentigen Verzinsung des eingesetzten Kapitals gerechnet werden könne[51]. Der Staat müsse sich allerdings aus der Administration der Gesellschaft heraushalten und darauf beschränken, die Erträge aus der Zinsdifferenz zur Förderung weiterer Bahnlinien im Wege der Zinsgarantie zu verwenden. Auf diese Weise könne die Bahn von Berlin nach Hamburg zum Kern eines preußischen Eisenbahnnetzes werden, durch das nicht nur Preußens Einfluß auf das mittlere und südwestliche Deutschland, sondern auch seine »Verteidigungskräfte nach allen Richtungen und insbesondere [...] die Verteidigung seiner Rheinlande gefördert würden«[52].

Noch im Mai 1835 reiste List nach Berlin, um durch sein persönliches Wirken die preußischen Behörden für das Projekt einer Eisenbahn von Berlin nach Hamburg zu gewinnen. Die Zeit drängte, da inzwischen englische Investoren mit dem Plan aufgetreten waren, die Strecke von Hamburg aus nach Berlin zu bauen. Auch das Leipziger Komitee sah nach der überaus erfolgreichen Aktienzeichnung in

---

[45] Ebd., S. 656.
[46] Ebd., S. 656.
[47] List, Schriften, Bd 3, Anhang S. 820.
[48] List, Andeutung der Vorteile eines preußischen Eisenbahnsystems, S. 219.
[49] Schreiben vom 12.3.1835 an Graf v. Alvensleben, in: List, Schriften, Bd 3, Anhang, S. 828.
[50] List, Deutschlands Eisenbahnen, S. 260.
[51] List, Andeutung der Vorteile eines preußischen Eisenbahnsystems, S. 217-220.
[52] Ebd., S. 216 f.

II. Konzeptionelle Überlegungen zur militärischen Nutzung der Eisenbahnen 25

einer Verbindung von Leipzig über Magdeburg nach Hamburg eine sinnvolle Ergänzung seiner eigenen Linie von Leipzig nach Dresden. Durch Lists Alleingang in Berlin fühlten sich nun seine sächsischen Geschäftspartner aus Leipzig hintergangen und zögerten nicht, sein Vorhaben bei den zuständigen Ministern in Berlin zu hintertreiben. Seither hatte List in Berlin den Ruf einer wenig vertrauenswürdigen Persönlichkeit, der man ein derart bedeutendes Projekt nicht anvertrauen mochte[53]. Die Minister v. Lotum und v. Rochow empfingen ihn zwar in Privataudienzen, vertraten jedoch die Ansicht, daß die Sache der Eisenbahnen überhaupt noch nicht reif sei, »man müsse erst noch auf neue Erfindungen warten, mehr Erfahrung sammeln, die Sache reiflicher überlegen; überhaupt wisse man nicht, was ein so neues unbekanntes Ding für Folgen haben könne[54].« Für Lists Warnung, daß nicht ewig Friede mit Frankreich bleiben werde und eine Eisenbahn zum Rhein so viel wert sei wie ein siegreicher Krieg, hatten offenbar nur der General Johann Jakob Rühle von Lilienstern (1780–1847) und Hauptmann Adolph v. Willisen (1798–1864) ein offenes Ohr. Über seine Begegnung mit den beiden Offizieren schrieb List später: »General Rühle v. Lilienstern war ganz meiner Ansicht [und] in Herrn v. Willisen lernte ich einen Mann von großartigen Ansichten und von hellem Verstande kennen. Er sprach unverweilt mit dem Kronprinzen von meiner Person und meinen Vorschlägen [...].« Willisen verschaffte List sogar einen Termin zur Audienz beim Kronprinzen, die dann jedoch nicht zustande kam[55].

List bemühte sich zwar auch nach seiner gescheiterten Mission in Berlin weiterhin, am Bau von Eisenbahnen in Preußen beteiligt zu werden, doch seine Äußerungen über deren militärische Konsequenzen nahmen schließlich eine sonderbare Wendung ins Utopische. Bereits 1834 hatte er in seinem in der Allgemeinen Militär-Zeitung veröffentlichten Beitrag über den Wert der Eisenbahnen in militärischer Beziehung festgestellt, daß die Eisenbahnen den Angegriffenen in einer Weise begünstigten, daß langfristig vielleicht sogar Kriege unmöglich gemacht würden[56]. Zwei Jahre später äußerte er wiederum in der Allgemeinen Militär-Zeitung noch einmal denselben Gedanken, daß ein vollständiges Eisenbahnsystem das ganze Territorium einer Nation in eine große Festung verwandeln würde. »Die erste und größte Hauptwirkung der Eisenbahnsysteme ist [...] demnach die, daß die Invasionskriege aufhören [...]; so dürften die Kontinentalnationen demnächst zur Überzeugung gelangen, daß es für alle am klügsten wäre, wenn sie in Fried[en] und Freundschaft nebeneinander wohnten.« Das Eisenbahnsystem werde somit »am Ende gar eine Maschine, die den Krieg selbst« zerstöre[57]. Derartig utopische Abschweifungen dürften sein Ansehen und seine Seriosität in den Augen der preußi-

---

[53] Seine Gegner beschrieben List als einen Mann, der »in seinen Erwartungen und Äußerungen sanguinisch und leicht und nicht immer diskret« sei und dessen Vorgehen »zu sehr das Gepräge des Abenteuerlichen an sich trage«. Brief des Magdeburger Bürgermeisters Franke an den preußischen Innenminister v. Rochow, Ebd., Anhang, S. 843.
[54] Brief Lists an Herzog Ernst I. v. Sachsen-Coburg-Gotha vom 24.12.1840, Ebd., S. 37.
[55] Ebd., S. 37.
[56] List, Über den Wert der Eisenbahnen, S. 662 f.
[57] List, Deutschlands Eisenbahnen in militärischer Beziehung, in: Allgemeine Militär-Zeitung, 1836, Nr. 44, S. 196–199. Später auch in: List, Schriften, Bd 3, S. 266.

schen Beamten und Offiziere kaum erhöht haben. Der Bau von Eisenbahnen in Preußen wurde schließlich ohne List in Angriff genommen. Vor allem Geldnöte zwangen den Schwaben noch im selben Jahr, nach Frankreich zu gehen, wo er sich günstigere Bedingungen für seine literarischen Arbeiten erhoffte[58]. Nur noch einmal konnte er sich mit Eisenbahnangelegenheiten in Deutschland befassen. Als im Jahr 1840 der Bau einer Bahn von Halle nach Kassel beginnen sollte, setzte er sich, soeben aus Frankreich zurückgekehrt, erfolgreich für den Verlauf der neuen Bahn durch Thüringen ein. Die letzten Jahre seines Lebens bis zu seinem Freitod im November 1846 widmete sich List nur noch der Vollendung seines nationalökonomischen Werkes[59]. Ebenso wie der ihm gleich gesonnene Harkort trat der Schwabe im weiteren Verlauf der Eisenbahnentwicklung nicht mehr in Erscheinung. Camphausen dagegen blieb weiterhin in der preußischen Wirtschaftspolitik engagiert und wurde nach den revolutionären Unruhen von 1848 sogar kurzzeitig preußischer Ministerpräsident.

Es bleibt festzuhalten, daß im Jahre 1833 mit Harkort, List, Camphausen und Schorlemer gleich vier zivile Befürworter einer militärischen Nutzung der Eisenbahnen auftraten, während die professionell hierfür zuständige militärische Seite in Preußen sich vorerst nicht in ausführlicher Form dazu äußerte. Aktueller Anlaß für die Stellungnahmen der zivilen Seite war offensichtlich die krisenhafte politische Entwicklung in Frankreich und Belgien von 1830 bis 1832, die auch eine Bedrohung der westlichen Grenze des Deutschen Bundes befürchten ließ. Dahinter verbarg sich jedoch bei den Vertretern der rheinischen Unternehmerschaft auch das elementare Interesse nach einer grundlegenden Verbesserung der Handelswege, für die man das finanzielle Risiko jedenfalls nicht allein auf sich nehmen wollte. Die Vertrautheit der zivilen Eisenbahnprotagonisten mit den zentralen Problemen der Verteidigung Preußens, der schnellen Mobilmachung seiner auf der allgemeinen Wehrpflicht fußenden Armee sowie der Verbindung und Versorgung seiner am Rhein gelegenen Festungen, läßt durchaus auf einen vorangegangenen Gedankenaustausch mit Vertretern der preußischen Armee schließen. Wie in vielen vergleichbaren Fällen fiel es hierbei Außenstehenden erheblich leichter, visionäre Lösungen zu entwickeln, als den mit zahlreichen Details befaßten und in eine militärische Bürokratie eingebundenen Vertretern der Armee. Von einer Opposition der Armee gegenüber den neuen Ideen konnte allerdings keine Rede sein. Die Militärs schienen die militärischen Möglichkeiten der Eisenbahnen durchaus schnell erkannt zu haben, auch wenn sich Friedrich Harkort im Jahre 1835 noch darüber beschwerte, daß in Preußen während der zurückliegenden zehn Jahre kaum etwas zur Förderung der Eisenbahnen geschehen sei[60]. Dies hatte jedoch weniger mit einer grundsätzlichen Ablehnung seines favorisierten Projektes der Rhein-Weser-Bahn zu tun, sondern eher mit der Unsicherheit der preußischen Administration, unter welchen Umständen diese Bahn für den Staat am günstigsten realisiert werden könnte. Wie schnell das preußische Kriegsministerium dann

---

[58] Brief Lists an Herzog Ernst I. v. Sachsen-Coburg-Gotha, Ebd., S. 38.
[59] Lists Lebensbeschreibung in: Hundert Jahre deutsche Eisenbahnen, S. 50–53.
[60] Brophy, Capitalism, S. 26.

allerdings die Bedeutung der Eisenbahnen vor allem für seine Festungen im Rheinland erkannt hatte, zeigte sich auch in seiner überraschenden Forderung aus dem Jahre 1835, die projektierte Köln-Antwerpener Linie über die Festung Jülich zu führen. Für Ludolf Camphausen, den Vorsitzenden der Rheinischen Eisenbahngesellschaft, war dies jedoch kein Anlaß zur Freude, wie seine empörte Feststellung in einem Sitzungsprotokoll der Rheinischen Eisenbahngesellschaft zeigte[61]. Die Forderung der preußischen Regierung, die geplante Bahn bei Aachen an das belgische Netz anzuschließen, bedeutete eine erhebliche Erhöhung der Baukosten. Diese Art staatlicher Eingriffe dürfte kaum nach Camphausens Geschmack gewesen sein. Ende 1837 mußte seine Gesellschaft schließlich mit dem Unternehmen seines Aachener Konkurrenten David Hansemann (1790-1864) zur Rheinischen Eisenbahngesellschaft fusionieren[62]. Die auch jetzt noch bestehende Kapitallücke von 1,5 Mio. Talern konnte erst durch eine weitere Ausgabe von 6000 neuen Aktien zu je 250 Talern, die zunächst von einem Kölner Bankenkonsortium und später von der Belgischen Regierung übernommen wurden, geschlossen werden. Nach wie vor hatte die preußische Administration jede finanzielle Beteiligung an der Bahn abgelehnt[63]. Erst im September 1841 konnte die Bahn schließlich bis Aachen fertiggestellt werden. Weitere zwei Jahre erforderte noch der Bau der Verbindung bis zur belgischen Grenze[64], so daß das gesamte Projekt insgesamt zehn Jahre in Anspruch genommen hat.

2. Chausseen oder Dampfwagen? – Die Haltung der preußischen Militärs zur Eisenbahnfrage 1829-1841

a) Die Operationsplanungen der preußischen Armee nach 1815

Die frühen Eisenbahnprotagonisten der dreißiger Jahre hatten angenommen, daß Preußen auf Grund seiner Größe, vor allem aber wegen seiner schwierigen geographischen Lage, am ehesten von allen deutschen Staaten bereit sein würde, Eisenbahnen zu bauen. List, Harkort und Camphausen hatten hierbei auf die Bedürfnisse einer in besonderer Weise auf gute Verkehrswege angewiesenen Wirtschaft gesetzt. Zugleich hatten sie aber auch auf die Weitsicht einer preußischen Administration gehofft, die trotz ihrer Verwurzelung in einem restaurativen politischen System immer wieder einzelnen hervorragenden Fachleuten wie etwa den Ministern v. Motz oder v. Maaßen den nötigen Spielraum für wirtschaftliche und technische Innovationen gewährt hatte. Noch klarer als die wirtschaftlichen Vor-

---

[61] Sitzung des Komitees der Rheinischen Eisenbahngesellschaft vom 21.7.1835, in: LAH Koblenz, 403/3585 Bl. 211: »Daß die Berührung der Festung Jülich wünschenswert sei, darüber ist niemals eine Andeutung gegeben, wohl aber von hochgestellten Männern versichert worden, daß das hohe Kriegsministerium hierauf keinen Wert legen würde«.
[62] Brophy, Capitalism, S. 26.
[63] Reden, Die Eisenbahnen Deutschlands, S. 784.
[64] Ebd., S. 788.

teile für Preußen hatten Harkort, Camphausen und List jedoch den Nutzen der Eisenbahnen gerade für die Landesverteidigung erkannt. Harkort war der erste gewesen, der auf die Möglichkeit eines schnellen Eisenbahntransportes einer vollständigen Brigade von Ostwestfalen an den Rhein hinwies. Ebenso naheliegend aus heutiger Sicht war sein Vorschlag einer Bahnlinie rechts des Rheines zur schnellen Verschiebung von Truppen entlang des Stromes. Camphausen hatte darüber hinaus sogar eine die gesamte Monarchie durchziehende Eisenbahnlinie vorgeschlagen, die eine Mobilisierung der Armee erleichtern und vor allem die preußischen Festungen am Rhein miteinander verbinden sollte. Darüber hinausgehend hatte Friedrich List die Idee eines Eisenbahnnetzes für ganz Deutschland entworfen, wodurch das ganze Land nach seiner Überzeugung zu einer einzigen Festung geworden wäre.

Alle diese Vorschläge stammten von Unternehmern oder Publizisten ohne eine nennenswerte militärische Vorbildung. Ihnen standen die strategischen Schwächen Preußens ebenso deutlich vor Augen wie den militärischen Fachleuten. Doch wie reagierten die Vertreter der Armee auf die Eisenbahnfrage? War ihre Reaktion auf die Vorschläge der Eisenbahnprotagonisten tatsächlich »alles andere als enthusiastisch«[65] oder ist es sogar gerechtfertigt, zu behaupten, die Armee sei dem Bau der Eisenbahnen anfangs mit »entschlossenem Widerstand« entgegengetreten[66]? Steckte dann vielleicht hinter dieser Haltung der Militärs die Sorge vor einer Verschlechterung oder gar einem Verlust ihrer privilegierten Position durch den technischen Fortschritt und seinen sozialen Folgen[67], oder waren es rein fachlich begründete Befürchtungen, daß etwa die neuen Eisenbahnen weniger leistungsfähig als die gewohnten Chausseen seien oder daß von ihnen vornehmlich eine angreifende feindliche Armee profitieren würde[68]? Die überlieferten Reaktionen scheinen keineswegs eindeutig. Einflußreiche Offiziere wie Rühle v. Lilienstern oder Adolph v. Willisen hatten durchaus ein offenes Ohr für Lists Ideen. Andererseits heißt es von Rühle, er habe noch 1835 die Ansicht vertreten, daß durch die Eisenbahnen »Geist und Methode der heutigen Kriegführung nicht erheblich modifiziert werde«[69]. Auch General Johann Wilhelm v. Krauseneck (1774-1850), der langjährige Chef des Generalstabes der Armee, habe noch 1834 den Chausseen den Vorzug vor den neuen Eisenbahnen gegeben, sei dann aber schon im folgenden Jahr für den Bau einer Bahn von Berlin nach Potsdam eingetreten[70], ebenso im Jahr darauf für eine Bahn von Saarbrücken nach Mannheim[71]. Harkort wiederum konnte zwar im November 1833 für sein Projekt einer Rhein-Weser-Bahn die befürwortende Stellungnahme des westfälischen Generalkommandos reklamieren, doch davon

---

[65] Showalter, Railroads, S. 24.
[66] In Abhängigkeit von Showalter auch Creveld, Supplying War, S. 82. »Im Gegensatz dazu [zu Österreich und Frankreich] traf in Preußen die Idee, Eisenbahnen für militärische Zwecke zu nutzen, auf nichts als Widerstand«.
[67] Showalter, Railroads, S. 23.
[68] Creveld, Supplying War, S. 82.
[69] Die Entwicklung des Militäreisenbahnwesens, S. 239.
[70] Ebd., S. 238.
[71] Ebd., S. 241.

findet sich außer einer einzigen Andeutung in einem Schreiben des Provinzialsteuerdirektors Krüger aus Münster über General v. Mifflings Ansichten kein weiterer Hinweis.

Offenbar lassen sich nun diese Widersprüche kaum zufriedenstellend auflösen ohne Bezugnahme auf die konkreten Anlässe dieser Äußerungen und vor allem auf die Vorstellungen der damals maßgeblichen Offiziere über die Führung eines zukünftigen Krieges. Erst die Berücksichtigung des gesamten militärischen Apparates Preußens und seiner Funktionsweisen, der Mobilmachungsabläufe und Truppenmärsche in die Versammlungsräume, der Etappenorganisationen und der verbleibenden Fristen im Falle eines Krieges kann über den Stellenwert der Eisenbahnen aus militärischer Sicht Aufschluß geben. Damit aber rückt die Haltung der preußischen Armeeführung zu den Überlegungen der ersten Eisenbahnprotagonisten in den größeren, politisch-strategischen Zusammenhang ihrer Operationsplanungen nach 1815. Nach der heute gebräuchlichen Terminologie könnte man diesen Bereich aller organisatorischen und konzeptionellen Vorbereitungen zu einem zukünftigen Krieg als Strategie oder Kriegsplanung bezeichnen, da darin eben beide Handlungsebenen der Kriegführung und der Politik zusammengefaßt sind. Für die damalige Fachwelt existierte jedoch ein solcher einheitlicher Oberbegriff nur bedingt.

General Karl v. Grolmann (1777–1843), der erste Chef des preußischen Generalstabes nach dem Pariser Frieden von 1815, unterschied in einer Denkschrift aus dem Jahre 1817[72] zwischen einem Verteidigungs- und einem Operationsplan. Dabei sah er in dem Verteidigungsplan alle »allgemeinen Grundsätze« zusammengefaßt, nach denen die »Kriegsmacht des Staates« und seine unterstützenden Einrichtungen wie Festungen, Schanzen und Vorräte im Falle eines Kriegs verwendet werden. Der Operationsplan dagegen legte nach seiner Ansicht erst bei einem ausbrechenden Kriege fest, »wie die vorhandenen Mittel unter den obwaltenden Umständen angewendet werden«[73]. Der Operationsplan berücksichtigte also die vorherrschenden politischen Umstände und zielte damit immer auf einen konkreten und durch die politische Lage vorgegebenen Gegner. Der politische Zweck war somit jedem Operationsplan als Rahmen vorgegeben. Andererseits war er umfassender gedacht als der heutige moderne Begriff der Operationsführung. In einer aus dem Jahre 1827 stammenden »Denkschrift über einen Krieg mit Frankreich« erwähnte General Carl v. Clausewitz (1780–1831), daß man die gesamten Bestimmungen »über die Verteilung der Kräfte und ihre Richtungslinie, über die Einschließung der Festungen, über die Anlage der Depots und Magazine [...] Operationsplan« zu nennen pflegte[74]. In dieser umfassenden Bedeutung, die das gesamte, in einem Krieg verfügbare, militärische Handlungsspektrum einschließlich der Versorgung abdeckte, setzte ihn Clausewitz in seinem später im Jahre 1830 niedergeschriebenen »Kriegsplan gegen Frankreich« sogar mit dem Begriff der

---

[72] Über die Verteidigung der Länder vom rechten Ufer der Elbe bis zur Memel, in: GStAPK, VI. HA, Rep. 92, Nachlaß Hermann v. Boyen, Nr. 331, Bl. 1.
[73] Ebd.
[74] Clausewitz, Denkschrift, Bd 2, S. 418–439.

Strategie gleich. Allerdings sprach er im selben Zusammenhang auch von den »untergeordneten strategischen Fragen«, die gegenüber den politischen Gesichtspunkten zu schweigen hätten[75]. Eine genauere Unterscheidung zwischen den Begriffen Operation und Strategie war unter diesen Voraussetzungen gar nicht nötig, denn sie bezeichneten beide dieselbe höchste Ebene der Truppenführung[76]. Diese stand aber wiederum eindeutig unterhalb der Ebene der politischen Führung. Ein offizielles begriffliches Gerüst existierte nicht. Vereinzelt war auch weniger präzise die Rede von der »Kriegführung im Großen« oder den »Offensiv- und Defensivplänen ganzer Länder und Staaten«[77]. Gemeint war damit jedoch immer die Strategie, auch wenn dieser Begriff hier offenbar vermieden werden sollte.

Von einer »defensive[n] Strategie« sprach der General Wilhelm v. Willisen in seinem erstmals 1840 erschienenen Werk »Theorie des großen Krieges«[78] und meinte damit die Lehre, »wie sich Armeen von der Seite der Bedürftigkeit her erhalten [und] wie sie des Feindes Wirkung darauf abwehren«[79]. Davon unterschied er die »defensive Taktik« als das bloße »Schlagen« und »Abweisen des Angriffes«. Die defensive Strategie bezeichnete hier also vor allem die umfassende Erhaltung der logistischen Grundlagen einer Armee, das bedeutete insbesondere die Einnahme einer Position mit der Armee, in der ihre Versorgung entweder aus dem Land oder durch entsprechende Versorgungslinien sichergestellt war.

Der sächsische Militärschriftsteller Karl Eduard v. Pönitz (1795-1858) unterschied in seinem in den vierziger Jahren weit verbreiteten Werk über die »Eisenbahnen als militärische Operationslinien«[80] zwischen den »kurzen [taktischen] Marschlinien« und »den längeren [strategischen] Operationslinien, auf welchen größere Truppenkorps mit Geschütz und Wagenzügen viele Meilen weit marschieren, um besondere Zwecke zu verfolgen[81].« Pönitz kombinierte beide Begriffe sogar miteinander, wenn er schrieb, daß die großen Operationslinien, welche einen Kriegsschauplatz in verschiedene Richtungen durchschnitten, den Armeen »strategische Operationen« erlaubten[82].

Selbst noch das von Bernhard v. Poten ab 1878 herausgegebene Handwörterbuch der gesamten Militärwissenschaften klassifizierte derartige »strategische Ope-

---

[75] Clausewitz, Betrachtungen, S. 547.
[76] Clausewitz sprach jedoch in seinem Hauptwerk Vom Kriege, S. 345, statt von dem Operationsplan nur noch von der Strategie. Sie sei der »Gebrauch des Gefechts zum Zwecke des Krieges« und setze »dem ganzen kriegerischen Akt ein Ziel«. Die Strategie entwirft den Kriegsplan, »sie macht die Entwürfe zu den einzelnen Feldzügen und ordnet in diesen die einzelnen Gefechte an«.
[77] Siehe das Gutachten des General Rühle v. Lilienstern über den militärischen Nutzen der Eisenbahnen aus dem Jahre 1835: »Auf die Kriegführung im Großen, auf die Bewegung ganzer Armeen, auf den Entwurf von Feldzügen, Offensiv- und Defensivplänen ganzer Länder und Staaten, dürften die Eisenbahnen an sich keinen wesentlichen und großartigen Einfluß äußern, und ihn überhaupt erst dann gewinnen können, wenn ganze Netze von Eisenbahnen über weit gedehnte Strecken verbreitet sein werden.« In: GStAPK, Ministerium des Auswärtigen Angelegenheiten, Nr. 6963, Bl. 78.
[78] Willisen, Theorie, S. 125.
[79] Ebd., S. 128.
[80] Pönitz, Die Eisenbahnen.
[81] Ebd., S. 4.
[82] Ebd., S. 8.

rationen« als »Bewegungen der großen Heereskörper zu kriegerischen Zwecken«[83]. Als strategisch wichtige Punkte und Linien galten hier Städte, Festungen und Flußlinien, deren Besitz für den Ausgang des Krieges von entscheidender Bedeutung war. Über Operationen hieß es dort wiederum, daß sie »im weitesten Sinne alle Bewegungen größerer Heereskörper« seien, im engeren Sinne aber »diejenigen strategischen Manöver, welche auf eine Entscheidung im Großen hinzielen«[84].

Somit scheinen im betrachteten Zeitraum von 1815 bis 1848 die Begriffe »Operationsplan« oder »Strategie« in einzelner oder kombinierter Verwendung allgemein das gesamte Spektrum aller militärischen Planungen und Vorbereitungen eines Staates im Kriegsfalle abzudecken und auch von den meisten Verfassern in diesem Sinne verwendet worden zu sein. Es ist daher kein Anachronismus, die folgenden Untersuchungen zum preußischen Kriegsbild in den Jahren 1815 bis 1848 unter den Leitbegriff des Operationsplanes zu stellen.

Preußens militärische Erfolge in den Jahren 1813/15 hatten seine strategische Position im Gefüge der benachbarten Staaten nicht verbessert. Schon seit seiner Etablierung als europäische Macht unter Friedrich II. (1712–1786) war seine Lage in hohem Maße exponiert gewesen. Vor allem seine Provinzen Ostpreußen und Schlesien hatten weit in die Gebiete rivalisierender Staaten geragt. Als kleinste Macht mit hoffnungslos entblößten Grenzen müsse Preußen daher, so der König an seine Generale, stets die Offensive ergreifen, um seine Kriege zu einem schnellen Ende zu bringen[85]. Kurz vor der vollständigen Niederlage Preußens gegen Napoleon im Herbst 1806 hatte General Gerhard v. Scharnhorst (1755–1813) in einem Brief an den damaligen Gouverneur von Königsberg und Inspekteur der ostpreußischen Infanterie, General v. Rüchel (1754–1823), noch einmal festgestellt, daß Preußen »keinen Defensivkrieg führen [könne], seine geographische Lage und der Mangel an künstlichen und natürlichen Verteidigungsmitteln leiden das nicht.« Allerdings zog Scharnhorst aus dieser Lagebeurteilung einen völlig anderen Schluß als zuvor Friedrich II. Nach seiner Ansicht mußte sich Preußen unbedingt um Bündnispartner bemühen und den Krieg nach einem vorher verabredeten Plan führen, »in dem Preußen zwar als dirigierende Macht, wegen der Einheit in den Maßregeln und der Vorzüge seiner Armee auftritt, in der es aber so kräftig von anderen soutenirt wird, daß es nicht durch einige unvorhersehbare Unglücksfälle abhängig wird[86].«

Diese neue Grundlinie der preußischen Politik behielt auch nach den Siegen von 1813/15 ihre Gültigkeit. Mit dem Erwerb der Rheinprovinz und Westfalens war Preußen zur deutschen Schutzmacht am Rhein geworden und nun auch ein direkter Nachbar Frankreichs, das zwar zweimal unter seiner maßgeblichen Beteiligung besiegt worden war, aber immer noch als der wahrscheinlichste Gegner in einem zukünftigen Krieg galt. In diesem Fall war es das elementare Interesse Preußens, dem Gegner an der Spitze eines verbündeten deutschen Heeres entge-

---

[83] Artikel: Strategie, in: Handwörterbuch der gesamten Militärwissenschaft, Bd 8, S. 87.
[84] Artikel: Operation, in: Ebd., Bd 7, S. 259.
[85] Frederick the Great, S. 181.
[86] Scharnhorst, Ausgewählte Schriften, S. 182 f.

II. Konzeptionelle Überlegungen zur militärischen Nutzung der Eisenbahnen

genzutreten. Der Chef des Stabes im neuen Koblenzer Generalkommando, Carl v. Clausewitz, ein Schüler des Generals v. Scharnhorst, bezeichnete es in einer vor dem Jahre 1818 entstandenen Denkschrift als »unstreitig einen der schlimmsten [Fälle], wenn Preußen ohne Alliierte am Rhein gegen eine überlegene französische Macht verteidigen soll, die sich am Rhein selbst befindet«[87]. Auf sich allein gestellt würde Preußen niemals die Rheinlinie gegen den mächtigen Nachbarn im Westen halten können. Noch schlimmer wäre es, wenn Frankreich mit anderen Mächten gegen Preußen verbündet wäre. Da Preußen aber »nun auf eine Länge von 200 Meilen ausgedehnt sei, in zwei Teile zerschnitten und keinen Punkt habe, der weiter als 22 Meilen von der Grenze entfernt ist, und daher in Berührung mit den drei größten Kontinentalmächten Europas«, mußte es nach Ansicht des Pionierhauptmannes und Festungsbaumeisters Moritz v. Prittwitz und Gaffron (1795–1885) auch »jeden Augenblick bereit sein [...], seine Kraft [nacheinander] auf drei Kriegstheatern zu entwickeln«[88], und jedesmal, wie Clausewitz es zuvor drastisch formuliert hatte, »seine Armee auf einen einzigen Punkt versammeln, um damit wie ein wildes Tier dem nächsten seiner Feinde auf den Leib zu gehen«[89].

Zwar unterhielt der preußische Generalstab seit Anfang 1816 je eine Abteilung für ein mögliches »Kriegstheater« mit Österreich, Rußland und Frankreich[90], konkrete Operationsplanungen gab es jedoch vorläufig nicht, zumal Preußen mit Rußland, Österreich und England in der sogenannten Quadrupelallianz verbündet war. Der noch einmal anläßlich des zweiten Pariser Friedens am 20. November 1815 erneuerte Vertrag richtete sich in erster Linie gegen ein Wiederaufleben revisionistischer französischer Bestrebungen[91]. Die inoffiziellen Operationsvorschläge und Denkschriften dieser ersten Zeit nach dem Pariser Frieden befaßten sich daher hauptsächlich mit einem Krieg im Westen. Man ging hierbei davon aus, daß die preußische Armee zusammen mit den Streitkräften des Deutschen Bundes die Verteidigung der Westgrenze gegen Frankreich übernehmen würde[92]. Preußen bildete dazu wie Österreich vertragsgemäß drei Armeekorps zu je 30 000 Mann, die in vier Wochen nach ihrer Mobilisierung marsch- und einsatzbereit sein sollten. Vier weitere Korps wurden von den übrigen Mitgliedern des Bundes gestellt. Genauere Absprachen über die Versammlungs- und Einsatzräume der Bundesstreitkräfte an der Westgrenze waren jedoch vorerst nicht zustande gekommen. Der

---

[87] Clausewitz, Zweite Abhandlung über Preußens Kriegstheater, S. 1120. Da Clausewitz hierin noch »die in Frankreich stehende Armee« erwähnte, dürfte die Denkschrift in den Jahren 1817/18 verfaßt worden sein.
[88] Prittwitz, Die schwebende Eisenbahn, S. 39.
[89] Clausewitz, Zweite Abhandlung über Preußens Kriegstheater, S. 1121.
[90] Kriegsminister v. Boyen hatte die Bearbeitung sämtlicher Generalstabsangelegenheiten 1814 im II. Department seines Ministeriums zusammengefaßt und dieses dem General v. Grolmann unterstellt. Grolmann gliederte sein Department zum 31.1.1816 in die drei »Kriegstheater« sowie je eine Abteilung für die Kriegsgeschichte und die Landesaufnahme. Im Juni 1817 erhielt das Department die amtliche Bezeichnung »Generalstab«. Siehe dazu Von Scharnhorst zu Schlieffen, S. 117–119.
[91] Siehe Angelow, Von Wien nach Königgrätz, S. 26.
[92] Zu den Einzelheiten der Bestimmungen der Kriegsverfassung des Deutschen Bundes vom 9.4.1821, ebd., S. 37–50.

preußische Bevollmächtige in der neu eingerichteten Bundesmilitärkommission, General Justus Adolph v. Wolzogen (1774-1845), stellte dazu in einer Denkschrift aus dem Jahre 1817 fest, daß die bisherigen Arbeiten des Militärkomitees über die Stärke und Zusammensetzung der verbündeten Streitkräfte noch ergänzt werden müßten um die »ebenfalls höchst wichtige [...] Aufstellung derselben gegen eine bedrohte Grenze«[93]. Doch außer auf eine grobe Einteilung der Kräfte mit Preußen im Norden, den Österreichern im Süden und den Kontingenten der kleineren Staaten in der Mitte mochten sich die deutschen Höfe zunächst nicht festlegen. In einer noch vor 1818 entstandenen Denkschrift über ein Verteidigungssystem im nördlichen Deutschland unterstellte ein nicht genannter Offizier, daß Frankreich die militärische Zersplitterung Deutschlands zu einem Versuch nutzen könnte, die erst kürzlich verlorenen Rheinlande wiederzuerobern[94]. Da die Franzosen »ein einziges Reich bilden, die Deutschen aber aus mehreren mittleren Staaten bestehen, die größeren Staaten wegen ihrer entfernteren Lage nur erst später auf dem Kriegsschauplatz erscheinen können«, besaß der Angreifer »bei jedem Ausbruch des Krieges in der ersten Zeit das Übergewicht der Kräfte«. Sich aber dem französischen »Vordringen geradezu entgegen zu setzen und dadurch die gesamte Streitmacht des Landes in nachteiligen Verhältnissen an einem Tag aufs Spiel zu setzen«, betrachtete der Verfasser als »eine unnütze Aufopferung«. Es komme vielmehr »darauf an, den Feind aufzuhalten, und den entfernten Staaten Gelegenheit zu geben, heranzukommen, ehe der Feind einen großen Streich ausgeführt haben kann«. In jedem Fall aber sollten mit den verfügbaren örtlichen Kräften das linke Rheinufer, vielleicht auch noch Teile Belgiens verteidigt werden. Eine bei Ostende landende englische Armee würde die Franzosen im Rücken bedrohen und der preußischen Hauptarmee Zeit verschaffen, sich bei Aachen zum Gegenangriff zu sammeln[95].

Im Falle eines Krieges mit Frankreich bestand das grundsätzliche Problem, daß die Streitkräfte der beiden wichtigsten deutschen Mächte Österreich und Preußen sehr große Entfernungen zu der bedrohten Rheingrenze zurückzulegen hatten. Bis zu ihrem Eintreffen waren die kleineren grenznahen Staaten auf eine hinhaltende Verteidigung mit den vorhandenen Landsturmeinheiten und Festungsbesatzungen angewiesen[96]. Das Eingreifen der russischen Truppen, auf das Preußen und Österreich für den Fall einer revolutionären Machtergreifung in Frankreich auf Grund der Vereinbarungen von 1815 immer noch hofften, würde sich sogar erst viel später auswirken[97].

In den ersten Jahren nach dem Pariser Frieden von 1815 schien allerdings die Ansicht vorzuherrschen, daß ein Krieg in naher Zukunft unwahrscheinlich sei. Er

---

[93] Siehe seine Denkschrift aus dem Jahr 1817 »Über die Verteidigung der westlichen Grenze von Deutschland«, in: GStAPK, Rep. 92, Nachlaß Hermann v. Boyen, 84, Bl. 10.
[94] Die Denkschrift des nicht genannten Verfassers findet sich im Nachlaß von Hermann v. Boyen, in: GStAPK, Rep. 92, Nr. 331, Bl. 30-37.
[95] Ebd., Bl. 31.
[96] Zu diesem Problem siehe auch Wolzogens Denkschrift »Über die Verteidigung der westlichen Grenze von Deutschland«, in: GStAPK, Rep. 92, Nachlaß Hermann v. Boyen, 84, Bl. 10.
[97] Angelow, Von Wien nach Königgrätz, S. 30 f.

wisse nichts »von irgendeiner noch so sehr entfernten Wahrscheinlichkeit des Krieges«, schrieb der spätere preußische Generalfeldmarschall August Neithardt v. Gneisenau (1760-1831) im Frühjahr 1820 an seine Tochter. »Er müßte kommen wie ein Donnerschlag aus heiterem Himmel. Die Kabinette sind des leichtsinnigen Kriegführens wohl müde und kennen die heutigen Gefahren desselben nur allzu gut[98].« Noch war die Koalition der Siegermächte einmütig, aber mit dem Jahr 1827 begann sich die politische Lage in Europa zu destabilisieren[99]. Der Freiheitskampf der Griechen gegen die türkische Besatzungsmacht drohte zu einem großen Balkankrieg unter Beteiligung Rußlands zu eskalieren. Die unterschiedlichen Interessen der europäischen Großmächte traten erstmals deutlich hervor und waren Anlaß für den inzwischen zum Direktor der preußischen Kriegsakademie ernannten General Carl v. Clausewitz, eine Denkschrift über einen möglichen Krieg mit Frankreich zu verfassen[100]. Zwar glaubte Clausewitz immer noch, daß Preußen einen neuerlichen Krieg mit Frankreich an der Spitze einer Koalition verbündeter Mächte führen könnte, was nach seiner Ansicht in jedem Fall zu einem offensiven Vorgehen genutzt werden mußte. Allerdings erwog er nun auch die Möglichkeit eines Verteidigungskrieges gegen Frankreich. Er fürchtete, verschiedene

> »Umstände [könnten] die Kriegsmacht Frankreichs auf einen ungewöhnlich hohen Punkt bringen; ist sie dabei geordnet und von denjenigen Elementen der Bonapartischen Armee an Generalen, Offizieren, Unteroffizieren und Gemeinen durchwebt, die sich noch in Frankreich befinden und die dem bloßen Alter nach leicht bis in die schönsten Zeiten der französischen Waffen hinauf rechnen können, so kann leicht ein Machtverhältnis entstehen, was gar zu einer Offensive berechtigt[101].«

Dabei betrachtete Clausewitz Belgien und die preußischen Rheinprovinzen als Hauptangriffsziele Frankreichs. Preußen sei »ohnehin der Gegenstand ihres ganz besonderen Hasses«. Die Maas und die Mosel boten sich hier als die wichtigsten Angriffsachsen an. Clausewitz war jedoch der Ansicht, daß deutsches Territorium nicht gefährdet würde, wenn die verbündeten Streitkräfte Preußens, Hollands und Englands die Verteidigung, gestützt auf die preußischen Festungen Köln, Wesel und Jülich als Operationsbasis, bereits an der Maas aufnähmen. Das Tal der Maas sei ein höchst fruchtbares Land, das dem Angreifer günstigere Bedingungen biete. Eine Umgehung der verbündeten Armee entlang der Mosel hielt Clausewitz dagegen für unwahrscheinlich. Das Land beiderseits des Flusses sei »größtenteils sehr unfruchtbar und schwach besiedelt«. Die Festungen Luxemburg und Saarlouis zwängen einen Angreifer dort zu »einer bedeutenden Detachierung«. Darüber hinaus würde die Festung Koblenz als »Platz erster Ordnung« eine derartige Umgehung vollends blockieren[102]. Die preußischen Festungen spielten somit in dem clausewitzschen Operationsplan die traditionelle Rolle als Versorgungs- und Rück-

---

[98] Brief Gneisenaus an seine Tochter vom 18.2.1820. Zit. nach Delbrück, Das Leben des Feldmarschalls Grafen Neithardt von Gneisenau, S. 423-425.
[99] Messerschmidt, Die politische Geschichte, S. 11.
[100] Clausewitz, Denkschrift, S. 429.
[101] Ebd., S. 430.
[102] Ebd., S. 437.

II. Konzeptionelle Überlegungen zur militärischen Nutzung der Eisenbahnen

zugsbasis der im Felde operierenden Armee sowie als Sperrmittel, die den Angreifer zum Einsatz von Detachements zwangen oder ihm direkt den Weg verlegten.

»Dem Feinde das Eindringen in ein Land unmittelbar durch Festungen zu verwehren«, war nach Ansicht des Generals Carl v. Grolmann allerdings unmöglich. Selbst Frankreichs dreifacher Festungsgürtel hatte die Armeen der Alliierten 1814/15 nicht aufhalten können. Grolmann hatte schon im Jahre 1816 als Chef des Generalstabes die preußischen Provinzen bereist und anschließend ein Memoir verfaßt, das sich vor allem mit den Problemen der Verteidigung der preußischen Ostgrenze beschäftigte[103]. Darin entwickelte er die Idee, daß man zukünftig an Stelle des gesamten Landes in Zukunft nur noch die »Hauptgewerbe- und Handelsstädte« durch Festungsanlagen schützen sollte. Denn »da liegt das Mark und die Kraft des Landes auf wenigen Punkten vereinigt, ihr Besitz entscheidet, und sie allein erfüllen alle übrigen Forderungen, die an Festungen gemacht werden«[104]. Eine grenznahe Verteidigung kam für Preußen nach Grolmanns Ansicht daher nicht in Frage. Die Armee solle sich »nicht mehr in ein, zwei oder drei Treffen, sondern in die Tiefe« aufstellen. Da in Preußen aber »jede Provinz eine Grenzprovinz« sei, gäbe es

»nirgends einen ganz sichere[n] Kern, von wo aus die gesammelte Kraft gegen den eingedrungenen Feind wirken könne, jede Provinz muß als ein kleines Ganzes für sich handeln. Dabei müsse sie sich auf eine örtliche große Festung stützen, die jeweils den sicheren Vereinigungspunkt bildete, wo die Streitkräfte [sich] zusammenziehen und ausrüsten [...] können[105].«

Gerade wegen der besonderen Struktur seiner Streitkräfte mit Landwehr-, Garnisons- und Ersatzbataillonen könne Preußen jedoch seine Festungen inzwischen besser besetzen, ohne wie früher dadurch das Feldheer zu schwächen[106].

Auch Grolmanns Nachfolger im Amt des Generalstabschefs, General Friedrich Carl v. Müffling, bevorzugte eine Verteidigung in der Tiefe. Auf seinen regelmäßig seit 1821 stattfindenden Generalstabsreisen legte er seinen Übungsaufgaben die Lage zugrunde, daß der Feind von Westen, Osten oder Süden zugleich in Preußen eindringe[107]. Im Osten und Westen sah er Preußens Verteidigung »durch die Natur begünstigt. [...] Der Rhein die Weser, die Elbe, die Oder, die Weichsel sind durch die Kunst verstärkt. Festungen sperren ihre Übergänge und geben den Armeen Zeit, sich unter ihrem Schutz zu sammeln[108].« Zur Defensive im eigenen Lande gezwungen, hatte die preußische Armee zunächst die Aufgabe, die rückwärtigen Verbindungen des Feindes entweder zu umgehen oder zu bedrohen und sich ihm nur bei eindeutiger numerischer Überlegenheit auf günstigem Gelände zur Schlacht zu stellen. Eine in General v. Müfflings Nachlaß befindliche Denkschrift vom Februar 1832 veranschlagte »zur Heranziehung von 100 000 Mann [im We-

---

[103] Conrady, Leben und Wirken, Bd 3, S. 36–40.
[104] Über die Verteidigung der Länder vom rechten Ufer der Elbe bis zur Memel, in: GStAPK, VI. HA, Rep. 92, Nachlaß Hermann v. Boyen, Nr. 331, Bl. 1.
[105] Ebd., Bl. 2.
[106] Ebd., Bl. 3.
[107] Von Scharnhorst zu Schlieffen, S. 121–124.
[108] Pro Memoria vom 5.6.1827, in: GStA, P.K. I. HA, Rep. 92, Nachlaß v. Müffling, A 11.

sten] zwei oder drei Monate. Was zunächst und in einigen Wochen streitfähig sein wird«, heißt es dort, »dient zur Besatzungsverstärkung der Plätze und zur Formation einiger fliegender Korps, welche mit Industrie den Krieg im Lande selbst so lange führen, bis die Massen zur Überwältigung heran sind, um die Kraft und die militärischen Hilfsmittel des Landes möglichst zu erhalten[109].« Eine Verteidigung Ostpreußens gegen einen russischem Angriff hielt v. Müffling für nicht möglich. Er glaubte lediglich Königsberg, Pillau und ein festes Lager bei Osterode halten zu können. Die größte Gefahr sah er jedoch an der Grenze Preußens zu Sachsen und Österreich. Zwischen den Festungen Torgau an der Elbe und Glogau an der Oder beunruhigte den General eine Lücke von »neun Tagesmärschen«, die es den Österreichern ermöglichte, im Kriegsfall auf einer Front von Spremberg bis Elsterwerda vorzurücken und schon am »fünften Marschtag in Berlin« einzutreffen[110]. Diese Schwachstelle glaubte General v. Müffling aber mit verhältnismäßig geringen Mitteln beseitigen zu können. Der Bau einer »Festung zwischen Glogau und Torgau mit ihr zugehörigen Verbindungschausseen nach der Elbe, Berlin und der Oder« würde nach seiner Ansicht die Befestigung des preußischen Staates, wie sie sich durch den Frieden von 1815 gebildet hat, auf eine beruhigende und dem Stand der neuesten Militärtechnik entsprechende Art vollenden[111].

Auf dem Prinzip einer auf Festungen gestützten anfänglichen Defensive beruhte auch der Plan des Generals Wilhelm v. Willisen. Für die Verteidigung der Westgrenze schlug er in seinem 1840 veröffentlichten Buch über die Theorie des großen Krieges eine hinhaltende Kriegführung vor, die vor allem auf die rückwärtigen Verbindungen bedacht zu sein hatte. »Die Lehre von der Verteidigung ist also zuerst eine Lehre von der Verteidigung der Verbindungen«. Willisen sah die Defensive an die großen Wasserstraßen und an die »großen Landverbindungen«, also die Chausseen, gebunden[112]. Den Wert einer Verteidigungsstellung beurteilte er außerdem nach ihrer »strategischen Wirksamkeit«, d.h. nach der Möglichkeit, aus ihr wieder zur Offensive überzugehen. Im Falle eines Angriffs überlegener Kräfte sollten die eigenen Truppen sich jedoch nicht in die Tiefe zurückziehen, sondern auf einer »exzentrischen« Linie nach Norden oder Süden ausweichen, um den Feind und seine Verbindungen in der Flanke zu bedrohen. Die Hauptkräfte aber sollten einem von Westen nach Osten geführten Angriff überlegener feindlicher Kräfte durch »Einwirkung gegen seine Flanken begegnen, sei es durch Be-

---

[109] Memoir vom 4.2.1832 über die Versorgung der Armee im Kriegsfall, ebd., Bl. 33.
[110] Pro Memoria vom 5.6.1827, in: GStAPK, I. HA, Rep. 92, Nachlaß v. Müffling. »Die Kunst hat auf dieser wichtigsten Seite, auf welcher der preußische Staat keine hinlängliche Feste hat, und mit dem Verlust von Berlin in zwei Stücke zerschnitten ist, gar nichts getan.« Siehe auch die Angabe Von Scharnhorst zu Schlieffen, S. 121–124: Von acht Generalstabsreisen in den Jahren 1821 bis 1829 befaßten sich nur zwei mit einem von Westen in das Ruhrgebiet und Westfalen eingedrungenen Feind, zwei weitere mit einem feindlichen Angriff auf Westpreußen und die Provinz Posen, aber insgesamt viermal wurde der Lage ein Krieg mit Österreich-Sachsen zugrunde gelegt.
[111] Pro Memoria vom 5.6.1827, in: GStAPK, I. HA, Rep. 92, Nachlaß v. Müffling.
[112] Willisen, Theorie, S. 128 und 138 f.

drohung, sei es durch Gegenangriff«[113]. Wenn eine preußische Armee gezwungen wäre, »ihr Verteidigungssystem bei Koblenz aufzugeben«, müsse sie ihren Rückzug, statt tiefer nach Deutschland hinein, vielmehr den Rhein abwärts exzentrisch auf Köln nehmen.

»Da fände sie ihre Verpflegung gesichert, und nicht nur Schutz bei der großen Festung, und über Düsseldorf oder Wesel eine gesicherte Gemeinschaft mit dem Kern des Landes, sondern außerdem auch Gelegenheit, durch einen Marsch am linken Ufer stromaufwärts gegen den Übergangspunkt des Feindes diesen wiederum über den Strom zurückzuwerfen[114].«

Als erster preußischer Offizier überhaupt erwähnte General v. Willisen in seinem Kriegsplan die militärischen Möglichkeiten der Eisenbahnen, ohne allerdings konkrete Angaben zu ihrer Nutzung zu machen. Er verwies lediglich auf die immense Bedeutung einer schnellen, auf Eisenbahnen beruhenden Verbindung Preußens mit seinen Westprovinzen, wobei er einer nördlichen Linie »von Magdeburg über Minden nach Wesel« den Vorzug gab[115].

Trotz zahlreicher Denkschriften und Erwägungen maßgeblicher Offiziere zur Verteidigung der deutschen Westgrenze traf die im Sommer 1830 ausbrechende französisch-belgische Krise Preußen in militärischer Hinsicht kaum vorbereitet. Resigniert notierte der nach Berlin berufene General v. Grolmann, daß in Preußen für den Krieg nichts organisiert und daß die ganze jetzige Organisation nur für den Frieden berechnet sei und sich alles in einem unverzeihlichen Schlendrian fortschleppe[116]. Es existierte nicht einmal ein Mobilmachungsplan und der Kriegsminister Job v. Witzleben (1783-1837) war in den entscheidenden Augustwochen sogar von Berlin abwesend[117].

Erst jetzt begann sich die Armee überstürzt mit konkreteren Aufmarschplänen zu beschäftigen. Hierbei lag der Schwerpunkt Preußens eindeutig im Westen. Durch die Trennung Belgiens von den Niederlanden im Jahre 1830 war die Nordflanke der deutschen Verteidigungslinie am Rhein erheblich geschwächt worden. Von einer Verteidigung Deutschlands in Belgien, wie sie Clausewitz noch 1827 geplant hatte, konnte jetzt keine Rede mehr sein. 1830 hatte in Frankreich die Julirevolution das Ancien Regime beseitigt, was in den angrenzenden deutschen Staaten mit Blick auf die kaum erst zwei Dekaden zurückliegenden Revolutionskriege erhebliche Besorgnisse auslöste. Die Armee fürchtete, Belgien könne wie schon 1792/93 an Frankreich fallen und rechnete fest mit einem baldigen Krieg[118]. In

---

[113] Ebd., S. 131: »die Wirkung einer solchen Aufstellung [liegt] gar nicht in ihrer rein defensiven Wirksamkeit, welche immer bloß abwehrender Natur, nur rückwärts liegen kann, sondern sie liegt in der offensiven Tendenz, welche sie hat, und die notwendig hinzu gedacht werden muss«.
[114] Ebd., S. 131.
[115] Ebd., S. 133.
[116] Brandt, Aus dem Leben des Generals, Bd 2, S. 41 f.
[117] Brief des Generals v. Clausewitz an Feldmarschall v. Gneisenau vom 20.8.1830, in: Delbrück, Das Leben des Feldmarschalls Grafen Neidhardt von Gneisenau, S. 607: »Unbegreiflich ist es, dass der Kriegsminister diese Sache [den Mobilmachungsplan] so lange hat anstehen lassen, so wie seine jetzige Abwesenheit [...]«. Da Clausewitz mit dieser Notiz eindeutig den General v. Witzleben meinte, muß dieser schon zumindest vertretungsweise das Kriegsministerium geleitet haben.
[118] Brief des Generals v. Clausewitz an Feldmarschall v. Gneisenau vom 13.11.1830, ebd., S. 618: »Ich bin ganz Eurer Exzellenz Meinung, dass ein Krieg im Frühjahr unvermeidlich ist; die nie-

einer noch im selben Jahr verfaßten neuen Denkschrift hatte Clausewitz deshalb im Falle eines Krieges mit Frankreich die Rückeroberung Belgiens empfohlen, als dem einzigen »Objekt unserer Offensive, [...] welches unseren Kräften und Verhältnissen entspricht«[119]. Dazu sollten sich sieben preußische Korps, unterstützt vom IX. und X. Bundeskorps, zwischen Düsseldorf und Trier versammeln. Für ihren vollständigen Aufmarsch veranschlagte Clausewitz einschließlich der Mobilisierung neun Wochen[120]. Eine ernstlich gemeinte Offensive der süddeutschen Staaten am Oberrhein sollte den Angriff auf Belgien unterstützen. Die Österreicher hatte er dabei noch nicht in Betracht gezogen, »weil man nicht [wisse], was sie mit ihrer Macht vornehmen«[121].

Um sich die erhoffte Unterstützung im Kriegsfall zu sichern, nahm die preußische Regierung im Oktober 1830 Verhandlungen mit Österreich auf, sandte aber insgeheim auch Vertreter zu den wichtigsten süddeutschen Staaten[122]. Der preußische Vorschlag für eine gemeinsame Verteidigung der Westgrenze beruhte auf einer Gliederung der Streitkräfte des Bundes in drei Armeen. Preußen verpflichtete sich, insgesamt sieben seiner Armeekorps mit zusammen 200 000 Mann zur Verfügung zu stellen, davon waren jedoch in einer ersten Phase des Krieges 50 000 Mann für die westlichen Festungen vorgesehen[123]. Die nicht als Besatzung benötigten Kräfte der beiden westlichen preußischen Korps bildeten zusammen mit den im X. Bundeskorps vereinigten Truppen der norddeutschen Staaten die rechte Flügelarmee. Dazu kamen zwei zusätzliche preußische Korps, die sieben bis acht Wochen nach der Mobilmachung zwischen Kassel und Paderborn stehen sollten, so daß die gesamte rechte Gruppe in einer Stärke von 90 000 bis 100 000 Mann innerhalb von zehn Wochen am Niederrhein zwischen Mainz und Düsseldorf konzentriert sein konnte[124]. Drei weitere preußische Korps vereinigten sich mit den Streitkräften der süddeutschen Staaten, des VII. bayerischen, des VIII. württembergischen und des IX. sächsischen Bundeskorps zur »Zentralarmee«, die mit »mindestens 170 000 Mann« nach sieben bis acht Wochen am Main versammelt sein sollte, um innerhalb von zwei weiteren Wochen den Vormarsch zum Mittelrhein abzuschließen. Österreich stellte mit 150 000 Mann die linke Flügelar-

---

derländische Angelegenheit treibt die Franzosen mit Gewalt in eine feindselige Stellung gegen die anderen Mächte«.
[119] Clausewitz, Betrachtungen, S. 548.
[120] Ebd., S. 557.
[121] Ebd., S. 548.
[122] Angelow, Von Wien nach Königgrätz, S. 96.
[123] Protokoll vom 3.12.1832 über den Abschluß der Berliner Militärkonferenz, in: GStAPK, III. HA, Akten des Ministeriums der äußeren Angelegenheiten, Nr. 10112, Bl. 173-176, vollständig abgedruckt bei Angelow, Von Wien nach Königgrätz, S. 350-365; § 2 und § 8 des Protokolls sind hinsichtlich des preußischen Kontingents widersprüchlich. Zunächst ist von 200 000 Mann die Rede, was einer Stärke von sechs Korps entspräche, in § 8 heißt es jedoch in der Gesamtübersicht der Stärken aller Kontingente, daß Preußen zunächst fünf Korps mit insgesamt 164 580 Mann stelle, später aber noch einmal zusätzlich zwei Korps mit 65 922 Mann, was zu einer endgültigen preußischen Gesamtstärke von rund 230 000 Mann führen würde.
[124] Ebd., S. 355.

mee[125]. Es war vorgesehen, sie innerhalb von neun bis zehn Wochen zum Oberrhein oder bis zum Schwarzwald vorrücken zu lassen.

Noch im Jahre 1817 war Preußen mit diesem sogenannten Drei-Armeen-Plan bei den Karlsbader Verhandlungen auf den entschiedenen Widerstand Österreichs gestoßen. Wien hatte damals kein Interesse daran gehabt, die preußische Hegemonie über die Streitkräfte der norddeutschen Staaten zu zementieren und dazu noch den süddeutschen Staaten eine vollkommen selbständige Rolle einzuräumen[126]. Aus Furcht, innerhalb des Bundes in eine isolierte Position zu geraten, stimmte Österreich nun jedoch dem Plan im Schlußprotokoll der in Berlin einberufenen Militärkonferenz im Dezember 1832 zu[127]. Besonders in Baden, Württemberg und Bayern gab es eine starke Tendenz, sich Preußen anzuschließen, da man die österreichischen Absichten einer vorübergehenden Aufgabe der Oberrheinlinie auf keinen Fall akzeptieren konnte. Das operative Ziel des Drei-Armeen-Planes war die Verteidigung der Rheinlinie und nach einer unter günstigen Bedingungen geschlagenen Hauptschlacht der schnellstmögliche Übergang zur Offensive auf das linksseitige Rheinufer. Den kritischen Punkt des Planes bildete allerdings der Abschnitt des VII. und VIII. Bundeskorps am Mittelrhein. Immer noch fehlte hier eine Festung, auf die sich die beiden Korps hätten stützen können[128]. Im Berliner Protokoll wurde daher durchaus mit der Möglichkeit gerechnet, daß eine Versammlung der »Zentralarmee« erst rückwärts des Rheines gelingen könnte. Die Absicht einer wirksamen Verteidigung möglichst weit vorne war durch die erzwungene Rücknahme der Hauptarmee aufs äußerste gefährdet. Entweder gelang es in absehbarer Zeit, die Festungslücke am Oberrhein zu schließen, oder die Anmarschzeit der preußischen Korps mußte verkürzt werden. Im März 1833 einigten sich Österreich und Preußen daher auf eine Ergänzung des Berliner Protokolls. Für den Fall eines überraschenden feindlichen Angriffs auf das VIII. Bundeskorps hofften beide Mächte, Bayern zumindest auf dem rechten Donauufer mit Unterstützung einer ca. 25 000 bis 30 000 Mann starken österreichischen Armee verteidigen zu können. Gegen einen Feind, der entweder über Straßburg auf die Donau, von Metz auf den Main–Neckar-Raum oder von der Mosel und Maas her zum Niederrhein vorstoßen könnte, wollte man zunächst eine zeitliche begrenzte Verteidigung führen, um der Hauptarmee Gelegenheit zu geben, eine günstige Stellung zu beziehen, die der Feind nicht ohne Nachteil für seine rückwärtigen Verbindungen umgehen konnte. Hier wollte man unter möglichst günstigen Umständen und mit Unterstützung der Flügelarmeen eine entscheidende Schlacht schlagen, die den Übergang zur Offensive erlaubte. Preußen sollte dazu seine beiden aktiven westlichen Korps »für das freie Feld disponibel erhalten, und die zur definitiven Bildung

---

[125] Ebd., S. 356.
[126] Ebd., S. 34.
[127] Ebd., S. 103. Sein Einverständnis fiel dem Habsburgerstaat um so leichter, als sich inzwischen herausgestellt hatte, daß von der neuen französischen Regierung keine akute Kriegsgefahr mehr ausging und somit kaum Aussicht auf eine Realisierung des Planes bestand.
[128] Zwar galt Rastatt bei den süddeutschen Staaten als der geeignete Punkt zur Anlage einer solchen Festung. Österreich favorisierte jedoch Ulm, da es die Verteidigung des süddeutschen Raumes erst an der Donau aufnehmen wollte. Vgl. Angelow, Von Wien nach Königgrätz, S. 62.

der Zentralarmee bestimmten Truppen in Stärke dreier Korps in noch kürzerer Zeit als in dem Protokoll vom 3. Dezember angegeben, an der Saale versammelt haben«[129]. Gegenüber der ursprünglichen Tendenz der preußischen Armeeführung zur Verteidigung in der Tiefe bildeten das Berliner Protokoll und seine ergänzende Punktation eine gravierende Abweichung. Offenbar hatte Preußen erkannt, daß sich durch eine Verteidigung der Westgrenze bereits am Rhein sein politisches Gewicht bei den süddeutschen Staaten gegenüber Österreich erheblich vergrößerte. Auch hatten die nach 1815 in Altpreußen weit verbreiteten Bedenken über die politische Zuverlässigkeit der neuen Westprovinzen inzwischen abgenommen[130]. Eine Verteidigung am Rhein konnte jetzt auf die vorbehaltlose Unterstützung der hiesigen Bevölkerung rechnen.

Diese Haltung gegenüber dem preußischen Staat stabilisierte sich vor allem seit der sogenannten Rheinkrise von 1840. Der neuerliche Konflikt mit Frankreich hatte sonderbarerweise außereuropäische Ursachen. Die französische Regierung hatte 1839 das noch formal von der Türkei abhängige Ägypten in seinen Unabhängigkeitsbestrebungen gegenüber Konstantinopel unterstützt. England, Rußland und auch Österreich waren dagegen auf die Seite des Osmanischen Reiches getreten und hatten sich in der Londoner Vereinbarung vom 15. Juli 1840 gemeinsam gegen Frankreich gewandt. Für Paris war dies eine schwere diplomatische Demütigung. Der öffentliche Unmut in Frankreich verschaffte sich schnell Luft in revanchistischen Bestrebungen gegenüber Deutschland. Die französische Presse forderte die Revision der Verträge von 1815 und die Wiederherstellung der alten Rheingrenze. Dies hätte in jedem Fall Krieg mit dem Deutschen Bund und seinen beiden wichtigsten Mächten, Preußen und Österreich, bedeutet. Als die französische Regierung offen zum Krieg zu rüsten begann, entfaltete sich in Deutschland eine Woge nationaler Empörung[131]. Preußen erklärte sich bereit, sich im Falle eines französischen Angriffs auf die Westgrenze des Bundes mit allen seinen neun Armeekorps an einer Verteidigung zu beteiligen. Im November 1840 beauftragte der neue preußische König Friedrich Wilhelm IV. (1840–1857) seinen Militärbevollmächtigten am Deutschen Bund und langjährigen Vertrauten Oberst Josef Maria v. Radowitz (1797–1853) mit einer Mission an den süddeutschen Höfen. In seinem Gepäck hatte der Oberst ein umfassendes militärisches Hilfsangebot Preußens[132]. Es sah vor, mit drei seiner Armeekorps schon auf dem linken Rheinufer

---

[129] Preußisch-österreichische Punktation vom 17.3.1833, in: GStAPK, Ministerium der Auswärtigen Angelegenheiten, Nr. 10069/4, vollständig abgedruckt bei Angelow, Von Wien nach Königgrätz, S. 365–370.
[130] Die bei vielen Altpreußen vorhandenen Zweifel an der politischen Zuverlässigkeit der Bewohner der neu erworbenen Rheinprovinz hatten auch zu dieser Haltung beigetragen. In seinen Memoiren schrieb General v. Müffling später, daß er 1814 bei den Bewohnern des linken Rheinufers eine »stumpfe Gleichgültigkeit gegen Deutschland, gegen seine Sprache und Sitten« vorgefunden habe. Müffling, Aus meinem Leben, S. 204 f.
[131] Vgl. dazu Nipperdey, Deutsche Geschichte, S. 365. Ebenso Angelow, Von Wien nach Königgrätz, S. 109 f. Zur Frage der Entstehung des Nationalismus in diesem Zusammenhang siehe auch Winkler, Der lange Weg nach Westen, S. 87.
[132] Instruktion König Friedrich Wilhelms IV. für den preußischen Militärbevollmächtigten am Deutschen Bund, Oberst von Radowitz, für dessen Sendung an die süddeutschen Höfe während der

II. Konzeptionelle Überlegungen zur militärischen Nutzung der Eisenbahnen

eine Stellung zwischen Trier und Jülich zu beziehen. Dabei sollten die zwei westlichen Korps bereits drei Wochen nach Mobilmachung »am Orte ihrer Bestimmung stehen«, ein drittes Korps aus Magdeburg drei bis vier Wochen später. Zur Unterstützung dieser etwa 100 000 Mann starken Gruppe sollte das X. Norddeutsche Bundeskorps bei Osnabrück versammelt werden. Drei weitere preußische Korps waren innerhalb von sechs Wochen nach ihrer Mobilmachung am Main in der Linie zwischen Frankfurt bis Würzburg bereitzustellen, um im Zusammenwirken mit den Streitkräften der süddeutschen Staaten eine Verteidigungslinie am Oberrhein zu bilden. Die übrigen drei preußischen Korps aus den östlichsten Provinzen sollten innerhalb derselben Frist zunächst an der Elbe zwischen Magdeburg und Wittenberg versammelt werden, um je nach Entwicklung der Lage die nördliche oder südliche Gruppierung zu unterstützen. Für den Marsch dieser Kräfte in ihre möglichen Einsatzräume am Rhein oder Main wurden nochmals drei Wochen gerechnet[133].

Auffällig sind an diesem neuen preußischen Aufmarschplan die im Vergleich zu den Planungen von 1832 erheblich geringeren Zeiten für den Anmarsch der östlichen Korps. Das IV. preußische Korps aus Magdeburg sollte in nur drei Wochen von der Elbe bis zum Rhein marschieren. Noch 1832 hatte die Armeeführung geplant, die zur Verstärkung der Armee am Niederrhein vorgesehenen beiden Korps nach sieben bis acht Wochen zwischen Kassel und Paderborn zu versammeln. Für die Korps aus dem Raum Berlin war jetzt eine Marschzeit von ebenfalls nur drei Wochen angesetzt, um bis zum Main zwischen Frankfurt und Würzburg zu gelangen. Gegenüber den Zeitansätzen aus dem Berliner Protokoll bedeutete dies wiederum eine Verkürzung der Marschzeit um fast zwei Wochen.

Ob die Verbesserung des preußischen Chausseesystems eine Erklärung für die neuen, geringeren Zeitansätze sind, muß wohl bezweifelt werden. Zwar hatte Preußen seit 1816 sein Straßennetz erheblich ausgebaut, und es verfügte seit 1825 über eine Chaussee von Berlin über Halle und Kassel nach Köln[134], auch war 1835 eine zweite nördliche Route über Magdeburg, Hannover und Minden bis zur Rheinfestung Wesel fertiggestellt worden[135]. Zudem hatte der Beitritt Kurhessens zum preußischen Zollverein im August 1831 die Verbindungen der Armee nach Frankfurt und an den Rhein verbessert[136], doch ein grundsätzlicher Fortschritt der militärischen Verkehrsverhältnisse konnte damit nicht erzielt werden. Eher dürfte die Ursache für die plötzlich verkürzten Marschzeiten in der üblichen Unsicherheit von Zeitangaben bei Märschen unter traditionellen, vormodernen Bedingungen gelegen haben. Die damals gültigen Marschberechnungen veranschlagten für ein preußisches Korps auf der Strecke von der Elbe bis zum Rhein etwa 23 Tage.

Rheinkrise von 1840, in: GStAPK, III. HA, Akten des Ministeriums der Auswärtigen Angelegenheiten, Nr. 10111, Bl. 169-172v., abgedruckt bei Angelow, Von Wien nach Königgrätz, S. 375-378.
[133] Ebd., S. 377.
[134] Thimme, Straßenbau, S. 4 f. und 11.
[135] Ebd., S. 68.
[136] Ebd., S. 64 f.

Doch dies war nicht mehr als ein grober Anhalt[137]. Der Militärschriftsteller Karl Eduard v. Pönitz hielt es praktisch für unmöglich, die Zeit der Ankunft eines aus allen Waffengattungen zusammengesetzten Truppenkorps bei einem Marsch von fünfzig und noch mehr Meilen mit einiger Zuverlässigkeit zu bestimmen. »Weit öfter«, so schrieb Pönitz, »dürfte der Fall eintreten, daß die Ankunft eines sehr entfernten Korps, welches auf schlechten, durch Regen, Schnee oder Tauwetter grundlos gewordenen Straßen marschieren muß, um einige Tage sich verzögert[138].« Die Marschleistungen der Truppe konnten somit sehr unterschiedlich ausfallen. Im Krieg von 1866 marschierte die preußische Brigade Flies in drei Tagen auf der Chaussee die rund 15 Meilen von Harburg nach Celle, wobei sich die Marschleistung am dritten Tag allerdings bereits auf die Hälfte reduziert hatte[139]. Die normale Marschlänge schwankte je nach Zustand der Truppe zwischen drei und vier Meilen pro Tag[140]. Auf drei Marschtage folgte gewöhnlich ein Ruhetag. Ein Handbuch für den Generalstabsdienst aus dem Jahre 1862 veranschlagte den Zeitbedarf eines Infanteriebataillons für einen Marsch von drei Meilen auf guten Wegen mit sechs Stunden, für ein Regiment Kavallerie mit fünf Stunden und für eine ganze Infanteriedivision mit sieben Stunden. Bei besonders ungünstigen Umständen mußte jedoch allgemein mit der doppelten Marschzeit gerechnet werden[141]. Auch dies war nicht mehr als eine Schätzung. Wechselnde Witterung, unterschiedliche Jahreszeiten sowie der jeweilige Zustand der Marschstraßen erhöhten diese Unsicherheit. Unkalkulierbare Verzögerungen dürften auch die Versorgung der Truppe[142] und der Abruf von Vorspanndiensten verursacht haben. So benötigte die 16. Division aus Trier für einen Marsch von Koblenz nach Trier 269 Pferde für den Vorspanndienst, die von den Orten an der Marschstraße innerhalb von 24 Stunden zu stellen waren, die 15. Division wiederum beanspruchte für einen Marsch von Koblenz nach Bonn 289 Pferde in höchstens 36 Stunden[143].

---

[137] Die Angaben sind einer Berechnung des preußischen Artilleriemajors Albert du Vignau aus dem Jahre 1836 entnommen. Siehe seinen Beitrag: Über die Anwendbarkeit. In der Österreichischen Armee wurde ein gewöhnlicher Marsch mit drei Meilen bemessen, »welche bei festem und ebenen Wege von der Infanterie in sechs bis sieben Stunden, von der Kavallerie und Artillerie auch in kürzerer Zeit zurückgelegt werden«. Siehe auch Marx, Betrachtungen.
[138] Pönitz, Die Eisenbahnen, S. 5 f.
[139] Der Feldzug von 1866 in Deutschland, S. 50 und 56.
[140] Du Vignau, Über die Anwendbarkeit, S. 43. Du Vignau kalkulierte mit täglichen Marschleistungen von drei und vier Meilen und gelangte für eine Marschstrecke von 120 Meilen auf eine Spanne von 39 bis 53 Tagen, wovon er dann schließlich ein Mittel von 45 Tagen ansetzte.
[141] Boehn, Generalstabsgeschäfte, S. 147.
[142] Du Vignau, Über die Anwendbarkeit, S. 46 f. erwähnte »die so bequeme Beköstigung des Mannes in Quartieren auf großen Landesflächen«, was auch ein weites Entfernen der Truppe zur Requirieren von Verpflegung und Fourage einschloß.
[143] Meldung der 16. Division vom 26.8.1831 an das Oberpräsidium in Koblenz, in: LAH Koblenz, Akten des rheinischen Oberpräsidiums betr. des Militär-Marsch und Vorspanndienstes, Bl. 127–143. Im Kreis Wittlich wurden von 271 im Jahre 1828 registrierten Pferden somit fast 100 % in Anspruch genommen. Die Stadt Wetzlar beklagte sich, daß die Höhe der von der Armee geleisteten Entschädigungen für Vorspanndienste von 11¼ Groschen pro Pferd und Meile bei weitem nicht ausreiche und der Vorspanndienst als kommunale Last insbesondere die Fuhrleute treffe, die jedoch immer nur einen kleinen Anteil der Gemeinde ausmachen, ebd., Bl. 156. Seitens der Truppe gab es wiederum häufig Klagen über mangelhaft geleistete Vorspanndienste. Im Bereich des

Die preußischen Etappenwege über das Territorium der mitteldeutschen Staaten waren ebenso nicht völlig gesichert. Die Weigerung etwa der Coburg-Gothaischen Regierung, die mit Preußen im Jahre 1838 geschlossene Etappenkonvention erneut zu verlängern, hätte zwar im Kriegsfall kaum die Verbindung Preußens zum Rhein beeinträchtigt, war aber im Frieden für den Kriegsminister ein zeitraubendes Ärgernis[144]. Die preußischen Truppenbewegungen vor allem an den Rhein beruhten somit aus moderner Perspektive auf durchweg unsicheren Voraussetzungen. Vor allem fehlte den Stäben die Grundlage zu einer genauen zeitlichen Planung der Märsche. Die Zeitansätze waren grobe Schätzungen und mußten, falls überhaupt Angaben dazu gemacht wurden, in Wochen gemessen werden. Immerhin verschaffte dieser Spielraum der preußischen Diplomatie die Chance, durch optimistische Zeitangaben bezüglich des Eintreffens der eigenen Truppen die Verteidigungsbereitschaft der süddeutschen Verbündeten zu heben.

Zudem konnte Preußen im Falle eines Krieges gegen Frankreich darauf rechnen, durch geeignete Zwangsmaßnahmen gegen die Durchmarschstaaten Abhilfe zu schaffen. Vor allem aus militärischer Sicht hatte Preußen ein vitales Interesse an schnellen und sicheren Verbindungen zu seinen westlichen Provinzen. Die Gutachten und Denkschriften aus der Zeit nach 1815 hatten mehrheitlich darauf verwiesen, daß Frankreich als wahrscheinlicher Gegner im Westen anfänglich den eigenen verfügbaren Kräften überlegen sein würde. Doch glaubte die Armeeführung, durch hinhaltenden Widerstand, gestützt auf die rheinischen Festungen, genügend Zeit für den Anmarsch der Hauptarmee gewinnen zu können. Insbesondere der Abschnitt am Niederrhein galt, durch die drei Rheinfestungen Koblenz, Deutz und Wesel verstärkt und im Vorfeld ergänzt durch die Festungen Jülich, Saarlouis und Luxemburg, als ausreichend gesichert selbst gegen einen überraschenden Angriff Frankreichs. Über diese groben, im Detail oft voneinander abweichenden Entwürfe hinaus wurden konkretere Pläne zur Verteidigung der Westgrenze erst nach den Krisen von 1830/32 und 1840 entwickelt. Im Grundsatz strebte Preußen, gestützt auf seine Festungen, eine sehr bewegliche Operationsführung an, die vor allem ein gutes Straßennetz auf dem Kriegsschauplatz selbst erforderte. Ein offizieller Operationsplan mit exakten Truppeneinteilungen, Marschrichtungen, Zeitansätzen und Operationszielen ist jedoch vor 1862, als Helmuth v. Moltke erstmals einen genauen Plan für einen Krieg gegen Dänemark entwickelte, nicht feststellbar.

Solange die Kriegführung Frankreichs auf ähnlich unsicheren Voraussetzungen beruhte, war auch auf preußischer Seite wenig Bedarf für grundsätzliche Neuerung vorhanden. Die Armee war gewohnt, auf Chausseen zu marschieren, die mit hohem Aufwand gebaut worden waren und sich bewährt hatten. Sehr viel Sorgfalt und diplomatische Mühe hatte Preußen auch auf die Regelung der Etappenstationen, der Nachtquartiere und nicht zuletzt auch der Vorspanndienste verwandt.

VII. Korps in Münster häuften sich Anfang 1843 die Beschwerden und veranlaßten das Generalkommando zu einem Bericht an das Oberpräsidium in Koblenz, ebd., Bl. 285.
[144] Bericht des Kriegsministers vom 17.2.1840, in: GStAPK, I. HA, Rep. 89, Akten des königlichen Zivilkabinetts Nr. 32 151, I. Abt. betr. das Etappenwesen und die Militärdurchmärsche.

Dieses eingespielte System zugunsten der neuen, noch nicht erprobten Eisenbahnen zu vernachlässigen, bedeutete ein großes Risiko. Noch im Juli 1846, als die Fertigstellung der Köln-Mindener Eisenbahn schon absehbar und andere große Strecken in Preußen längst in Betrieb waren, beantragte das Generalkommando des VIII. Armeekorps in Koblenz die Einrichtung einer neuen Etappenlinie von Koblenz nach Paderborn. Für die 33 Meilen lange Strecke über Altenkirchen, Olpe und Meschede veranschlagte das Korps insgesamt zehn Marsch- und zwei Ruhetage[145].

b) Die Debatte um die militärische Nutzung der Eisenbahnen in Preußen 1834-1841

Militärisch nutzbare Straßen wurden in der Fachsprache des frühen 19. Jahrhunderts als »Kommunikationen« bezeichnet[146]. Dies galt vor allem für die neuen, gepflasterten Chausseen. Aus der Sicht der Militärs waren gute Kommunikationen allerdings ein zweischneidiges Schwert. So sehr sie die eigenen Marschbewegungen oder Militärtransporte begünstigten, erlaubten sie doch auch einem möglichen Angreifer ein schnelles Vordringen auf das eigene Territorium, wenn nicht eine Festung an geeigneter Stellung die Chaussee blockierte.

Aus begreiflichen Gründen setzten sich deshalb die maßgeblichen Militärs in Preußen beharrlich dafür ein, bei Straßenbauprojekten gehört zu werden, um frühzeitig eventuelle Bedenken äußern zu können. Diese Praxis begann schon bald nach dem Beginn des Chausseebaues in Preußen[147], wurde jedoch nicht immer konsequent eingehalten. In seinem Memoire aus dem Jahre 1827 klagte der dama-

---

[145] Schreiben des Generalkommandos an das Innenministerium, in: GStAPK, I. HA Rep. 77, Ministerium des Innern, Tit. 332, Nr. 4 die Bestimmung besonderer Militär-Straßen für preußische Truppen in sämtlichen Provinzen betr.

[146] Preußische Denkschrift über die bei Beurteilung von Kunstbauten überhaupt und von Eisenbahnen insbesondere in Anwendung zu bringende Grundsätze, in: GStAPK, Staatsministerium, Nr. 1674, Bl. 103: »Da Eisenbahnen nichts als verbesserte Kommunikationswege sind, durch welche in der Hauptsache derselbe Zweck wie durch Chausseen erreicht werden soll [...]«. Ein Militärlexikon bezeichnete als Kommunikationen« diejenigen Straßen, Wege und Verbindungslinien, welche zum Marsch oder Transport von Truppen und Kriegsmaterial benutzt werden können. Das Charakteristische der Kunststraßen war, daß sie »ein künstlich angelegtes Planum nebst Oberbau besitzen«, in: Handwörterbuch der gesamten Militärwissenschaften, Bd 5, S. 245. Pierers Universal-Konversations-Lexikon aus dem Jahr 1876 vermerkte im Bd 5 zu dem Begriff: »Kommunikationen heißen in der Terrainlehre alle Land- und Wasserstraßen und die an diesen befindlichen Brücken, Furten, Fähren, etc.«. Zu dem Begriff »Kommunikationslinien« hieß es dort weiter, daß sie »im Kriegswesen diejenigen Straßen [sind], welche von dem Standpunkte einer Armee zu denjenigen Punkten zurückgehen, von denen aus der Unterhalt und die Ergänzung bewerkstelligt werden können, oder nach denen hin ein etwaiger Rückzug stattfinden kann«. Meyers Konversationslexikon in der Ausgabe von 1897 sprach von »Verbindung- oder Verkehrswegen aller Art zu Wasser und zu Lande, besonders im militärischen Sinn [...]«, meinte aber schon in seiner Ausgabe von 1905, daß es ein »allmählich veraltender Ausdruck für Land- und Seeverkehrsverbindungen« sei. Der Brockhaus in seiner Ausgabe von 1908 kannte zwar »Kommunikationen« noch im militärischen Sinn, verwies aber bereits auf den Begriff »Verbindungen«.

[147] Siehe dazu Brose, The Politics, S. 212.

II. Konzeptionelle Überlegungen zur militärischen Nutzung der Eisenbahnen 45

lige preußische Generalstabschef Friedrich Carl v. Müffling, daß er zu einer Chaussee zwischen Elsterwerda und Herzberg nicht gehört worden sei. Der zuständige Handelsminister Hans v. Bülow behauptete, keine Anordnung zu dieser Baumaßnahme gegeben zu haben und auch sonst nichts davon zu wissen. General v. Müffling informierte den Kriegsminister im November 1822 über den Vorgang, erfuhr aber tatsächlich erst fünf Jahre später, daß der König inzwischen den Bau genehmigt hatte, ohne ihn dazu gehört zu haben. Für den empörten Müffling stand es außer Frage, daß der Monarch ebenso wie seine verantwortlichen Offiziere das Sicherheitsinteresse des Staates über »das allgemeine Vergnügen des Publikums [zu stellen hatten], die Korrespondenzen [aus Wien] so viel schneller befördert zu sehen«[148].

Wirkungsvoller brachte das Kriegsministerium im Jahre 1829 seine Bedenken zur Geltung, als es zu dem Projekt einer Eisenbahn von Elberfeld (heute Wuppertal) nach Düsseldorf Stellung nehmen sollte. Unglücklicherweise sollte die geplante Bahn mitten zwischen den Festungen Köln und Wesel verlaufen. Das Ministerium befürchtete hier eher Vorteile für den Feind, der auf der geplanten Bahn beide Festungen gefahrlos passieren könnte. Daher wollte man dem Projekt nur dann zustimmen, wenn der Bahndamm nicht breiter als fünf Fuß sein würde, so daß ihn auch nach der Zerstörung der Gleisanlagen ein Angreifer nicht mit Artillerie und anderen Fuhrwerken befahren konnte. Außerdem forderte das Ministerium, daß sich die Eisenbahngesellschaft schon jetzt verpflichten müsse, auf eine Entschädigung im Falle einer kriegsbedingten Zerstörung der Gleisanlagen zu verzichten[149]. Daß das Bauprojekt angesichts dieser militärischen Forderungen und der damit verbundenen immensen Kostensteigerung von den Investoren zunächst aufgegeben wurde, dürfte nicht weiter erstaunen.

Keine Bedenken aus militärischer Sicht erhob dagegen das Kriegsministerium, als im Jahre 1832 der niederländische Oberstleutnant Bake die preußische Regierung für eine Eisenbahn von Amsterdam nach Köln zu gewinnen suchte[150]. Die Bahn sollte von Köln über Düsseldorf, Duisburg und Wesel über die Grenze nach Arnheim führen. Die zuständigen preußischen Minister v. Schuckmann, v. Maaßen und Außenminister v. Ancillon rieten ihrem Monarchen, dem Unternehmen eine vorläufige Genehmigung zu erteilen, da sie von dem »Wetteifer« der »Wasserstraße auf dem Rhein und einer solchen Kommunikation seinem Ufer entlang [...] die ersprießlichsten Folgen für den Verkehr im Allgemeinen« erwarteten. Trotz dieser Unterstützung durch höchste Stellen scheiterte das Projekt, wie der Finanzminister v. Maaßen zwei Jahre später feststellen mußte, an dem geringen Interesse »des Handelsstand[es] in den Rheinstädten«, der sich offenbar an der Leitung der zukünftigen Eisenbahn nicht gleichberechtigt beteiligt sah[151].

---

[148] Pro Memoria vom 5.6.1827, in GStAPK, I. HA, Rep. 92, Nachlaß v. Müffling.
[149] Kriegsministerium an Generalkommando VIII in Koblenz vom 13.4.1829, LAH Koblenz, 403/11721 Bl. 107 f.
[150] Schreiben der Staatsminister v. Schuckmann, v. Maaßen und v. Ancillon an den König vom 2.10.1832, in: GStAPK, I. HA, Rep. 89 Zivilkabinett Nr. 2891, Bl. 1.
[151] Schreiben des Finanzministers v. Maaßen an den König vom 12.9.1834, Ebd., Bl. 6.

Die Ansicht, daß Eisenbahnen auch militärisch nutzbar seien, äußerte wohl als erster Offizier in der Armee der Festungsbaumeister und Pionierhauptmann Moritz v. Prittwitz in einer 1834 herausgegebenen Broschüre über die schwebende Eisenbahn von Posen[152]. (Doch nicht List oder Harkort schienen seine Ideengeber gewesen zu sein.) Prittwitz zitierte ausführlich die französischen Ingenieure Gabriel Lamé (1795-1870) und Benoît Clapeyron (1799-1864), die 1832 in einer Militärzeitung die Vorteile der Eisenbahnen besonders für die Verteidigung herausgestellt hatten; dampfbetriebene Eisenbahnen seien in der Lage, ganze Armeen einschließlich ihres Kriegsgerätes mit einer Geschwindigkeit von 27 Stundenkilometern von einem Ende Frankreichs zum anderen zu befördern.[153]

An die Möglichkeit der Realisierung einer derartig kostspieligen Anlage für ganz Preußen dachte Hauptmann v. Prittwitz jedoch nicht. Er glaubte, daß auch eine von Pferden gezogene Bahn, die nach dem sogenannten schwebenden Palmerischen Prinzip betrieben werden sollte, dem preußischen Staat militärische Vorteile verschaffen würde. Mit dieser Technik hatte er bereits Erfahrungen beim Bau der Festung Posen gesammelt. Die Kosten einer derartigen Bahn durch den ganzen preußischen Staat veranschlagte v. Prittwitz auf nur 3 Mio. Taler[154]. Eine besondere Resonanz fand er mit seiner im Grundsatz weitblickenden Idee jedoch nicht[155], da die Entwicklung vor allem in Großbritannien längst auf den Einsatz von dampfbetriebenen Lokomotiven zielte.

Aus der Feder eines anderen preußischen Offiziers stammte eine auf den 7. Mai 1836 datierte und noch im selben Jahr veröffentlichte Schrift[156]. Offenbar handelte es sich um den damaligen Hauptmann im Generalstab und späteren General Friedrich Leopold Fischer (1798-1857), der sich auch danach noch mehrfach zu der militärischen Verwendbarkeit von Eisenbahnen geäußert hat[157]. Fischers Schrift schien auch als Antwort auf die vorausgegangen Ausführungen Lists in der Allgemeinen Militär-Zeitung gedacht, da er auf dessen Vorstellung anspielte, daß Eisenbahnen binnen kurzem ganz Deutschland durchziehen würden[158]. Lists

---

152 Prittwitz, Die Schwebende Eisenbahn.
153 Ebd., S. 33-38.
154 Ebd., S. 33. Das Palmerische System war eine auf Pfosten ruhende höher gelegte Bahn mit nur einer Schiene, auf der die Waggons mit oben liegenden Rollen eingehängt und von Pferden gezogen wurden.
155 Siehe Meinke, Die ältesten Stimmen, S. 930, der auch keine Stellungnahmen dazu angeben kann.
156 Über die militärische Benutzung der Eisenbahnen.
157 Zur Verfasserschaft Fischers siehe Brose, The Politics, S. 225. Fischer wurde in den Akten auch als Protokollführer der noch im selben Jahr 1836 tagenden preußischen Kommission zur Beurteilung der militärischen Bedeutung der Eisenbahnen erwähnt. Nach seiner Rückkehr von einem zweijährigem Aufenthalt von 1837 bis 1839 als Militärberater in der Türkei veröffentlichte Fischer 1841 eine neue Broschüre über den militärischen Wert von Eisenbahnen (Darlegung der technischen und Verkehrsverhältnisse), dessen Verfasserschaft er in einem Brief vom 31.5.1841 an Innenminister v. Rochow einräumte. GStAPK, I. HA, Rep. 77, Ministerium des Innern, Tit. 258 (Generalia), Nr. 27 Benutzung der Eisenbahnen für öffentliche, namentlich militärische Zwecke, Bl. 14. Fischer verstarb 1857 als Generalmajor und Kommandeur der 3. Ingenieurinspektion in Koblenz. Beide Schriften wurden zunächst dem späteren Chef des Generalstabes Helmuth v. Moltke zugeschrieben, der ebenso wie Fischer gegen Ende der dreißiger Jahre als Militärberater in der Türkei gewesen war. Zu dieser Frage siehe auch: Meinke, Die ältesten Stimmen, S. 59-61.
158 Über die militärische Benutzung der Eisenbahnen, S. 3.

Hoffnung, schnelle Eisenbahntransporte könnten in Zukunft dazu beitragen, Kriege zu vermeiden, würdigte Fischer allerdings mit keinem Wort. Auch verwarf er die Möglichkeit, den Bau eines zukünftiges Eisenbahnnetzes ebenso wie etwa die Anlage von Festungen allein nach militärischen Erwägungen auszuführen. »Welche Bahnen sich demnächst für die Verteidigung eines bestimmten Landes, und insbesondere für Deutschland, als vorzugsweise nützlich herausstellen dürften«, erörterte Fischer nicht weiter, weil nach seiner Ansicht »diejenigen Bahnen, welche nicht durch die industriellen Interessen hervorgerufen werden, wohl nicht ins Leben treten dürften«. Doch selbst unter dieser Einschränkung glaubte er nicht an die Realisierung eines deutschen Eisenbahnnetzes, da hier »nur sehr wenige Wege vorhanden sind, auf denen eine auch nur annähernd so starke Reisefrequenz stattfindet, wie auf den Hauptstraßen Englands«.

Zwar räumte er die inzwischen allgemein bekannten Erfolge auf der Liverpooler Bahn ein und bewertete den Transport eines britischen Bataillons von 800 Mann auf der ca. 50 Kilometer langen Strecke als vorteilhaft, glaubte aber, daß dies nicht für größere Verbände und andere Waffengattungen gelte. Aufgrund reichlich theoretischer Erwägungen kam er zu dem Ergebnis, daß mit der Kapazität der Liverpooler Bahn pro Tag ein Regiment von rund 3000 Mann einschließlich Gepäck und etwa 50 Reit- und Packpferden im Echelonbetrieb[159] transportiert werden könnte. Die zwölf von insgesamt 30 einsatzfähigen Lokomotiven der Gesellschaft könnten täglich einschließlich der Nachtzeit jeweils drei Fahrten durchführen, wenn man berücksichtige, daß pro einfacher Fahrt von 1½ Stunden ca. zwei bis drei Stunden Ruhezeit für technische Wartungsmaßnahmen angesetzt werden müßten. Daraus errechnete sich für Hin- und Rückfahrt ein Zeitbedarf von insgesamt acht Stunden. Der Transport eines Armeekorps mit acht Regimentern Infanterie würde dieser Rechnung zufolge bei gleichem Betriebsmittelbestand acht Tage benötigen, also ein vielfaches der Zeit, die für einen gewöhnlichen Fußmarsch angesetzt werden muß. Erst bei einer längeren Strecke mit proportional dazu anwachsender Zahl von Lokomotiven und Waggons würde sich allmählich ein Zeitvorteil der Eisenbahn gegenüber dem Fußmarsch ergeben. Dasselbe Korps könnte eine Strecke von 400 Kilometern in der gleichen Zeit bei einem Fuhrpark von mindestens 96 Lokomotiven zurücklegen, wenn diese Strecke in acht Etappen geteilt wäre und ein Echelonbetrieb stattfände. Allerdings konnte sich der Autor eine derartige Betriebsmitteldichte für deutsche Verhältnisse nicht vorstellen. In Anlehnung an List schätzte er den zukünftigen Verkehr für Deutschland auf ein Drittel des englischen Volumens[160]. Entsprechend sei in Deutschland auch nur ein Drittel des auf englischen Bahnen vorhandenen Fuhrparks wirtschaftlich gerechtfertigt. Bei einem um zwei Drittel verminderten Fuhrpark würde sich also die Transportzeit eines Korps auf einer 400 Kilometer langen Strecke von acht auf 24 Tage erhöhen. Dieser Zeitbedarf war nach Ansicht des Verfassers zu hoch. Per

---

[159] Mehrere Züge fahren in geringen Abständen in Kolonne bis zur nächsten Station, von wo sie nach Ausladung der Truppe leer zum Ausgangspunkt zurückkehren, um neue Verbände aufzunehmen.
[160] Siehe Lists Aufsatz: Andeutung der Vorteile eines preußischen Eisenbahnsystems, S. 217.

Fußmarsch würde die Truppe für die dieselbe Strecke neun Tage weniger benötigen. In seinen Schlußfolgerungen räumte der Verfasser zwar ein, daß »alle Eisenbahnen als gute Kommunikationen, die eine beschleunigte Herbeischaffung des Kriegsmaterials und der Verpflegung gestatten, der Kriegführung günstig sind«; aber beim Transport von Truppen aller Waffengattungen gute Chausseen immer noch brauchbare Resultate lieferten, die »nur wenig hinter denen durch die Eisenbahnen zu erreichenden zurückbleiben möchten, vor diesen aber den Vorzug größerer Einfachheit besitzen[161].«

Das Problem eines für militärische Zwecke zu geringen Betriebsmittelbestandes der zukünftigen Eisenbahngesellschaften beschäftigte im selben Jahr[162] auch den preußischen Artilleriemajor Albert Du Vignau (1795-1885). Eisenbahnen würden nach seiner Ansicht erst dann jenen militärischen Wert erhalten, den ihnen ihre Protagonisten so gerne zusprachen, wenn ausreichendes und geeignetes Waggonmaterial für den Transport von Pferden, Geschützen und Fuhrwerken zur Verfügung stände. Nur dann könnten komplette Verbände geschlossen an ihren Bestimmungsort transportiert werden. Den allzu optimistischen Annahmen der zivilen Befürworter der Eisenbahnen hielt Du Vignau entgegen, daß mit einem für den zivilen Verkehr ausreichenden Betriebsmittelbestand allenfalls Infanterie ohne schwere Waffen und Ausrüstung befördert werden könne. Deren militärischen Wert schätzte er jedoch nicht besonders hoch ein: »Es bedarf selbst für Laien im Kriegswesen keines Beweises«, schrieb Du Vignau,

»daß ein um einige Tage oder selbst um einige Wochen früheres Eintreffen von 10 000 bis 20 000 Mann Infanterie, die nur für den stationären Dienst tüchtig geeignet, ohne Kavallerie und ohne bespanntes Geschütz sind, zwar nicht ohne vorteilhaften Einfluß auf eine Menge sekundärer Kriegsoperationen sein wird, daß aber entscheidende Erfolge für Feldschlachten erst dann zu erwarten stehen, wenn ein nicht unbedeutendes, aus allen zum Gefechte bestimmten Truppengattungen zusammengesetztes Korps schneller als auf gewöhnliche Weise den Schauplatz des Krieges erreichen kann[163].«

Du Vignau berechnete für den Eisenbahntransport eines Verbandes von 12 000 Mann Infanterie, 700 Kavalleristen, 24 Geschützen sowie 24 Bagagewagen über eine Strecke von 120 deutschen Meilen, was der Entfernung von Glogau a.d. Oder nach Köln entsprach, einen zusätzlichen Bedarf von 55 Lokomotiven, 234 Personen-, 342 Pferde- und 50 Fuhrwerkswagen, die unter direkter militärischer Verwaltung stehen sollten. Zusammen mit dem zivilen Betriebsmittelbestand der betroffenen Bahngesellschaften würde dies ausreichen, ein kleineres Korps in sieben Tagen vollständig in Köln zu versammeln. Kalkulierte man für die Rückfahrt der leeren Züge fünf Tage, so könnte nur zwölf Tage später wiederum ein Korps von gleicher Stärke am Zielort eintreffen[164]. Die zusätzlichen Investitionen für Be-

---

161 Über die militärische Benutzung der Eisenbahn, S. 26 f.
162 Du Vignau, Über die Anwendbarkeit, dazu auch Meinke, Die ältesten Stimmen, S. 48 f. Du Vignau war im Jahre 1848 kurzzeitig Chef des preußischen Militärtelegraphiedienstes, wurde dann 1850 Kommandant der Festung Thorn und schied 1854 als Generalmajor aus dem aktiven Dienst aus.
163 Du Vignau, Über die Anwendbarkeit, S. 49.
164 Ebd., S. 56, 65.

II. Konzeptionelle Überlegungen zur militärischen Nutzung der Eisenbahnen

triebsmittel, Personal und Unterhalt der Strecke veranschlagte Du Vignau auf 700 000 Taler. Diesen Aufwand sah er aber nur dann gerechtfertigt, wenn dadurch eine Verbindung von der Oder an den Rhein oder wenigstens an die Elbe sichergestellt würde[165]. War diese Bahn erst einmal gebaut, könnten für diesen Betrag Truppen in Stärke von zusammen 24 000 Mann Infanterie und 1400 Mann Kavallerie nebst 48 Geschützen, also fast ein komplettes preußisches Armeekorps, in nur knapp drei Wochen nach Westen verlegt werden. Für den Landmarsch kalkulierte Du Vignau mit einem Zeitbedarf von rund 45 Tagen im günstigsten Fall. Den Bau von Bahnen ausschließlich aus militärischen Erwägungen lehnte er jedoch ebenso wie Hauptmann Fischer ab[166].

Angesichts des enormen Vorteiles, den die Eisenbahnen selbst auf der Grundlage von Vignaus vorsichtigen Annahmen bei der für Preußen so lebenswichtigen Verbindung von Ost nach West boten, fällt die Zurückhaltung des Verfassers und sein nüchternes Kalkül auf. Im Vergleich zu den zivilen Protagonisten der Eisenbahnen zeigte er nicht die geringste Spur von Euphorie oder wenigstens die Zuversicht, daß mit der Eisenbahn eines der dringendsten strategischen Probleme Preußens gelöst werden könnte. Mehr Sorge schien es Du Vignau dagegen zu bereiten, daß bei einem zukünftigen Verzicht auf Fußmärsche auch eine gute Vorbereitung der Truppe für das Gefecht entfiele[167].

Grundsätzlich schienen die Militärs in Preußen neuen Technologien keineswegs ablehnend gegenüber gestanden zu haben. Spätestens nach Eintreten der ersten politischen Krisen seit 1827 zeichnete sich in der preußischen Armee ein Umdenken in dieser Frage ab[168]. 1830 hatte Preußen das aus Frankreich stammende optische Telegraphensystem eingeführt und bereits zwei Jahre später eine Telegraphenverbindung von Berlin über Köln nach Koblenz fertiggestellt. Der 1835 ernannte Telegraphiedirektor, Oberstleutnant Franz August v. Etzel (1784–1850), war 1837 dem Generalstab zugeordnet worden[169] und hatte 1839 dem Staatsministerium vorgeschlagen, die bestehende optische Anlage durch eine elektro-magnetische Drahtleitung zu ersetzen[170]. Sein Vorschlag war zunächst abgelehnt worden, da die neue Technik dem Kriegsministerium noch nicht ausgereift erschien[171]. 1846 war es Etzel dann gelungen, dem König einen funktionsfähigen elektromagnetischen Telegraphen vorzustellen, woraufhin sich der Kriegsminister Hermann v. Boyen (1771–1848) für die unverzügliche Anlage einer Telegraphenlinie von Berlin nach Magdeburg ausgesprochen hatte[172]. Friedrich Wilhelm IV. genehmigte

---

[165] Ebd., S. 64, 68.
[166] Ebd., S. 68.
[167] Ebd., S. 30. Daß Brose, The Politics, S. 225, Du Vignau zu den »jungen Visionären« der Eisenbahnen zählte, kann durch diesen Artikel allein wohl kaum gerechtfertigt werden.
[168] Ebd., S. 247.
[169] Soldatisches Führertum, Bd 6, 1714.
[170] Promemoria vom 16.10.1839, in: GStAPK, I. HA, Rep. 77 Ministerium des Innern, Tit. 813, Nr. 1, Bd 1, Bl. 2–5.
[171] Kriegsminister v. Rauch an die Minister v. Rochow und v. Alevensleben vom. 21.2.1840, in: Ebd., Bl. 13.
[172] Schreiben vom 13.8.1847 an Finanzminister v. Duisberg, in: Ebd., Bl. 63.

schließlich am 24. Juli 1848 den Betrag von 250 000 Talern für die Anlage einer Telegraphenleitung von Berlin über Köln zur belgischen Grenze[173].

Auch die Einführung des neuen, von Nikolaus Dreyse entwickelten Zündnadelgewehrs verlief recht zügig. Nach nur dreijähriger Erprobung rüstete Preußen im Jahre 1835 als vorerst einzige Armee Europas zwei seiner Füsilierbataillone mit der neuen Waffe aus. Fünf Jahre später bestellte man sogar 60 000 neue Zündnadelgewehre, nachdem es Dreyse gelungen war, ein neues Modell mit gezogenem Lauf zu entwickeln[174]. Die anfängliche Zurückhaltung der Militärs gegenüber der Eisenbahn ist vor allem dadurch zu erklären, daß praktische Erfahrungen mit der neuen Technik hier nicht so einfach zu erzielen waren. Zum schnellen Transport größerer Verbände auf einem ausgedehnten Netz von Eisenbahnen fehlten zunächst die technischen, aber auch die organisatorischen Voraussetzungen, und es schien zu Beginn der dreißiger Jahre angesichts des immens hohen Kapitalbedarfs keineswegs sicher, daß sie jemals realisiert würden. Das Bedürfnis der preußischen Behörden nach zusätzlichen Informationen über die Fortschritte des Eisenbahnwesens im Ausland war jedoch sehr ausgeprägt. In Einzelfällen beschaffte sich die Regierung sie sogar mittels ihrer Diplomaten[175].

Die Frage nach dem militärischen Nutzen einer Eisenbahn war offiziell erstmals im Jahre 1834 an den Chef des preußischen Generalstabs General v. Krauseneck herangetragen worden, als die Entscheidung über den Bau der Rhein-Weser-Bahn von Minden nach Köln anstand. Grundsätzlich vertrat der General hier die Ansicht, daß die Anlage sogenannter Kunststraßen, »an sich dem militärischen Interesse wohl nicht leicht nachteilig werden kann«, befürchtete aber beim Eisenbahnbau die Verschwendung von Staatsmitteln, »die zur Herstellung [anderer] militärisch wichtiger, noch fehlender Kommunikationen benutzt werden könnten«[176]. Es erstaunt daher nicht, daß v. Krauseneck das Rhein-Weser-Projekt mit der so dringend benötigten schnellen Verbindung zum Rhein zurückhaltend beurteilte. Einerseits äußerte der General Bedenken, daß durch die geplanten Bahnen die Wirtschaftlichkeit der neuen Chausseen beeinträchtigt würde, denn diese seien »die einzigen zu allen Tages- und Jahreszeiten und für alle Waffen brauchbaren Kommunikationen und [würden] bei Berechnung von Zeit und Raum für kriegeri-

---

[173] Verfügung vom 24.7.1848, in: Ebd., Bl. 101.
[174] Jany, Geschichte der preußischen Armee, S. 198 f.
[175] Paul, Die preußische Eisenbahnpolitik, S. 285: »Schon früh hatte [Preußen] seine, und besonders die im Ausland tätigen Organe beauftragt, laufend über die Entwicklung des Eisenbahnwesens zu berichten«. Vgl. auch die Akten aus dem GStAPK, III. HA, Akten des Ministeriums der Auswärtigen Angelegenheiten, Nr. 6971, Vorschläge, Anerbieten und Schriften in Eisenbahnangelegenheiten. Allgemeine technische Einrichtungen und Verbesserungen. So unterrichtete der preußische Gesandte beim Großherzogtum Hessen-Darmstadt am 16.1.1836 seinen Außenminister Ancillon über die Gründung einer Großherzogl. Hessischen Eisenbahngesellschaft und am 1.3. desselben Jahres meldete sich der preußische Gesandte in München wegen einer Schrift des bayerischen Eisenbahnpioniers Baader.
[176] Die Äußerungen Krausenecks sind einer Sammlung von Randglossen entnommen, die der General zu verschiedenen kriegsgeschichtlichen und taktischen Arbeiten gemacht hat. Siehe: Krauseneck, Der General der Infanterie von Krauseneck, S. 70.

sche Operationen unstreitig die meiste Sicherheit bieten«[177], andererseits hatte er sich jedoch bei früherer Gelegenheit noch darüber beklagt, daß man den Vorteil der nun von ihm so gelobten Chausseen für Truppenbewegungen im Vergleich mit den sonst immer brauchbaren Landstraßen zu hoch anschlage. »Truppen bewegen sich ja doch am Ende nur im Schritt, für die Kavallerie ist die Chaussee kein besonderer Vorteil, der Artillerie und den Trains helfen einige tausend Pferde [...] durch den tiefen Sand, ohne ihr Gespann zu ruinieren[178].« Krauseneck schien jedoch hinsichtlich der Eisenbahnen sehr bald zu einer anderer Auffassung gelangt zu sein. Schon ein Jahr später setzte er sich für den Bau der Berlin-Potsdamer-Eisenbahn ein in der Erwartung, daß diese dann auch bis Magdeburg und weiter an den Rhein verlängert würde. Zweifel blieben jedoch, ob die erwarteten hohen Kosten einer derartigen Verbindung den Zweck eines schnellen Truppentransportes tatsächlich lohnen würden[179].

Die vorerst ablehnende Stellungnahme des preußischen Generalstabes bedeutete jedoch nicht das Ende der Rhein-Weser-Bahn. Noch auf dem vierten westfälischen Landtag im November 1833 hatte Harkort erneut einen Antrag zum Bau der Strecke gestellt und wiederum hatte sich die Regierung in Berlin ein ganzes Jahr Zeit gelassen, ehe sie sich in ihrem Landtagsabschied am 30. Dezember 1834 immerhin verpflichtete, das Köln-Mindener Projekt erneut zu prüfen[180]. Inzwischen bekundete auch König Friedrich Wilhelm III. (1797–1840) lebhaftes Interesse für das Projekt. Per Kabinettsordre ermahnte er im Dezember 1834 seine zuständigen Minister, das Projekt zügiger voran zu bringen[181]. Hier dürfte als treibende Kraft der Kronprinz gewirkt haben. Sein ausgeprägtes Interesse für Eisenbahnen ist wiederholt bezeugt[182]. Bereits im Jahre 1833 hatte er das Rheinland und Westfalen bereist und sich eingehend über die dort gehegten Pläne einer Eisenbahn vom Rhein an die Weser informiert. Auch mit Harkort war er zusammengetroffen[183].

Der König erteilte mit weiterer Kabinettsordre vom 3. Januar 1835 einer neuen Armeekommission den Auftrag, die Frage nach der militärischen Verwendbarkeit der projektierten Linie zu prüfen[184]. Zum Vorsitzenden wurde General Rühle v. Lilienstern ernannt. Johann Jacob Rühle v. Lilienstern war zu dieser Zeit Di-

---

[177] Der Tenor des nicht mehr auffindbaren Gutachtens ist dem Beitrag Die Entwicklung des Militäreisenbahnwesens, S. 238, entnommen.
[178] Krauseneck, Der General der Infanterie von Krauseneck, S. 70. Der ungenannte Verfasser dieser biographischen Skizze bezeichnete die Ansichten des Generals zu den verschiedenen Kategorien von Heerstraßen als »eigentümlich« und räumte ein, daß Krausenecks dazu gehörige Ansichten im eigenen Korps »nur bedingte Zustimmung fanden«.
[179] Die Entwicklung des Militäreisenbahnwesens, S. 238.
[180] Siehe Köllmann, Einleitung zu Harkort, Die Eisenbahn, S. XII.
[181] Die Kabinettsordres vom 30.12.1834 und vom 3.1.1835 sind erwähnt bei Bergengrün, Staatsminister August v.d. Heydt, S. 42.
[182] Siehe Treitschke, Deutsche Geschichte, Bd 4, S. 591. »Der Thronfolger dagegen schwärmte für die Eisenbahnen [...]. Er wollte die Bahnen am liebsten von Staats wegen bauen oder doch die Privatbahnen durch Zinsgarantien, durch die erleichterte Enteignung und andere Vorrechte unterstützen«.
[183] Berger, Der alte Harkort, S. 233.
[184] Die Entwicklung des Militäreisenbahnwesens, S. 238.

rektor der Militärstudienkommission an der allgemeinen Kriegsschule und ein eifriger Publizist militärischer und historischer Schriften. Zwar findet sich in der beachtlichen Liste seiner Publikationen keine einzige, die sich mit dem Thema der Eisenbahnen und ihrer militärischen Nutzung befaßte[185], über den Stand des Eisenbahnwesens im benachbarten Ausland besaß der General immerhin einen groben Überblick. So wußte er von den ersten Eisenbahnprojekten in Frankreich und Österreich, auch der Name des österreichischen Eisenbahnpioniers Franz Anton v. Gerstner (1796-1840) war ihm nicht unbekannt. Über das Projekt einer Eisenbahn von Dresden nach Leipzig hatte er wiederum nur unvollständige Informationen[186]. Rühle wandte sich daher an den Außenminister Johann Friedrich v. Ancillon (1767-1837) und bat über die königlichen Gesandtschaften in Frankreich, Österreich, Belgien, und Sachsen »Notizen über das Technische, den Kostenpunkt und die zur Verzinsung der gedachten Eisenbahnen nötigen Transporte auf denselben einzufordern«[187].

Die bald darauf eintreffenden Gesandtenberichte ergaben, daß die Eisenbahnen in Belgien und England am weitesten fortgeschritten waren. So meldete der Legationsrat Heinrich Philipp v. Bockelberg aus Brüssel, dessen Bericht schon am 21. April 1835 vorlag, daß die Eröffnung der Eisenbahn von Brüssel nach Mecheln für Anfang Mai geplant war[188]. Trotz heftigster Debatten der belgischen Deputierten, in denen die besonderen Interessen der einzelnen Provinzen des Landes aufeinandergeprallt waren, hatten Projektierung und Bau dieser Bahn nur zwei Jahre in Anspruch genommen. Die anderen Abschnitte bis zur preußischen Grenze sollten nun schnell folgen, bis Ende des Jahres 1837 war die Vollendung der gesamten Strecke von Antwerpen bis Lüttich geplant. Die voraussichtlichen Baukosten für das gesamte belgische Eisenbahnnetz in Höhe von 36 Millionen Francs bezweifelte der preußische Diplomat allerdings. »Es läßt sich aber erwarten«, so vermerkte v. Bockelberg, »daß dieselben unter der Wirklichkeit bleiben dürften, indem die Aufschläge möglichst niedrig gemacht werden, um dem Plan besseren Eingang zu verschaffen«. Im Gegensatz zu den englischen Bahnen hatten die Belgier auf doppelte Gleise verzichtet. Zur Förderung der eigenen Industrie beabsichtigte man, trotz der damit verbundenen höheren Kosten, die benötigten Eisenteile auf der Grundlage englischer Muster durch die Fabriken in Charleroi und Serraing fertigen zu lassen.

Offenbar hatte Rühle seinen Auftrag auch zum Anlaß genommen, sich im Frühjahr 1835 mit Friedrich List zu besprechen, der sich zu dieser Zeit in Berlin

---

[185] Diese Liste findet sich als Anhang in Generalleutnant Rühle v. Lilienstern, S. 125-194.
[186] Schreiben vom 14.2.1835 an Ancillon, in: GStAPK, Ministerium der Auswärtigen Angelegenheiten, Nr. 6963, Bl. 7 f.
[187] Schreiben Rühles vom 6.2.1835 an Ancillon, in: GStAPK, Ministerium der Auswärtigen Angelegenheiten, Nr. 6963, Bl. 5: »Es ist für dieselbe [Kommission] daher wünschenswert, von demjenigen Kenntnis zu erhalten, was hinsichtlich der Eisenbahnen in neuerer Zeit in anderen Ländern, und besonders in Sachsen, Frankreich und England geschehen ist.«
[188] Bericht des preußischen Legationsrates Graf v. Bockelberg aus Brüssel vom 7.4.1835, in: GStAPK, Ministerium der Auswärtigen Angelegenheiten, Nr. 6963, Bl. 15.

aufhielt[189]. In seinem Gutachten nahm er jedenfalls auf dessen Plan eines deutschen Eisenbahnnetzes ausführlich Bezug[190]. Rühle gelangte darin im Grundsatz zu der Ansicht, daß Eisenbahnen durchaus zum Transport von Kriegsmaterial oder von vereinzelten Truppenteilen geeignet waren. Sie erleichterten »die Fortschaffung und Nachbringung von Kriegsbedürfnissen im Rücken der Armee und auf Gebieten, die nicht zum unmittelbaren Kriegsschauplatz gehören«. Auch waren sie »für die Sicherstellung von Gegenständen irgendwelcher Art [nützlich], die vor dem ungehindert andringenden Feind gerettet werden sollen«. Vor allem würden sie aber »der beschleunigten Konzentrierung zerstreuter Truppenteile auf militärisch wichtigen Punkten [dienen] und für das überraschend schnelle Auftreten solcher bewaffneter Haufen an Orten, wo der Feind es gar nicht erwartet hatte[191].« Allerdings konnten die Eisenbahnen seiner Ansicht nach »nie die Chausseen ersetzen, und nie so vielfach vorhanden sein, wie es die Beweglichkeit der heutigen Kriegführung unumgänglich erfordert«. Auch sah Rühle große Schwierigkeiten, »die Bahnen selbst, oder die dazu gehörigen Maschinen, Werkstätten und Feuerungsmagazine bei starker Kriegsfrequenz in genügend ausreichenden Zustande zu erhalten, und noch viel leichter auf die Zerstörung aller dieser Einrichtungen hinzuwirken[192].«

Insgesamt lieferte Rühle ein sehr grundsätzlich gehaltenes Gutachten ab, das sich unter Vernachlässigung seines ursprünglichen Auftrages einer speziellen Untersuchung der Rhein-Weser-Bahn gar nicht mit einzelnen Transportberechnungen und Strecken abgab, sondern weit darüber hinausschauend schon die Frage aufwarf, inwieweit die Eisenbahnen die bisherige Art der Kriegführung verändern könnten. Hierin blieb er allerdings skeptisch.

»Auf die Kriegführung im Großen, auf die Bewegung ganzer Armeen, auf den Entwurf von Feldzügen, Offensiv- und Defensivplänen ganzer Länder und Staaten, dürften die Eisenbahnen an sich keinen wesentlichen und großartigen Einfluß äußern, und ihn überhaupt erst dann gewinnen können, wenn ganze Netze von Eisenbahnen über weit gedehnte Strecken verbreitet sein werden«.

Der Bau von Eisenbahnen erforderte nach Rühles Ansicht keine grundsätzliche Neuorientierung der preußischen Operationsplanungen. »Der Geist und die Methode der heutigen Kriegführung [würden] nicht wesentlich modifiziert«[193], resümierte er. Diese Äußerung kann jedoch nicht als ein einfaches Beharren auf überlieferten Kriegsformen gedeutet werden, sondern sie bezog sich eher auf die nach Rühles Ansicht ungebrochene Gültigkeit der erst drei Jahre zuvor in Berlin getroffenen militärischen Vereinbarungen zwischen Preußen und Österreich. »Die Natur der gegenwärtigen Kriegstheater«, dürfte, welche Richtung die im nächsten Jahrzehnt zu vollendenden Eisenbahnen auch nehmen werden, »in der Hauptsache

---

[189] Brief Lists an Herzog Ernst I. von Sachsen-Coburg vom 24.12.1840, in: List, Deutschlands Eisenbahnen, Bd 3, S. 37.
[190] Rühles Gutachten aus dem Jahre 1835 hat sich in den Akten des Ministeriums des Äußeren erhalten. GStAPK, II. HA, Ministerium der Auswärtigen Angelegenheiten, Nr. 6963, Bl. 78-82.
[191] Ebd., Bl. 80.
[192] Ebd.
[193] Ebd., Bl. 81.

unverändert bleiben«. Dies galt nach Rühles Ansicht »sowohl für die vorzugsweise vorgestellten Gegenden, als auch, was die durch ihre örtlichen Verhältnisse zur Vereinigung der Bundeskorps, zur Abwehr des Feindes oder zur Bekämpfung desselben, im eigenen Lande [besonders] geeigneten Landesteile und Hauptstraßenzüge betrifft«, da letztlich auch die Politik der Deutschen Bundesstaaten, wie sie bei den Besprechungen 1832 zu Grunde gelegt worden sei, unerschütterlich bleiben dürfte. Aus Rühles Sicht war die Eisenbahn somit durchaus ein willkommenes Hilfsmittel und eine sinnvolle Ergänzung der bisherigen Praxis der Kriegführung. Er hatte

>keinen Zweifel, daß da, wo solche Schienenwege nun einmal bestehen und ungestört benutzt werden können, aus ihnen für einzelne Kriegsunternehmungen und Begebenheiten ein erheblicher Vorteil [entstehen würde], und deshalb dem Gegner, dem sie oder andere Bahnen nicht zu Gebote stehen, ebenso empfindliche Nachteile erweisen können[194].«

Im zweiten, eher politischen Teil seines Gutachtens ging Rühle auf eine mögliche Bedrohung Süddeutschlands durch den Bau französischer Eisenbahnlinien ein. Hier gelangte er zu dem allerdings nicht weiter begründeten Urteil, daß von allen projektierten französischen Bahnen »ein Schienenzug von Paris nach Straßburg« der minder wahrscheinliche sei. Über die möglichen französischen Absichten äußerte er sich ziemlich unklar. Einerseits sah er das »Kriegstheater am Niederrhein durch das belgische Bahnnetz [...] ernstlicher bedroht«, andererseits glaubte er, daß ein französischer Angriff in dieser Richtung »wider Erwarten und gegen das Operationsinteresse Frankreichs« geschehen würde und erhoffte sich dann von den süddeutschen Staaten eine »Offensiv-Diversion in der Richtung auf Mainz und Saarbrücken«, um »der bedrängten preußischen Rheinprovinz zu Hilfe zu kommen«[195]. Die drei bisher zur Sprache[196] gekommenen Eisenbahnlinien in Süd-Nord-Richtung von Basel über Frankfurt, Kassel, Hannover nach Hamburg, vom Bodensee über Ulm, Augsburg, München auf Nürnberg und weiter auf Erfurt sowie die von der Donau über Prag, Dresden, Leipzig auf Magdeburg würden nach Rühles Ansicht die zwei wichtigsten französischen Operationslinien auf Stuttgart, München und Wien sowie auf Mainz und Leipzig durchschneiden und somit das Vordringen der Franzosen massiv behindern[197]. Sollten also diese projektierten Eisenbahnen tatsächlich realisiert werden, wären damit die früheren Verabredungen im Deutschen Bund keineswegs in Frage gestellt, da die bisher geplante schnelle Vereinigung des VIII. Bundeskorps mit preußischen, sächsischen und böhmischen Heeresteilen in der Nähe des Fichtelgebirges oder am Obermain

---

[194] Ebd., Bl. 78.
[195] Ebd., Bl. 80.
[196] Gemeint ist hier wohl seine Unterredung mit List, denn die von Rühle hier genannten Bahnlinien entsprachen exakt denjenigen, die der Schwabe schon 1833 in seinem Aufsatz über ein sächsisches Eisenbahnsystem als Grundlage eines deutschen Eisenbahnsystems vorgeschlagen hatte. In: List, Deutschlands Eisenbahnen, Bd 3, S. 155–195. Siehe auch die entsprechende Karte in: Hundert Jahre deutsche Eisenbahnen, S. 51.
[197] Rühles Gutachten von 1835, GStAPK, II: HA, Ministerium der Auswärtigen Angelegenheiten, Nr. 6963, Bl. 81.

dadurch besonders begünstigt würde[198]. Nicht zufällig war Rühles Gutachten auch an das Außenministerium gelangt. Offenbar sollte die Angelegenheit und auch der Inhalt des Gutachtens auf diplomatischem Wege weitere Verwendung finden. Jedenfalls sah es Rühle »als wünschenswert« an, »daß die süddeutschen Höfe ihre Ansichten über diese Angelegenheit aussprechen und mitteilen mögen«. Eine ununterbrochene Verständigung läge überhaupt im militärischen Interesse der Deutschen Bundesstaaten[199].

Rühles Gutachten konnte jedoch vorerst nichts anderes sein als eine vorläufige Bestandsaufnahme der militärischen Möglichkeiten des sich nun rapide entwickelnden Eisenbahnwesens. Die folgenden Monate brachten in Deutschland eine Flut von Publikationen zum Thema Eisenbahn. Allein in der Allgemeinen Militär-Zeitung aus Darmstadt befaßten sich im Frühjahr 1836 drei Beiträge mit der Frage der militärischen Nutzung der Eisenbahnen[200]. Mit jedem neuen Monat schritt die Entwicklung stürmischer voran. Immer neue Eisenbahngesellschaften- und Komitees wurden gegründet, die Zahl der Eingaben und Anträge bei den preußischen Behörden nahm ständig zu. Die Aktien der neuen Gesellschaften fanden reißenden Absatz. Die Zeichnung für die Anfang 1836 konzessionierte Eisenbahn von Magdeburg nach Leipzig erbrachte innerhalb von nur zwei Tagen statt der erforderlichen 2,3 Mio. den Gesamtbetrag von 5,2 Mio. Talern[201]. Auch aus dem Ausland meldeten sich inzwischen Stimmen, die auf den Ausbau nicht nur einzelner Strecken drängten, sondern ein vollständiges System von Eisenbahnen zur Stärkung der Verteidigungsfähigkeit des Deutschen Bundes vorschlugen. Aus München schrieb der preußische Gesandte August Graf v. Dönhoff (1797-1874) am 24. November 1835 an Außenminister v. Ancillon:

»Die Eisenbahn mit Dampfwagen zwischen Fürth und Nürnberg ist soeben vollendet und in Gang gesetzt. Es ist die erste dieser Art in ganz Deutschland und man tut sich hier nicht wenig darauf zu Gute, daß Bayern in dieser Beziehung allen übrigen deutschen Staaten und namentlich Preußen vorangegangen sei[202].«

In einem weiteren Schreiben vom 2. Februar 1836 unterrichtete Dönhoff seinen Außenminister dieses Mal über bayrische Pläne einer Eisenbahnverbindung zwischen Nord- und Süddeutschland über Nürnberg und Leipzig nach Magdeburg. Dies geschähe »nicht nur unter dem Gesichtspunkt der Förderung von Handel und Industrie, sondern auch im Hinblick auf die Kriegführung, der man hier einen hohen Wert zuordnet«[203]. Hinter diesen Bemühungen stand die Sorge, Frankreich, der stets gefürchtete Nachbar im Westen, könne Deutschland in eisenbahntechnischer Hinsicht überholen. Dönhoff erwähnte eine bayerische Denkschrift, in der die Möglichkeit erörtert wurde, daß »eine französische Armee von 100 000 Mann Infanterie innerhalb von fünf oder sechs Tagen auf der Eisenbahn entweder von Paris nach Lüttich oder nach Straßburg an die deutsche Grenze befördert werden

---

[198] Ebd.
[199] Ebd.
[200] Darunter auch die bereits erwähnte Schrift von List, Über den Wert der Eisenbahnen.
[201] Wehler, Deutsche Gesellschaftsgeschichte, Bd 2, S. 618.
[202] Gesandtschaftsberichte, Abt. 3, Bd 1.2, S. 390.
[203] Brief Dönhoffs an Außenminister v. Ancillon, in: GStAPK, I. HA, Auswärtiges Amt, Rep. 1, Nr. 833.

könne«[204]. Der preußische Gesandte wiederholte noch einmal den bayerischen Vorschlag einer Bahnlinie vom Bodensee über Leipzig nach Hamburg, wodurch eine rein nationale und unabhängige Bahn zustande käme. In diesem Sinne hätte die bayerische Regierung bereits die Konzession einer Bahn von Nürnberg über Würzburg nach Frankfurt abgelehnt. Dönhoff riet schließlich dazu, »die bayerische Regierung in dieser guten Absicht zu erhalten, und sie bald eine Perspektive erkennen zu lassen, daß Preußen ihre Ansichten teilt«[205]. Auch an den König hatte Dönhoff in diesem Sinne schon zuvor geschrieben.

> »Um Bayern bei dieser guten Absicht zu erhalten, wird Preußen sein Einverständnis zu erkennen geben müssen, eine Eisenbahn von Magdeburg nach Leipzig und Hamburg zu bauen[206].«

Außenminister v. Ancillon mochte jedoch seinen Botschafter in München keine für Preußen verpflichtenden Erklärungen abgeben lassen, ehe er sich nicht selbst über den Stand der preußischen Eisenbahnen erkundigt hatte. Mit Schreiben vom 21. Januar 1836 wandte er sich deshalb an den Staatsminister Christian v. Rother (1778–1849), den Leiter des damaligen Handelsamtes und in den dreißiger Jahren die einflußreichste Persönlichkeit im preußischen Staatsministerium[207]. Darin äußerte er den Wunsch,

> »den königlichen Gesandten [in München] nicht nur von den Ansichten, welche bei der diesseitigen Regierung über diese Angelegenheit im Allgemeinen vorwalten, sondern auch von den Privatunternehmungen, welche in Beziehung auf die Anlegung von Eisenbahnen teils bereits die Genehmigung der Regierung erhalten haben, teils beabsichtigt werden, näher zu unterrichten, um ihn dadurch in den Stand zu versetzen, etwaige falsche Vermutungen über die Ansichten der diesseitigen Regierung, wo solche zu seiner Kenntnis gelangen, zu berichtigen[208].«

Rother war zu dieser Zeit faktisch der Leiter der preußischen Politik, der die Aktivitäten der privaten Unternehmer und vor allem der Eisenbahnunternehmer stets mit kritischen Augen sah. Der Bau von Eisenbahnen gefährdete nach seiner Ansicht die Sicherung eines »nachhaltigen und auskömmlichen Arbeitsverdienstes« für die breiten Schichten der Bevölkerung. In einem Immediatbericht vom 16. August 1835 an den König hatte er betont, daß in Zukunft der Staat selbst die Land- und Wasserstraßen neben den künftigen Eisenbahnen unterhalten müsse. Daher sah er es als seine Verpflichtung an, die Eisenbahnen »nicht namhaft vor

---

[204] Ebd.
[205] Ebd.
[206] Brief Dönhoffs an König Friedrich Wilhelm III. vom 27.1.1836, in: Gesandtschaftsberichte, Abt. 3, Bd 2, S. 394 f.
[207] Ein selbständiges Handelsministerium existierte in Preußen zunächst nur von 1817 bis 1825 und lebte erst wieder als selbständiges Handelsamt unter Leitung des Staatsministers Christian v. Rother in den Jahren 1835–1837 auf. In den Akten wurde Rother jedoch als »Chef der Verwaltung für Handel, Fabrikation und Bauwesen« bezeichnet. Nach Rothers Demission 1837 wurde das Amt mit dem Finanzministerium vereinigt, war erneut von 1844 bis 1848 selbständig und wurde dann am 17.4.1848 in ein Ministerium für Handel, Gewerbe und öffentliche Arbeiten umgewandelt, in dessen Zuständigkeit auch sämtliche preußischen Eisenbahnangelegenheiten fielen. Siehe dazu: Grundriß zur deutschen Verwaltungsgeschichte, S. 120.
[208] Brief Ancillons an Rother vom 21.1.1836, in: GStAPK, Ministerium der Auswärtigen Angelegenheiten, Nr. 6963, Bl. 43.

II. Konzeptionelle Überlegungen zur militärischen Nutzung der Eisenbahnen

[den anderen Verkehrswegen] zu begünstigen, um denjenigen Teil der Bevölkerung, welcher seine Subsistenz aus diesen bezieht, nicht plötzlich in Verlegenheit zu bringen«[209]. Rother scheute sich nicht, mit dem Autoritätsgebahren eines Staatskanzlers, seinen Amtskollegen energisch zu maßregeln, um weitere Absprachen mit Bayern in dieser Sache zunächst zu unterbinden. Das Ansinnen des Grafen v. Dönhoff, in preußischem Namen Zusicherungen bei der Ausführung der projektierten norddeutschen Bahnen zu machen, erschien ihm um so »bedenklicher«, als er es »für unangemessen halten muß[te], wenn die diesseitige Verwaltung sich einer fremden gegenüber in die Lage versetzt sieht, über die Motive ihres Verhaltens Rechenschaft abzugeben«[210].

Im preußischen Staatsministerium schien man sich allerdings inzwischen der Dringlichkeit der Eisenbahnfrage bewußt geworden zu sein. Vielleicht war Ancillons Schreiben hier sogar der letzte Anstoß. Jedenfalls stellte Staatsminister Rother selbst in der Sitzung vom 26. April 1836 anläßlich der Beratungen zur Konzessionserteilung der projektierten Düsseldorf-Elberfelder Bahn den Antrag zur Einsetzung einer Kommission, um »die Wichtigkeit der Eisenbahnen in militärischer Beziehung im allgemeinen in nähere Erwägung zu ziehen« und zu prüfen,

»ob es nicht zweckmäßig und notwendig sei, im allgemeinen die Frage zur Entscheidung zu bringen, in welche Richtungen die Anlage von Eisenbahnen im militärischen Interesse zulässig oder wünschenswert erscheine, in welche Richtungen dagegen aus militärischen Rücksichten deren Errichtung nicht zu gestatten sei, um hernach ein Netz anzufertigen, welches diejenigen Richtungen ergebe, in denen die Ausführung von Eisenbahnen zu genehmigen sein werden[211].«

Der König billigte den Antrag am 17. Mai 1836. Die Kommission aus preußischen Offizieren und Beamten unter dem Vorsitz des Generals v. Krauseneck[212] legte ihren 48 Seiten langen Bericht schon am 4. Juli 1836 dem Staatsministerium vor. Unter dem umständlichen Titel »Unvorgreifliche Ansichten über die Benutzung

---

[209] In: GStAPK, I. HA, Rep. 89, Geheimes Zivilkabinett, jüngere Periode, Nr. 29 517, Bl. 9-26. Seinen Ruf als Gegner der Eisenbahnen verdankte Rother wohl vor allem der Einschätzung des rheinischen Eisenbahnpioniers Ludolf Camphausen, der in einem Brief vom 9.3.1836 über Rother bemerkte: »Wir haben hier überall Billigkeit, mitunter gesunde Ansichten gefunden, nur nicht bei Rother. Da lautete die Anwort auf Gründe: tel est mon plaisir. Und in diesem Eigenwillen ist leider nicht die Kraft des starken Mannes zu entdecken, wohl aber manches, das der Schwäche gleicht.« Zit. nach Schwann, Ludolf Camphausen, Bd 2, S. 407.

[210] Schreiben Rothers an Ancillon vom 21.2.1836, Ministerium der Auswärtigen Angelegenheiten, Bl. 55.

[211] Protokoll (Abschrift) der Sitzung vom 26.4.1836, in: GStAPK, Staatsministerium, Nr. 1674, Bl. 2.

[212] Broses Ansicht, daß die Initiative zu dieser Kommission vom Kriegsminister von Witzleben ausging, läßt sich aus dem Archivmaterial des Staatsministeriums nicht nachvollziehen. Siehe Brose, The Politics, S. 226. Die Akten des Staatsministeriums weisen eher Rother auch die spätere Federführung bei diesem Vorgang zu. Aus dem Votum des Kriegsministeriums vom 3.6.1836 zur Kommission geht hervor, daß ursprünglich auch der General Rühle v. Lilienstern zu den »für die Kommission bestimmten Militärpersonen« gehören sollte. Weitere Angehörige des Großen Generalstabes waren der Oberstleutnant v. Reichenbach, der Major v. Brandt und der Hauptmann Fischer als Protokollführer. Vom Kriegsministerium traten hinzu der Oberst v. Peucker und der Major v. Wangenheim. GStAPK, Preußisches Staatsministerium, Nr. 1674, Bl. 8.

der Eisenbahnen zu militärischen Zwecken in technischer Beziehung«[213] gelangte die neue Kommission zu einer durchaus optimistischen Einschätzung der Eisenbahn aus militärischer Sicht.

Die Kommission ging anfangs noch kurz auf die Bedeutung der Pferdeeisenbahnen ein und gelangte hierbei zu dem Ergebnis, daß diese bei gleicher Transportgeschwindigkeit gegenüber den Chausseen eindeutig im Nachteil seien, weil die Zahl der Transportfahrzeuge bei Bedarf nicht wie die gewöhnlichen Fuhrwerke beliebig erhöht werden könnte[214]. Allenfalls schienen sie noch zum Transport des Ersatzbedarfes an Kriegsmaterial und Verpflegungsbedürfnissen verwendbar zu sein. Zur »Heranführung von vollkommen ausgerüsteten und schlagfähigen Truppen« waren ihrer Ansicht nach jedoch nur Eisenbahnen mit Lokomotiven geeignet[215]. Im eigentlichen Kampfgebiet hielt man allerdings auch die Lokomotiveisenbahn für »ganz wertlos, da ihre Zerstörung oder Unterbrechung außerordentlich leicht [sei] und es in der Nähe des Feindes überhaupt gewagt sein würde, sich in einem Defilee zu bewegen, wie dies eine jede Eisenbahn darstellt[216].«

Die Anlage besonderer Militäreisenbahnen lehnte die Kommission ab, da sie in solchem Umfang, wie sie für militärische Zwecke überhaupt wirksam sein würden, bei der Ungewißheit, wann und auf welchen Punkten ihre Benutzung nötig wird, in keiner Art zu rechtfertigen sei[217]. Es stellte sich damit aber die Frage, wie weit Kriegszwecke durch die Hilfsmittel, welche die für den bloßen Handelsverkehr in mäßiger Ausdehnung vorhandenen Eisenbahnen bieten, überhaupt gefördert werden könnten[218]? Hierbei sah es die Kommission als ein gravierendes Problem, daß die in Deutschland geplanten Bahnen mit ihren hohen Steigungen von einem bzw. anderthalb Prozent auf ein bzw. drei Meilen[219] nur den Transport einer geringen Zahl von Personen erlaubten. Allein bei einer Steigung von $^1/_3$ Prozent je Meile benötigte eine Eisenbahn die doppelte Zugkraft gegenüber der horizontalen Strecke, oder aber die transportierte Last mußte auf die Hälfte reduziert werden. Bei einem Prozent Steigung pro Meile verringerte sich die gesamte Last sogar auf ein Achtel des Normalen. Den zukünftigen deutschen Verhältnissen am nächsten kam die Liverpool-Manchester-Bahn mit Steigungen bis zu $^2/_3$ Prozent je Meile. Doch für die Ausstattung mit Betriebsmitteln mochte sich die Kommission nicht an den englischen Verhältnissen orientieren, sondern wählte als Grundlage ihrer weiteren Berechnungen die Verhältnisse auf der geplanten Bahn von Köln zur belgischen

---

[213] Unvorgreifliche Ansichten über die Benutzung der Eisenbahnen zu militärischen Zwecken in technischer Beziehung, in: GStAPK, Preußisches Staatsministerium, Rep. 90, Nr. 1674, Bl. 23–47. Siehe dazu auch: Meinke, Die ältesten Stimmen, S. 49 f. sowie Die Entwicklung des Militäreisenbahnwesens, S. 240.
[214] Unvorgreifliche Ansichten, Bl. 23.
[215] Ebd., Bl. 25 f.
[216] Ebd.
[217] Ebd., Bl. 27.
[218] Ebd.
[219] Ebd., Bl. 24. Gemeint waren hier die Rhein-Weser-Bahn und die Köln-Eupener-Bahn. Als vorteilhafter erachtete die Kommission das vor allem in Belgien und den Vereinigten Staaten angewandte Prinzip, weitgehend horizontale Strecken mit kurzen, aber starken Steigungen anzulegen, die durch stehende Dampfmaschinen mit Seilzügen überwunden wurden.

II. Konzeptionelle Überlegungen zur militärischen Nutzung der Eisenbahnen

Grenze. Hier waren auf eine Gesamtstrecke von zwölf Meilen zehn Lokomotiven zum Einsatz vorgesehen, davon zwei als Reserve[220]. Eine in gleicher Weise mit Betriebsmitteln ausgestattete Bahnlinie von Berlin über Magdeburg an den Niederrhein oder über die untere Elbe bei Bremen nach Wesel könnte nach Ansicht der Kommission bei einem Kriege am unteren Rhein, der Maas oder in Belgien zum Transport von Truppen, Kriegsmaterial und Lebensmitteln von hoher Bedeutung sein, da sie den Raum der alten Provinzen, das größte Waffendepot des Staates in Magdeburg und die bedeutende Hilfsquellen bietenden großen Handelsplätze Lübeck, Hamburg und Bremen mit der Rheinlinie verbinden. Eine derartige Bahn würde jedoch schon um rund 16 Meilen länger sein als die vorhandene Chaussee über Kassel oder Hildesheim[221].

Die Kommission ging davon aus, daß eine derartige Bahnlinie in 17 Stationen mit jeweils sechs Meilen Abstand gegliedert sein würde. Die vier Züge einer Station bildeten je ein Echelon, mit dem etwa 75 Prozent der Mannschaften eines Bataillons einschließlich seines Trosses befördert werden konnten. Durch 32 dieser Echelons könnte dann die gesamte Infanterie eines Armeekorps von 24 000 Mann befördert werden können. Unter der Annahme, daß ein Echelon zehn Stunden nach Beginn seiner ersten Fahrt wieder am Ausgangsbahnhof zur zweiten Fahrt bereit sein würde, könnten pro Tag zwei Echelons je Station abgehen und alle 24 000 Mann somit am 16. Tag nach Beginn der Transporte am Zielort der letzten Station wieder vereinigt sein. Halbierte man jedoch die Geschwindigkeit des Zuges von vier auf zwei Meilen, so ließe sich die zu transportierende Last um den Faktor 3½ vervielfachen. Die notwendige Anzahl von zwei Echelons pro Tag würde durch die Verlangsamung nicht in Frage gestellt[222].

Gegenüber der gewöhnlichen Marschzeit dieser Truppenmasse von 28 Tagen auf der allerdings nur 84 Meilen langen Chaussee wäre dies ein Zeitgewinn von immerhin zwölf Tagen[223]. Ein anderes Resultat ergab sich jedoch, wenn man die 96 Geschütze des Korps und dazu seine 4200 Mann Kavallerie ebenfalls mit der Bahn beförderte. Dann erhöhte sich bei konstantem Betriebsmittelbestand die Marschdauer auf insgesamt 44 Tage, womit die gewöhnliche Marschdauer eines Korps auf der Chaussee um 16 Tage übertroffen würde[224]. Die Schlußfolgerung der Kommission lautete dann auch eindeutig, »daß die Beförderung so großer aus allen Waffengattungen kombinierter Truppenmassen wie die eines Armeekorps, auf dem alleinigen Wege einer mit den angenommenen Mitteln ausgestatteten Eisenbahn nicht mit Nutzen zu erwarten ist[225].« Für den Transport einer kompletten, aus allen drei Waffengattungen bestehenden Division von 12 000 Mann sah die Kommission immerhin noch Vorteile, ohne jedoch hierzu detaillierte Berechnungen anzubieten[226]. Allerdings traten diese Vorteile der Eisenbahn erst bei

---

[220] Ebd., Bl. 32.
[221] Ebd.
[222] Ebd., Bl. 29 f.
[223] Ebd., Bl. 33.
[224] Ebd., Bl. 36.
[225] Ebd., Bl. 37.
[226] Ebd., Bl. 46.

größeren Strecken auf. Bei dem Transport von 24 000 Mann Infanterie über eine Strecke von nur 50 Meilen benötigte die Eisenbahn 14½ Tage, was fast genau der Dauer eines gewöhnlichen Marsches auf einer Chaussee entsprach.

Ein noch ungelöstes Problem sah die Kommission im Transport von Pferden, da die Gesellschaften kaum die dazu erforderlichen Plattformwagen in ausreichender Zahl zur Verfügung stellen könnten. Sorge bereitete auch der Umstand, daß für den Transport von Artilleriefahrzeugen und Lafetten eine Mindestlänge der Waggons von zwölf Fuß erforderlich war, während andererseits die Gesellschaften z.B. auf der projektierten Köln–Eupener Strecke mit einer Länge von nur elf Fuß rechneten[227]. Ohne einheitliche Normvorschriften hinsichtlich Dimensionen und Belastbarkeit der Fahrzeuge fürchtete die Kommission eine erhebliche Beeinträchtigung der »Effekte der Eisenbahnen für Kriegszwecke« und hielt daher ihre militärische Begutachtung für wünschenswert, »um diejenigen Verhältnisse rechtzeitig zur Sprache bringen zu können, welche unbeschadet der Handelsinteressen auch die militärischen Interessen wirksam zu fördern imstande sind«[228].

Abschließend urteilte die Kommission, daß die Anlage von Eisenbahnen »auch in militärischer Beziehung alle Beachtung« verdiene »und es von Wichtigkeit sei, der jetzt allgemein werdenden Neigung zu dergleichen Anlagen durch Privatunternehmungen eine Richtung zu geben, die neben dem kommerziellen Bedürfnis auch dem militärischen möglichst anpassend ist[229].« Basierend auf dem Chausseeplan, den General v. Grolman als Chef des Generalsstabes im Jahre 1817 entworfen hatte[230], schlug die Kommission erstmals ein System von Bahnlinien durch den preußischen Staat und die deutschen Länder südlich des Main und des Erzgebirges vor, allerdings mit der Einschränkung, daß darin nur bereits genehmigte oder beantragte Bahnen enthalten seien. Vier Hauptlinien sollten jeweils von Berlin nach Ostpreußen, nach Schlesien sowie an den Nieder- und Mittelrhein führen, mit einer Abzweigung der letzteren an den Main. Geplant waren zudem Querverbindungen vor allem der beiden an den Rhein führenden Linien[231].

Auf der Grundlage dieses Berichts verhandelte das Staatsministerium zunächst mehrere Monate über die wichtigsten der darin geäußerten militärischen Forderungen. Den Wunsch der Kommission, auch dann die Anlage von militärisch erwünschten Bahnen zu fördern, wenn keine wirtschaftlichen Interessen vorlägen, wurde allgemein abgelehnt. Minister v. Rother bemerkte dazu in seinem Votum vom 12. August 1836 eindeutig, daß die Anlage von Eisenbahnen ausschließlich in militärischer Hinsicht nicht gefördert oder auf bestimmte Richtungen beschränkt werden solle, sondern gemäß den Interessen des Gewerbes und des Verkehrs erfolge[232]. Selbst das Kriegsministerium verhielt sich in dieser Frage ablehnend und

---

[227] Ebd., Bl. 44.
[228] Ebd., Bl. 43.
[229] Ebd., Bl. 46.
[230] Von Scharnhorst zu Schlieffen, S. 117–120.
[231] Gutachten vom 15.7.1836 (o. Titel), in: GStAPK, Staatsministerium, Nr. 1674, Bl. 15.
[232] Votum Rothers vom 12.8.1836, ebd., Bl. 48 f.

II. Konzeptionelle Überlegungen zur militärischen Nutzung der Eisenbahnen

bemerkte dazu, daß der Bau von Eisenbahnen im allgemeinen den Interessen des Handels und des Verkehrs zu überlassen sei[233].

In einer Sitzung am 26. November 1836 einigten sich die beteiligten Minister daher zunächst nur auf die Forderung nach gleichen Spurbreiten für alle in Zukunft zu konzessionierenden Gesellschaften. Auch eine Länge von wenigstens zwölf Fuß für alle Transportwaggons wurde als wünschenswert erachtet. Mehr militärische Forderungen mochte man den neuen Eisenbahngesellschaften noch nicht zumuten[234]. Im Februar 1837 sah sich der Kriegsminister v. Witzleben daher veranlaßt, noch einmal eine gemeinsame Beratung über den gesamten Bericht der Kommission anzumahnen[235]. Als vortragenden Rat bestimmte er den General Rühle v. Lilienstern, der inzwischen schon zu dem Ruf eines Eisenbahnfachmannes gelangt war[236]. Bereits List hatte ihn ja anläßlich seines Aufenthaltes in Berlin 1835 als einen in Eisenbahnfragen verständigen Mann gewürdigt, der damals ganz seiner Ansicht gewesen sein soll. Rühle v. Lilienstern gehörte mit aller Wahrscheinlichkeit auch zu den Verfassern einer auf den 6. Oktober 1837 datierten militärischen Denkschrift, in der Preußen seine Grundsätze bei der »Beurteilung von Kunstbauten [...] und von Eisenbahnen« im Hinblick auf eine Kooperation mit anderen Mächten zusammengefaßt hatte[237].

Wie sehr sich bereits in der Armee, vor allem durch das grundlegende und richtungsweisende Gutachten von 1836, ein Meinungswandel zugunsten der Eisenbahnen vollzogen hatte, zeigte auch die das neue Gutachten einleitende Feststellung, daß »wohl der Mangel, nicht aber das Vorhandensein guter Kommunikationen die militärischen Interessen beeinträchtigen kann«. Die Verfasser hatten sich auch sogleich gegen die bis dahin geäußerten Bedenken gewandt, daß Eisenbahnen in den Grenzgebieten feindliche Invasionen begünstigen könnten. Das Gutachten beruhigte solche Bedenken mit dem Hinweis, daß Eisenbahnen, die im Kriegsfalle eventuell in die Hände des Feindes fallen könnten, mittels einer Reihe leicht durchführbarer Maßnahmen rechtzeitig unbrauchbar gemacht werden

---

[233] Ebd., Votum des Kriegsministeriums, Bl. 57.
[234] Ebd. Als Beleg für diese Zurückhaltung läßt sich Staatsminister Rothers Votum vom 12.8.1836 anführen. Mit Blick auf die Forderung nach gleichen Gleisen bemerkte er: »In der Regel wird es ohnehin schon dem eigenen Interesse der Unternehmen entsprechen, daß auf die Möglichkeit Bedacht genommen werde, die einzelnen Linien zu einem Ganzen zu vereinen.« Ähnlich äußerte er sich zu der Forderung nach zwölf Fuß langen Waggons: »Eine Vorschrift, daß die Lastwagen zwölf Fuß lang hergestellt werden, oder Vorrichtungen erhalten müssen, damit zwölf Fuß lange Gegenstände darauf transportiert werden können, wird es nicht bedürfen. Im Allgemeinen ist anzunehmen, daß die Unternehmen schon ihres eigenen Interesses wegen sich auf den Transport solcher Gegenstände einrichten.« GStAPK, Staatsministerium, Nr. 1674, Bl. 49.
[235] Schreiben vom 28.2.1837: »Nach genommener Rücksprache mit dem Herrn Geheimen Staatsminister v. Rother melde ich daher den gedachten Gegenstand zum Vortrag im Staatsministerium an und ersuche Euer Exzellenz ganz ergebenst, den Termin dazu geneigtest anzusetzen.« Ebd.
[236] Witzleben schien die Ansichten Rühles hinsichtlich der Eisenbahnen zu teilen. Mit Schreiben vom 12.3.1836 hatte er damals dem Außenminister General Rühles Denkschrift von 1835 zugesandt und dazu bemerkt, daß er zu dessen Ansicht neige. Siehe GStAPK, Ministerium der Auswärtigen Angelegenheiten, Nr. 6963, Bl. 77.
[237] Denkschrift über die bei Beurteilung von Kunstbauten überhaupt und von Eisenbahnen insbesondere in Anwendung zu bringenden Grundsätze vom 6.10.1837, in: GStAPK, Staatsministerium, Nr. 1674, Bl. 103 f.

könnten. »Es kann daher im allgemeinen nicht im wohlverstandenen Staatsinteresse liegen«, so die Verfasser weiter, »auf die Vorteile, welche Eisenbahnen dem eigenen Kriegsheere, dem Handel und dem Gewerbefleiß gewähren können, selbst in solchen Richtungen zu verzichten, die möglicherweise im Laufe eines Krieges dem Feinde einmal einen Vorteil gewähren könnten.«

Trotz ihrer grundsätzlichen Zustimmung auch zu exponierten Eisenbahnlinien waren die Gutachter immer noch weit davon entfernt, die Euphorie der frühen Eisenbahnprotagonisten hinsichtlich der Leistungsfähigkeit der neuen Technik zu teilen. Zum Transport und zur schnellen Konzentration von Truppendetachements, vor allem von Infanterie, eigneten sich Eisenbahnen nach Ansicht der Verfasser durchaus. Dieses Urteil galt ebenso für das Heranschaffen von Nachschub sowie den Abtransport von Verwundeten. In unmittelbarer Nähe des Kriegsgebietes verloren Eisenbahnen jedoch ihren Wert, da die meisten Strecken dann längst zerstört sein würden und die übriggebliebenen Eisenbahnen die Truppenbewegungen in ungünstiger Weise kanalisierten. Auch sei der Einfluß der Eisenbahnen auf »die Kriegführung im Großen, auf die Bewegung ganzer Armeen, auf den Entwurf von Feldzügen, Offensiv- und Defensivplänen ganzer Staaten« nicht wesentlich. Dies könnte sich allenfalls ändern, »wenn ganze Netze von Eisenbahnen über weit gedehnte Staaten verbreitet sein werden.« Auch müßten dann ausreichend Betriebsmittel zur Verfügung stehen, wie »es die Beweglichkeit der heutigen Kriegführung unumgänglich erforder[e]«[238].

Nicht völlig einmütig erschienen die Verfasser der Denkschrift in der Frage der Vereinbarkeit von militärischen und kommerziellen Interessen. Einerseits war man der Ansicht, daß der Krieg im wesentlichen den Handelswegen folge und daher die zur Förderung militärischer Zwecke wichtigen Kommunikationslinien mit den in wirtschaftlicher Hinsicht wünschenswerten in ein allgemeines Straßensystem zusammenfielen. Der Staat solle, wo dies einmal nicht der Fall sei, die »militärischen Interessen« berücksichtigen, auch wenn dazu »verhältnismäßige Opfer gebracht werden müßten«. Andererseits hieß es auch in dem Gutachten, daß die militärischen Interessen, da sie die Eisenbahnen nur im Kriege nutzen und somit nicht dauerhaft erhalten können, sich dem kommerziellen Interesse unterzuordnen haben.

Genau in diesem Punkt widersprach der Monarch seinen Offizieren. Die Denkschrift ließ das sonderbarerweise nicht unerwähnt. Entgegen der Ansicht der Gutachter hatte der König befohlen, »im militärischen Interesse auf die Feststellung der Konstruktion des Handelsverkehrs dahin ein[zuwirken], daß letztere unbeschadet ihrer eigentlichen Bestimmung den militärischen Bedürfnissen möglichst angepaßt werden soll.« Dies war bereits in einer Kabinettsordre vom 13. August 1837 erfolgt[239]. Weshalb der fast 70jährige Monarch in seinem zustimmenden Urteil über die Eisenbahnen den Militärs weit voranging, läßt sich aus den Akten nicht mehr ermitteln. Jedenfalls befahl er, daß zukünftig jede neue Strecke vor ihrer Genehmigung einer besonderen militärischen Inspektion unterworfen

---

[238] Ebd.
[239] Die Entwicklung des Militäreisenbahnwesens, S. 241.

II. Konzeptionelle Überlegungen zur militärischen Nutzung der Eisenbahnen 63

werden solle. Auch müsse sichergestellt werden, daß alle Bahnen die gleichen Spurweiten einnehmen, daß für den zukünftigen Echelonbetrieb etwa gleichmäßige Abstände zwischen den Stationen vorgesehen würden und daß für den Transport von Pferden und Artillerie geeignetes Betriebsmaterial in ausreichender Zahl zur Verfügung stehe.

Mit dem Gutachten von 1837 war die Debatte in der preußischen Administration um die militärische Nutzung der Eisenbahnen zu einem vorläufigen Abschluß gelangt. Soweit dies aufgrund überwiegend theoretischer Annahmen möglich war, hatte sich die Armee ein Bild von der Leistungsfähigkeit der zukünftigen Bahnen gemacht und zugleich ihre Anforderungen hinsichtlich der militärisch vorteilhaftesten Richtungen und der notwendigen Ausrüstung formuliert. Sie hatte sich zwar darauf eingerichtet, daß die preußischen Bahnen zunächst auf privater Basis errichtet und betrieben werden sollten, doch daß aus wirtschaftlichem Interesse errichtete Bahnen nicht in jedem Fall zu einem für die Armee befriedigendem Ergebnis führen mußten, hatte schon das Gutachten von 1836 nachgewiesen. Auch die 1839 wieder auflebende Auseinandersetzung um die günstigsten Streckenverlauf der preußischen Eisenbahnverbindung an den Rhein hatte denselben Konflikt zwischen militärischen und wirtschaftlichen Interessen zur Ursache. Die alte, erst 1837 konzessionierte Rhein-Weser-Eisenbahngesellschaft hatte einen Streckenverlauf nördlich des Harzes über Braunschweig und Hannover auf Minden vorgesehen. Als ihr Vorstand jedoch am 14. Mai 1839 aus finanziellen Gründen die Auflösung der Gesellschaft einleiten mußte[240], hatte sich das Preußische Staatsministerium schon längst auf eine neue Strecke zum Rhein geeinigt. Sie sollte südlich des Harzes von Halle auf Kassel und dann weiter auf Lippstadt verlaufen. Nach Darstellung des Generalpostmeisters Karl Ferdinand v. Nagler (1770–1846) hatten sich die preußischen Minister bereits Anfang 1839 einhellig für diese Streckenführung ausgesprochen. In einem an Staatsminister v. Rother gerichteten Memorandum vom 15. Mai 1839 hatte v. Nagler auch schon einen Finanzierungsplan entwickelt[241]. Besonders die jüngsten französischen Eisenbahnpläne beunruhigten ihn. »Es ist nicht zu bezweifeln, daß die Eisenbahn von Paris nach Brüssel bald zu Stande kommen wird«, bemerkte er in seiner Denkschrift. Bliebe Preußen mit seiner Eisenbahnanlage an den Rhein zurück, so entstünde »ein militärisch überaus wichtiges Mißverhältnis in der Kommunikation mit jenen Provinzen«. Da nach Ansicht v. Naglers die Ausführung dieses großen Werkes durch private Investitionen kaum zu Stande kommen dürfte, befürwortete er ihren Bau notfalls auch auf Staatskosten. Für den preußischen Staat sei nun die südliche Linie, so v. Nagler, weitaus vorteilhafter, da sie, abgesehen von einer kurzen Passage durch Kurhessen, nur preußisches Gebiet berühre. Das Kriegsministerium schloß sich dieser Ansicht an. Eine nördlich des Harzes an den Rhein führende Eisenbahn würde zwar, so hieß es in seiner Stellungnahme vom 19. Dezember 1839, einerseits »eines mehrseitigen militärischen Nutzens fähig sein«, andererseits aber durch den Umstand, daß sie auf einem beträchtlichen Abschnitt durch »nicht zollvereintes Ausland«

---
[240] Reden, Die Eisenbahnen Deutschlands, Bd 2, Abschn. 2, S. 772.
[241] Vollständig zit. bei Sautter, Generalpostmeister v. Nagler, S. 224.

führte, zahlreiche Beschränkungen dieses Nutzens befürchten lassen[242]. Durch eine Eisenbahn südlich des Harzes könnte nach Ansicht des Kriegsministeriums sogar

> »die Basis eines großen Eisenbahnsystems gewonnen werden [...], welches Berlin mit der Elbfestung Wittenberg, sodann über Halle einerseits mit dem Zentralwaffenplatz Magdeburg, andererseits mit der [...] Festung Erfurt demnächst über Kassel und Frankfurt a.M. mit Mainz, dem strategischen Schlüssel Deutschlands, und über Lippstadt mit dem westfälischen Waffenplatz Minden und der wichtigen Rheinfestung Köln, in eine direkte Verbindung [...] bringen würde.«

Bei der Wahl der Kassel–Frankfurter Linie über Marburg und Gießen ließe sich sogar die wichtige Festungsstadt Koblenz durch eine Zweigbahn in dieses Eisenbahnsystem einfügen[243]. Für eine südlichere Trassenführung sprach aus der Sicht des Kriegsministeriums auch der Umstand, daß bei einem Kriege mit Frankreich »entscheidende Operationen diesseits des Rheines höchst wahrscheinlich weit weniger in der von einer Braunschweig-Kölner-Bahn durchschnittenen Richtung, als in den Ebenen des südlichen Deutschlands und besonders in dem Flußgebiete des Mains zu erwarten seien«. Eine Eisenbahn für den Nachschub von Kriegsmaterial und Verpflegung sei hier um so wichtiger, da noch »keine direkte Marschstraße aus dem Herzen der Monarchie dahin führe«[244]. »Als Verbindungs- und Stützpunkt« für alle Operationen in diesem Bereich sollte die Festung Erfurt dienen, die »ihre Bestimmung als strategischer Waffenplatz erst dann ganz eigentlich erfüllen könne, wenn sie von einem Eisenbahnsystem berührt wird, welches ihr alle Hilfsmittel zuführt und von ihr aus die vorwärts stehenden Heere mit dem nötigen Bedarf versorgen kann.« Für die Untersuchung der »in Rede stehenden Bahnlinie« beantragte das Kriegsministerium daher, daß sie, »soweit Terrain und anderweitige Rücksichten es immer gestatten, in möglichst günstiger Richtung derart auf Erfurt oder doch möglichst nahe an diesen Platz heran geführt werde«. Vor allem auf Grund dieser ausschließlich militärischen Erwägungen entschloß sich das Staatsministerium bei der »entschiedenen Wichtigkeit der Eisenbahnanlage von Halle über Kassel auf Lippstadt« zu prüfen, ob es nicht »notwendig sei, das Unternehmen zur Verbindung der beiden getrennten Teile des preußischen Staates ganz für Rechnung des Staates auszuführen«.

Erstmals war hier die preußische Armee mit einem umfassenden Konzept zur Nutzung der Eisenbahnen aufgetreten, das allerdings von den Plänen der ersten Eisenbahnprotagonisten in einem wichtigen Punkt abwich. Zwar galt auch dem Kriegsministerium die Eisenbahnverbindung Preußens an den Rhein längst als unverzichtbar, doch die Militärs glaubten sie eher mit einer südlichen anstelle einer nördlichen Streckenführung sicherstellen zu können. Die südlichere Bahn hatte aus ihrer Sicht auch den besonderen Vorteil, daß mit ihr eine bislang fehlende Operationslinie an den Mittelrhein hätte aufgebaut werden können. Darüber hin-

---

[242] Immediatbericht des Staatsministeriums vom 19.12.1839, in: GStAPK, I. HA, Rep. 89, Zivilkabinett, Nr. 29 595, betr. die Eisenbahn von Halle über Kassel nach Lippstadt, Bl. 33.
[243] Ebd.
[244] Ebd.

aus würden sich mit ihrer Hilfe die wichtigsten preußischen Festungen, darunter möglicherweise auch Koblenz-Ehrenbreitstein, miteinander verbinden lassen.

So sehr aber die verbindende Funktion der Eisenbahnen in strategischer Hinsicht im Falle der Festungen auch erwünscht war, unter taktischen und fortifikatorischen Gesichtspunkten verursachte die Einmündung einer Eisenbahnlinie in den Bereich einer Festung fast regelmäßig ernsthafte Konstruktionsprobleme und war oft Anlaß zu harten Verhandlungen der Armee mit den Eisenbahngesellschaften.

c) Die Integration der Eisenbahnen in das preußische Festungssystem

Zu Beginn der dreißiger Jahre hatte das preußische Kriegsministerium die ersten projektierten Eisenbahnen im Rheinland noch als vereinzelte und nebensächliche Erscheinungen betrachtet. Ihre militärische Bedeutung schien sich darauf zu beschränken, daß sie im Kriegsfall unter ungünstigen Umständen einem angreifenden Feind nützlich sein könnten. Grundsätzlich galt daher, daß Eisenbahnen, ebenso wie schon die Chausseen, Flüsse oder Landesgrenzen nur im Schutze von Festungen passieren dürfen, um einem Angreifer keine Umgehungsmöglichkeit zu bieten. Jede Bahn aber, die in die Nähe einer Festung geführt werden sollte, würde, so die Befürchtung der zuständigen Militärbehörden, ihren unmittelbaren Verteidigungswert beeinträchtigen. Diese Bedenken bestanden grundsätzlich gegenüber allen Baumaßnahmen im unmittelbaren Festungsbereich, der in der Fachsprache als Rayon bezeichnet wurde. Das preußische Rayonregulativ[245] aus dem Jahre 1828 forderte daher, daß alle Kunststraßen, wozu auch bald schon die Eisenbahnen gerechnet wurden, »unter eine reine Längenbestreichung der Festungswerke gelegt werden« sollten, sobald sie den »wirksamen Geschützbereich« oder den Rayon einer Festung berührten, der mit 360 Ruthen oder 1800 Schritt, was etwa 1350 m entsprach, festgelegt war. Keinesfalls, so hieß es dort weiter, dürften durch Dämme oder ähnliche bauliche Veränderungen unbestrichene Räume und damit »eine nachteilige Deckung gegen die Festung oder [eine] Vermehrung der Zugänglichkeit, mithin eine Verminderung der Verteidigungsfähigkeit der Werke, herbeigeführt werden«. Eine »gemischte Kommission« aus Vertretern des örtlichen Generalkommandos und des zuständigen Oberpräsidiums hatten sich bei derartigen Anlässen unter Vorsitz des zuständigen Kommandanten über den Verlauf der Straße im Geschützbereich der Festung zu verständigen[246].

Als die 1837 projektierte Taunusbahn von Frankfurt nach Mainz auch den Bereich der dortigen Bundesfestung berühren sollte, waren sich die zuständigen Offiziere der Bundesmilitärkommission schnell über einen umfangreichen Forderungskatalog an die Gesellschaft einig geworden[247]. So müsse die Bahn direkt in

---

[245] Regulativ über das Verfahren bei baulichen Anlagen oder sonstigen Veränderungen der Erdoberfläche innerhalb der nächsten Umgebungen von Festungen vom 10.9.1828, in: Gesetzsammlung 1828, Nr. 17.
[246] Ebd., § 13.
[247] Schreiben des österreichischen Feldmarschallleutnants v. Welder an die Bundesversammlung vom 8.6.1838, in: GStAPK, Rep. 75A, Akten der Königl. Bundestagsgesandtschaft, Nr. 1336.

den Festungsbereich geführt werden, damit der Festungskommandant im Kriegsfalle die Kontrolle über sämtliches Betriebsmaterial der Gesellschaft habe, und, sofern die Bahn über den Rhein fortgesetzt würde, kein ungesicherter Flußübergang entstehe. Die ganze im Wirkungsbereich der Festung liegende Strecke habe in ihrer Art den Bestimmungen des Festungsbaues zu entsprechen. Der Festungsgraben sei durch eine Brücke in massiver Bauart zu überwinden, auf keinen Fall dürfe dazu Holz verwendet werden, auch müsse der Ausgang an der Wiesbadener Front mit hohen Profilmauern versehen werden, und sogar ein bombensicheres Lokomotivgebäude parallel zur Frankfurter Front habe die Gesellschaft zu errichten. Der zusätzliche bauliche Aufwand sollte zu Lasten der Gesellschaft gehen, die zudem noch eine Sicherungsleistung in Höhe von 5000 Gulden in der Festungskasse zu hinterlegen hatte. Damit war aus Sicht der Festungskommandantur sichergestellt, daß im Kriegsfall alle übrigen Einrichtungen der Eisenbahngesellschaft im Festungsrayon unverzüglich abgerissen werden konnten. Eine Entschädigungsleistung für unbrauchbar gewordenes Material oder eventuelle Ertragsausfälle wurde ausdrücklich ausgeschlossen. Sofern die Gesellschaft diese Bedingungen akzeptierte, war man auf militärischer Seite geneigt, »in der erleichterten Verbindung zwischen dem Hauptplatze und der Mainspitze auch für die Festung einen [militärischen] Vorteil« zu sehen[248].

Obwohl die zukünftigen Eisenbahnen in Festungsbereichen eine Minderung des Verteidigungswertes befürchten ließen, war es aus der Sicht der Strategen wiederum wünschenswert, daß die Eisenbahnen, ebenso wie bisher die Chausseen, möglichst viele Festungen miteinander verbanden. Erst so konnte ein preußisches Festungssystem entstehen, das den militärischen Wert der sonst isolieren Festungen beträchtlich erhöhen mußte. Die preußische Denkschrift aus dem Jahre 1837 sah aus diesem Grunde in militärischer Beziehung in den Eisenbahnen die Möglichkeit einer »Verbindung der verschiedenen Provinzen des Staates und darin derjenigen Plätze, welche durch Natur und Kunst fest sind«. Ebenso würden auch die Hauptorte, wo Waffen und Kriegsbedürfnisse gelagert oder hergestellt werden, sowie diejenigen, wo »Subsistenzmittel angehäuft werden, sowohl untereinander, als auf den kürzesten Wegen und in den für militärische Operationen vorteilhaftesten Richtungen mit der Hauptstadt« verbunden werden[249]. Schon zwei Jahre zuvor hatte das Kriegsministerium versucht, diesen zunächst noch theoretischen Grundsatz auf die Praxis anzuwenden. Als 1835 die rheinische Eisenbahngesellschaft zum Bau einer Bahn von Köln nach Antwerpen sich für den Anschluß an das belgische Eisenbahnnetz über Kornelimünster ausgesprochen hatte, war das preußische Kriegsministerium, offenbar entgegen seiner ursprünglichen Anschauung, mit der Forderung aufgetreten, daß die geplante Bahn nun doch unbedingt an der Festung Jülich vorbei auf Aachen geführt werden sollte. Die Armee blieb auch dann bei ihrer Ansicht, als das Eisenbahnkomitee, vertreten durch Ludolf Camp-

---

[248] 179. Sitzung der Bundesmilitärkommission vom 8. Juni 1838. Ebd.
[249] Denkschrift über die bei Beurteilung von Kunstbauten überhaupt und von Eisenbahnen insbesondere in Anwendung zu bringende Grundsätze vom 6.10.1837, in: GStAPK, Staatsministerium, Nr. 1674, Bl. 103 f.

hausen, vehement protestierte und auf die dadurch verursachten Kostensteigerungen hinwies[250].

Das stetig wachsende Eisenbahnnetz in Preußen konfrontierte die Armee immer mehr mit der Frage, wie die Eisenbahnen in das bestehende Verteidigungssystem sinnvoll integriert werden konnten. Ein nicht genannter preußischer Ingenieuroffizier forderte in einem 1846 im Archiv für Offiziere des Königl. Preuß. Artillerie- und Ingenieur Korps erschienenen Aufsatz[251], daß alle militärisch nutzbaren Eisenbahnen Befestigungen entweder in »ihren Hauptzügen berühren oder wenigstens durch Nebenbahnen mit ihnen verbunden« werden. An der Landesgrenze dürften Eisenbahnen nur in Festungen enden, Flüsse und Pässe von militärischer Bedeutung nur in Festungen überschreiten[252].

Allerdings traten Sonderfälle auf, in denen die Vorteile einer schnellen und sicheren Verbindungen zwischen den Festungen durch andere Gesichtspunkte überlagert wurden. Im Frühjahr 1844 wandte sich das Kriegsministerium gegen den Bau der geplanten Verlängerung der Köln-Bonner Bahn links des Rheines auf die Festungsstadt Koblenz und weiter auf Mainz. Die schwerwiegenden strategischen Nachteile für die Verteidigung der Rheinlinie lagen hier auf der Hand. Obwohl sich schon im März 1844 ein Komitee aus privaten Investoren für den Bau der Strecke von Bonn nach Koblenz konstituiert hatte und innerhalb nur weniger Tage über 18 Mio. Taler Aktienkapital gezeichnet worden waren[253], stoppte schon wenige Wochen später der preußische Finanzminister Ernst Freiherr v. Bodelschwingh (1794-1854) das so hoffnungsvoll gestartete Unternehmen. Eine Kabinettsordre vom 10. Oktober 1845 verbot endgültig die Anlage der Rheinbahn und berief sich dabei vor allem auf die erheblichen militärischen Bedenken gegen das Projekt[254]. Erst zu Beginn der fünfziger Jahre rückte das Kriegsministerium in dieser Angelegenheit von seiner kompromißlosen Haltung ab. Jetzt war die Armee bereit, eine linksrheinische Strecke zu akzeptieren, wenn zugleich auch auf der rechten Rheinseite eine Bahn für eigene Truppenbewegungen angelegt würde. Diese durfte jedoch nicht zu nahe am rechten Flußufer geführt werden, wo sie unter Umständen durch feindliche Artillerie von der gegenüberliegenden Rheinseite gestört oder gar blockiert werden könnte. Aus militärischer Sicht war daher eine Bahnlinie von Köln-Deutz über Siegen nach Gießen, mit einer Zweigbahn

---

[250] LAH Koblenz, 403/3585, Sitzung des Komitees der Rheinischen Eisenbahngesellschaft vom 25.7.1835, Bl. 211: »Daß die Berührung der Festung Jülich wünschenswert sei, darüber ist niemals eine Andeutung gegeben, wohl aber von hochgestellten Männern versichert worden, daß das hohe Kriegsministerium hierauf keinen Wert legen würde.«
[251] Über das Verhältnis der Eisenbahnen zur Befestigungskunst, S. 48.
[252] Ebd., S. 52. Im gleichen Sinne äußerte sich 1837 der General v. Krauseneck über einen möglichen Verlauf der Bahn von Frankfurt nach Mainz auf dem rechten Mainufer. Aus militärischer Sicht sprach nichts dagegen. Sie dürfe nur nicht so weit nördlich »gegen einen unbefestigten Punkt des Rheins geführt [werden]«, so daß »hier ein bleibender, von der Festung nicht kommandierter Übergang entstünde«. Brief an den Kriegsminister v. Rauch vom 29.3.1837, in: GStAPK, Akten der Königl. Bundestagsgesandtschaft, Nr. 1336.
[253] LAH Koblenz, 403/11884, Oberpräsidium betr. Anlegung einer Eisenbahn von Bonn nach Koblenz-Bingerbrück-Mainz, Bl. 6.
[254] Schreiben v.d. Heydts an den Koblenzer Oberpräsidenten Eichmann vom 7.3.1850, in: LAH Koblenz, 403/11884, Bl. 174.

durch das Lahntal auf die wichtige Doppelfestung Koblenz-Ehrenbreitstein, die ideale Lösung des Problems. Hierfür fanden sich jedoch keine privaten Investoren, so daß das gesamte Projekt einer Eisenbahnverbindung vom Nieder- zum Oberrhein für fast zehn Jahre zum Erliegen kam. Erst unter dem Handelsminister August v.d. Heydt (1801-1874) wurde die Frage zu Beginn der fünfziger Jahren wieder energisch aufgegriffen[255]. Aber es gelang nicht vor 1859, die Städte Koblenz und Mainz an das übrige preußische Streckennetz anzuschließen.

Grundsätzlich hatten Festungen eine Sperrfunktion gegenüber Eisenbahnlinien, die leicht in die Hände eines angreifenden Feindes fallen konnten. Dieser Grundsatz galt auch noch in den fünfziger Jahren, als die Armee den geplanten Verlauf der ostpommerischen Bahn von Stargard nach Köslin beanstandete, weil sie von der Festung Kolberg nicht überwacht werden konnte und somit dem Feind eine durchgehende Bahnlinie von der Weichsel an die Oder geschaffen hätte[256].

Ebenso wichtig war es den Festungsspezialisten der preußischen Armee, daß die Bahnhöfe als Hauptsammelpunkte für das Betriebsmaterial der Eisenbahnen im Kriegsfall nach Möglichkeit nur in Festungen angelegt werden sollten[257]. Dazu mußten wiederum die Festungen auch auf solchem Gelände errichtet werden, daß die Eisenbahnen entweder in ihrem Innern oder unter ihrem wirksamen Schußbereich aus- und einmünden können. »Das Débouchée der Eisenbahnen« sollte nach Ansicht des Verfassers des Archivs für das Königl. Preußische Artillerie-und Ingenieurkorps an der einem feindlichen Angriff auf die Festung abgelegenen Seite angelegt werden, so daß die in die Festung von der feindlichen Seite ankommenden Bahnen erst einen Bogen in angemessener Entfernung um die Festung machen, ehe sie einmünden[258].

Auch als in den vierziger Jahren der militärische Wert der Eisenbahn seitens der Armee kaum noch bestritten wurde, bereiteten Eisenbahnlinien, die in Festungsbereiche einmünden sollten, den Militärs weiterhin Kopfzerbrechen. Eine befriedigende technische Lösung für dieses Problem war noch nicht gefunden. General Ernst Ludwig v. Aster (1778-1855), der Chef des preußischen Ingenieurkorps, forderte daher in einer Denkschrift vom 2. Juli 1844, daß die Eisenbahnen nur bis zum dritten, äußeren Rayon an eine Festung herangeführt werden dürften, denn dort könnten sie durch die Festungsartillerie noch hinreichend beherrscht werden. Nur auf diese Weise ließen sich nach seiner Ansicht die hohen Kosten für die notwendigen Änderungen im Festungsbereich einsparen, die bei einer Führung der Bahn durch die Umwallung anfielen. Eine Bergung des rollenden Materials sei nicht sinnvoll, da die feindwärts gelegenen Bahnstrecken ohnehin nachhaltig zerstört werden müßten und die Fahrzeuge in diesem Fall auf den eigenen, noch in-

---

[255] Schreiben v.d. Heydts an Außenminister v. Manteuffel vom 18.12.1853, in: LAH Koblenz, 403/11884, Bl. 356-359.
[256] Sitzung des Kronrates vom 9.5.1856, in: GStAPK, Rep. 90 A, Preußisches Staatsministerium, Bd III 2c, Nr. 3, Bd 2.
[257] Über das Verhältnis der Eisenbahnen zur Befestigungskunst, S. 49.
[258] Ebd., S. 56.

takten Bahnen fehlen würden[259]. Asters Lösung lag jedoch nicht im Interesse der Eisenbahngesellschaften, die ihren Kunden lange Wege außerhalb der Städte nicht zumuten wollten. Kriegsminister v. Boyen mochte sich v. Asters Ansichten ebenfalls nicht anschließen und trat für eine besondere Prüfung in jedem einzelnen Fall ein. Schon 1840 war in der Festung Magdeburg die Durchführung der Magdeburg–Leipziger Bahn ohne wesentliche fortifikatorische Änderungen gelungen.

Im Falle der Festung Minden entschloß sich das Kriegsministerium zu einer besonderen Befestigung des auf dem rechten Weserufer anzulegenden großen Bahnhofes. Man errichtete dazu bis 1852 drei selbständige Forts, die durch eine Walllinie miteinander verbunden wurden, wodurch ein geräumiger, befestigter Bahnhofsbereich entstand[260]. Kriegsminister v. Boyen forderte jedoch von der Köln-Mindener Eisenbahngesellschaft die Übernahme der dazu anfallenden Kosten in Höhe 500 000 Taler. Schließlich einigten sich beide Seiten auf einen Vergleich in Höhe eines Fünftels der Summe[261].

In Stettin sollte der Bahnhof unmittelbar vor den alten Befestigungen angelegt werden, wurde aber durch einen längst als notwendig erkannten Erweiterungsbau in den Jahren 1847 bis 1851 in die neue Befestigung einbezogen[262]. Besondere Bedenken hatten die Militärs hier auch aus maritimer Sicht, da der Hafen von Swinemünde gänzlich unbefestigt und somit dem Zugriff jeder feindlichen Flotte ausgesetzt sei. Küstenbatterien und schwache Befestigungen dürften jedoch nach Überzeugung des Kriegsministeriums »schwerlich geeignet sein, der kolossalen Artillerie der jetzigen Kriegsmarinen [...] einen erfolgreichen Widerstand zu leisten«[263]. Die Anlage der Ostbahn von Stettin entlang der pommerischen Küste nach Danzig und weiter zur Weichsel kam für die Armee auch aus diesem Grunde nicht in Frage.

Meinungsverschiedenheiten zwischen dem preußischen Ingenieurkorps und der Köln-Mindener-Eisenbahngesellschaft traten auch im Fall der Festung Wesel am rechten Niederrhein auf. Mit weitgehenden Forderungen verzögerten hier die Militärs jahrelang den Bau der Eisenbahn von Oberhausen über Emmerich nach Arnheim. Die neue Bahnlinie sollte von Süden die Lippe kurz vor ihrer Einmündung in den Rhein überqueren und anschließend durch den ostwärtigen Rayonbereich der Festung Wesel weiter in Richtung auf die niederländische Grenze verlaufen. Offenbar verzichtete die militärische Seite hier auf eine Führung der Hauptstrecke durch die Festungswerke. Dies erleichterte jedoch nicht die langwierigen Verhandlungen mit dem Kriegsministerium. In einem umfangreichen Katalog

---

[259] Gedanken über die Vereinigung der Staatsinteressen, insoweit sie durch die sich berührenden Festungs- und Eisenbahnanlagen angeregt werden. Denkschrift vom 2.7.1844, zit. bei Frobenius, Geschichte des Preußischen Ingenieur- und Pionierkorps, Bd 1, S. 6 f.
[260] Bonin, Die Geschichte des Ingenieurkorps, S. 253.
[261] Schreiben des Finanzministers Franz v. Duisburg an König Friedrich Wilhelm IV. vom 11.4.1847, in: GStAPK, I. HA, Rep. 89, Zivilkabinett, Nr. 29629, Die Eisenbahn von Köln nach Minden und deren Zweigbahnen, Bd 3: 1846–1863, Bl. 30 f.
[262] Bonin, Die Geschichte des Ingenieurkorps, Bd 2, S. 254.
[263] Protokoll der Sitzung des Staatsministeriums vom 14.1.1845, in: GStAPK, I. HA, Rep. 89, Zivilkabinett, 1. Abt., Nr. 29 660, Die Eisenbahn zwischen Berlin und Königsberg betreffend.

formulierte im Dezember 1853 der damalige Generalinspekteur des Ingenieurkorps, Generalleutnant Johann Ludwig v. Brese (1787-1878), die Ansprüche der Armee. Hierdurch würden, so der General »die Nachteile, die der Festung Wesel aus dieser, um ihre Ostseite geführten Eisenbahn erwachsen, als soweit verringert angesehen werden können, daß dieselbe militärischerseits zu gestatten sein dürfte[264].« Immerhin schien die Generalinspektion es zu würdigen, daß die geplante Bahn endlich die wichtige Festung Wesel mit dem übrigen Rheinfestungen verband. Man scheute jedoch nicht den Versuch, die Kosten der in die Festung hinein führenden Zweigbahn vollständig der Eisenbahngesellschaft aufzubürden. Hinzu kamen die Aufwendungen für den Neubau eines Lippebrückenkopfes im südlichen Vorfeld der Festung, da eine dortige ältere Schanze von der geplanten Bahn direkt durchschnitten wurde. Außerdem sollte der im Rayonbereich der Festung zu errichtende Bahnhofsbereich zugunsten eines besseren Schußfeldes um rund 150 Meter verkürzt werden, was nach Ansicht der Militärs eine Verringerung der Höhe des zum Isseltal abfallenden Eisenbahndammes um mindestens zwei Fuß bewirken würde. Überhaupt sollte der Bahnhof nur die notwendigsten Gebäude in »rayongemäßer Bauart« erhalten[265].

Gegen diese Forderungen der Militärs wandte sich mit aller Bestimmtheit der für Eisenbahnangelegenheiten zuständige Handelsminister v.d. Heydt. Er wies darauf hin, daß die von den Militärs geforderten Baumaßnahmen sich auf etwa 350 000 Taler summierten, was ein Zehntel des gesamten für den Eisenbahnbau vorgesehenen Anlagekapitals ausmachen würde. Schon in einem Schreiben vom 29. Dezember 1852 an den Monarchen hatte der Minister davor gewarnt, daß die Eisenbahngesellschaft »durch Auferlegung harter Bedingungen, bei welcher überhaupt fortifikatorische Interessen ins Spiel kommen, von dergleichen Anlagen« abgeschreckt werden könnte[266]. Als nach drei weiteren Jahren immer noch nicht mit dem Bau der Bahn begonnen werden konnte, entschloß sich der Minister, nach vergeblichen Versuchen zu einer Übereinkunft mit der militärischen Seite, die Angelegenheit zur Beschlußfassung im Staatsministerium erörtern zu lassen[267]. Dort kam schließlich eine Mehrheit der Minister mit Rücksicht auf die auswärtigen Verpflichtungen, die Preußen gegenüber den Niederlanden eingegangen war, zu dem Beschluß, der Köln-Mindener-Gesellschaft nun so schnell wie möglich die Erlaubnis zum Baubeginn zu erteilen und ihr nur die Kosten für jene Umbaumaßnahmen aufzuerlegen, die durch den Verlauf der Bahn durch eine ältere Schanze notwendig geworden waren[268].

Durchaus abweichend von den Ansichten des Ingenieur- und Festungskorps beurteilte der preußische Generalstab die Frage der Streckenführung von Eisenbahnen in Festungsbereichen. Entgegen der ausschließlich fortifikatorischen Sichtweise der Ingenieure legten die Generalstabsoffiziere besonderen Wert auf

---

[264] Generalinspektion des Ingenieurskorps und der Festungen, in: GStAPK, I. HA, Rep. 89, Zivil-Kabinett, Nr. 2891, Köln-Amsterdamer Eisenbahn, Bl. 72-75.
[265] Ebd., Bl. 73.
[266] Ebd., Schreiben v.d. Heydts vom 29.12.1852, Bl. 69.
[267] Ebd., Schreiben v.d. Heydts vom 12.4.1855, Bl. 78.
[268] Ebd., Protokoll des Staatsministeriums vom 11.8.1855, Bl. 91-111.

eine Erleichterung des Transportes von Nachschub und Truppen mit der Eisenbahn und sahen in den Festungen vor allem die zukünftigen geschützten Umschlagpunkte in einem großen Eisenbahnnetz. Der Nachfolger v. Krausenecks als Chef des Generalstabes der Armee, Generalleutnant Karl Friedrich v. Reyher (1786-1857), sprach sich in einem Schreiben vom 7. Juli 1854 an den Kriegsminister Friedrich Graf v. Waldersee (1795-1864) für eine Erweiterung der Festungsbahnhöfe in Magdeburg, Erfurt, Köln und Stettin aus, da sie ihm unzureichend für einen starken militärischen Verkehr erschienen[269]. Da diese Festungen zugleich Hauptetappenorte an den strategisch wichtigen preußischen Bahnen waren, mußte Reyher hier auch andere als nur ausschließlich festungstechnische Gesichtspunkte in seiner Beurteilung berücksichtigen. Plötzlich war es dann auch aus militärischer Sicht durchaus vertretbar, in der Festung Magdeburg zur Vermeidung der sehr beengten Bahnhofsanlage »eine Umlaufbahn« um die Festungswerke zu legen, so daß hierdurch Ausweichgleise und ein leichterer Übergang auf die Magdeburg-Wittenberger Bahn erzielt wurden. Somit war auch die Möglichkeit gegeben, größere Rampen und Ladebühnen für Pferde und Kriegsfuhrwerke zu errichten, worauf es General v. Reyher besonders ankam.

Grundsätzlich bestand ein hohes militärisches Interesse daran, die Bahnhöfe wichtiger Linien innerhalb der Festungsanlagen anzulegen, um auch im drohenden Kriegsfall den Eisenbahnbetrieb so lange wie möglich aufrecht zu erhalten. Dadurch entfiel zugleich die weitreichende Entscheidung einer rechtzeitigen Zerstörung des vor einer Festung im Rayonbereich angelegten Bahnhofes, wodurch unter Umständen lange vor dem Auftreten des ersten Feindes der Nachschub an Material, Verpflegung und Reservisten erheblich beeinträchtigt werden konnte. Aus diesem Grunde forderte 1857 der Kommandeur der 3. Ingenieurinspektion, der inzwischen zum Generalmajor beförderte Friedrich Leopold Fischer, beim Bau der rheinischen Eisenbahn von Köln nach Koblenz, die Anlage des Bahnhofes innerhalb der westlichen Stadtumwallung von Koblenz. Die Kosten der dadurch notwendigen Durchbrüche der Wallanlagen sowie der Verlegung des Moselkavaliers in Höhe von 280 000 Talern sollten von der Eisenbahngesellschaft getragen werden. Ebenso sollte diese der Militärverwaltung ersatzweise 4½ Morgen Land innerhalb der Stadt beschaffen, da der geplante Bahnhof auf bisher militärisch genutztem Gelände erreichtet werden sollte[270]. Die Armee setzte sich schließlich mit ihren Forderungen weitgehend durch. Der erste Koblenzer Bahnhof wurde 1858 genau nach den Vorstellungen der Ingenieurinspektion innerhalb des westlichen Teils der Stadtumwallung errichtet.

Weitblickende Militärs hatten schon früh die Ansicht vertreten, daß Eisenbahnen durch ihre Möglichkeit der schnellen Truppenkonzentration an bedrohten Abschnitten Lücken im eigenen Festungssystem schließen und damit den Bau

---

[269] Schreiben Generalleutnants v. Reyher an den Kriegsminister Graf v. Waldersee vom 7.7.1854, in: GStAPK, I. HA, Rep. 93E, Ministerium für Handel, Gewerbe und öffentliche Arbeiten, Nr. 2372, Organisation der Truppentransporte, Instruktionen und Reglements 1849-1861, Bl. 165.
[270] Besprechungsprotokoll vom 16.1.1857 über die Anlage eines Bahnhofs zu Koblenz, in: LAH Koblenz, 441/3088, Akten betreffend die Eisenbahnen in der Rheinprovinz.

neuer Festungen erübrigen konnten. So äußerte sich in einer Denkschrift der Berlin-Hamburger-Eisenbahngesellschaft vom November 1842 der damalige Major Helmuth v. Moltke als Vorstandsmitglied der Gesellschaft über den militärischen Nutzen einer Bahn auf dem rechten Ufer der Elbe:

»Die Elbe ist unstreitig für das westliche Kriegstheater wichtiger als für das östliche. Sie ist in ihrem oberen Lauf durch Festungen geschützt, die abwärts von Magdeburg fehlen. Eine Eisenbahn auf dem östlichen Ufer, welche Spandau berührt und von Havelberg abwärts der Richtung des Stromes in solcher Nähe folgt, daß nach jedem bedrohten Punkte in möglichst kurzer Zeit Truppenmassen auf derselben dirigiert werden können, ohne sich demselben so zu nähern, daß sie durch das feindliche Feuer vom jenseitigen Ufer gestört werden können, muß nicht nur zu einer höchst wirksamen Verteidigung aller Übergänge der Niederelbe, sondern auch zu Diversionen und Bewegungen aller Art wirksame Mittel darbieten[271].«

Daß im Kriegsministerium nun auch darüber nachgedacht wurde, Eisenbahnen und Festungen zu einer offensiven Kriegführung zu nutzen, zeigte sich spätestens bei den ministeriellen Beratungen über den Verlauf der Ostbahn 1844/45. Hierbei hatte sich Kriegsminister v. Boyen im Staatsministerium mit Erfolg dafür eingesetzt, die Eisenbahn auf einer mittleren Linie über Küstrin und, geschützt von Warthe und Netze, in die Nähe der Weichselfestung Thorn zu führen. Thorn besäße als Waffenplatz den Vorteil einer offensiven Lage gegen die wichtigen feindlichen Operationslinien auf Posen und Breslau, wenn es nicht »so exponiert an der äußersten Grenze [läge], daß es zu einer Anhäufung von Kriegsstoffen nicht benutzt werden kann. Eine Eisenbahn, die [Preußen] aber in den Stand setzt, bei eintretender Veranlassung Truppen und Kriegsmaterial mit militärischer Sicherheit gegen diesen einzigen offensiven Waffenplatz jener Grenze zu dirigieren«, würde es ermöglichen, »bei einem gewagten und unerwarteten Vorschreiten feindlicher Kolonnen denselben von dort aus auf den Hals zu fallen, ihre Kommunikationen und Flanken zu bedrohen, und auf diese Weise Breslau und Posen am wirksamsten zu verteidigen[272].« Im vorliegenden Fall erhielt also die Festung Thorn ihren vollen militärischen Wert erst durch die Anlage einer Eisenbahn zur unteren Weichsel, die als Operationslinie in die tiefe rechte Flanke eines durch Polen auf die Oder vordringen Feindes zielte. Ohne die Deckung einer Festung konnte sie diese Rolle jedoch nicht erfüllen. Eisenbahn und Festung sollten sich hier also nach dem Wunsch der Armeeführung in besonderer Weise ergänzen und ihnen eine, zumindest auf operativer Ebene, offensive Kriegführung ermöglichen.

Mit der stetigen Zunahme der Eisenbahnkapazitäten und der wachsenden Fähigkeit der Eisenbahnen, immer größere Truppenmassen in kürzester Zeit an bedrohte Abschnitte zu transportieren, sank die traditionelle Bedeutung der Festungen innerhalb des preußischen Verteidigungssystems. Ihre Aufgabe hatte vor allem darin bestanden, den Vormarsch des Feindes so lange zu hemmen oder aufzuhalten, bis aus dem Landesinneren weitere Kräfte zur Verstärkung herangeführt worden waren. Auch in ihrer Rolle als Lagerplatz für logistische Güter verloren sie an

---

[271] Zit. nach: Berlin und seine Eisenbahnen, Bd 1, S. 214 f.
[272] Vortrag Generalmajors v. Peucker in der Sitzung des Staatsministeriums am 14.1.1845, in: GStAPK, Zivilkabinett, I. Abt., Nr. 29 660.

Wichtigkeit, da diese nun ebenfalls schnell aus dem Landesinnern herbeibefördert werden konnten. Dagegen wuchs in einer auf die Nutzung der Eisenbahnen beruhenden Kriegsplanung ihre Bedeutung als Umschlagplatz für Truppen sowie als Bergungsort für das Betriebsmaterial von Eisenbahnstrecken, das sonst in die Hände des Feindes zu fallen drohte. Das strategische Bedürfnis nach möglichst durchgehenden Eisenbahnlinien und schnellen Truppenbewegungen setzte sich schließlich gegen die traditionellen fortifikatorischen Interessen durch. »Sämtliche Eisenbahnlinien müssen ununterbrochen, Schiene in Schiene, miteinander zusammen hängen«, lautete schon im Jahre 1846 die Forderung des unbekannten Verfassers im Archiv für das Königl. Preußische Artillerie- und Ingenieurkorps. »Die Festungsanlagen dürfen diesem Prinzip nirgends entgegenstehen.« Überhaupt müsse der Verlauf der Eisenbahnen in Zukunft die Lage neuer Festungen bestimmen und »veraltete Plätze«, deren »Lage diesem neuen Elemente nicht mehr zusagt«, sollten geschleift oder wenigstens nicht mehr mit besonderen Besatzungen und Verteidigungsmitteln versehen werden[273].

Damit wird bereits ein beachtlicher Sinneswandel in der Armeeführung deutlich, der kaum mehr als anderthalb Dekaden beansprucht hatte. Wurden zu Beginn der dreißiger Jahre die neuen Eisenbahnprojekte im Bereich von Festungen von den Militärs noch als Gefährdung ihres fortifikatorischen Wertes mit Argwohn betrachtet, erkannte vor allem der preußische Generalstab schon recht bald, daß der militärische Nutzen von Festungen bedeutend anstieg, wenn sie durch gute »Kommunikationen« und vor allem durch Eisenbahnen miteinander zu einem echten Verteidigungssystem verbunden würden. Bald sah man aber auch in der Fähigkeit der Eisenbahnen, schnell bedeutende Truppenmassen an einem bedrohten Ort zu konzentrieren, einen vollständigen Ersatz für die traditionelle Rolle der Festungen, einen Angreifer entweder aufzuhalten oder wenigstens in seinen Bewegungen zu hemmen. Damit hatte sich die ursprüngliche Werthierarchie von Eisenbahnen und Festungen praktisch umgekehrt. Festungen übernahmen vor allem aus der Sicht des Generalstabes nun mehr und mehr die Rolle des Schutzes von Eisenbahnlinien vor allem an ihren Endpunkten und Hauptetappenorten. Wenn irgend möglich, seien vor allem grenzüberschreitende Eisenbahnen durch den Rayonbereich der vorhandenen Festungen zu legen, schrieb Moltke 1866 in einem Brief an Bismarck. Der militärische Wert kleinerer Festungen war jetzt eindeutig durch die Eisenbahnen definiert, denn nur solche Bahnen, die durch Festungen führen, konnten nach Moltkes Ansicht in Zukunft als dauernd gesperrt betrachtet werden. Nur die »großen Waffenplätze« die eine Armee aufnehmen konnten, schienen noch in der Lage, einen nennenswerten Einfluß auf die zukünftigen Operationen auszuüben. Daher konnte er bei der schon »beträchtlichen Zahl von Festungen«, die Preußen im Frieden unterhielt und im Kriege besetzen mußte, nicht mehr zum Bau neuer Festungen raten[274]. Die preußischen Festungen hatten damit keineswegs ihre militärische Bedeutung verloren, aber diese hing nun weitgehend von dem Verlauf der Eisenbahnlinien ab.

---

[273] Über das Verhältnis der Eisenbahnen zur Befestigungskunst, S. 53-57.
[274] Schreiben Moltkes an Bismarck vom 6.8.1866; in: Moltke, Militärische Werke, I, 2, S. 344.

Zu Beginn der vierziger Jahre hatte die Debatte um die militärische Bedeutung der Eisenbahnen in Preußen vorerst ihren Abschluß gefunden. Ihr militärischer Wert wurde seither weder in der Armee noch in der zivilen Bürokratie ernsthaft in Frage gestellt. Selbst der angeblich die Eisenbahnen so kritisch beurteilende preußische Generalpostmeister v. Nagler[275] hatte sich in einer Denkschrift vom 15. Mai 1839 für eine Eisenbahn von Halle über Kassel nach Lippstadt bzw. nach Frankfurt ausgesprochen. Für diese Linienführung war auch eine Mehrheit im preußischen Staatsministerium eingetreten. Für keine andere Linie, so v. Nagler, gäbe es ein so dringendes Bedürfnis für eine Verbesserung der Kommunikationen und keine andere Kommunikationsanlage verspräche in Beziehung auf alle Interessen des Preußischen Staates größeren Nutzen als die Anlage einer Eisenbahn zum Rhein. In wohl gleicher Überzeugung hatte König Friedrich Wilhelm III. in seinem Testament sogar eine Summe von einer Mio. Taler für die südliche Trasse der so dringend benötigten Eisenbahn an den Rhein bestimmt[276]. Vom Beginn der Debatte an hatte die große Eisenbahn an den Rhein das besondere Interesse der Militärs gefunden. Major Du Vignaus Aufsatz aus dem Jahre 1836 und auch das Gutachten der Armeekommission aus demselben Jahr unter dem Vorsitz des Generals v. Krauseneck hatten sich detailliert mit den militärischen Möglichkeiten einer Eisenbahnverbindung von der Elbe an den Rhein auseinandergesetzt. Allerdings waren sie zu dem vorläufigen Ergebnis gelangt, daß mehr als eine Division nicht mit Zeitgewinn auf dieser Strecke befördert werden könne. Die voraussichtlich nur geringen Betriebsmittel der Eisenbahngesellschaften gestatteten nach Ansicht der Kommission nur den Abgang zweier Echelons von vier oder höchstens fünf Zügen pro Tag.

Grundsätzlich bewertete die Armeeführung in Preußen die Eisenbahnen durchaus als Bereicherung ihrer militärischen Möglichkeiten. In militärischer Beziehung verdiene sie alle Beachtung, hatte das Gutachten von 1836 vermerkt. Die Versorgung einer 100 000 Mann starken Armee am Rhein aus zentralen Magazinen sei mit ihr ohne Probleme durchführbar. Doch auf die Chausseen mochten die Verfasser des Gutachtens deswegen nicht verzichten. Die Masse der Truppe müsse ihre Ziele nach wie vor auf dem konventionellen Landmarsch erreichen. So maß die nächste Denkschrift des Kriegsministeriums aus dem Jahre 1837 zwar den

---

[275] Naglers Ruf als Reaktionär, den er seiner Zuständigkeit für den preußischen Spitzeldienst verdankte, mochte auch als Erklärung für seine angebliche Gegnerschaft zu den Eisenbahnen gedient haben. Ausgangspunkt dieser schlechten »Presse« schienen vor allem die Bemerkungen Camphausens gewesen zu sein, der Nagler in mehreren Schreiben kritisierte. Im Januar 1836 schrieb er an den Provinzialsteuerdirektor Krüger in Münster: »Es bleiben uns noch zwei große Berge zu übersteigen: Die Richtungslinie und Herr v. Nagler. Man glaubt allgemein, daß letzterer eigensinnig sein werde.« Ein anderes Mal nannte er Nagler den »hemmenden Minister«. Siehe den Brief Camphausens an Wasserbauinspektor Henz vom 20.12.1840, beide Briefe in: Schwann, Ludolf Camphausen, Bd 2, S. 405 und 463. Durch Camphausens Ansicht offenbar beeinflußt äußerte sich Oberst Fleck in seinen Studien zur Geschichte des preußischen Eisenbahnwesens, daß Nagler zu den Eisenbahnen »eine zunächst abweisende Haltung ein[nahm]«, S. 39. Treitschke wiederum bezeichnete Nagler sogar als einen »entschiedenen Feind der Eisenbahnen«, Deutsche Geschichte, Bd 4, S. 590.
[276] Eylert, Charakterzüge, Bd 3, S. 205.

II. Konzeptionelle Überlegungen zur militärischen Nutzung der Eisenbahnen

Eisenbahnen im taktischen Bereich einen hohen Wert zu, bei der »beschleunigten Konzentrierung zerstreuter Truppen auf militärisch wichtigen Punkten«, nicht aber auf »die Kriegführung im Großen« und auf die »Bewegung ganzer Armeen«. In strategischer Hinsicht, also »auf den Entwurf von Feldzügen, Offensiv- und Defensivplänen ganzer Staaten« würden die Eisenbahnen »keinen so wesentlichen Einfluß äußern können«. Nach Ansicht der Gutachter war dies überhaupt erst dann möglich, »wenn ganze Netze von Eisenbahnen über weit gedehnte Staaten verbreitet sein werden«. Doch auch dann schien es ihnen immer noch nicht sicher, ob es tatsächlich jemals ein so verzweigtes Netz geben würde, wie es die zunehmende Beweglichkeit der Kriegführung unumgänglich erforderte[277].

Über diese immer noch allgemeinen Erwägungen zur Eisenbahn hinausgehend, begann die Armeeführung schon wenig später, konkrete Eisenbahnprojekte einer militärischen Bewertung zu unterziehen. So setzte sich der Kriegsminister, General Johann Gustav v. Rauch (1774-1841), im Jahre 1839 im Staatsministerium nachdrücklich für eine von Halle über Kassel auf Lippstadt projektierte Bahn ein. Aus seiner Sicht kam dieser Bahn eine hohe strategische Bedeutung zu, da sich mit ihrer Hilfe, anders als die damals ebenfalls zur Debatte stehende nördliche Route über Braunschweig, die wichtigsten preußischen Festungen in Mitteldeutschland miteinander verbinden ließen. Zugleich wäre damit eine wertvolle neue Operationslinie in Richtung auf den »wahrscheinlichen Kriegsschauplatz« am Mittelrhein gewonnen. Das Kriegsministerium dachte hierbei noch hauptsächlich an den Transport von Verpflegung und Nachschub. Auf die Möglichkeit größerer Truppentransporte auf der geforderten Bahn ging es in seiner Stellungnahme nicht ein. Solange noch keine größeren Eisenbahnen in Preußen ihren Betrieb eröffnet hatten, fehlte der Armeeführung ein realistisches Bild der Leistungsfähigkeit der neuen Technik. Sicher war man sich nur, daß mit den Betriebsmitteln der damals geplanten privaten Eisenbahnen ein vollständiges Armeekorps mit allen seinen Truppengattungen kaum mit einem Zeitgewinn transportiert werden könne. Von allen militärischen Gutachtern wurden die Anlage und der Betrieb von Eisenbahnen mit ausreichendem Betriebsmaterial auf Staatskosten einhellig abgelehnt, da sie nur in Kriegszeiten verwendet werden könnten und somit kaum finanzierbar waren. Auch schien es ein kaum vertretbares Risiko, hohe Summen in eine Technik, deren Nutzen nicht gesichert war, zu investieren. In dieser Hinsicht vertraten die Militärs dieselbe Haltung wie die zivile Bürokratie. Die Eisenbahnen kämen nur zustande, so der einhellige Tenor der Staatsminister, wenn sie von privaten Investoren gebaut würden. Einen Anlaß, auf besondere Eile bei der Anlage von Eisenbahnen zu drängen, sah die Armeeführung anfangs nicht, da auch der wahrscheinliche Gegner Frankreich vorerst nicht zum Bau strategischer Bahnen zu seinen Grenzen fähig schien. General Rühle v. Lilienstern hatte noch in seinem Gutachten aus dem Jahre 1835 den Bau einer französischen Eisenbahn von Paris zur Grenze nach Straßburg als den sogar »mindest wahrscheinliche[n]« Fall angesehen.

---

[277] Preußische Denkschrift über die bei Beurteilung von Kunstbauten überhaupt und von Eisenbahnen insbesondere in Anwendung zu bringende Grundsätze, in: GStAPK, Staatsministerium, Nr. 1674, Bl. 103 f.

Bei der Anlage von Eisenbahnen in Festungsnähe hatten die Offiziere des Ingenieur- und Pionierkorps besonders die fortifikatorischen Interessen und die Sicherheit ihrer Festungen bedroht gesehen. Andererseits mußten aus strategischer Sicht die Eisenbahnen wie alle »Kommunikationen« unbedingt durch Festungen überwacht und blockiert werden können. In dieser Frage geriet die militärische Seite unweigerlich in einen Interessenkonflikt. Zwar befürwortete die Mehrheit der militärischen Fachleute den Durchgang von Eisenbahnen und die Anlage von Bahnhöfen innerhalb der Festungsbereiche, doch die erhöhten Kosten für den zusätzlichen Aufwand versuchte sie den Eisenbahngesellschaften aufzuerlegen. Aus der Sicht des Generalstabes überwogen die Vorteile einer strategisch günstigen Eisenbahn die fortifikatorischen Nachteile für die Festungen. Der Generalstab vertrat somit durchaus andere Ansichten als das Pionier- und Ingenieurkorps und glaubte sogar, daß Eisenbahnen durch ihre Möglichkeit der schnellen und überraschenden Konzentration von Truppen und Nachschub an einem bedrohten Ort den Bau neuer Festungen überflüssig machen könnten. Idealerweise ergänzten sich jedoch, wie im Falle der Ostbahn und der Festung Thorn, beide Kriegsmittel und ermöglichten den Militärs die Planung vorher kaum durchführbarer offensiver Operationen.

Von fast allen beteiligten Offizieren wurde in der Debatte um die Eisenbahnen stereotyp der Gegensatz zwischen militärischen und wirtschaftlichen Interessen hervorgehoben. Nur das sogenannte Handelsinteresse könne eine Eisenbahn unterhalten, lautete der allgemeine Tenor. Wenn Eisenbahnen aber vorzugsweise zur Verbindung der militärisch wichtigsten Punkte eines Landes dienen sollten, so gehörten fraglos die aufstrebenden Industriezentren Preußens dazu. Andererseits war durchaus nicht jede wirtschaftlich ertragreiche Eisenbahn mit den militärischen Interessen vereinbar. Mehr als ein Jahrzehnt lang verhinderte die Armee mit strategischen Bedenken den Bau einer Eisenbahn von Bonn auf Koblenz und Mainz. Dadurch wären zwar die beiden wichtigsten Rheinfestungen an das preußische Eisenbahnnetz angeschlossen worden, dem Feind aber aufgrund der geplanten linksrheinischen Trassenführung im Kriegsfalle erhebliche Vorteile entstanden. Für eine aus militärischer Sicht günstigere Verbindung über Gießen und Wetzlar mit einer Zweigbahn auf Koblenz fanden sich jedoch vorerst keine privaten Investoren.

Mit größter Aufmerksamkeit verfolgte die Armee auch die Möglichkeit der Anlage von Eisenbahnen in den süddeutschen Raum. Eine schnelle Verbindung Preußens an den Main und Neckar würde aus militärischer Sicht die drohende Festungslücke am Oberrhein schließen, und es versprach außerdem einen hohen politischen Vorteil gegenüber Österreich, wenn sich dank geeigneter Eisenbahnstrecken die süddeutschen Staaten militärpolitisch enger an Preußen anschlossen. Diese politische Zielrichtung hatte schon 1830 Clausewitz gewiesen, allerdings noch ohne dabei die Rolle der Eisenbahnen würdigen zu können. Preußen müsse nach seiner Ansicht Österreichs Unfähigkeit, die »ihm obliegende Bundespflicht« zu erfüllen und »den süddeutschen Staaten Vertrauen und festen Willen einzuflößen«, konsequent nutzen, »sich der deutschen Sache im allgemeinen und höheren

Sinne« annehmen, die süddeutschen Staaten näher an sich heranziehen und der ganzen Kriegführung einen höheren Impuls geben, so daß den süddeutschen Staaten, über die schlichte Erfüllung ihrer Bündnispflicht hinaus, Mut und Vertrauen zu größeren Anstrengungen eingeflößt würde[278].

Die Haltung der Armee zur militärischen Nutzung der Eisenbahnen war somit insgesamt keineswegs ablehnend oder kritisch. Wenn auch auf militärischer Seite die Euphorie und vor allem die visionäre Weitsicht im Hinblick auf die Eisenbahnen fehlte, die man ihren zivilen Protagonisten wie Harkort und Camphausen, vor allem aber Friedrich List, einfach konzedieren muß, so verkannten die Offiziere durchaus nicht die neuen militärischen Möglichkeiten und lehnten auch in ihrer Mehrheit keineswegs den mit den Eisenbahnen verbundenen technischen Fortschritt ab. Der spätere Chef des preußisch-deutschen Generalstabes, Helmuth v. Moltke, wußte in den vierziger Jahren die erheblichen Reiseerleichterungen durch die neuen Eisenbahnen eingehend zu schätzen[279]. Viele Offiziere engagierten sich schon in den dreißiger Jahren in den Eisenbahnkomitees, den organisatorischen Vorformen der ersten Eisenbahngesellschaften. Hier dürften vor allem private, möglicherweise auch geschäftliche Interessen verfolgt worden sein, worüber allerdings noch weitere Untersuchungen Aufschluß geben müßten. Die vorhandenen Sitzungsprotokolle enthalten jedenfalls keine Hinweise auf mögliche Versuche, militärischerseits Einfluß auf die Geschäftspolitik zu nehmen. Hierzu war ohnehin der Weg über die staatliche Bürokratie erheblich effektiver. Wie den meisten Zeitgenossen erschienen die Eisenbahnen der Mehrheit der Offiziere als eine komfortable Verbesserung der vertrauten Verhältnisse und nicht unbedingt als das Vehikel einer völligen Umgestaltung und Revolutionierung der Gesellschaft. So sahen die Militärs in den Eisenbahnen eine nicht unwillkommene Ergänzung der schon vorhandenen Verbindungen. Da, wo sie einmal beständen, böten sie der Kriegführung einen erheblichen Vorteil, vermerkte General v. Rühle in seinem Gutachten von 1835. Überhaupt sei es schon immer ein Grundsatz des Generalstabes gewesen, so das Gutachten von 1837, »daß wohl der Mangel, nicht aber das Vorhandensein guter Kommunikationen die militärischen Interessen« beeinträchtige. In den vorliegenden militärischen Gutachten aus dieser Zeit sind grundsätzliche Einwände oder gar die Sorge vor einschneidenden gesellschaftlichen Veränderungen durch die Eisenbahnen nicht erkennbar. Zwar dürften sich die Militärs darin auftragsgemäß auf eine engere militär-technische Bewertung beschränkt haben, doch wenn sie andererseits immer wieder auf den geringen, für militärische Zwecke untauglichen Betriebsmittelbestand der zukünftigen Eisenbahngesellschaften verwiesen, so zeigt dies nur, daß sie das Potential der Eisenbahnen zur Steigerung des Verkehrs und damit zur nachhaltigen Veränderung der bestehenden gesellschaftlichen Verhältnisse nicht als dramatisch wahrgenommen haben. Weitsichtiger in dieser Frage war der langjährige preußische Innenminister Gustav Adoph v. Rochow, der sich in einem Gespräch mit Friedrich List im Frühjahr 1835 dafür ausgesprochen hatte, erst noch mehr Erfahrungen mit den

---

[278] Clausewitz, Betrachtungen, S. 547.
[279] Moltke, Welche Rücksichten, Bd 2, S. 247 f.

Eisenbahnen zu sammeln und sich die Sache noch reiflicher zu überlegen, da man nicht wisse, »was ein so neues unbekanntes Ding für Folgen haben könnte«. Lists Vorstellungen von einer völligen Veränderung der Kriegführung durch ein Netz von Eisenbahnen, das Deutschland zu einer einzigen Festung machen würde, mußte den meisten Militärs zunächst als eine übertriebene Spinnerei erschienen sein. General v. Aster, der Inspekteur der preußischen Festungen und Chef des Ingenieurkorps, sprach als einer der Kritiker der Eisenbahnen von den »Phantasiegebilden, die man sich von der militärischen Bedeutung der Bahnen in einer noch ziemlich unreifen Polemik mache«[280]. Die genannten Einwände gegen die Eisenbahnen waren somit nicht grundsätzlicher Natur, sondern richteten sich vielmehr gegen eine Überschätzung der neuen Technik und gegen eine voreilige Vernachlässigung der bewährten Chausseen.

Bei der militärischen Beurteilung der Eisenbahnen gingen die Offiziere in der Mehrzahl von dem damals bestehenden Kriegsbild aus und versuchten das neue Transportmittel darin zu integrieren. So betonte das Gutachten von 1836, daß sich der militärische Nutzen der Eisenbahnen im wesentlichen auf den Zeitgewinn stütze, mit dem Truppen, Waffen und Verpflegung aus dem Zentrum des Staates zu den exponierten Grenzprovinzen transportiert werden konnten. Eine grundsätzliche neue Strategie ergab sich daraus jedoch noch nicht. Daß die Eisenbahnen dieses Kriegsbild einmal, so wie es List schon vorgezeichnet hatte, völlig verändern würden, lag außerhalb der Vorstellungskraft der meisten Offiziere[281]. Der Major Du Vignau fürchtete sogar noch um die Disziplin der Truppe, wenn die »Märsche der gewöhnlichen Art« in Zukunft unterblieben, da er in ihnen »eine gute Vorbereitung für die Anstrengungen der Truppe im Angesicht des Feindes« sah[282].

Zwar glaubte man auch in der Armee an einen Wandel der Kriegführung, sah ihn aber nicht durch die Eisenbahnen, sondern eher durch die neuen Chausseen verursacht. General v. Rühle sprach in seinem Gutachten von einer erhöhten Beweglichkeit der heutigen Kriegführung, bezweifelte jedoch, daß gerade die Eisenbahnen jemals so leistungsfähig und verzweigt vorhanden sein würden, um diesen erhöhten Ansprüchen zu genügen. Eher würden die Eisenbahnen, so könnte man Rühle durchaus verstehen, diese Entwicklung zu einer größeren operativen Beweglichkeit sogar hemmen, wenn sich die preußische Armee zu sehr auf sie verließe und dabei den Chausseebau vernachlässigte. Gerade auf kurzen Strecken und bei größeren Verbänden boten aus der Sicht der meisten Militärs die Chausseen gegenüber den Eisenbahnen noch erhebliche Vorteile.

Von einer zielstrebigen Förderung der Eisenbahnen seitens der Armeeführung konnte daher zunächst keine Rede sein. Sie schien sich darauf eingerichtet zu haben, den Bau der Eisenbahnen, wie er sich aus den Interessen von Handel und Industrie ergeben würde, abzuwarten, um die dann einmal verfügbaren Bahnen im

---

[280] Vgl. General v. Asters Stellungnahme anläßlich der Verhandlungen über die Streckenführung im Bereich der Festung Erfurt vom 13.12.1844. Erwähnt bei Bonin, Geschichte des Ingenieurkorps, S. 253.
[281] Vgl. Salewski, Geist und Technik, S. 80 f.
[282] Du Vignau, Über die Anwendbarkeit, S. 47.

II. Konzeptionelle Überlegungen zur militärischen Nutzung der Eisenbahnen

Bedarfsfalle zu nutzen. Zeitweise entwickelte die zivile Administration in der Frage der militärischen Nutzung der Eisenbahnen sogar eine größere Initiative als das Kriegsministerium. So ging das für die Eisenbahndebatte zentrale Gutachten von 1836 auf einen Antrag des Ministers Christian v. Rother im preußischen Staatsministerium zurück. Auch König Friedrich Wilhelm III. widersprach 1837 seinen Militärs in der Frage, ob Handelszwecke beim Eisenbahnbau den Vorrang haben sollten und bestand auf einer Anpassung aller zu konzessionierenden Bahnen an die militärischen Bedürfnisse. Dennoch fehlen nicht die Hinweise, daß von der Armeeführung bedeutende gedankliche Impulse zur militärischen Nutzung der Eisenbahn ausgegangen sind. Die Stellungnahme des Kriegsministeriums zur Anlage einer Eisenbahn von Halle über Kassel auf Lippstadt zählte zweifellos dazu. Sie enthielt ein durchaus stimmiges Konzept zur Entwicklung eines militärisch vorteilhaften Eisenbahnnetzes und muß als Beleg für eine frühe, tiefergehende Erörterung der Eisenbahnfrage in der Armee gewertet werden. Jedoch lassen sich kaum militärische Persönlichkeiten benennen, die sich nachweisbar kontinuierlich mit dem Thema der Eisenbahn auseinandergesetzt haben. Selbst bei den wenigen Offizieren, für die dies halbwegs zutraf, gewinnt man den Eindruck, daß es eher aus dienstlicher Pflicht als freiwillig oder aus ernstem Interesse geschah. General Rühle v. Lilienstern war immerhin an mindestens zwei Gutachten maßgeblich beteiligt und galt für das Thema offenbar als Fachmann, da sich sogar List während seines Berliner Aufenthalts 1835 an ihn gewandt hatte, doch nach 1837 war Rühle im Zusammenhang mit der Eisenbahn nicht mehr in Erscheinung getreten. Über einen längeren Zeitraum schien sich der Hauptmann im Generalstab und spätere General Fischer mit den militärischen Nutzungsmöglichkeiten der Eisenbahnen beschäftigt zu haben. Er veröffentlichte dazu 1836 und 1841 zwei Broschüren und war auch Mitglied der Kommission von 1836. Wohl galt Fischer auch später noch als Ansprechpartner im Generalstab für Eisenbahnfragen, denn aus dem Jahr 1844 findet sich ein von ihm stammendes Antwortschreiben an den General v. Müffling über die militärische Leistungsfähigkeit der preußischen Eisenbahnen[283]. Ebenso war er im selben Jahr der Mitverfasser einer umfangreichen Denkschrift über den günstigsten Verlauf der Ostbahn von der Oder zur Weichsel[284]. Aber auch für Fischer schienen die Eisenbahnen eher ein nur sporadisch interessierendes Thema zu sein. So reiste er ausgerechnet 1837, in einer der wichtigsten Phasen der ersten Eisenbahnen, für fast zwei Jahre in die Türkei und kehrte erst 1839 und dann auch nur wegen einer Krankheit nach Preußen zurück[285].

In der Debatte um die Eisenbahnen trat von Anfang an für einen Zeitraum von fast zehn Jahren immer wieder der General Friedrich Carl v. Müffling in Erschei-

---

[283] Ganz gehorsamste Bemerkungen zu den von seiner Exzellenz dem Herrn General der Infanterie, Präsident des Staatsrates, Freiherr v. Müffling aufgestellten Fragepunkten in Bezug auf den Truppentransport auf Eisenbahnen, in: GStAPK, I. HA, Rep. 90, Nachlaß General v. Müffling.

[284] Denkschrift über die in Folge der Allerhöchsten Kabinetts-Ordre vom 31.12.1842 untersuchten Richtungen einer Eisenbahn von Berlin nach Königsberg in Preußen und ihre Verzweigungen, in: GStAPK, Rep. 77, Ministerium des Innern, Tit. 258a, Nr. 46 betr. die Ausführung einer Eisenbahnverbindung zwischen Berlin und Königsberg in Preußen.

[285] Kessel, Moltke, S. 142.

nung. Ein schriftliches Zeugnis aus seiner Hand, aus dem sich grundsätzlich seine Ansichten zur Eisenbahn erkennen ließen, findet sich jedoch nicht. Auch von dem Major Du Vignau ist außer seinem Aufsatz von 1835/36 nichts über eine weitere Beschäftigung mit den Eisenbahnen bekannt. Verglichen mit der ansonsten gerade in Offizierkreisen vorhandenen Publizierfreudigkeit zu allen möglichen Themen und auch im Vergleich zu dem schriftstellerischen Eifer eines Friedrich List in Eisenbahnangelegenheiten nimmt sich das hier skizzierte Ergebnis für die Armee sehr bescheiden aus. Broses Urteil, daß es trotz ihrer Arroganz und Schwerfälligkeit schließlich doch die Armee gewesen sei, »welche die Eisenbahn gegen die Einwände der anderen technischen Behörden durchsetzte«, kann somit auf Grund der bis jetzt gefundenen Belege nicht zugestimmt werden[286]. Die preußische Armee war weder schwerfällig noch arrogant, und sie mußte sich auch nicht gegen erhebliche Einwände der zivilen Seite durchsetzen. Eher trifft die Behauptung zu, daß zwischen beiden Seiten, bei mancher Abweichung in Detailfragen, sogar eine gewisse Zusammenarbeit stattgefunden hat.

3. Das militärische Eisenbahnwesen bei den benachbarten europäischen Mächten

a) Frankreichs Kampf um ein nationales Eisenbahnnetz 1832-1848

Die preußische Debatte um die militärische Nutzung der Eisenbahnen war auch wesentlich durch die Entwicklung des Eisenbahnwesens im benachbarten Ausland beeinflußt worden. General Rühles Vorgehensweise bei der Erstellung seines Gutachtens von 1835 belegt das lebhafte Interesse der militärischen Führung in Preußen an den Fortschritten der ausländischen Eisenbahnen. Auch das Gutachten von 1836 orientierte sich in seinen technischen Passagen an den Lösungen, die ausländische und vor allem englische Eisenbahngesellschaften gefunden hatten. Großbritanniens Eisenbahnen besaßen um die Mitte der dreißiger Jahre gegenüber der Entwicklung auf dem Kontinent einen Vorsprung von fast einer Dekade. Private Unternehmer hatten hier seit 1825 die ersten, mit Dampfmaschinen befahrbaren und für den Personenverkehr geeigneten Eisenbahnlinien errichtet. Dies war ohne nennenswerte Einschränkungen durch die Regierung geschehen. Die englischen Eisenbahngesellschaften konnten sich durch eine Parlamentsakte das Recht übertragen lassen, die zum Bahnbetrieb erforderlichen Grundstücke notfalls im Wege der Enteignung zu erwerben. Dies galt auch für die Befugnis, Aktien mit begrenzter Haftung auszugeben[287]. Fast entgegengesetzt zur freizügigen Handhabung der Eisenbahnangelegenheiten in Großbritannien verlief die Entwicklung in Belgien, wo seit 1834 ein staatlich geplantes und betriebenes Eisenbahnnetz entstand. Bereits 1843 verfügten die belgischen Eisenbahnen über vier Hauptlinien

---

[286] Brose, The Politics, S. 253.
[287] Gourvish, Railways, S. 84.

II. Konzeptionelle Überlegungen zur militärischen Nutzung der Eisenbahnen 81

mit einer Gesamtlänge von 560 km[288]. Zwischen dem belgischen und britischen Modell entwickelten sich in Preußen, Frankreich und der Habsburgermonarchie Mischformen, abhängig von der vorhandenen Wirtschaftskraft, den geographischen Besonderheiten und politischen Traditionen. In Frankreich und Preußen erzwangen langwierige Auseinandersetzungen zwischen Unternehmern und den Behörden einen mehr oder weniger ausgewogenen Kompromiß von privaten und staatlichen Interessen[289]. Weniger kontrovers, aber mit gleicher Rollenverteilung zwischen Staatsbürokratie und privaten Investoren, verlief die Entwicklung in Österreich. Trotz des im Prinzip ähnlichen Resultats waren jedoch in allen drei Staaten die Ausgangslage und auch die ersten Entwicklungsschritte höchst unterschiedlich.

Auffällig ist hierbei zunächst die eisenbahnfreundliche Haltung in der französischen Armee. Früher als das Offizierkorps in Preußen hatten hochrangige französische Militärs die Vorteile der Eisenbahn für die zukünftige Kriegführung erkannt und sich zum Teil auch engagiert für ihren Bau eingesetzt. Schon 1832 hielt es General Jean Maximilien Lamarque (1770-1832) in der französischen Deputiertenkammer[290] für durchaus möglich, daß Eisenbahnen in Zukunft einmal eine ähnliche Umgestaltung der Kriegskunst hervorrufen könnten wie dereinst die Erfindung des Schießpulvers[291]. 1832 war auch das Jahr der ersten großen Eisenbahneuphorie in Frankreich. Die französischen Eliten begannen sich für das Thema zu interessieren[292]. Mehrere Artikel in der Zeitung Le Globe entwickelten einem interessierten Publikum die Vision einer neuen industriellen Gesellschaft, deren wesentliches Element ein System von Eisenbahnen sein sollte[293]. Selbst die Pariser Theaterwelt bemächtigte sich des Themas und brachte eine Revue mit dem Titel »Die Eisenbahn« heraus, in der ein Pariser sich nach seiner Rückkehr aus England nur noch für die Eisenbahn begeisterte und sogar von seinem zukünftigen Schwiegersohn verlangte, Eisenbahnaktien zu kaufen[294]. Im gleichen Jahr behaupteten die beiden Ingenieure Gabriel Lamé und Benoît Clapeyron in einem Artikel der Scien-

---

[288] Stürmer, Geschichte der Eisenbahnen, S. 150. Zur Entstehung des belgischen Eisenbahnnetzes siehe auch den kurzen Abriß bei: Wendler, Friedrich List, S. 68, sowie den detaillierten Bericht des preußischen Legationsrates v. Bockelberg aus Brüssel vom 7.4.1835 an das Berliner Außenministerium, in: GStAPK, Ministerium der Auswärtigen Angelegenheiten, Nr. 6963, Bl. 15.
[289] Siehe dazu Mitchell, The Great Train Race, S. VIII.
[290] Zwei wesentliche Organe des politischen Systems Frankreichs in der Julimonarchie waren die Kammern der Pairs und der Deputierten. Sie stimmten über das Budget und die verschiedenen Gesetzesanträge der Regierung ab. Die endgültige Entscheidung in allen zur Debatte stehenden Fragen blieb jedoch dem Monarchen vorbehalten. Er übte durch seine Minister die Exekutivgewalt aus, konnte die Abgeordnetenkammer auflösen und Neuwahlen ansetzten oder durch die Ernennung neuer Pairs die Mehrheitsverhältnisse in der Pairsversammlung zu seinen Gunsten verändern. Andererseits versuchten beide Kammern immer wieder, ein Kontrollrecht über die Minister zu erlangen. Siehe dazu: Tulard, Frankreich im Zeitalter der Revolutionen.
[291] Siehe Joesten, Geschichte und System, S. 1. Einen Überblick über die frühen französischen Ansichten zur militärischen Nutzung der Eisenbahnen gibt Chariè-Marsaines, Les chemins de fer, S. 6-10.
[292] Caron, Histoire, S. 84.
[293] Ebd., S. 92.
[294] Ebd., S. 84.

ces Militaire, daß die Eisenbahnen die Beweglichkeit einer Verteidigungsarmee verzehnfachten. Die neue Kriegswaffe »erlaube eine ganze Armee nebst ihrem Kriegsgerät von einem Ende des Königreiches zum anderen mit einer Geschwindigkeit von sechs Lieues [= 27 Kilometer] in der Stunde fortzuschaffen«. Die englischen Eisenbahnen seien schon jetzt in der Lage, diese Anforderungen zu erfüllen. Erstmals skizzierten Lamé und Clapeyron auch den Plan eines französischen Eisenbahnnetzes, das Paris mit den übrigen Zentren Frankreichs verbinden sollte und zudem auf einer äußeren Linie die wichtigsten Grenzstädte Frankreichs[295].

Während die militärischen Gutachter in Preußen allenfalls den Transport einer Division mit der Eisenbahn mit Zeitgewinn für möglich hielten, erklärte 1837 General Graf Rumigny (1789-1860), der Adjutant des französischen Königs Louis Philipp, im Spectateur Militaire, daß die Dampfkraft auf die Kriegführung einen viel größeren Einfluß haben werde, als man bisher geglaubt hat[296], und prophezeite, »daß durch diese bis jetzt unbekannten Bewegungsmittel die Angriffe und Invasionen pünktlicher, schneller, plötzlicher und folglich gefährlicher werden müssen, als sie es sonst sein könnten«. Nach Rumignys Berechnung konnte ein Waggon 25 Soldaten mit ihren Waffen aufnehmen, so daß 2000 Waggons insgesamt 50 000 Mann auf eine Entfernung von 100 Lieues (= 450 Kilometer) in zehn bis zwölf Stunden und von 200 Lieues in 20 bis höchstens 30 Stunden fortbringen könnten, und zwar ohne daß die Leute dabei irgendeine Ermüdung, Mühe oder Entbehrung und ihre Waffen und Fußbekleidung irgendeinen Schaden erlitten. Diesen 50 000 Mann könne schon nach einem kurzem Abstand eine zweite Armee von gleicher Stärke folgen[297]. Derartige Zahlen mußten den preußischen Strategen schlicht utopisch erscheinen. In einem Antwortschreiben vom 28. Februar 1844 an General v. Müffling, den möglicherweise Rumignys Angaben zu seiner Anfrage verlaßt hatten, erklärte der inzwischen zum Major beförderte Generalstabsoffizier Fischer, daß nicht einmal der Transport von 600 Mann pro Zug sichergestellt sei, da die preußischen Eisenbahngesellschaften statt der erforderlichen 20 Waggons im Mittel nur über 13 oder 14 Fahrzeuge verfügten. Auch könnten pro Tag nur maximal zwei Züge auf jeder Etappe eingesetzt werden, so daß der Transport nur einer einzigen Brigade von Berlin nach Köln mindestens drei Tage in Anspruch nehmen würde[298]. Die wesentlichen Äußerungen der französischen Militärs zur Nutzung der Eisenbahnen dürften in Preußen spätestens seit 1845 durch einen ausführlichen Beitrag im Militärwochenblatt[299] bekannt geworden sein. Der ungenannte Verfasser erwähnte darin auch den späteren französischen Minister für öffentliche Arbeiten, Jules Armand Dufaure (1792-1882), der sich ebenso optimistisch in Bezug auf die zukünftige Leistungsfähigkeit von Eisenbahnen wie General Rumigny gab. In der Deputiertenkammer sprach er schon im Jahre 1838 von einer Revolution in den Militärsystemen der Kontinentalmächte, wenn es möglich

---

[295] Zit. nach: Prittwitz, Die schwebende Eisenbahn, S. 33-38.
[296] Der Beitrag erschien 1841 auch in zwei aufeinanderfolgenden Ausgaben der Allgemeinen Militär-Zeitung aus Darmstadt.
[297] Über den Einfluß des Dampfes, Sp. 565.
[298] Ganz gehorsamste Bemerkungen, in: GStAPK, I. HA, Rep. 90, Nachlaß General v. Müffling.
[299] Französische Ansichten, S. 421-448.

sein würde, »ganze Armeen mit allem nötigen Kriegsmaterial in kurzer Zeit von einem Ende des Reiches zum anderen zu transportieren und in wenigen Stunden zahlreiche Streitkräfte auf plötzlich bedrohten Punkten zu vereinigen«[300]. Die Eisenbahnen würden vor allem die Verteidigung begünstigen, glaubte Capitaine Graf Daru (1807-1879), Mitglied der Kammer der französischen Pairs. Sein viel beachtetes Buch über die Eisenbahnen war 1843 erschienen und noch im selben Jahr vom preußischen Militärwochenblatt in Auszügen ins Deutsche übertragen und veröffentlicht worden[301]. Mit Hilfe der Eisenbahnen werde es möglich sein, so Daru, »weniger bedrohte Teile der Grenze mehr von Truppen zu entblößen, als man es ohne dieselben wagen dürfte [...]«[302].

Eine ähnliche, auf dem Vorteil der inneren Linie basierende Strategie, vertrat der Oberstleutnant Alexandre Jardot (1804-1891) in seinem 1842 erschienenen Band über die »Eisenbahnen als strategische Linien«. Die Strategie der inneren Linie gestattete es dem Verteidiger aus einer zentralen Position mehrere Angreifer, die sich aus verschiedenen Richtungen näherten, nacheinander jeweils mit der gesamten Streitmacht anzugreifen. Der Vorteil dabei war, daß der Verteidiger in jedem Fall den kürzeren, inneren Weg zur Konzentration seiner Kräfte nutzen konnte, während die Angreifer sich nur durch weit ausholende Märsche entlang der Peripherie der Verteidigungslinie gegenseitig unterstützen konnten. Im Falle einer feindlichen Invasion wie in den Jahren 1814/15 seien daher die französischen Truppen nicht mehr zersplittert, sondern geschlossen und nacheinander gegen die eindringenden Armeen einzusetzen[303]. Damit griff Jardot einen Gedanken des Generals Henri Joseph Paixhans (1783-1854) auf, der bereits 1830 gefordert hatte, daß Frankreich ausnahmslos an allen seinen Grenzen stark sein müsse. Dies ginge jedoch nur, wenn die mobilen Kräfte von zwei, drei oder vier Grenzen geschlossen dort eingesetzt werden könnten, wo die Gefahr am größten sei[304]. Nach Ansicht Jardots war dies nun durch die Anwendung der Dampfkraft tatsächlich möglich geworden.

»Man möge sich nur an den bewundernswerten Feldzug des Jahres 1814 erinnern, in dem das Genie des Kaisers so oft über eine ansehnliche Koalition triumphierte, als er einmal das Schlachtfeld auf dem linken und dann wieder auf dem rechten Marneufer suchte. Wie viele dieser kühnen Operationen wären noch vollkommener geglückt«, so fragte nun Jardot, »wenn er anstelle primitiver und für das Wohl seiner Truppen verheerender Transportmittel eine Eisenbahnlinie zur Verfügung gehabt hätte, die Chalons auf nur noch fünf Stunden an Paris herangerückt hätte, so daß er dem Feinde direkt hätte entgegentreten können, um zugleich aber auch ausholende Operationen gegen seine Flanke und seinen Rücken zu unternehmen[305]?«

Die Eisenbahnen begünstigten nach Jardots Ansicht die Defensive, weil jeder Angreifer, je erfolgreicher er sei, sich immer weiter von den Endpunkten seiner eige-

---

[300] Zit. nach: Französische Ansichten, S. 428.
[301] Daru, Die Eisenbahnen, S. 189-196.
[302] Ebd., S. 191.
[303] Jardot, Des chemins de fer, S. 52.
[304] Paixhans, Force, S. 268.
[305] Jardot, Des Chemins de fer, S. 56.

nen Bahnlinien entfernen müßte, während die verteidigende Partei stets im Besitz ihrer Bahnen bliebe und diese bei einem weiteren Rückzug zerstören könne. Auch die Überlegungen der preußischen Strategen zielten auf Stärkung der Verteidigung mit Hilfe der Eisenbahnen. Dabei dachten sie in erster Linie an die schnelle Heranführung von Verstärkungen für die bedrohten Rheinprovinzen. Dies bedeutete jedoch nur eine Modifikation der preußischen Verteidigungsplanungen im Detail. Jardot kam dagegen schon den Anschauungen Friedrich Lists sehr nahe, wenn er in den Eisenbahnen die Möglichkeit zu einer vollkommen neuen Art der Kriegführung sah, da nämlich »all die Ressourcen der nicht angegriffenen Landesteile zusammengefaßt und mit einer bisher nicht für möglich gehaltenen Geschwindigkeit zu den gefährdeten Punkten gebracht« werden könnten, »somit dort die Widerstandskraft der Verteidigung erhöhen, während der Angreifer mehr und mehr diese Fähigkeit der Konzentration seiner Truppen verliere und sich somit materiell jeden Tag in einer noch ungünstigeren Position befinden dürfte[306].« Da zudem im Zentrum aller strategischen Erwägungen Frankreichs stets Paris gestanden hatte, war es nur offensichtlich, daß die Eisenbahnen seine zentrale Rolle in Zukunft noch weiter stärken würden. Nach Ansicht Capitaine Darus machten die Eisenbahnen den Willen des Staatsoberhauptes »überall gegenwärtig und erweitern die Wirksamkeit der Hauptstadt für die Verteidigung nach allen Seiten hin, indem dieselbe nunmehr Hauptwaffenplatz und Vorratshaus für die Truppen werden kann, welche an den äußersten Grenzen des Staates kämpfen[307].« Daru verschwieg allerdings auch nicht die Nachteile der Eisenbahnen. So sah er keine Möglichkeit, sie wirksam zu verteidigen, also sie auf dem Kriegsschauplatz selbst anzuwenden. Auch glaubte er nicht, daß man »auf derselben einige einer Armee unentbehrliche Gegenstände, namentlich Pferde in größerer Masse bewegen [könne]«[308].

Einen erkennbaren Einfluß auf die Entwicklung des Eisenbahnwesens in Frankreich hatten diese durchweg optimistischen Prognosen der Militärs jedoch vorerst nicht. Der französische Eisenbahnbau kam in den dreißiger Jahren kaum voran. Zwar existierte schon seit 1828 eine 23 Kilometer lange Kohlenbahn zwischen Saint-Etienne und Andreziuex, die seit 1832 auch im Lokomotivbetrieb für den Personentransport verwendet wurde[309]. Doch erst die Fortschritte der englischen Bahnen brachten Bewegung in die französischen Eisenbahnangelegenheiten. Am 27. Juni 1833 genehmigte die französische Deputiertenkammer dem damaligen Minister für Handel und öffentliche Bauten, Adolphe Thiers (1797-1877), einen Betrag von 500 000 Franc zu den nötigen Vorstudien zur Anlage eines französischen Eisenbahnsystems[310]. Einen Monat später stimmten die Abgeordneten sogar einem Gesetz zu, daß die veralteten Enteignungsbestimmungen zugunsten der Eisenbahn modifizierte. Jede neue Bahnlinie, ob staatlich oder privat, war in Zukunft von der Genehmigung durch ein besonderes und eigens dazu verabschie-

---

[306] Ebd., S. 52 f.
[307] Daru, Die Eisenbahnen, S. 195.
[308] Ebd., S. 195.
[309] Caron, Histoire, S. 84.
[310] Siehe dazu: Mitchell, The Great Train Race, S. 5.

II. Konzeptionelle Überlegungen zur militärischen Nutzung der Eisenbahnen

detes Gesetz abhängig. Mehr geschah jedoch zunächst nicht. Die unruhigen politischen Verhältnisse in Frankreich nach der Julirevolution von 1830 wirkten sich auch erschwerend auf den Eisenbahnbau aus[311]. Erst als sich die Lage gegen Ende der dreißiger Jahre stabilisierte, konnte man auch an den Bau von Eisenbahnen denken. Im Jahre 1837 begannen die Brüder Pereire mit dem Bau einer Eisenbahnlinie von Paris nach Saint-Germain, die am 26. August 1837 eröffnet wurde[312]. Im selben Jahr erhielten die beiden Bahnen Paris–Versailles, die jeweils auf dem linken und rechten Seineufer geplant waren, ihre Konzession. Kurz darauf wurden auch die Bahnen von Mülhausen nach Thann und von Bordeaux nach La Teste konzessioniert. Bei den Konzessionen für die Linien Paris–Rouen und Paris–Orleans wurden erstmals auch die neuen Gesellschaften verpflichtet, zukünftig Truppen und Kriegsmaterial zum halben Tarif zu befördern[313].

Anders als in Preußen, wo zunächst private Unternehmer die Eisenbahnentwicklung vorangetrieben hatten, ging in Frankreich die größte Initiative zum Bau von Eisenbahnen von der Regierung aus. Sie konnte sich dabei auf die Arbeit des Ingenieurkorps für Brücken und Chausseen[314] stützen, dessen leitender Ingenieur Alexis Legrand (1791-1848) die Überzeugung vertrat, daß das Eisenbahnwesen in Frankreich zentral geregelt werden müsse, da private Gewinnabsichten dem öffentlichen Interesse in dieser Frage nicht entgegenstehen durften[315]. Noch im Jahre 1837 präsentierte die Regierung der französischen Abgeordnetenkammer einen Gesetzesentwurf, der nach seinem Urheber »Legrand-Stern«[316] benannt wurde und Konzessionen für vier Eisenbahnlinien von Paris jeweils nach Rouen/Le Havre, nach Belgien, nach Tours sowie nach Lyon vorsah. Diese Vorlage löste erstmals eine heftige Grundsatzdebatte aus, ob die französischen Eisenbahnen auf Staatskosten gebaut oder privat finanziert werden sollten und ob der Staat ein Recht habe, allein über ihren Streckenverlauf zu entscheiden[317]. Die Frage war allerdings noch nicht entschieden, als die Regierung im folgenden Jahr der Deputiertenkammer einen noch weitergehenden Antrag vorlegte, der darauf hinauslief, ein französisches Eisenbahnnetz mit neun Hauptlinien und einer Gesamtlänge von 4500

---

[311] Siehe dazu: Tulard, Frankreich im Zeitalter der Revolutionen, S. 353: »Zwischen 1830 und 1835 hörte die Agitation der Straße nicht auf: Aufmärsche, Streiks, Barrikaden und Kundgebungen verschiedener Art wechselten einander vor dem Hintergrund der Wirtschaftskrise und Kriegsagitation in Europa ununterbrochen ab«.
[312] Ebd., S. 384 f.
[313] Mruck, Die Eisenbahnen, S. 2.
[314] Das Korps für Brücken und Chausseen war bereits im Jahre 1716 gegründet worden und hatte ursprünglich dem französischen Finanzministerium unterstanden. Seine zunächst etwa 20 Ingenieure sollten unter Leitung eines Generalinspekteurs sowie dreier weiterer Inspekteure die Verkehrswege Frankreichs landesweit planen und koordinieren. Schon ab Mitte des 18. Jahrhunderts verfolgte das Korps den Plan eines nationalen Verkehrsnetzes. Durch die Gründung einer eigenen Ingenieurschule und die Einrichtung eines ständigen Rats (Conseils) gelang es ihm, das gesamte Ingenieurwissen des Landes praktisch zu monopolisieren. Seine allmählich erworbenen Kompetenzen und Privilegien blieben dem Korps auch nach den Revolutionswirren und dem Untergang des ersten Kaiserreiches erhalten. Siehe dazu: Caron, Histoire, S. 12 f.
[315] Ebd., S. 122 f.
[316] Mitchell, The Great Train Race, S. 6.
[317] Zu den einzelnen Positionen siehe: Caron, Histoire, S. 113-121.

Kilometern anzulegen. Die Gesamtkosten für dieses Projekt wurden auf rund eine Milliarde Franc veranschlagt[318].

Es war genau dies, was in Preußen die Eisenbahnprotagonisten von ihrer Regierung gefordert hatten: Der Bau der wichtigsten preußischen Eisenbahnen auf Staatskosten. In Frankreich aber hatten die Abgeordneten der Deputiertenkammer eine völlig andere Auffassung von der Rolle des Staates. Viele Abgeordnete mißtrauten der Regierung. Sie fürchteten einen gewaltigen Machtzuwachs auf Regierungsseiten, wenn ein derartiges System jemals realisiert würde. Die Industriellen wiederum mochten das voraussichtlich lukrative Geschäft mit den Eisenbahnen keinesfalls dem Staat allein überlassen[319]. Kleinlichere Bedenken kamen hinzu. Benachteiligt fühlten sich nämlich die Vertreter all jener Städte, die von dem Eisenbahnnetz in seiner geplanten Form nicht berücksichtigt wurden. Hunderte von Eingaben und Gutachten, die alle eine Änderungen der Streckenführung zum Ziel hatten, landeten bei der Regierung[320]. Zuletzt erschien auch den meisten Abgeordneten der Plan, alle Linien gleichzeitig bauen zu wollen, wenig realistisch, auch wenn er vorsah, für den Augenblick nur vier Strecken in Angriff nehmen zu wollen. Der Antrag der Regierung wurde schließlich am 10. Mai 1838 nach zweitägiger Debatte in der Deputiertenkammer mit einer Mehrheit von 169 gegen 69 Stimmen abgelehnt[321].

Für die Abgeordneten war der Widerstand gegen die staatliche Eisenbahnpolitik tatsächlich auch ein Mittel, um weiteren politischen Einfluß zu gewinnen. Als der Bau der Eisenbahn von Paris nach Versailles während der Wirtschaftskrise von 1839 wegen Kapitalmangel ins Stocken geriet und die Eisenbahngesellschaft die Regierung um eine Anleihe von fünf Mio. Franc bat, wurde diese erst nach harten Auseinandersetzungen in der Deputiertenkammer gebilligt. Der Vorgang wiederholte sich, als weitere private Eisenbahngesellschaften in finanzielle Schwierigkeiten gerieten und die Regierung erneut die Kammer um eine Anleihe ersuchen mußte. Als Folge dieser Querelen geriet Frankreich im Eisenbahnbau gegenüber den übrigen wichtigen europäischen Nationen ins Hintertreffen. Ende 1840 waren von 806 Kilometern konzessionierten Bahnen erst 569 in Betrieb[322]. Das französische Finanzsystem hatte sich außerstande gezeigt, genügend privates Kapital für die bereits konzessionierten Bahnen aufzubringen[323]. Noch im Mai 1842 hatte Frankreichs Innenminister Duchatel die Kammer gewarnt, daß der französische Eisenbahnbau völlig zum Erliegen kommen würde, wenn die Gesellschaften nicht endlich staatliche Unterstützung erhielten[324]. Als im Sommer 1842 die Regierung erneut ihren Plan für ein nationales Eisenbahnnetz in der Deputiertenkammer einbrachte, hatten die liberalen Ansichten über die Möglichkeiten eines privat fi-

---

[318] Peyret, Histoire des chemins de fer, S. 198 f.
[319] Französische Ansichten, S. 433.
[320] Mitchell, The Great Train Race, S. 6.
[321] Schlemmer/Bonneau, Recueil de documents, S. 5. Siehe auch Peyret, Histoire des chemins de fer, S. 200.
[322] Caron, Histoire, S. 147: »Eine magere Bilanz nach achtjähriger Debatte«.
[323] Mitchell, The Great Train Race, S. 7.
[324] Ebd.

nanzierten Eisenbahnbaus längst einen erheblichen Dämpfer erlitten. Auch waren die entscheidenden Fragen hinsichtlich der Aufgabenteilung zwischen staatlichen Behörden und privaten Investoren beim Eisenbahnbau endlich geklärt und sogar über die Streckenführung herrschte im Grundsatz Einigkeit.

Das Gesetz vom 11. Juni 1842 bestimmte schließlich, daß insgesamt sieben Eisenbahnlinien Paris mit allen Landesteilen verbinden sollten. Eine Nordbahn war nach Lille und Valenciennes geplant, mit einer Abzweigung nach Dünkirchen. In östliche Richtung war eine Eisenbahn von Paris über Nancy nach Straßburg vorgesehen. Eine vierte Bahn sollte über Lyon nach Marseille führen. Über Orleans und Tours ging eine weitere Bahn nach Bayonne bis zur spanischen Grenze, die sechste Linie über Tours nach Nantes am Atlantik, eine siebte nach Bourges in Zentralfrankreich. Eine Nebenstrecke sollte von Marseille über Dijon und Mühlhausen das Mittelmeer mit dem Rhein verbinden. Zusätzlich war eine Querverbindung von Bordeaux nach Sète am Mittelmeer geplant[325]. Innerhalb von nur zehn Jahren, so das Ziel der Regierung, sollten sämtliche Strecken vollendet sein. Als Besonderheit im französischen Eisenbahnbau waren alle Bahnen mit zwei Gleisen geplant. Schon 1833 war der dritte Abschnitt der ersten französischen Bahn von Andreziuex und Roanne zweigleisig gebaut wurden[326]. Im Vergleich zu den preußischen Bahnen war ein weitaus höherer Bestand an Betriebsmitteln vorgesehen. Capitaine Daru verwies in seiner Schrift von 1843 darauf, daß die demnächst zu eröffnende Bahn von Paris nach Orleans auf 140 Kilometer Streckenlänge bereits über 45 Lokomotiven und 500 Transportwagen verfügen sollte, wodurch nach seiner Berechnung ein Transport von wenigstens 15 000 Soldaten je Tag möglich sei[327]. Schon im Jahre 1842 verfügte die auf dem rechten Seineufer verlaufende Bahnlinie Paris–St. Germaine über 44 Lokomotiven, die linksseitige hatte 21 Maschinen in Betrieb und die elsässische Bahn von Mühlhausen nach Thann besaß im Jahre 1844 immerhin 29 Lokomotiven[328].

Bau und Betrieb der französischen Bahnen sollten getrennt jeweils von Staat und privaten Gesellschaften durchgeführt werden. Während es die Regierung übernahm, die Eisenbahntrassen anzulegen und die Grundeigentümer zu entschädigen, sollten private Gesellschaften die Möglichkeit erhalten, diese Trassen bis zu maximal 99 Jahren zu pachten und auf ihnen den Eisenbahnbetrieb zu organisieren. Wiederum unterstützten die französischen Militärs den Plan der Regierung vehement. Nur in einem staatlichen Eisenbahnsystem sahen sie die Garantie, daß alle wichtigen Festungen des Landes durch Eisenbahnen miteinander verbunden würden. Besonders dringlich erschien den Generalen die nördliche Linie gegen Belgien, mit dessen sofortiger Besetzung sie im Falle eines Krieges gegen Deutschland rechneten. Auch die Neutralität der Schweiz hielten sie im Kriegsfall, noch in bester Erinnerung an den Vormarsch der Österreicher 1814 auf das Plateau von Langres, für nicht gesichert und bestanden deshalb auf der schnellstmög-

---

[325] Siehe dazu: Französische Ansichten, S. 424.
[326] Peyret, Histoire des Chemins de fer, S. 193.
[327] Daru, Die Eisenbahnen, S. 190.
[328] Caron, Histoire, S. 157.

lichen Ausführung einer Linie von Paris nach Dijon, das die Südostgrenze Frankreichs gegen die Schweiz und Italien schützte. Von Dijon aus sei wiederum nach Süden eine Verbindung auf Lyon, dem zweiten bedeutenden Waffenplatz Frankreichs, herzustellen. Ebenso müsse von Dijon nach Norden eine Eisenbahn auf Mühlhausen und Belfort führen, so daß ein feindlicher Rheinübergang bei Basel nicht das Elsaß im Rücken bedrohen könne. Vor allem aber war die geplante Linie von Paris nach Straßburg aus der Sicht der Armee für die Landesverteidigung lebenswichtig. 1842 erklärte General Jean Jacques Pelet (1777–1858) in der Kammer der französischen Pairs: »Von allen Arbeiten, welche uns seit mehreren Jahren beschäftigen, ist keine für die Verteidigung des Königreiches wichtiger als die Eisenbahn von Paris nach Straßburg[329].« Die Generäle waren wegen der offenen Nordostgrenze zu Deutschland seit langem besorgt. Der Kriegsminister, Marschall Nicolas-Jean Soult (1769–1851), sah das nördliche Elsaß seit dem Verlust von Landau im zweiten Pariser Frieden von 1815 vollkommen offen. Im selben Jahr erklärte er in der Deputiertenkammer, es sei absolut notwendig, daß die Regierung

»die Mittel besitzt, in der kürzesten Frist die Öffnung des Unterelsaß durch 35 000 bis 40 000 Mann verstopfen zu können. Es wird zur strengsten Pflicht und notwendigsten Sorge für Frankreich, nie zu vergessen, daß Landau und Saarlouis an fremde Mächte gefallen sind und Frankreich fortwährend von dieser Seite bedroht wird[330].«

Sorge bereitete den französischen Militärs auch die bald zu erwartende Fertigstellung der strategischen Bahnlinien aus Mitteldeutschland nach Köln und Mainz[331]. »Die deutschen Ingenieure hätten die strategische Frage völlig begriffen«, erklärte Jardot 1842, »da sie gezeigt haben, wie günstig es für die wahren Prinzipien des modernen Krieges ist, alle Eisenbahnlinien aus dem Zentrum Deutschlands entweder von einem seiner großen Depots oder befestigten Platz an den Rhein, den wichtigsten Punkten des Deutschen Bundes, zu führen[332].« Entgegen anders lautender Befürchtungen vor allem in Deutschland war Frankreichs strategische Grundhaltung defensiv. Die Armee litt jedoch ständig unter der Vorstellung, daß erneut eine Koalition fremder Mächte wie 1814/15 ins Land eindringen könnte. Konkrete Planungen zu einer Offensive gegen das Rheinland mit dem Ziel der Wiedergewinnung der Rheingrenze bestanden zu dieser Zeit nicht. Allenfalls wurde ein offensives Vorgehen über Metz auf Saarbrücken zur besseren Verteidigung der Lücke im nördlichen Elsaß in Erwägung gezogen[333]. Die Hauptsorge der Militärs galt der Sicherung der französischen Grenzfestungen. Aus diesem Grund forderte Soult in derselben Rede, daß die Linie Paris–Straßburg so nahe wie möglich an Metz vorbeiführe. »Metz ist ein strategischer Punkt erster Klasse, und es wäre nötig, daß dort ein großes verschanztes Lager angelegt würde, um alle aus dem Norden kommenden Truppen aufzunehmen und um von hier aus dem Feinde entgegentreten zu können[334].« Allerdings war das nicht die einhellige Meinung

---

[329] Zit. nach: Französische Ansichten, S. 430.
[330] Zit. nach: ebd., S. 432.
[331] Ebd., S. 433.
[332] Jardot, Des Chemins de fer, S. 51 f.
[333] Französische Ansichten, S. 34–36.
[334] Zit. nach: ebd., S. 432.

in der Armee. Ein Gutachten des Festungskomitees der Armee aus dem Jahre 1843 oder 1844 befürchtete, daß eine zu nah entlang der deutschen Grenze geführte Eisenbahn dem Gegner leicht die Möglichkeit gewähren würde, die Besatzung von Metz von ihren rückwärtigen Verbindungen abzuschneiden. »Es komme für die Armee [überhaupt] darauf an, Nancy zu decken, anstatt sich hinter den Mauern von Metz zu verstecken[335].«

Die Meinungsdifferenzen zwischen den verschiedenen Vertretern der Armee hinsichtlich der Streckenführung der Eisenbahnlinien waren nicht überraschend. Eine für Eisenbahnfragen zuständige Abteilung im Kriegsministerium existierte auch nach der 1840 vorgenommenen Neugliederung der Behörde in sechs weitgehend autonome Divisionen noch nicht. Für Verkehrsverbindungen im allgemeinen war traditionell das Korps für Brücken und Chausseen zuständig. Gegen diese mächtige zivile Behörde hätte sich eine militärische Dienststelle kaum mit ihren eigenen Anschauungen durchsetzen können. Zudem fehlte ein Generalstab der Armee, der als zentrales militärisches Planungsorgan dem Kriegsminister hätten zuarbeiten können. Statt dessen gab es lediglich eine Abteilung für militärische Statistik, die militärische Karten anfertigte, kriegsgeschichtliche Studien verfaßte und militärisch wichtige Auslandsnachrichten sammelte[336]. Eine einheitliche Auffassung der Armee zum Streckenverlauf der strategischen wichtigen Bahn an den Rhein konnte unter diesen Umständen nicht zustande kommen.

Entgegen den in Deutschland gehegten Befürchtungen kam der französische Eisenbahnbau auch nach dem Gesetz von 1842 nur schleppend voran. In den vier Jahren nach 1843 wurden nicht mehr als 1250 neue Streckenkilometer fertiggestellt, so daß 1847 insgesamt erst 1900 Kilometer zur Verfügung standen[337]. 1845 wurde die Linie Paris–Straßburg schließlich mit einem südlicherem Streckenverlauf durch das Tal der Marne über Nancy konzessioniert, allerdings mit Nebenbahnen nach Reims und Metz[338]. Bis 1846 konnten nur die Strecke von Paris zur belgischen Grenze nach Valenciennes und Lille, die Bahnen von Paris nach Orleans, von Paris nach Rouen sowie die von Mühlhausen nach Thann fertiggestellt werden. Daran trug allerdings auch die Armee zum Teil Verantwortung. So verzögerte sich 1842 der Bau der Eisenbahn von der belgischen Grenze nach Valenciennes um fast ein Jahr, weil sich die Armee mit dem Ministerium für öffentliche Arbeiten nicht über die Einmündung der Bahn im Inneren der dortigen Festung einigen konnte[339]. In der Frage des Verhältnisses von Eisenbahnen und Festungen schien ebenfalls anfangs keine einheitliche Ansicht vorzuherrschen. Bei Valenciennes und Lille endeten die Bahnen vorläufig am Festungsglacis, während sie in Paris und Straßburg direkt in die Festungswerke hinein führten[340].

Durch die Wirtschaftskrise von 1847 und die anschließende Revolution im Februar 1848 geriet der Ausbau der Strecke von Paris nach Straßburg vollends ins

---

335 Zit. nach: Caron, Histoire, S. 186 f.
336 Histoire Militaire de la France, Bd 2, S. 425 f.
337 Peyret, Histoire des chemins de fer, S. 207.
338 Mitchell, The Great Train Race, S. 8.
339 Reden, Die Eisenbahnen Frankreichs, S. 51.
340 Französische Ansichten, S. 429.

Stocken. Erst am 12. August 1852 konnte die für Frankreichs Verteidigung so wichtige Verbindung zum Rhein nach der Freigabe des letzten Streckenabschnittes von Saarburg nach Nancy endgültig in Betrieb genommen werden[341]. Ihr preußisches Gegenstück, die Bahnlinie über Minden nach Köln, war bereits fünf Jahre früher fertiggestellt worden. Der erste größere Einsatz der Eisenbahnen zu Militärtransporten erfolgte allerdings erst zwei Jahre später, im März 1854, als auf der Linie Paris–Lyon–Marseille für die Krim bestimmte französische und englische Truppen zu ihren Verschiffungshäfen am Mittelmeer transportiert wurden[342].

b) Die Entwicklung des Militäreisenbahnwesens in der Habsburgermonarchie bis zur Revolution von 1848/49

Die Geschichte der österreichischen Eisenbahnen begann mit Franz Joseph v. Gerstner (1756-1832). Als erster Kontinentaleuropäer setzte er sich im Jahre 1807 für den Bau einer mit Pferden betriebenen Bahn ein, die anstelle eines geplanten Kanals die Flüsse Donau und Moldau miteinander verbinden sollte. Sein Sohn Franz Anton Ritter v. Gerstner erhielt schließlich 1823 die kaiserliche Konzession für den Bau einer Bahn von Linz nach Budweis. 1832 wurde sie als erste, allerdings immer noch mit Pferden betriebene Eisenbahn Österreichs eröffnet[343].

Zu den engagiertesten Förderern des Eisenbahnwesens in Österreich gehörte schon sehr früh Erzherzog Johann (1782-1859), der Bruder des späteren Kaisers Ferdinand I. 1816 war er von einer Reise nach England zurückgekehrt und begeistert über den dort überall anzutreffenden technischen Fortschritt. Eisenbahnprojekte fanden seitdem sein lebhaftes Interesse und wurden von ihm nach Kräften unterstützt. Die Idee einer die gesamte Habsburgermonarchie durchziehenden Eisenbahnlinie von der Elbe bis zum Mittelmeer hatte er schon im März 1825 in einem Schreiben an den Innenminister und Hofkanzler Graf v. Sarau geäußert[344]. 1836 setzte er sich als Generalgeniedirektor vehement bei seinem Bruder für den

---

[341] Stürmer, Geschichte der Eisenbahnen, S. 137.
[342] Mruck, Die Eisenbahnen, S. 8.
[343] Köster, Militär und Eisenbahn, S. 55. Nach einer Besichtigung der russischen Minenindustrie am Ural im Jahre 1834 hatte Gerstner dem Zaren in einer Denkschrift die Anlage von Eisenbahnen zur Verbesserung der katastrophalen russischen Verkehrsverhältnisse vorgeschlagen und um eine Konzession zum Bau einer Eisenbahn von Moskau nach Petersburg mit Abzweigungen auf Nowgorod und Kasan ersucht. Gerstner hatte sich in seinem Antrag auch verpflichtet, auf dieser Eisenbahn innerhalb von 24 Stunden genügend Betriebsmaterial zum Transport von 5000 Mann Infanterie und 500 Kavalleristen samt Pferden und Artillerie bereitzustellen, die täglich bis zu 200 Werst (= 212 km) weit transportiert werden könnten. Gerstner erhielt dann auch vom Zaren im folgenden Jahr die Genehmigung zum Bau einer 23 Kilometer langen Versuchsstrecke von Petersburg nach Zarskoje Selo, der Sommerresidenz des russischen Monarchen, die am 20.10.1837 als erste russische Eisenbahn eröffnet wurde. Siehe dazu: Westwood, Geschichte der russischen Eisenbahnen, S. 20 f.
[344] Brief vom 26.3.1825: »So eine Verbindung zwischen Prag und Triest und dann weiters auf der Moldau und Elbe bis Hamburg, welch neues Feld für den Handel, und welch Leben in allen den Provinzen, durch welche sie führt [...].« Abgedruckt in: Briefe Erzherzog Johanns an den Grafen Franz von Sarau 1816-1826, Steiermärkische Geschichtsblätter VI/1885, S. 47.

II. Konzeptionelle Überlegungen zur militärischen Nutzung der Eisenbahnen

Bau der Südbahn durch die Steiermark ein und stellte auch Offiziere seines Korps für die Vermessung und Nivellierung der Strecke zur Verfügung[345]. Seit den zwanziger Jahren stand der Erzherzog auch in Verbindung mit Franz Xavier Riepl (1790-1857), einem der bedeutendsten Eisenbahnpioniere Österreichs. Riepl hatte schon 1829 den Plan einer Eisenbahnverbindung von Wien zu den Salzbergwerken im galizischen Bochina entworfen, zu der er schließlich 1836 zusammen mit Salomon v. Rothschild die Konzession erhielt.

Die österreichische Armee trat hinsichtlich der Eisenbahnen erstmals im Jahre 1827 in Erscheinung. Im Auftrag des Hofkriegsrates[346] in Wien erteilte der Generalquartiermeisterstab dem aus Kroatien stammenden Pionierhauptmann Josef Knezic (1780-1848) den Auftrag, ein Gutachten über eine Eisenbahn entlang der kroatischen Militärgrenze anzufertigen. Der Plan zum Bau einer Straße hatte den Hofkriegsrat, die oberste Militärbehörde des Landes, schon längere Zeit beschäftigt. Zuständig für den Bau von Straßen, zu denen anfangs auch die Eisenbahnen als »vide Straßen« oder »Kunststraßen« zählten, war allerdings der österreichische Generalquartiermeisterstab. Zu seinem Geschäftsbereich gehörten die Gebiete Landesbeschreibung, Triangulierung und Mappierung. Ihm war auch das Pionierkorps unterstellt[347]. Als Knezic zwei Jahre später sein Gutachten ablieferte, fanden sich darin erstaunlicherweise kaum Äußerungen zu militärischen Aspekten der projektierten Bahn. Für ihn standen Fragen der Wirtschaftsförderung eindeutig im Vordergrund, während strategische oder logistische Argumente »aufgrund mangelnder theoretischer Fundierung und fehlender Erfahrungen mit den Möglichkeiten militärischer Nutzung der Eisenbahnen noch keine Berücksichtigung« fanden[348]. Dies schien aber von seinen Auftraggebern durchaus gewünscht. Die Realisierung des Projektes in der von Knezic vorgeschlagenen Form verzögerte sich allerdings zunächst und wurde 1840 aus Kostengründen endgültig zu den Akten gelegt[349].

In den dreißiger Jahren verlor die militärische Führung das Thema Eisenbahnen aus dem Blick. In den verantwortlichen Dienststellen existierten zwischen 1829 und 1836 kaum eisenbahnbezogene Vorgänge[350], und erst seit 1837 findet sich in den Hofkriegsratsindizes eine eigene Rubrik Eisenbahn[351]. Allenfalls jünge-

---

[345] Ebd., S. 148.
[346] Schon vor dem Dreißigjährigem Krieg war der österreichische Hofkriegsrat als erstes ständiges Beratungsgremium des Monarchen zuständig für alle Fragen der Kriegführung von der Logistik bis zur operativen Planung der Feldzüge. Seine Reorganisation durch Erzherzog Karl im Jahre 1801 machte ihn zur zentralen militärischen Dienststelle, die unmittelbar die Befehle des Monarchen erhielt und diese an die zuständigen nachgeordneten Stellen weiterzugeben, zu erläutern und deren Ausführung zu kontrollieren hatte. Selbständige Entscheidungen traf er nur in äußerst geringem Umfang, durfte aber jederzeit dem Kaiser Vorschläge unterbreiten. Der Hofkriegsrat gliederte sich in ein politisch-militärisch-ökonomisches Gremium und eine Justizabteilung. An der Spitze des Hofkriegsrates stand ein Präsident. Von 1831 bis 1848 war dies der General der Kavallerie Ignaz Graf v. Hardegg. Im Revolutionsjahr 1848 wurde der Hofkriegsrat aufgelöst und an seiner Stelle ein Kriegsministerium eingerichtet. Siehe dazu Buchmann, Militär, S. 74.
[347] Köster, Militär und Eisenbahn, S. 57.
[348] Ebd., S. 62.
[349] Ebd., S. 63.
[350] Ebd., S. 64.
[351] Ebd., S. 57.

re Offiziere schienen Interesse für die neue Technik aufzubringen. Im Jahre 1835 verfaßte der Oberleutnant Anton Marx vom 53. Linieninfanterieregiment Erzherzog Leopold in der Österreichischen Militärischen Zeitung einen Aufsatz über die Eisenbahnen, der sich erstmals konkret mit ihren militärischen Möglichkeiten befaßte[352]. Der äußere Anlaß seiner Arbeit war die Eröffnung der ersten dampfbetriebenen belgischen Eisenbahn von Brüssel nach Mecheln am 6. Mai 1835[353]. Marx bezog jedoch in seine Betrachtungen immer noch die Pferdebahnen mit ein. Günstige Kosten ebenso wie die Schnelligkeit des Transportes verliehen der Eisenbahn aus seiner Sicht eine »hohe militärische Wichtigkeit«. Schneller als auf anderen Kommunikationslinien könne man auf ihnen die »verschiedenen Kriegsbedürfnisse, unabhängig von Witterungsverhältnissen, ohne Beschwerlichkeiten« transportieren und »damit zugleich den finanziellen Vorteil einer großen Verminderung der Transportkosten [...] vereinigen«[354]. Selbst eine bedeutende Truppenzahl ließe sich mit der Eisenbahn schnell zusammenziehen. Marx dachte dabei jedoch nur an »einzelne Bataillone« und vielleicht auch noch an größere »aus allen Waffengattungen formierte Detachements, mit Lebensmitteln und allen Bedürfnissen versehen«[355]. Weitsichtig erkannte Marx bereits, daß sich der Einsatz von Eisenbahnen auch unmittelbar auf ein Gefecht auswirken könne. Dies galt jedoch nach seiner Ansicht nur für die Verteidigung. Ein zur Defensive aufgestelltes Korps könne durch die Eisenbahn mit starken Detachements schnell unterstützt werden »und durch die Geschwindigkeit, womit diese an den bedrohten Punkten erscheinen, eine augenblickliche Mehrzahl über den Gegner bereiten«[356].

Eine erkennbare Resonanz in der Armee hatte sein Aufsatz jedoch nicht gefunden und Marx selbst schien das Interesse an der Thematik bald darauf verloren zu haben. Sein nächster Aufsatz, der drei Jahre später ebenfalls in der Österreichischen Militärischen Zeitung erschien, befaßte sich nur noch ganz allgemein mit dem Thema des Marsches und erwähnte nicht ein einziges Mal den Begriff der Eisenbahn[357]. Offenbar war die Stimmung in der Armee nicht günstig für eine weitere Beschäftigung mit dem Thema. Als der Generalquartiermeister Feldmarschall-Leutnant Graf Leonhart v. Rothkirch (1773-1842) anläßlich der Beratungen der Regierung über ein Eisenbahnkonzessionierungsgesetz 1836 aufgefordert wurde, den Einfluß der Eisenbahnen auf »Kriegsunternehmungen« zu beurteilen, fiel seine Stellungnahme niederschmetternd aus:

»Welche Ausdehnung die Eisenbahnen auch immer erhalten mögen, so werden sie auf Kriegsunternehmungen doch immer nur höchst unbedeutend einwirken, da man Geschütz und Reiterei doch nie auf Eisenbahnen fortbringen kann, und die Frequenz einer

---
[352] Marx, Bemerkungen, S. 13-21.
[353] Ebd., S. 116. Siehe auch Stürmer, Geschichte der Eisenbahnen, S. 154.
[354] Marx, Bemerkungen, S. 114.
[355] Ebd., S. 117.
[356] Ebd., S. 118.
[357] Marx, Betrachtungen, S. 30-47.

II. Konzeptionelle Überlegungen zur militärischen Nutzung der Eisenbahnen

Eisenbahn schon eine ungeheure Entwicklung haben muß, wenn nur die beschleunigte Ankunft eines Bataillons dadurch bewirkt werden soll[358].«

Rothkirchs Ansichten schienen mitverantwortlich für die zunächst in der Armee vorherrschende Ablehnung oder Gleichgültigkeit gegenüber der Eisenbahn[359]. Eine preußische Denkschrift zur militärischen Nutzung der Eisenbahnen, die der Bevollmächtigte Österreichs bei der Bundesmilitärkommission Generalmajor v. Rodiczky von Sipp im Jahre 1838 vom preußischen Militärbevollmächtigten Radowitz erhalten und an den Hofkriegsrat weitergeleitet hatte, löste daher auch keine erkennbaren Aktivitäten auf österreichischer Seite aus[360].

In den Beratungen über das Eisenbahnkonzessionierungsgesetz von 1838 spielten militärische Interessen kaum eine Rolle. Die verantwortlichen Offiziere folgten der Devise, den privaten Eisenbahngesellschaften möglichst jede militärische Forderung ersparen zu wollen[361]. Allerdings bemühten sich die beiden Vertreter des Hofkriegsrates darum, eine gesetzlich geregelte Ermäßigung bei den zukünftigen Transporttarifen zu erreichen, womit sie aber keinen Erfolg hatten[362]. Ansonsten überließen es die Militärs zivilen Fachleuten, militärische Gesichtspunkte bei der Gestaltung des Eisenbahnkonzessionsgesetzes ins Spiel zu bringen. Kein geringerer als Franz Riepl, der seine Ansichten zu zentralen Fragen der Eisenbahnpolitik bereits zwei Jahre zuvor in einem Gutachten der Hofkanzlei zugeleitet hatte, forderte immerhin, daß in Kriegszeiten die zukünftigen Eisenbahngesellschaften ihre Betriebsmittel bei Bedarf einander zur Verfügung zu stellen hatten, um ein Durchfahren der Militärzüge zu gewährleisten[363].

Allerdings gab es auch Stimmen in der Armee, die sich deutlicher zugunsten der Eisenbahnen und ihrer militärischen Nutzung aussprachen. Im selben Jahr 1838 hatte das lombardo-venetianische Generalkommando in Verona um die Entsendung von Ingenieuren und Generalstabsoffizieren zur Prüfung der zukünftigen Eisenbahnprojekte in Norditalien gebeten. Der Hofkriegsrat hatte dies jedoch abgelehnt und das dortige Generalkommando ermahnt, die Begutachtung der projektierten Linien auf allgemeine Betrachtungen zu beschränken[364]. Oberster Befehlshaber Österreichs in Italien war zu dieser Zeit der Feldmarschall Josef Graf v. Radetzky (1784–1858). Er schien die treibende Kraft hinter den Bemühungen des Generalkommandos gewesen zu sein, Einfluß auf den Eisenbahnbau in Norditalien zu nehmen. In einem Gutachten aus dem Jahre 1839 über eine geplante Eisenbahnlinie von Venedig nach Mailand urteilte er, daß er zwar noch nie eine Eisenbahn gesehen habe und »diese großartigen Beförderungsmittel der heutigen Industrie nur der Theorie nach« kenne, jedoch glaube, »daß eine Eisenbahn, in deren Besitz wir uns befinden, militärischen Zwecken nur förderlich sein kann,

---

[358] Schreiben des Feldmarschallleutnant v. Rothkirch an den Präsidenten des Hofkriegsrats v. Hardegg vom 28.3.1836, zit. nach Köster, Militär und Eisenbahn, S. 76.
[359] Ebd., S. 145.
[360] Ebd., S. 76.
[361] Ebd., S. 146.
[362] Ebd., S. 145.
[363] Ebd., S. 144.
[364] Ebd.

weil sie uns die Möglichkeit gewährt, große Transportmittel mit unglaublicher Schnelligkeit in Bewegung setzen zu können[365].«

Sonderbar klingt allerdings Radetzkys Bekenntnis, noch nie eine Eisenbahn gesehen zu haben. Für eine persönliche Inaugenscheinnahme hätte sich dem Feldmarschall immerhin die Kaiser-Ferdinand-Nordbahn angeboten, deren erster Teilabschnitt von Florisdorf nach Deutsch-Wagram schon am 23. November 1837 eröffnet und nur zwei Monate später bis nach Wien verlängert worden war[366]. Seit dem 7. Juli 1839 war sogar die gesamte Strecke von Wien nach Brünn durchgängig befahrbar. Mehr Neugier in dieser Beziehung entwickelte Radetzkys langjähriger Untergebener, der spätere Feldmarschall Heinrich Freiherr v. Hess (1788–1870), der zu Beginn der sechziger Jahre über seine erste Bahnfahrt schrieb:

> »Als ich vor dreißig Jahren das erste Mal mit der Eisenbahn die damals einzige Strecke von Wien nach Wagram fuhr, [...] tat ich den Ausruf, daß von nun an das Kriegsglück nur denjenigen begleiten werde, der das am besten organisierte Eisenbahnsystem in seinem Staat entwickeln würde[367].«

Was jedoch diese Aussage aus der rückblickenden Perspektive tatsächlich über seine früheren Ansichten zur Eisenbahn verrät, ist unklar. Jedenfalls war Hess in seiner Zeit als Chef des Generalquartiermeisterstabes zunächst nicht als engagierter Befürworter einer militärischen Nutzung der Eisenbahnen aufgefallen[368].

So blieb Radetzkys mehrfach gezeigtes Engagement in Eisenbahnangelegenheiten, erneut im Jahre 1845 bei der Anbindung des norditalienischen Festungsvierecks um Mantua und Verona an die geplante Eisenbahnlinie[369], eine Ausnahme innerhalb der österreichischen Armee. Ein prägnantes Beispiel für die ansonsten gleichgültige Haltung der Armeeführung in dieser Frage bot eine Stellungnahme des Hofkriegsrates an die Hofkammer vom 17. Februar 1841. Anlaß waren Beratungen auf höchster Ebene über den Einfluß der Staatsverwaltung auf die Anlage und Hauptrichtungen von Eisenbahnen. Basierend auf dem Gutachten des Generalquartiermeisterstabes über den militärischen Nutzen der vorgeschlagenen Hauptlinien hieß es im Schreiben des Hofkriegsrates lapidar, daß die Eisenbahnen für die Kriegführung eher nützlich als schädlich seien und es

> »sei nicht in Abrede zu stellen, daß Eisenbahnen, solange sie im Bereich der eigenen Armee liegen, zur Erleichterung und Beschleunigung des Transportes von Lebensmitteln, Kriegsmaterial und selbst Truppenkörpern mit Vorteil zu benützen sind, und daß transversale Eisenbahnen, im Fall sie zwei Operationslinien verbänden, und man die ei-

---

[365] Zit. nach: Unsere Eisenbahn im Kriege, Bd 2, S. 115.
[366] Stürmer, Geschichte der Eisenbahnen, S. 77.
[367] Zit. nach Broucek, Die Eisenbahn als militärischer Faktor, S. 124.
[368] Aus dem Jahre 1843 stammt ein Gutachten von Hess über den aus militärischer Sicht günstigsten Anschluß der Nordbahn an die preußische Bahn bei Ratibor. Als eher typisch für die Sichtweise der Eisenbahnskeptiker tauchte hier der Gedanke auf, daß die Eisenbahn vor allem einen feindlichen Vormarsch begünstigen könnte. Deshalb gab Hess der Trasse durch das Odertal den Vorzug, da hier feindliche Streitkräfte größere Schwierigkeiten bei der Entwicklung ihrer Truppen haben müßten. Siehe Köster, Militär und Eisenbahn, S. 88.
[369] Ebd., 88 f.

II. Konzeptionelle Überlegungen zur militärischen Nutzung der Eisenbahnen

ne mit der anderen verwechseln wolle, sich von entschiedenem militärischen Nutzen bewähren müßten[370].«

Konkrete Vorbereitungen für Eisenbahntransporte hatte die Armeeführung allerdings auch jetzt noch nicht getroffen. Kleinlaut mußte der Hofkriegsrat auf eine von Preußen im Jahre 1841 veranlaßte Anfrage hinsichtlich der in Österreich geltenden Tarifregelungen für militärische Bahntransporte[371] dem Staatskanzler Metternich gestehen, daß bisher noch keine derartigen Vorschriften bestanden, da man noch keinerlei praktische Erfahrung auf diesem Gebiet habe sammeln können. Als Begründung hieß es, es habe noch kein Anlaß bestanden, die größere Schnelligkeit mit weit höheren Frachtkosten zu erkaufen[372]. Immerhin bekundete der Hofkriegsrat bei dieser Gelegenheit seinerseits Interesse, über die zukünftig von der preußischen Regierung zugunsten der Armee getroffenen Bestimmungen hinsichtlich der neuen Eisenbahnanlagen unterrichtet zu werden[373]. Daß im Jahre 1841 überhaupt der erste Truppentransport auf einer österreichischen Eisenbahn von Wien nach Brünn stattfinden konnte, war allein der Initiative des 12. Jägerbataillons zu verdanken. Der Hofkriegsrat genehmigte den geplanten Marsch dann innerhalb einer Woche, allerdings mit der mahnenden Einschränkung, den »Frachtpreis« möglichst herunterzuhandeln[374].

Der chronische Kapitalmangel in der Habsburgermonarchie lähmte besonders nach dem Ende der napoleonischen Kriege vielfach die staatlichen Aktivitäten[375], aber der allgemeine Sparzwang konnte nicht der einzige Grund für das anhaltende Desinteresse der militärischen Führung an den Eisenbahnangelegenheiten gewesen sein. Die eigentliche Ursache hierfür schien auch immer noch eine tiefe Skepsis gegenüber dem Fortschritt in jeder Form gewesen zu sein. Die Äußerungen des Obersten Joseph Freiherr v. Werklein aus dem Jahre 1844 liefern dafür ein fast schon groteskes Beispiel. Der in Ehren ergraute Offizier bestritt in einem sogar erst 1849 von der renommierten Österreichischen Militärzeitung veröffentlichten Beitrag[376] schlichtweg die »Notwendigkeit der Eisenbahnen und einer Beschleunigung der Transporte der Waren, weil das Publikum mit den bisherigen Transportierungen hinlänglich bedient und gut versorgt ist.« Werklein fürchtete sogar, daß

---

[370] Zit. nach: Unsere Eisenbahn im Kriege, S. 115.
[371] Siehe den entsprechenden Bericht des preußischen Botschafters in Wien von Maltzan vom 4.2.1841, in: GStAPK, Ministerium der Auswärtigen Angelegenheiten, Nr. 6963, Bl. 147-149.
[372] Köster, Militär und Eisenbahn, S. 102.
[373] Schreiben Maltzans vom 4.2.1841, in: GStAPK, Ministerium der Auswärtigen Angelegenheiten, Nr. 6963, Bl. 148.
[374] Köster, Militär und Eisenbahn, S. 102.
[375] Buchmann, Militär, S. 173: Als im Herbst 1832 erstmals wieder große Manöver mit 60 Bataillonen Infanterie und ebenso vielen Eskadronen Kavallerie sowie 20 Batterien Artillerie stattfinden sollten, damit die Generäle endlich einmal wieder Gelegenheit hatten, große Truppenverbände zu führen, sagte der Kaiser die Manöver noch im letzten Moment ab, um die damit verbundenen Mehrkosten von 300 000 Gulden zu vermeiden. Der österreichische Staatshaushalt wies seit 1819 in jedem Jahr ein Defizit aus, das sich bis 1847 auf 51 Mio. Gulden steigerte. Gleichzeitig sank der Anteil der Heereskosten an den Gesamtausgaben von 36,5 Prozent im Jahre 1819 auf ca. 25 % in den Jahren 1836 bis 1842. Ebd., S. 175.
[376] Über Eisenbahnen in militärischer und national-ökonomischer Beziehung, in: Österreichische Militärische Zeitung 1849, Bd 2, H. 6, S. 249-272.

die Eisenbahnen »in besonderer Hinsicht auf den Krieg mehr Schaden als Nutzen bringen dürften« weil zu ihren Gunsten vor allem die parallelen Chausseen stark vernachlässigt würden und deshalb, wenn die Eisenbahnen vom Feind zerstört würden, was nach seiner Ansicht sehr leicht geschehen könnte, ein Mangel an Bewegungsmöglichkeiten eintreten müsse[377].

Fast schon gleichmütig reagierte der Hofkriegsrat wiederum im November 1844, als die geplante Eisenbahnverbindung zwischen den wichtigen Festungen Rastatt und Ulm in Frage gestellt wurde, da sich die badische Regierung weigerte, die in den übrigen deutschen Staaten vorherrschende Spurweite zu übernehmen. Erneut war Staatskanzler Metternich in dieser Frage aktiv geworden und erhielt nun von seinen Militärs die Antwort, daß die Einschränkung des Bahnbetriebes durch unterschiedliche Spurbreiten an sich nicht erheblich sei, da bei Truppentransporten ohnehin häufige Unterbrechungen etwa durch notwendige Wartungsarbeiten anfielen[378]. Bezeichnenderweise stammten auch die ersten konkreten Berechnungen zur militärischen Leistungsfähigkeit von Eisenbahnen vom 20. Februar 1842 nicht aus der Feder eines Offiziers, sondern wurden von Zivilbeamten der Hofkammer angestellt[379]. Anlaß dazu war die allerhöchste kaiserliche Entschließung vom 19. Dezember 1841, die für die Staatsinteressen wichtigsten Bahnen zu Staatsbahnen zu erklären. Insgesamt betrug die Gesamtlänge des österreichischen Streckennetzes inzwischen 364 Kilometer. Dazu zählten die Strecken der Kaiser-Ferdinand-Nordbahn von Wien nach Ölmütz und Brünn sowie die der Südbahn, deren erste Teilabschnitte von Wien nach Neunkirchen und von Mailand nach Monza bis Ende des Jahres 1841 fertiggestellt waren. Im folgenden Jahr sollten noch einmal 57 Kilometer hinzukommen. Dann aber stockte der österreichische Eisenbahnbau. 1843 wurden tatsächlich nicht mehr als drei zusätzliche Streckenkilometer fertiggestellt. Die geringe Auslastung ihrer Züge hatte die Eisenbahngesellschaften in wirtschaftliche Schwierigkeiten gebracht und zwang die Direktionen, nach neuen Kunden und Auftraggebern zu suchen[380]. Besonders die Armee mit ihrem hohen Volumen an Gütertransporten schien in der Lage, hier Abhilfe schaffen. Schon im Februar 1841 hatte die Leitung der Kaiser-Ferdinand-Nordbahn beim niederösterreichischen Generalkommando nachgefragt, welche militärischen Güter gewöhnlich zwischen Wien und Brünn zu befördern seien[381].

Erneut ging der Impuls zur militärischen Nutzung der Eisenbahnen von der zivilen Seite aus. Das durchaus zweckmäßige Angebot der Gesellschaften mußte der Militärverwaltung allerdings mit erheblichen Tarifsenkungen schmackhaft gemacht werden. Danach aber wuchs das Interesse der Armee an den Eisenbahnen rapide. Seit 1842 ließ sie sogar Waffen und Munition mit ihr transportieren[382]. Schon 1844 wurde die Eisenbahn regelmäßig von den Truppenkommandos zum Transport

---

[377] Ebd., S. 260.
[378] Köster, Militär und Eisenbahn, S. 93.
[379] Allgemeine Anhaltspunkte zur Verwendung der Eisenbahnen für Militärische Zwecke. Anschreiben vom 20.2.1842. Siehe dazu Köster, Militär und Eisenbahn, S. 79.
[380] Ebd., S. 154.
[381] Ebd., S. 148.
[382] Ebd., S. 114.

von Nachschubgütern eingesetzt[383]. Nach einigem Gerangel mit den Eisenbahndirektionen hatte man sich im Jahr 1846 endlich auf einen einheitlichen Frachttarif von 1¼ Kreuzer je Zentner und Meile in der ersten Tarifklasse und 1½ Kreuzer in der zweiten Tarifklasse geeinigt[384].

Als im Frühjahr 1846 im Freistaat Krakau Unruhen ausbrachen, reagierte die österreichische Armee bei aller bisher gezeigten Zurückhaltung erstaunlich schnell und versammelte in kurzer Zeit ein mobiles Armeekorps in Galizien. Es war der erste kriegsmäßige Truppentransport per Eisenbahn auf dem europäischen Kontinent. Insgesamt wurden mit einem Zeitgewinn von durchschnittlich 14 Tagen vier Regimenter verlegt, davon drei auf der Bahnlinie von Prag nach Olmütz sowie das vierte auf der Linie von Wien nach Leibnik. Die Transporte von Prag erfolgten sogar bei Nacht, so daß der reguläre Bahnbetrieb nicht beeinträchtigt wurde[385]. Den endgültigen Durchbruch in der militärischen Nutzung der Eisenbahnen als Instrument der Operationsführung erzwangen jedoch erst die Ereignisse des Revolutionsjahres 1848. Seit Beginn des Jahres waren wiederholt geschlossene Truppenverbände bis zur Stärke eines Bataillons auf den österreichischen Strecken marschiert[386]. Inzwischen existierte auch ein vorläufiges Dienstreglement für den Truppentransport mit der Eisenbahn. Grundlage dazu bildete ein Fragenkatalog, den der Hofkriegsrat auf Anfrage Metternichs an alle Generalkommandos verschickt hatte, in deren Bereich Eisenbahnlinien existierten[387]. Wieder einmal war also der Anstoß zur Weiterentwicklung der militärischen Eisenbahnnutzung von der zivilen Seite ausgegangen. Nun aber zeigte sich, daß die Armee ihre Haltung gegenüber der Eisenbahn grundlegend geändert hatte. Die sich zuspitzende politische Lage ließ ihr auch keine andere Wahl. Am 24. Februar 1848 war in Frankreich die Monarchie gestürzt worden. In Wien bestand kein Zweifel daran, daß der revolutionäre Funke aus Paris auch auf die italienische Einigungsbewegung überspringen würde. Ende Februar 1848 erging daher der Befehl des Hofkriegsrates, die für Italien vorgesehenen Truppen auf Eisenbahnen, soweit diese reichten, von Ölmütz über Wien bis Graz zu transportieren[388]. Unmittelbar darauf ergriff jedoch die Revolution auch die Hauptstädte Mitteleuropas.

Am 13. März 1848 erzwangen revolutionäre Kräfte in Wien die Flucht des Staatskanzlers Metternich. Am 17. Mai wurde ein konstitutioneller Reichstag bewilligt, der Kaiser floh nach Innsbruck. Bezeichnenderweise hatten die neuen Machthaber den Eisenbahntransport von Truppen unter ihren Vorbehalt gestellt, ein deutliches Indiz für das inzwischen allgemein weit verbreitete Bewußtsein über den militärischen Wert von Eisenbahnen. Anfang Oktober 1848 eskalierte die politische Lage in Wien erneut. Die Eisenbahnverladung von Truppen zur Niederschlagung der aufständischen Ungarn löste blutige Unruhen zwischen Militär und Bevölkerung aus, bei denen der Kriegsminister Theodor Graf v. Latour (1780-1848)

---

[383] Ebd., S. 115.
[384] Ebd., S. 117.
[385] Ebd., S. 105 f.
[386] Ebd., S. 125.
[387] Ebd., S. 106.
[388] Ebd., S. 124.

getötet wurde. Die schwachen Garnisonskräfte unter dem Kommando des Feldmarschall-Leutnants Karl Graf v. Auersperg mußten sich aus dem Zentrum der Stadt zurückziehen. Der Kaiser floh erneut, dieses Mal nach Olmütz. Das war die Stunde des Feldmarschall-Leutnants Fürst zu Windisch-Grätz (1787-1862). Der Befehlshaber des böhmischen Generalkommandos hatte den jetzt notwendigen Angriff auf Wien seit langem vorbereitet. Im März 1848 hatte er bereits beim Wiener Hofkriegsrat um die Erlaubnis zur »allgemeinen und unbedingten Nutzung« der Eisenbahnen für die österreichische Armee nachgesucht[389]. Die weiteren Maßnahmen des Generalkommandos zeugten von einer intensiven Beschäftigung mit den Problemen des Eisenbahntransportes, die bis dahin in der österreichischen Armee so nicht stattgefunden hatte. Innerhalb nur weniger Monate schienen die Versäumnisse eines ganzen Jahrzehnts nachgeholt worden zu sein. Erkundungskräfte und Vorauskommandos sicherten die Eisenbahnlinien. Die zum Einsatz vorgesehenen Truppen wurden an den Verladestationen zusammengezogen. Gleichzeitig entsandte man zu den Stationsplätzen Olmütz, Lundenburg und Florisdorf Offiziere mit dem Auftrag, die notwendigen Betriebsmittel zusammenzuziehen und zu verhindern, daß leere Waggons unkoordiniert von den Bahnbediensteten weitergeschickt wurden. Außerdem wurde der zivile Bahnverkehr jetzt vollständig eingestellt. Am 8. Oktober hatte Windisch-Grätz von den Ereignissen in Wien erfahren. Zwei Tage später marschierte bereits die Avantgarde mit der Eisenbahn bis kurz vor Wien. Am 20. Oktober hatte die Armee die Stationen Florisdorf und Jedlersee sowie die Donauinsel Lobau besetzt, am 22. Oktober waren alle drei Armeekorps mit einer Gesamtstärke von 70 000 Mann vor Wien versammelt. Nur zwei Tage später glückte es, die Donau zu überqueren und damit die Hauptstadt zu isolieren. Nachdem es Windisch-Grätz gelungen war, ein ungarisches Hilfskorps abzuwehren, kapitulierte die revolutionäre Regierung in Wien am 29. Oktober und endgültig am 1. November 1848[390].

Das Zusammenspiel von militärischen und zivilen Kräften bei Truppentransporten wurde im Mai des folgenden Jahres noch weiter intensiviert, als zur Unterstützung der Österreicher in Ungarn eine russische Division aus Polen über Schlesien nach Galizien transportiert wurde. Innerhalb kürzester Frist wurde auf den Strecken und mit dem Betriebsmaterial dreier Bahngesellschaften ein Großverband in Stärke von rund 14 000 Mann in seinen Einsatzraum befördert[391]. Erstmals leitete eine aus militärischen und zivilen Führungskräften zusammengesetzte Militärführungskommission die Eisenbahntransporte[392]. Vor allem hatte sie für die Bereitstellung ausreichender Betriebsmittel zu sorgen und war verantwortlich für die Sicherung der zu nutzenden Strecken. Damit war sie exemplarisch für ähnliche Organisationsformen anderer Staaten geworden.

---

[389] Ebd., S. 125 f.
[390] Zu den Vorgängen im einzelnen siehe: Czeike, Aufmarsch, S. 251-330 sowie Czeike, Die Cernierung, S. 307-420.
[391] Köster, Militär und Eisenbahn, S. 137.
[392] Ebd.

Wiederum ein Jahr später gelang es der österreichischen Armee während der sogenannten Olmützkrise innerhalb von 26 Tagen eine ganze Armee gegen Preußen aufmarschieren zu lassen und damit endgültig den Beweis zu erbringen, daß die Eisenbahnen bei zweckmäßiger Organisation ein voll taugliches Instrument der militärischen Operationsführung waren. Nachdem die Armee die militärischen Möglichkeiten der Eisenbahnen lange vernachlässigt hatte, war es ihr in einer bemerkenswerten Kehrtwendung gelungen, in nur drei Jahren das Versäumte nicht nur nachzuholen, sondern sich sogar an die Spitze der europäischen Entwicklung zu stellen. Nicht zuletzt deshalb konnte sich der Habsburgerstaat in den Krisenjahren 1848/49 behaupten und sogar vorübergehend gestärkt aus der Auseinandersetzung mit den nationalen Bewegungen hervorgehen.

c) Preußen, Österreich und Frankreich in der frühen Eisenbahnzeit – Ein Vergleich

In der frühen Geschichte der Eisenbahnen und ihrer militärischen Nutzung hat sich besonders eine vergleichende Betrachtung der Entwicklungen in Frankreich, Preußen und Österreich als der drei wichtigsten Kontinentalmächte in West- und Mitteleuropa angeboten. Großbritannien und Rußland konnten hierbei unberücksichtigt bleiben. Das Zarenreich hatte vorläufig auf die kontinentaleuropäische Entwicklung kaum Einfluß, da es erst seit den sechziger Jahren über bedeutende Linien verfügte, auf denen Militärtransporte ausgeführt werden konnten. Auf den englischen Eisenbahnen wiederum fanden zwar schon früher als anderswo kleinere Militärtransporte statt, doch fehlte hier auf Grund der gesicherten Insellage der Zwang zu einer konzeptionellen und organisatorischen Aneignung der Eisenbahnen zu militärischen Zwecken, wie er für die drei wichtigsten Kontinentalmächte Frankreich, Österreich und Preußen von Anfang an wirksam war. In Bezug auf die militärische Nutzung der Eisenbahnen läßt sich gerade für diese drei Staaten eine Entwicklung nachzeichnen, die in hohem Maße durch gegenseitige Beeinflussungen geprägt war, während englische Impulse, was jedenfalls die militärischen Aspekte betrifft, nicht nachweisbar sind.

Jeder der drei genannten kontinentalen Mächte, vor allem aber Preußen und Österreich, verdankte seinen herausragenden Status der Existenz einer bedeutenden Armee. Alle drei Mächte führten zwischen 1859 und 1871 gegeneinander Kriege. In allen drei Ländern machte der Bau von Eisenbahnen seit Anfang der vierziger Jahre erkennbare Fortschritte und überall stellte sich spätestens seit dieser Zeit die Frage nach den militärischen Nutzungsmöglichkeiten der neuen Technik. Dies geschah jedoch auf unterschiedliche Weise. Während in Frankreich schon sehr früh in den dreißiger Jahren hohe Offiziere wie der General Lamarque und bald nach ihm der General Rumigny sowie der Oberstleutnant Jardot mit ihren visionären Vorstellungen von einer bisher nicht für möglich gehaltenen Mobilität zukünftiger Armeen für eine militärische Nutzung der Eisenbahnen eintraten, stieß die neue Technik vor allem bei den österreichischen Militärs auf wenig Interesse.

In Preußen beschäftigte sich die Armee intensiver als in Österreich in verschiedenen Gutachten, Denkschriften und Publikationen mit den militärischen Möglichkeiten der Eisenbahnen, nahm aber insgesamt zunächst nur eine abwartende Haltung ein. Der Eisenbahntransport galt in beiden Armeen als zu teuer, und das zunächst nur geringe Leistungsvermögen der Bahnen schien in keinem Fall ein vollkommener Ersatz für die Chausseen. Es fehlte generell in der preußischen und österreichischen Armee der Blick für die ökonomischen Entwicklungsmöglichkeiten der Eisenbahnen. Man besaß keinerlei Vorstellung von dem gewaltigen Wachstumspotential des zivilen Verkehrs, das erst durch die Eisenbahnen realisiert werden konnte. Der preußische Major Du Vignau kalkulierte zwar mit großen Eisenbahnlinien, die aber einen so geringen Bestand an Betriebsmitteln aufwiesen, daß die Armee zusätzliche Zugmaschinen und Wagen hätte anschaffen müssen, um die Eisenbahn überhaupt militärisch nutzen zu können.

Von offizieller militärischer Seite wurden daher in beiden Armeen zunächst kaum Anstrengungen unternommen, die militärische Nutzung der Eisenbahn voranzutreiben. Zu Stellungnahmen zu dem Thema sahen sich die verantwortlichen Militärs vor allem in Österreich erst nach ausdrücklicher Aufforderung durch die jeweiligen Regierungen veranlaßt, und auch dann sollten sie sich, so der Verweis des Hofkriegsrates an das lombardo-venetische Oberkommando, nur auf allgemeine Gesichtspunkte beschränken. Außer dem erstaunlich weitsichtigen Beitrag des Oberleutnant Marx aus dem Jahre 1835 und der verhaltenen Zustimmung des Feldmarschalls Radetzky lassen sich vor 1846 in der österreichischen Armee nur wenige befürwortenden Äußerungen zur Eisenbahn ausmachen[393]. Zwar gab es in beiden deutschen Bundesstaaten auch hochrangige Förderer der Eisenbahnen wie etwa der Kronprinz in Preußen und in Österreich der Erzherzog Johann, doch angesichts ständig knapper Budgetmittel waren auch ihre Möglichkeiten beschränkt. Obwohl Preußen und Österreich zu den Siegermächten von 1815 gehörten, blieb die Lage ihrer Staatsfinanzen auf Dauer angespannt. An den Bau eines staatlichen Eisenbahnnetzes wie in Belgien oder in Frankreich, wo es zumindest ernsthaft geplant wurde, war vorerst nicht zu denken. In Preußen errichteten ausschließlich private Investoren unter rigider staatlicher Aufsicht die ersten Eisenbahnen, erst seit 1842 begann sich die Regierung an der Finanzierung von Eisenbahnen verstärkt zu beteiligen. Österreich betrieb seit 1841 den Aufbau eines staatlichen Eisenbahnsystems, allerdings nur mit geringem Erfolg. Trotz der vor allem in Preußen wenig attraktiv erscheinenden Bedingungen für private Eisenbahnunternehmer verfügten beide Staaten zu Beginn der vierziger Jahre bereits über beachtliche Eisenbahnlinien, die auch die letzten Kritiker überzeugten, daß ihr Ausbau zu vollständigen Eisenbahnnetzen tatsächlich möglich war. Im Gegensatz zu Frankreich waren Preußen und Österreich monarchische Beamtenstaaten ohne bugdetberechtigte Parlamente. Waren die Zielsetzungen beider Staaten hin-

---

[393] Ein Aufsatz in der Allgemeinen Militär-Zeitung von 1846 mit dem Titel: Militärtransporte auf Eisenbahnen stammt höchstwahrscheinlich von einem österreichischen Offizier und läßt kaum Zweifel, daß der Verfassers vom militärischen Nutzen der Eisenbahnen vollkommen überzeugt war.

sichtlich des Baus von Eisenbahnen zunächst auch weniger ambitioniert, so brauchten sie doch nicht, wie in Frankreich, Verzögerungen ihrer Absichten durch langwierige parlamentarische Debatten hinzunehmen. Diese nahmen überraschenderweise noch mehr Zeit in Anspruch als die oft als umständlich und schleppend kritisierten behördlichen Prüfungsverfahren in Preußen und Österreich.

In Österreich wie in Preußen vertraten die meisten Militärs die Ansicht, daß nur Eisenbahnen, die den Handelsinteressen dienten, auf Dauer ohne eventuelle Belastungen des Militärbudgets existieren könnten. Eine Einflußnahme der österreichischen Armee, den Bau von Eisenbahnen aus strategischen Erwägungen voranzutreiben, unterblieb weitgehend. Hier wirkten zum Teil noch »jahrhundertealte Denkmuster in bezug auf Marschbewegungen«, die eine konzeptionelle Erschließung der Vorteile von Eisenbahnen und daraus »eventuell abzuleitende Forderungen« an ein zukünftiges Streckennetz verhinderten[394]. Nur wenn Eisenbahnen in die Bereiche von Festungen einmündeten, gab es ernsthafte und hartnäckige Bemühungen seitens der Armee, die Trassierung von Eisenbahnstrecken zu beeinflussen[395].

Da für das 1841 in Österreich beschlossene Staatsbahnsystem nur geringe öffentliche Mittel zur Verfügung standen, konnte sich die Armeeführung selbst in den wenigen strittigen Fällen, wo sie sich zu einer Verteidigung ihrer Interessen aufraffte, kaum gegen die vorherrschenden ökonomischen Gesichtspunkte durchsetzen[396]. Auch zögerten die Militärs, wenigstens die bestehenden Linien für den Transport von Truppen zu nutzen. Kostenerwägungen bestimmten hier weitgehend das Denken und bildeten ein Gegengewicht zu dem Reiz des Neuen, den die Eisenbahnen auch in den Augen der Militärs durchaus besaßen. Erst als der Habsburgerstaat durch die revolutionären Ereignisse der Jahre 1848/49 in seiner Existenz bedroht wurde, war die österreichische Armee endlich bereit, ihre bisherige Zurückhaltung gegenüber den Eisenbahnen aufzugeben. Österreich war der erste Staat, der die Eisenbahn unter kriegsmäßigen Bedingungen militärisch nutzte und zwar sofort in einem beachtlichen Umfang. In kürzester Zeit holte die österreichische Armee nun ihren konzeptionellen Rückstand in der militärischen Nutzung der Eisenbahnen auf und setzte sich vorübergehend sogar an die Spitze der europäischen Entwicklung.

Erheblich besser als in Österreich fügten sich in Frankreich die Eisenbahnen in die vorherrschenden operativen Überlegungen. Nach dem Ende der Napoleonischen Kriege und der Besatzungszeit waren Frankreichs Militärstrategen überwiegend defensiv eingestellt. 1814 war es Napoleon nicht gelungen, das Land gegen eine Koalition aus mehreren getrennt operierenden Armeen zu verteidigen. Jedes seiner Detachements hatte der Kaiser stark genug lassen müssen, damit es sich gegen den örtlichen Gegner behaupten konnte. Diese Kräfte hatten ihm aber jedesmal im Schwerpunkt gefehlt. Dank der Eisenbahn hoffte nun die französische Generalität zukünftig in ähnlichen Lagen völlig auf den Einsatz von Detachments

---

[394] Köster, Militär und Eisenbahn, S. 294 f.
[395] Ebd., S. 295.
[396] Ebd., S. 296.

oder Nebenarmeen verzichten zu können, da man mit ihrer Hilfe die Hauptarmee beliebig schnell geschlossen an jeden bedrohten Punkt transportieren könnte. Erst mit Hilfe der Eisenbahn würde es daher möglich sein, die Vorteile des Kampfes auf der inneren Linie vollkommen auszunützen[397]. Allerdings spielten militärische Gesichtspunkte in den bis 1842 dauernden Auseinandersetzung zwischen staatlichen Zentralisierungsbemühungen und den Ansprüchen des freien Unternehmertums nur eine geringe Rolle. Naturgemäß standen die Militärs auf Seiten des Staates und seiner wichtigsten Verkehrsbehörde, des Korps für Brücken und Chausseen. Von einem zentralen Eisenbahnnetz mit direkten Verbindungen zu den französischen Grenzen versprachen sich die Strategen mehr Vorteile als von einer Anzahl zufällig nach wirtschaftlichen Gesichtspunkten angelegten Bahnen. Erst als es nach der Verabschiedung des Gesetzes vom 11. Juni 1842 um die Einzelheiten der Streckenführung ging, meldeten sich die Militärs vermehrt zu Wort. Doch konnten sich die Soldaten mit ihren Forderungen längst nicht immer gegen die zivile Seite durchsetzen. Technische Zwänge und wirtschaftliche Interessen standen ihnen oft entgegen[398].

Im Gegensatz zu Preußen und Österreich, wo die strittigen Fragen unter Ausschluß der Öffentlichkeit in den zuständigen Ministerien und Räten geklärt wurden, fand die Eisenbahndebatte in Frankreich im Parlament statt. Auch die maßgeblichen französischen Generale hatten sich mit ihren Ansichten und Forderungen diesem Gremium zu stellen. Die Auseinandersetzungen waren heftiger, die Gegensätze größer und die Suche nach einer tragbaren Lösung kostete mehr Zeit als die internen Auseinandersetzungen der verantwortlichen Minister und Staatsbeamten in Preußen und Österreich. In Preußen wurde dies durchaus mit Genugtuung aufgenommen. Der zu dieser Zeit im Range eines Majors im preußischen Generalstab dienende Helmuth v. Moltke bemerkte nicht ohne Stolz in einem Brief an seinen Bruder zu der Entwicklung der Eisenbahnen in Frankreich: »Die Franzosen diskutieren über die Eisenbahnen, während wir sie bauen. [...] Während Frankreich in den Kammern immer noch berät, haben wir 300 Meilen Eisenbahn fertig gekriegt und über 200 neue in Aussicht[399].«

Sobald Frankreich jedoch eine Lösung seines Eisenbahnproblems gefunden hatte, holte es seinen Rückstand gegenüber Preußen und Österreich schnell auf. Ende 1851 gab es bereits 3600 Streckenkilometer, die von 28 verschiedenen Gesellschaften betrieben wurden. Nur sieben Jahre später war deren Zahl durch Zusammenschlüsse oder Übernahmen auf sechs große Gesellschaften reduziert[400] und das französische Streckennetz hatte sich auf 7359 Kilometer verdoppelt. Allein die Compagnie du Nord verfügte Ende 1857 über 480 Lokomotiven[401]. Als

---

[397] Französische Ansichten, S. 432.
[398] Mitchell, The Great Train Race, S. 33: »Stets den Feind [Deutschland] vor Augen, favorisierte die Armee gewöhnlich eine Streckenführung auf der geschützten Seite eines Flusses oder Kanals. Überraschend ist jedoch, wie häufig andere Faktoren die militärische Logik überwogen«.
[399] Brief Helmuth v. Moltke an seinen Bruder Ludwig vom 13.4.1844, in: Moltke, Gesammelte Schriften, Bd 4, S. 255.
[400] Peyret, Histoire des Chemins de fer, S. 219 f.
[401] Mitchell, The Great Train Race, S. 18 f.

1859 Österreich dem Königreich Piemont-Sardinien den Krieg erklärte, besaß dessen Verbündeter Frankreich das beste und effektivste Eisenbahnnetz Europas mit einem hohen Anteil an zweigleisigen Strecken. Alle sechs französischen Gesellschaften verfügten zusammen über fast 3000 Lokomotiven, rund 7000 Personen- und über 34 000 zum Transport von Pferden geeignete Güterwagen[402]. Somit kam auf je 2½ Streckenkilometer eine Lokomotive, gegenüber dem preußischen Wert von nur einer Lokomotive auf vier Kilometern[403].

In Preußen rechnete die Armee spätestens seit der Krisenzeit von 1827 bis 1832 verstärkt mit der Möglichkeit eines Krieges gegen Frankreich. Dabei konnte man höchstens auf die Unterstützung der übrigen Staaten des Deutschen Bundes zählen. Die militärischen Möglichkeiten der gerade in dieser Zeit projektierten Eisenbahnen wurden von den preußischen Militärs anfangs jedoch kaum zur Kenntnis genommen. Das Kriegsministerium und der Generalstab fürchteten bei der Beurteilung neuer Eisenbahnprojekte zunächst mehr um die Sicherheit ihrer rheinischen Festungen und vertrauten bei notwendigen Marschbewegungen großer Truppenverbände lieber auf die erprobte Leistungsfähigkeit der Chausseen. Erst Mitte der dreißiger Jahre wurde die Möglichkeit schneller und bequemer Militärtransporte in die bedrohten Westprovinzen auf der Eisenbahn von den Militärs ernsthafter ins Auge gefaßt. Ein wesentlicher Anlaß dieses Gesinnungswandels dürfte die erste Gesetzesinitiative der französischen Regierung aus den Jahren 1837/38 zum Bau eines auch strategisch nutzbaren Eisenbahnnetzes gewesen sein. Es sei nicht zu bezweifeln, so der preußische Postminister v. Nagler in seiner Denkschrift vom Mai 1839, daß die Eisenbahn von Paris nach Brüssel bald zustande kommen werde. Die preußischen Rheinprovinzen würden dadurch dem Mittelpunkte Frankreichs fast um eine Tagesreise nahe gerückt sein. Preußen dürfe daher auf keinen Fall mit seiner Eisenbahnanlage zum Rhein in Rückstand zu Frankreich geraten, da so »ein militärisch überaus wichtiges Mißverhältnis in der Kommunikation mit jenen Provinzen« entstünde. Das preußische Kriegsministerium hatte sich damals offen für den Bau einer südlichen Strecke an den Rhein über Halle und Kassel nach Lippstadt eingesetzt[404]. Dabei war auch konkret auf den Gedanken eines alle wichtigen preußischen Festungen verbindenden Eisenbahnnetzes eingegangen worden, das vor allem der Versorgung der am Mittelrhein stehenden Truppen dienen und somit erstmals strategische Bedeutung erlangen sollte. Die unbestrittene Wichtigkeit einer Eisenbahn an den Rhein in den Augen der Armeeführung zeigte sich auch in der Tatsache, daß beinahe jedes militärische Gutachten und jede Veröffentlichung seit 1836 in seinen Beispielsberechnungen einen möglichen Truppentransport von Berlin nach Köln zu Grunde gelegt hatte.

Solange es jedoch nur vereinzelte Strecken geben würde, erschienen die Eisenbahnen aus militärischer Sicht wenig attraktiv, da alle militärischen Bewegungen

---

[402] Die Benutzung der Eisenbahnen, S. 417.
[403] Boehn, Generalstabsgeschäfte, S. 312. Die preußischen Bahnen verfügten 1860 über ein Streckennetz von 5100 Kilometern und einen Bestand von 1280 Lokomotiven.
[404] Immediatbericht des Staatsministeriums vom 15.12.1839, in: GStAPK, Zivilkabinett, Nr. 29 595, Bl. 33.

kanalisiert bleiben würden, eine Nutzung somit nur eingeschränkt möglich war. Auch besäße die Armee im Falle einer Zerstörung der benötigten Strecke keine Ausweichmöglichkeit mehr. Seit 1835 wurde deshalb in den vom preußischen Kriegsministerium veranlaßten militärischen Gutachten stets die Forderung nach der Anlage eines Eisenbahnnetzes erhoben, das sich letztlich nicht nur über Preußen, sondern über ganz Deutschland erstrecken sollte. Hier dachte man ähnlich wie auf der französischen Seite, wo die Regierung spätestens seit 1837 das Ziel eines strategischen Eisenbahnnetzes erstmals formuliert hatte. Die österreichische Regierung folgte dieser Entwicklung mit Verzögerung. Erst 1841 versuchte sie den Bau der vier auch militärisch bedeutenden Strecken des Landes nach Norditalien, zur bayerischen Grenze, nach Böhmen sowie nach Galizien zu forcieren, indem sie diese zu Staatsbahnen erklärte. Von einem geplanten Netz mit den notwendigen Querverbindungen war allerdings auch jetzt noch nicht die Rede[405].

Im Unterschied zu der Armeeführung in Frankreich besaß die preußische Armee in Eisenbahnangelegenheiten ein gewichtiges Mitspracherecht im Staatsministerium. Statt mit einer mächtigen zentralen Verkehrsbehörde wie dem französischen Korps für Brücken und Chausseen hatte es die Armee in Preußen bei der Durchsetzung ihrer Interessen nur mit einer keineswegs immer geschlossenen Front verschiedener Ressortminister zu tun. Ein Handelsministerium, daß die zivilen Interessen gegenüber dem Kriegsministerium hätte bündeln können, existierte vorerst nicht. So gelang es der Armeeführung in den vierziger Jahren, den Bau der verkehrspolitisch lebenswichtigen Verbindung zwischen Nieder- und Oberrhein für mehr als eine Dekade mit strategischen Forderungen zu verhindern. Auch in der Frage der Trassenführung einer Eisenbahn zum Rhein setzte sich das Kriegsministerium 1839 erfolgreich mit strategischen Argumenten für eine südliche Variante über Halle und Kassel ein. In Österreich lag die Initiative zur militärischen Nutzung der Eisenbahnen vorerst bei der zivilen Hofkammer. Während sich die Vertreter des Generalquartiermeisterstabes 1841 anläßlich der Beratungen über das zukünftige System der österreichischen Staatsbahnen nur in allgemeiner und unverbindlicher Weise zum militärischen Nutzen der Eisenbahnen äußerten, waren es Beamte der Hofkammer, die 1842 erstmals konkrete Berechnungen über die Möglichkeit eines größeren Truppentransportes anstellten. Erst 1844 sah sich der Hofkriegsrat selbst veranlaßt, einen Vergleich zwischen Truppenbewegungen auf der Eisenbahn und der Straße anzustellen, wobei er zu dem Ergebnis gelangte, daß allerhöchstens Kräfte in Stärke eines Korps mit Vorteil auf der Eisenbahn befördert werden konnten[406]. Zu dieser Erkenntnis war der preußische Generalstab allerdings schon in seinem Gutachten von 1836 gekommen.

Von einer Eisenbahnstrategie, die sich auf vorstellbare Kriegsszenarien und die dazu erforderlichen Operationslinien stützte, konnte in der Habsburgermonarchie keine Rede sein. In Preußen wiederum konzentrierten sich die meisten strategischen Erwägungen in Bezug auf die Eisenbahnen auf die Verteidigung der Rheinlinie gegen Frankreich. So waren es vor allem äußere Impulse, gerade aus Frank-

---

[405] Kabinettsschreiben vom 19.12.1841. Siehe dazu Köster, Militär und Eisenbahn, S. 79 f.
[406] Ebd., S. 83.

reich, und weniger eine eigenständige und unabhängige militärische Beurteilung der Eisenbahnen, die die Entwicklung zunächst vorangetrieben haben. Die hauptsächlich defensive Natur der strategischen Eisenbahnplanungen Frankreichs wurde in Deutschland jedoch kaum zur Kenntnis genommen. Mit den visionären Einsichten über die Eigenart und Möglichkeiten der neuen Technik, wie sie die frühen Eisenbahnprotagonisten vertraten, tat man sich in der preußischen Armee weiterhin schwer. An die Möglichkeiten eines schnellen Transportes ganzer Armeen glaubten die meisten Offiziere, im Unterschied zu der Mehrzahl der französischen Militärs, zunächst nicht. Ebenso wie der vermeintliche Gegner jenseits des Rheins betrachteten die militärischen Fachleute in Preußen die Eisenbahnen als ein Mittel der Verteidigung. Zur Unterstützung eines Angriffs, also für die schnelle und überraschende Konzentration mehrerer Korps oder sogar einer ganzen Armee, kamen die Eisenbahnen aus Sicht der preußischen Militärs, jedenfalls vorerst, nicht in Frage. Während sie daher den Eisenbahnen auf Grund ihrer geringen Kapazität nur eine Hilfsfunktion zubilligten, gab es in der französischen Armee schon zu Beginn der vierziger Jahre Überlegungen zu einem neuen Kriegsbild, das die gesamte Verteidigungsstrategie des Landes auf sein zukünftiges Eisenbahnnetz stützen wollte. Nach Jardot und Daru sollte Frankreich mit Hilfe der Eisenbahnen zu einer einzigen Festung mit dem sogenannten Hauptwaffenplatz Paris werden, was zugleich auch eine erstaunliche Annäherung an die Ideen Friedrichs List zeigte. Diese französischen Überlegungen blieben vorerst nur eine Spekulation, da der Bau der strategischen Bahnen sich in Frankreich auch nach 1842 weiter verzögerte. Die preußischen Konzeptionen zur militärischen Nutzung der Eisenbahnen waren dagegen, wenn auch weniger spektakulär, doch mit den eisenbahntechnischen Gegebenheiten des Landes, d.h. mit den schon vorhandenen oder in naher Zukunft verfügbaren Linien abgestimmt. Im Vergleich zu den noch weit vorgreifenden Vorstellungen in Frankreich und den erst mühsam in Gang kommenden Überlegungen in Österreich besaß Preußen zu Beginn der vierziger Jahre bereits ein an den Realitäten ausgerichtetes strategisches Konzept zur Nutzung der Eisenbahnen, dessen Kern die Strecken an den Rhein und vor allem an den Mittelrhein darstellten. In Verbindung mit den nun schnell wachsenden preußischen Eisenbahnen läßt sich durchaus die Behauptung rechtfertigen, daß sich Preußen zu Beginn der vierziger Jahre materiell, aber auch konzeptionell in der militärischen Nutzung der Eisenbahnen an die Spitze der europäischen Entwicklung gesetzt hatte.

III. Die organisatorische und operative Bewältigung der Eisenbahnfrage

1. Die Anfänge der militärischen Nutzung der Eisenbahnen in Preußen 1839-1850

a) Staatseisenbahnen oder Privatgesellschaften? – Aufbau und Organisation eines preußischen Eisenbahnnetzes 1838-1848

Nach monatelangen Beratungen war am 3. November 1838 das preußische Eisenbahngesetz verabschiedet worden, das die Konzessionierung neuer Eisenbahngesellschaften in Zukunft regeln sollte[1]. Der Historiker Heinrich v. Treitschke (1834-1896), ein engagierter Befürworter der führenden Rolle Preußens in Deutschland, hatte es rückblickend mit unverkennbarem Wohlwollen »eines der letzten denkwürdigen Werke des alten Beamtenstaates« genannt, das ein halbes Jahrhundert voll ungeahnter Wandlungen »lebenskräftig überdauert« habe[2]. Bei vielen Zeitgenossen war das Gesetz jedoch auf lebhafte Kritik gestoßen. Die Eisenbahnaktionäre fürchteten eine zu starke Einflußnahme des Staates auf die zukünftigen Gesellschaften. Der Vorsitzende der Aachener Handelskammer und Vorstand der Rheinischen Eisenbahngesellschaft, David Hansemann, fand das Gesetz höchstens geeignet, »eine Eisenbahngesellschaft zu verderben«. Vor allem kritisierte er die umständlichen, staatlichen Tarifvorgaben. »Diese Bedingungen sind gesetzlos zu nennen, wenn die gesetzlichen Bestimmungen so beschaffen sind, daß die Gewinne eines Unternehmens von den Ansichten der Staatsbeamten über Recht und Billigkeit abhängen[3].« Auch die Gewährung eines auf drei Jahre befristeten Konkurrenzschutzes für jede neue Bahnlinie wurde von vielen Investoren als unzureichend angesehen.

---

[1] Gesetz über die Eisenbahnunternehmungen, gedruckt in: Preußische Gesetzsammlung 1838, Nr. 35, S. 505-516.
[2] Treitschke, Deutsche Geschichte, Bd 4, S. 592. Mit günstigem Tenor auch Wehler, Deutsche Gesellschaftsgeschichte, Bd 2, S. 618: »Aufs Ganze gesehen erwies sich das Gesetz, durch Verordnungen jeweils elastisch ergänzt, als so brauchbar, daß es in das Reichseisenbahngesetz von 1878 umgewandelt werden konnte«.
[3] So Hansemann in seiner 1841 erschienenen Schrift: Kritik des preußischen Eisenbahngesetzes vom 3.11.1838. Zit. nach Brophy, Capitalism, S. 35 f. Zur Wirkung des Gesetzes auf den weiteren Bau von Eisenbahnen in Preußen siehe auch: Eichholtz, Junker, S. 97-100. Die Position der modernen Forschung faßte Ziegler, Eisenbahnen, S. 36 f., zusammen.

Trotz aller Kritik war es der Regierung jedoch gelungen, mit dem neuen Eisenbahngesetz eine lange Debatte über die Zukunft der preußischen Eisenbahnen vorläufig zum Abschluß zu bringen. Besonders die Befugnisse der Gesellschaften für den Erwerb des erforderlichen Grund und Bodens hatten endlich eine Regelung gefunden. Falls sich dabei keine Einigung mit den Grundbesitzern erzielen ließ, billigte ihnen das Gesetz das Recht zur Enteignung zu. Offen blieb allerdings die Frage nach den zukünftigen Eigentumsverhältnissen der Eisenbahnen. Die Regierung behielt sich jedenfalls das Recht vor, jede Eisenbahn bei Ablauf von 30 Jahren nach ihrer Betriebseröffnung »mit allem Zubehör gegen vollständige Entschädigung anzukaufen«. Federführend für das gesamte Zulassungsverfahren war das damals dem Finanzministerium zugeordnete Handelsdepartment, das auch die Baufortschritte überwachen sollte und sich für die Einhaltung der Fristen Bürgschaften von den Gesellschaften stellen lassen konnte. Militärische Gesichtspunkte wurden im Gesetz zunächst nicht berührt. Lediglich der Artikel 43 bestimmte, daß ein Entschädigungsanspruch der zukünftigen Gesellschaften bei Kriegsschäden ausgeschlossen werde. Die kurz darauf erlassenen Ausführungsbestimmungen zum Gesetz vom 30. November 1838 wiesen allerdings das Handelsdepartment an, jeden Antrag zum Bau einer neuen Bahn, sofern er als zulässig erachtet wurde, ebenfalls dem Kriegsministerium zur »Erklärung über die Zulässigkeit und Zweckmäßigkeit der Bahnanlage in militärischer Beziehung« vorzulegen[4]. Diese Möglichkeit zur Mitsprache bei der Beurteilung neuer Bahnen enthielt jedoch kein wirksames Vetorecht. Gegen bestimmte Bahnen konnte das Kriegsministerium oder der in seinem Auftrag handelnde Generalstab zwar Einwände erheben und auf Veränderungen im Detail drängen, aber den Bau einer Bahn völlig zu verhindern gelang ihm nur, wenn sich auch die übrigen Ministerien dagegen ausgesprochen hatten. Dies war 1844 bei der geplanten linksrheinischen Eisenbahn von Bonn auf Koblenz der Fall, nicht jedoch 1856 bei der Bahn von Nordhausen auf Halle, als sich der Generalstab gegen eine an den Festungen Magdeburg und Erfurt vorbei führende Streckenvariante ausgesprochen hatte[5].

Das preußische Eisenbahnwesen entwickelte sich nun mit ungeahnter Schnelligkeit. Nur wenige Tage vor der Verabschiedung des Gesetzes war am 29. Oktober 1838 bereits die erste preußische Eisenbahn von Berlin nach Potsdam gerollt. Kurz darauf war auch die zweite Bahn von Düsseldorf nach Erkrath in Betrieb genommen worden. Die Rheinische Eisenbahn von Köln nach Aachen wurde am 2. August 1839 als Teilstück bis Müngersdorf fertiggestellt. Am 18. August 1840 folgte als bisher größte Strecke in Preußen mit 119 Kilometern und als erste grenzüberschreitende Linie die Verbindung von Magdeburg nach Leipzig. Ende 1843 hatten bereits sieben preußische Eisenbahngesellschaften mit insgesamt 680 Streckenkilometern und einem Betriebsmittelbestand von 109 Lokomotiven, 479

---

[4] Bestimmungen über die Prüfung der Anträge auf Konzessionierung von Eisenbahnanlagen, zit. nach Reden, Die Eisenbahnen Deutschlands, S. 259.
[5] Helmuth v. Moltke, Denkschrift betreffend den etwaigen Einfluß der neuen Eisenbahnbauten und Projekte auf zukünftige Truppenkonzentrationen im Westen, vom 14.3.1859, in: Moltke, Militärische Werke, I, Bd 4, S. 73.

III. Die organisatorische und operative Bewältigung der Eisenbahnfrage 109

Personen- und 1342 Güterwagen ihren Betrieb aufgenommen[6]. Seit Beginn der vierziger Jahre waren auch deutsche Hersteller in der Lage, selbst Lokomotiven herzustellen. Die erste preußische Zugmaschine mit dem Namen Carolus Magnus war 1839 in Aachen gebaut und am 10. September desselben Jahres in Dienst gestellt worden. Zwei Jahre später hatte die Berliner Firma Borsig ihre erste selbst konstruierte Lokomotive ausgeliefert. Im Jahre 1844 waren von ihr bereits insgesamt 90 Maschinen fertiggestellt, 30 weitere befanden sich im Bau[7]. Die Steigerung der Leistungsfähigkeit der neuen Lokomotiven war unübersehbar, und der Major im Generalstab Helmuth v. Moltke notierte 1842 mit kaum verborgenem Erstaunen in einem Aufsatz: »So bleibt als endliches Resultat, daß ein Dampfwagen von der beschriebenen Konstruktion auf horizontaler Bahn die ungeheure Last eines Wagenzuges, welcher 4884 Zt. schwer ist, in Bewegung setzen wird[8].« Gerade erst von einer dreijährigen Tätigkeit als Militärberater in der Türkei zurückgekehrt, war Moltke schon 1841 in den Vorstand der Berlin-Hamburger-Eisenbahngesellschaft eingetreten[9]. Dies war unter preußischen Offizieren durchaus kein ungewöhnlicher Schritt. Auch dem ersten Vorstand der Berlin-Potsdamer-Eisenbahngesellschaft hatte im Jahre 1836 ein Oberstleutnant Ziegler angehört[10], und zum Vorbereitungskomitee der Berlin-Frankfurter-Eisenbahn, das im selben Jahr zusammengetreten war, zählten wiederum zwei preußische Stabsoffiziere[11]. Das Protokoll der ersten Versammlung des Administrationsrates der Rheinischen Eisenbahngesellschaft vom 25. August 1835 hatte als Teilnehmer an erster Stelle den Kölner Stadtkommandanten und späteren Kriegsminister Generalleutnant Ernst v. Pfuel (1779-1866) erwähnt[12]. Ebenso gehörte 1837 dem Komitee für die mitteldeutsche Eisenbahn von Halle nach Kassel auf Lippstadt ein Oberst v. Roers an[13]. Neben repräsentativen Verpflichtungen dürfte wohl auch ein berufliches Interesse an der neuen Technik oder aber auch die Aussicht auf finanziellen Gewinn ausschlaggebend für dieses Engagement gewesen sein. Den Eisenbahngesellschaften wiederum war das Prestige und auch der militärische Sachverstand der Offiziere in ihren

---

[6] Tabellarische Übersicht über den Stand des Eisenbahnwesens im preuß. Staate im August 1847. Beilage 3 zu § 24 der 2. Bundestagssitzung vom 13.1.1848, den Einfluß der Eisenbahnen auf die Wehrhaftigkeit des Deutschen Bundes betreffend, in: GStAPK, I. HA, Rep. 75A, Bundesmilitärkommission, Nr. 1337, Anlegung von Eisenbahnen, Bd 2.
[7] Angaben entnommen aus Fiedler Kriegswesen, S. 54.
[8] Moltkes Aufsatz erschien erstmals 1842 in der Deutschen Vierteljahreszeitschrift unter dem Titel: Welche Rücksichten kommen bei der Wahl der Richtung von Eisenbahnen in Betracht? Wieder gedruckt in: Gesammelte Schriften und Denkwürdigkeiten, Bd 2, S. 235-274. Oben zitierter Text dort auf S. 248. Anders als der Titel jedoch vermuten läßt, lieferte Moltke hier keineswegs einen Beitrag zur Debatte über die Streckenführung militärisch nutzbarer Eisenbahnlinien, sondern erörterte lediglich sehr kenntnisreich technische und betriebswirtschaftliche Details des damaligen zivilen Eisenbahnwesens, die er sich vor allem durch seine Tätigkeit als Direktor im Vorstand der Berlin-Hamburgischen-Eisenbahn von 1841 bis 1844 erworben hatte.
[9] Kessel, Moltke, S. 168 f.
[10] Berlin und seine Eisenbahnen, Bd 1, S. 141.
[11] Ebd., S. 183.
[12] Protokoll der ersten Versammlung des Administrationsrates der Rheinischen Eisenbahngesellschaft vom 25.8.1835, in: LAH Koblenz, 403/3585, Bl. 175.
[13] Schreiben des Komitees vom 26.5.1837 an Finanzminister v. Alvensleben, in: GStAPK, Zivilkabinett, Nr. 29 595.

Vorständen oder Komitees eine hoch willkommene Hilfe bei der Durchsetzung ihrer Interessen gegenüber den oft anders gearteten Vorstellungen in Regierung und Armee.

Nach dem ersten Aufschwung im Eisenbahnbau in den frühen vierziger Jahren schwächte sich jedoch schon bald die Entwicklung vorübergehend ab. Im Jahre 1844 gab es in Preußen mit der knapp 30 Kilometer langen Bahn von Bonn nach Köln zunächst nur noch eine neue Fertigstellung. Die Eisenbahneuphorie des Publikums drohte wieder zu verebben[14]. Das Fahrgastaufkommen war geringer als zuvor kalkuliert, und die preußische Regierung sah sich schon seit 1839 veranlaßt, einzelne Gesellschaften durch eine teilweise Übernahme ihres Aktienkapitals zu unterstützen. Darüber hinaus wurde der Berlin-Stettiner-Eisenbahngesellschaft sogar eine Zinsgarantie von 4 Prozent gewährt[15]. Allerdings wollte sich die Berliner Administration hierbei nicht nur auf Notmaßnahmen beschränken, sondern strebte inzwischen eine grundsätzliche Lösung des preußischen Eisenbahnwesens an.

In Analogie zu den Eisenbahnplänen Frankreichs, die in dem vieldiskutierten Gesetz vom 11. Juni 1842 verabschiedet worden waren, hatte sich die preußische Regierung nun entschlossen, den Bau fünf großer sogenannter »vaterländischer Bahnen« voranzutreiben. Sie sollten den Kern eines preußischen Streckennetzes von rund 1650 Kilometern mit Berlin als Mittelpunkt bilden[16]. Die erste der vorgesehenen Linien war die schon von Friedrich Harkort propagierte Eisenbahn über Magdeburg und Minden nach Köln. Erst im Vorjahr hatte die Regierung die Konzession für diese Linie erneut erteilt, nachdem die erste Gesellschaft sich im Jahre 1839 wegen mangelnden Kapitals und fehlender Unterstützung des Staates aufgelöst hatte[17]. Schon im Frühjahr 1842 hatte Moltke in der Allgemeinen Zeitung die Ansicht geäußert, daß diese Verbindung zwischen Köln und Magdeburg allein schon in militärischer Beziehung ein Bedürfnis sei, aber wohl kaum anders als aus Mitteln des Staates zustande kommen dürfte[18]. Eine zweite Linie zum Mittelrhein war über Halle, Erfurt und Kassel geplant, zwei weitere Strecken sollten Frankfurt/O. bzw. Posen mit Schlesien verbinden. Problematisch war nur die fünfte Strecke zwischen Berlin und Königsberg, die sogenannte Ostbahn. Für die preußischen Militärs war sie unverzichtbar. In einem Gutachten, das Generalmajor Eduard v. Peucker (1791–1876) im Auftrag des Kriegsministeriums im Januar 1845 dem Staatsministerium vorgelegt hatte, plädierte die Armee für eine direkte Eisenbahnlinie zur Weichsel, die von Berlin über Küstrin »unter dem Schutz der Fe-

---

14 Klee, Preußische Eisenbahngeschichte, S. 49. Bei der Berlin-Potsdamer Bahn verlor sich schon nach zwei Jahren »der Reiz des Neuen. [...] Man mußte mit dem gewöhnlichen Pendelverkehr auskommen«.
15 Brophy, Capitalism, S. 37.
16 Kabinettsordre vom 22.11.1842, in: GStAPK, I. HA, Rep. 90, Nr. 252, Kabinettsordrebuch Nr. 172. Der sich auf die Eisenbahnen beziehende zweite Teil der Kabinettsordre findet sich auch im vollständigen Wortlaut bei Reden, Die Eisenbahnen Deutschlands, S. 315.
17 Ebd., S. 772.
18 Moltke, Über eine Eisenbahnverbindung der Zollvereinsländer, in: Allgemeine Zeitung vom 20.2.1842, Nachdr. in: Moltke, Ausgewählte Werke, Bd 3, S. 278.

stungswerke die Oder und Warthe überschreitet, durch die Terrainabschnitte der Warthe- und Netzebrücke gedeckt, Truppen und Kriegsmaterial mit militärischer Sicherheit in der Richtung auf den einzigen offensiven Waffenplatz der Grenze [Thorn] zu dirigieren gestattet.« Diese Bahn würde nach Ansicht des Generals »sowohl der mittleren als der unteren Weichsel zu Hilfe [...] kommen, eine Eisenbahnlinie, welche die Festungen Danzig, Graudenz und Thorn mit den rückwärts gelegenen Waffenplätzen Küstrin, Stettin, Posen in eine zweckmäßige Verbindung bringt, und uns befähigt, nicht nur eine kräftige, sondern auch eine mobile Verteidigung zu führen, eine solche Linie hat offenbar eine höhere militärische Bedeutung als jede andere[19].«

Die geplante Ostbahn war somit nach militärischer Beurteilung der zentrale Pfeiler einer überhaupt erst dann aussichtsreich werdenden Verteidigung der östlichen Landesgrenze gegen Rußland. Diese Aufgabe konnte sie jedoch nur erfüllen, wenn sie nicht, wie es besonders im wirtschaftlichen Interesse lag, an der pommerischen Küste entlang geführt würde, und auch nicht, was eine dritte, von politischen Gesichtspunkten geprägte Alternative war, ihren Weg über Posen zur Weichsel nahm. Peuckers Vortrag im Staatsministerium hatte jedoch nicht alle Minister überzeugt. Die Entscheidung zugunsten der von der Armee vorgeschlagenen mittleren Streckenführung über Küstrin fiel am 14. Januar 1845 mit sieben zu fünf Stimmen denkbar knapp aus[20]. Zwar hatte sich die Armee mit ihren Vorstellungen gegen politische und ökonomische Interessen durchgesetzt, aber gerade dies verzögerte nun offenbar den zügigen Bau der Bahn. Den privaten Anlegern erschien sie wegen ihrer mehr denn je ungewissen Ertragslage wenig attraktiv. David Hansemann hatte schon in einer 1843 veröffentlichten Broschüre Zweifel geäußert, daß ein »wesentliches Bedürfnis« für eine Eisenbahn zur russischen Grenze wegen der »jetzigen die Verkehrverhältnisse [des Zarenreiches] so sehr erschwerenden Handelssysteme« überhaupt bestehe[21]. Die politische Beschlußlage vermochten seine Bedenken jedoch kaum mehr zu ändern.

In einer Denkschrift an die in einem gemeinsamen Ausschuß zusammengekommenen Vertreter sämtlicher Provinziallandtage hatte die preußische Regierung bereits im Oktober 1842 eingeräumt, daß ein »umfassendes Eisenbahnsystem« zwar von hoher »politischer, militärischer und kommerzieller Wichtigkeit« sei, aber ohne »eine wesentliche und nachhaltige Hilfe von Seiten des Staates, und namentlich ohne einen durch den Staat [...] begründeten Kredit, auf lange Zeit unausgeführt bleiben würde«[22]. Die Kosten für ein derartiges Netz schätzte sie auf 55 Millionen Taler[23]. Diese Summe wollte die Regierung allerdings nicht allein finanzieren, da nach ihrer Überzeugung eine »solche Nationalunternehmungen der Privatindustrie durchaus nicht ganz« entzogen werden sollte«[24]. Als wichtigsten Teil ihrer Initiative bot die Regierung daher den Vertretern der Stände und den zukünftigen

---

[19] Vortrag Generalmajors v. Peucker in der Sitzung des Staatsministeriums am 14.1.1845, in: GStAPK, Zivilkabinett, 1 Abt., Nr. 29 660.
[20] Protokoll des Staatsministeriums vom 14.1.1845, in: ebd.
[21] Hansemann, Über die Ausführung, S. 21.
[22] Denkschrift vom Oktober 1842, zit. bei Reden, Die Eisenbahnen Deutschlands, S. 303 f.
[23] Ebd., S. 306.
[24] Ebd., S. 305.

Investoren eine staatliche Zinsgarantie in Höhe von 3½ Prozent auf das notwendige Kapital an. Diese Zusage würde den Staatshaushalt jährlich mit maximal zwei Mio. Talern belasten. Darüber hinaus übernahm die Regierung im folgenden Jahr bei der Konzessionserteilung der Niederschlesisch-Märkischen-Bahn sowie der neuen Köln-Mindener-Gesellschaft jeweils ein Siebtel des Grundkapitals in Aktien. Die Dividenden aus diesem Staatsanteil bzw. die Zinsersparnis sollten jedoch nicht zurück in den Staatshaushalt fließen, sondern zum sukzessiven Ankauf der übrigen Aktien der jeweiligen Gesellschaft dienen. Somit würde, so der Grundgedanke, die Bahn mit der Zeit zum Eigentum des Staates werden[25]. Außerdem beanspruchte die Regierung das Recht, die Administration und den Betrieb dieser Bahn zu übernehmen, wenn der staatlich garantierte Zuschuß mehr als 1½ Prozent des Aktienkapitals betragen sollte. Erst wenn die übernommene Gesellschaft drei Jahre hintereinander wieder einen Reinertrag von mehr als 3½ Prozent des Kapitals erzielen könnte, würde die Staatsregie beendet werden. Insgesamt war damit nach nur knapp einer Dekade privat finanzierten Eisenbahnbaus in Preußen die Grundlage für ein Mischsystem geschaffen worden, das nach weiteren 35 Jahren in ein rein staatliches Eisenbahnnetz übergehen sollte[26].

Aus militärischer Sicht war es allerdings ein Problem, daß mit Koblenz, Wesel, Mainz und Luxemburg die wichtigsten Festungen im Rheinland vorläufig ohne Verbindung mit dem geplanten preußischen Eisenbahnnetz bleiben sollten. Zwar hatte sich bereits im Frühjahr 1844 ein Komitee zum Bau einer Eisenbahn links des Rheins von Bonn auf Koblenz und weiter auf Mainz konstituiert, worauf in wenigen Tagen Aktien für rund 18 Mio. Taler gezeichnet worden waren, doch zum Entsetzen der Anleger hatte sich Finanzminister Ernst Freiherr v. Bodelschwingh dem Projekt mit der Begründung widersetzt, daß für andere Eisenbahnen, »als diejenigen, welche in Folge der Beratungen der vereinigten ständischen Ausschüsse nach der allerhöchsten Kabinettsordre vom 22. November 1842 zur Ausführung und Beförderung bestimmt [...] sind, fürs erste und in den nächsten Jahren die Genehmigung überhaupt nicht zu erwarten steht[27].« Die preußische Regierung konnte kein ernsthaftes Interesse daran haben, daß privates Anlagekapital in andere als die jetzt beschlossenen Eisenbahnprojekte abfloß. Erhebliche Bedenken des Kriegsministeriums gegen eine linksrheinische Führung der Bahn, die es im Kriegsfall der französischen Armee ermöglichen würde, den Rhein an jedem beliebigen Punkt zu überschreiten, ließen das Projekt im Folgejahr endgültig scheitern[28].

Gegen das Überhandnehmen der allgemeinen Spekulation in Eisenbahnaktien mußte die Regierung bald zu noch drastischeren Maßnahmen greifen. Sämtliche Neuemissionen von Bahnaktien waren inzwischen mehrfach überzeichnet, während die Kurse von Staatsschuldscheinen und Pfandbriefen sanken. Mit ihrer Bör-

---

[25] Ebd., S. 316.
[26] Brophy, Capitalism, S. 41.
[27] Schreiben Finanzministers v. Bodelschwingh an den Koblenzer Oberpräsidenten v. Schaper vom 27.4.1844, in: LAH Koblenz, 403/11884, Bl. 6.
[28] Schreiben v.d. Heydts an den Koblenzer Oberpräsidenten Eichmann vom 7.3.1850, ebd., Bl. 174.

senverordnung vom 25. April 1844 verfügte daher die Regierung, daß insbesondere die Zeichnung neuer Eisenbahnaktien zukünftig von einer Ausnahmegenehmigung des Finanzministeriums abhängig sei. Die Spekulation brach sofort zusammen. Berlin erlebt seine erste Börsenpanik. Für den Bau der inzwischen konzessionierten Eisenbahnen hatte die neue Verordnung jedoch günstige Auswirkungen[29]. Bis zum Ende der vierziger Jahre entstand mit erstaunlicher Schnelligkeit ein erstes deutsches Streckennetz, das von Stettin an der Ostsee über Berlin fast bis zur Adria reichte[30] und nach den Eisenbahnen in Großbritannien und den Vereinigten Staaten bereits das drittgrößte Netz in der Welt war. In den Jahren von 1842 bis 1848 wurden 16 neue preußische Eisenbahngesellschaften gegründet und zwischen 1845 und 1849 allein in Preußen 93 Millionen Taler in Eisenbahnaktien angelegt. Dies entsprach einem Drittel aller Staatseinnahmen[31]. Seit 1848 hatte die Potsdamer Bahn über Magdeburg und Leipzig Anschluß an die Sächsische Eisenbahn, im selben Jahr wurde auch die Strecke Jüterbog–Riesa der Anhalter Bahn fertiggestellt. Am 15. Dezember 1846 war die Linie von Berlin nach Hamburg eröffnet worden. Über Frankfurt a.d. Oder und Breslau besaß Preußen seit dem Oktober 1846 eine Verbindung zur österreichischen Kaiser-Ferdinand-Nordbahn, so daß Reisende nun durchgehend von Berlin nach Wien fahren konnten. Im Oktober 1847 war auch die lang erstrebte Verbindung zur Rheinprovinz über Minden nach Köln eröffnet worden. Die Fertigstellung der zweiten Verbindung an den Rhein über Halle und Kassel gelang jedoch erst sechs Jahre später.

Im Herbst 1845 wurden auf der Berlin-Potsdamer Bahn die ersten Versuche mit elektromagnetischen Telegraphen gemacht. Sie verliefen so erfolgreich, daß die preußische Regierung ihre Einführung auf allen Strecken als »wünschenswert« ansah. Dem Monarchen erschien allerdings die neue Technik »in den Händen von Privatpersonen [als so] gefährlich«, daß er in einer Kabinettsordre vom 12. Juni 1846 bestimmte, alle Korrespondenzen einschließlich der für den Bahnbetrieb erforderlichen Nachrichten nur von Staatsbeamten abwickeln zu lassen[32]. Die Eisenbahngesellschaften wurden vorerst verpflichtet, jede Neueinrichtung oder Änderung von Telegraphenanlagen dem damals noch für Eisenbahnen zuständigen Finanzministerium zur Genehmigung vorzulegen[33]. Der Plan zum Einsatz besonderer staatlicher Telegraphenbeamter bei den Eisenbahngesellschaften wurde jedoch schnell wieder verworfen. Die Regierung schreckte vor den Kosten zurück und fürchtete auch die Verantwortung für die Übermittlung eventuell fehlerhafter Signale. Zudem wollte sie die Eisenbahngesellschaften nicht mit zusätzlichen Auflagen abhalten, überhaupt Telegraphenanlagen zu errichten, wozu diese ja, so eine im Finanzministerium verfaßte Denkschrift vom Juni 1847, durch kein Gesetz

---

[29] Wehler, Deutsche Gesellschaftsgeschichte, Bd 2, S. 621.
[30] Die österreichische Südbahn reichte zunächst nur von Wien bis Laibach. Das Reststück bis nach Triest wurde erst am 15.10.1857 zur Nutzung freigegeben.
[31] Koselleck, Preußen, S. 618.
[32] Allerhöchste Kabinettsordre vom 12.6.1846, in: GStAPK, I. HA, Rep. 77, Ministerium des Innern, Bl. 34.
[33] Schreiben des Finanzministers v. Flottwell an die Königl. Eisenbahnkommissare vom 7.8.1846, ebd., Bl. 35.

verpflichtet waren. Die Gesellschaften wurden daher lediglich angehalten, die zusätzliche Installation staatlicher Telegraphenleitungen an ihren Einrichtungen zuzulassen und entsprechende Journale über die eingegangen und beförderten Depeschen zu führen[34]. Die neue Technik wurde jedoch nur zögernd eingeführt. Nach einer Übersicht des Generalstabes aus dem Jahre 1848 verfügten im selben Jahr erst die Berlin-Magdeburger und die Berlin-Hamburger Eisenbahn über sogenannte Zeigertelegraphen. Auf der Köln–Mindener Strecke war immerhin ein Wechsel von der inzwischen veralteten optischen Anlage zu einem elektromagnetischen System geplant[35]. Zwar war auch nur ein Jahr später die Zeigertechnik durch die Entwicklung des Morsetelegraphen wieder überholt, doch begnügten sich die meisten Gesellschaften noch bis zum Ende der fünfziger Jahre mit dem veralteten System. Dem rasant zunehmenden Eisenbahnverkehr war es jedoch immer weniger gewachsen und vor allem konnte es die militärischen Ansprüche nicht erfüllen. Eine 1861 von der Bundesversammlung in Frankfurt berufene Militärkommission mußte dann auch in ihrem Gutachten feststellen, daß trotz einer nur geringen damit verbundenen Ersparnis immer noch Dreiviertel der deutschen Eisenbahngesellschaften den längst veralteten Zeigertelegraphen im Bahnbetrieb benutzten[36].

Durch die schnellen Verbindungen weit voneinander entfernter Städte wurden jetzt erstmals in der Verkehrsgeschichte überhaupt die an den einzelnen Orten gültigen unterschiedlichen Zeiten zum Problem. Die Vossische Zeitung vom 11. Januar 1848 erwähnte ein »portatives Heftchen«, das den Reisenden mit der Eisenbahn über die Zeitdifferenzen zwischen den einzelnen Stationen Auskunft gab. So bestand etwa schon von Berlin nach Erfurt eine Differenz von 9½ und nach Minden von 17¾ Minuten. In Köln gingen die Uhren sogar fast eine halbe Stunde gegenüber Berlin nach. Die Uhren in Breslau dagegen waren der Hauptstadt um 14¾ Minuten voraus, in Gleiwitz um 21¾ Minuten und die Zeitdifferenz von Königsberg nach Aachen betrug weit über eine Stunde. Am 16. Januar 1848 verfügte daher das Finanzministerium in einem Erlaß an alle Regierungspräsidenten, daß in Zukunft sämtliche Zugführer im Dienst eine Uhr mit der für den gesamten Bahnbetrieb verbindlichen Berliner Zeit bei sich zu tragen hatten[37]. Das Problem der Zeitdifferenzen bestand jedoch auch noch während der Truppentransporte im Jahre 1866, so daß der Generalstab für alle Fahrtdispositionen der zu befördernden Korps die Berliner Zeit verbindlich vorschreiben mußte[38].

---

[34] Denkschrift über die Anlage und Benutzung elektromagnetischer Telegraphen auf Eisenbahnen vom 5.6.1847, ebd., Bl. 37–41.

[35] Übersicht des Verkehrs und der Betriebsmittel auf den inländischen und den benachbarten ausländischen Eisenbahnen für militärische Zwecke; nach dem beim Königl. Großen Generalstab vorhandenen Materialien zusammengestellt, 1848; in: GStAPK, IV. HA, Rep. 5, Kriegsministerium, Nr. 11.

[36] Bericht über die Leistungsfähigkeit der Deutschen Eisenbahnen zu militärischen Zwecken; erstellt durch die in Folge Bundestagsbeschlusses vom 7.2.1861 einberufenen Spezialkommission, in: BA, DB 5, II/232, S. 15.

[37] Koselleck, Preußen, S. 618.

[38] Siehe die Marschtableaus für die einzelnen Armeekorps, in: GStAPK, Handelsministerium, Nr. 2408–2412.

III. Die organisatorische und operative Bewältigung der Eisenbahnfrage

Eine besondere Einrichtung im preußischen Eisenbahnwesen zur Kontrolle der privaten Gesellschaften bildeten die Eisenbahnkommissariate. Sie waren schon im Eisenbahngesetz von 1838 vorgesehen[39]. Sämtliche Vorgänge zwischen den Eisenbahngesellschaften und der zuständigen Staatsverwaltung waren diesem Gesetz zufolge über die örtlichen Eisenbahnkommissare abzuwickeln. Sie hatten auch die Befugnis, die Vorstände der Gesellschaft einzuberufen und an deren Zusammenkünften teilzunehmen. Mit Hilfe ihrer Eisenbahnkommissare gelang es der preußischen Administration, in hohem Maße Einfluß auf die technischen und organisatorischen Belange des Eisenbahnbetriebes zu nehmen und ein Mindestmaß an Einheitlichkeit unter den privaten Gesellschaften sicherzustellen. Bis 1848 waren vier Eisenbahnkommissariate in Berlin, Erfurt, Köln und Breslau entstanden, denen nun zusätzlich je ein technischer Kommissar zugeordnet wurde. Ein Reskript des neu gebildeten Handelsministeriums vom 24. November 1848[40] wies ihnen erweiterte Überwachungsbefugnisse zu: Die vergrößerten Eisenbahnkommissariate hatten nun auch die finanziellen- und alle Betriebsangelegenheiten der Eisenbahngesellschaften, sofern dabei ein allgemeines Interesse vorlag, zu kontrollieren. Ebenso hatten sie »für die Aufrechterhaltung und Befolgung de[r] Gesellschaftsstatut[en] und der den Gesellschaften auferlegten Bedingungen« zu sorgen und insbesondere die »Ausführung der vorgeschriebenen Bahnpolizeireglements sowie die mit der Handhabung der Letzteren beauftragten Bahnbeamten von den königlichen Regierungen« zu überwachen. Darüber hinaus war es Aufgabe der Eisenbahnkommissariate, im Zusammenwirken mit den Vertretern der jeweiligen Regierungspräsidien, die »Revision [d.h. die Abnahme] der im Bau vollendeten Eisenbahnanlagen« vorzunehmen. Auf Grund eines gemeinsamen Gutachtens hatte sodann die Regierung über die Zulässigkeit der Betriebseröffnung zu befinden[41].

Ende 1847 gab es in Preußen bereits 26 konzessionierte Eisenbahngesellschaften, die zusammen über eine Streckenlänge von 2518 Kilometern verfügten. Ihr Bestand an Betriebsmitteln umfaßte 298 Lokomotiven, 971 Personenwagen und 2495 Güterwagen[42]. Das Anlagekapital betrug zusammen 156 Mio. Taler[43]. Die einzelnen Gesellschaften waren sich längst ihrer wachsenden wirtschaftlichen Macht bewußt und versuchten daher, ihre rechtliche Position gegenüber der Regierung zu verbessern. Ende 1846 hatten sich auf Einladung der Berlin-Stettiner-Eisenbahnverwaltung Vertreter von zehn preußischen Gesellschaften in Berlin getroffen, um unter anderem auch ein gemeinsames Vorgehen zur Änderung des preußischen Eisenbahngesetzes von 1838 zu beraten. Bereits ein halbes Jahr später

---

[39] § 46 des Gesetzes über die Eisenbahnunternehmungen vom 3.11.1838, in: Preußische Gesetzsammlung 1838.
[40] Ab dem 17.4.1848 unter der genauen Bezeichnung: Ministerium für Handel, Gewerbe und öffentliche Arbeiten. Im folgenden als Handelsministerium bezeichnet.
[41] § 1 des Regulatio die Eisenbahnkommissariate betreffend, vom 24.11.1848, in: Hauptarchiv Stadt Köln, KME [Köln-Mindener-Eisenbahn] 1012 I/4, Bl. 22.
[42] Tabellarische Übersicht über den Stand des Eisenbahnwesens im preußischen Staate im August 1847, in: GStAPK, Rep. 75A, Bundesmilitärkommission, Nr. 1337.
[43] Fricke, Die Anfänge des Eisenbahnwesens, S. 11.

konstituierten sich diese Gesellschaften, verstärkt durch elf weitere preußische Eisenbahnunternehmen, zu einem neuen Verband. Auf einer bald danach stattfindenden Versammlung in Köln wurde beschlossen, den Verband auf alle Eisenbahngesellschaften der deutschen Staaten auszuweiten, und im nächsten Jahr konstituierte sich diese erweiterte Organisation als Verein Deutscher Eisenbahnverwaltungen (VDEV). Zu seinen obersten Zielen gehörte die Vereinheitlichung der technischen und ökonomischen Standards im Eisenbahnbetrieb der Mitgliedsbahnen, die jedoch nie völlig erreicht wurde. Auf Grund der einmal festgelegten einstimmigen Beschlußfassung war die erstrebte Vereinheitlichung praktisch nur auf dem Wege freiwilliger Vereinbarungen möglich. Immerhin gelang es dem VDEV mit dem Reglement vom 1. Juli 1850, einheitliche Beförderungsbedingungen für den Güterverkehr auf allen Bahnen durchzusetzen. Aufwendungen und Erträge des direkten Güterverkehrs sollten anteilig zwischen den Gesellschaften verrechnet werden. Dies war auch für die Armee ein Fortschritt, da sich ein zeitraubendes Umladen von Militärtransporten in Zukunft erübrigte[44].

b) Effekt statt Effizienz – Die frühesten militärischen
Eisenbahntransporte in Deutschland und Europa seit 1830

Die erste preußische Eisenbahnlinie war am 29. Oktober 1838 zwischen Berlin und Potsdam eröffnet worden. Genau ein Jahr später fand der erste Militärtransport auf der 26,5 Kilometer langen Strecke statt. König Friedrich Wilhelm III. mochte sich zwar ursprünglich keine große Seligkeit davon versprechen, »ein paar Stunden früher von Berlin in Potsdam zu sein«[45], nun aber hatte er seiner Garde zum Abschluß der Manöver eine Bahnfahrt spendiert. 8000 Mann und etwa 50 Pferde fuhren in insgesamt zehn Zügen von Potsdam nach Berlin[46]. Da die Bahngesellschaft nur über 13 Lokomotiven und 80 Personenwagen der verschiedenen Klassen verfügte[47], mußten die Züge die Strecke mehrmals zurücklegen. Bei einer Fahrzeit von mindestens einer Stunde und einer Verladezeit von 30 Minuten dauerte somit der gesamte Transport unter Berücksichtigung der leeren Rückfahrten einen vollen Tag. Der fahrplanmäßige Eisenbahnverkehr fiel in dieser Zeit aus. Die Eisenbahndirektion erhielt ein »Entschädigungsgeld« von 1000 Talern[48], was

---

[44] Ernst Schilly, Art. Eisenbahnen, in: Deutsche Verwaltungsgeschichte, Bd 2, S. 227–256.
[45] Zit. bei Eylert, Charakterzüge, Bd 3, S. 205: »alles soll Karriere gehen, die Ruhe und Gemütlichkeit leiden darunter. Kann mir keine große Seligkeit davon versprechen, ein paar Stunden früher von Berlin in Potsdam zu sein. Zeit wird's lehren«. Gesagt bei der Eröffnung der Potsdamer Eisenbahnlinie.
[46] Allgemeine Militär-Zeitung, Nr. 82 vom 12.10.1839. Siehe dazu auch: Meinke, Die ältesten Stimmen, S. 65. Den Transport veranlaßt hatte General v. Reyher, der spätere Chef des Generalstabes und ab September 1838 Stabschef des Gardekorps. Siehe auch: Ollech, Carl Friedrich Wilhelm von Reyher, Bd 4, S. 86.
[47] Der Betriebsmittelbestand der Potsdamer Bahngesellschaft betrug in den Jahren 1839 bis 1842 konstant 13 Lokomotiven, 14 Personenwagen der I. Klasse, 16 der II. Klasse und 50 Wagen der III. Klasse, wovon acht offen waren. Dazu kamen noch 20 Güterwagen und zwei Postwagen. Siehe dazu Reden, Die Eisenbahnen Deutschlands, S. 325.
[48] Allgemeine Militär-Zeitung, Nr. 82 vom 12.10.1839, S. 651.

III. Die organisatorische und operative Bewältigung der Eisenbahnfrage   117

reichlich bemessen war, wenn man berücksichtigt, daß die durchschnittlichen Tageseinnahmen der Gesellschaft im selben Jahr auch in den günstigen Sommermonaten nie über 800 Taler lagen[49].

In Großbritannien hatte der erste militärische Eisenbahntransport bereits neun Jahre zuvor stattgefunden. Ein britisches Regiment war am 15. September 1830 anläßlich der Eröffnung der Eisenbahn von Liverpool nach Manchester die 34 Meilen lange Strecke, früher ein Fußmarsch von zwei Tagen, in genau zwei Stunden gefahren[50]. Der nächste Transport von Truppen auf derselben Strecke fand vier Jahre später statt und hatte bereits einen realen Zweck. Ein zum Einsatz in Irland bestimmtes Regiment in Stärke von etwa 1200 Mann fuhr am 8. Mai 1834 in zwei Zügen zu je 31 Waggons, die von zwei gekoppelten Maschinen gezogen wurden, zur Verschiffung nach Liverpool. Noch vor Mittag befand sich das ganze Regiment, das erst morgens um sechs Uhr aus seiner Kaserne ausgerückt war, bereits an Bord und unter Segel[51].

In Österreich fuhr erstmals am 31. August 1841 ein Jägerbataillon mit rund 700 Mann auf der Kaiser-Ferdinand-Nordbahn die 129 Kilometer lange Strecke von Wien nach Brünn in nur siebeneinhalb Stunden. Der Transport fand »auf 17 offenen Wagen statt, die so ausgerüstet waren, daß jeweils 40 Mann mit Sack und Pack Platz finden konnten. Sitzplätze erhielten aber jeweils nur 20 Soldaten, der Rest mußte in der Mitte stehen[52].« In Sachsen benutzte im März 1840 ein Bataillon leichte Infanterie die Eisenbahn von Leipzig nach Dresden, um an einer Parade vor dem russischen Thronfolger Alexander teilzunehmen. Der nächste Eisenbahntransport sächsischer Truppen fand jedoch erst wieder acht Jahre später statt[53]. Die französische Armee führte ihren ersten Truppentransport per Eisenbahn am 15. Oktober 1840 durch. Ein Infanterieregiment in der Stärke von 1500 Mann marschierte per Eisenbahn in einer halben Stunde von Paris nach Versailles, um an einer Truppenparade teilzunehmen. Dazu wurde ein Doppelzug mit zwei hintereinander gekoppelten Lokomotiven und 36 Waggons eingesetzt[54].

Nach einem Bericht des preußischen Außenministeriums vom Februar 1841 hatte die russische Armee auf der 1837 eröffneten Bahn zwischen Petersburg und dem Sommersitz des Zaren in Zarskoje Selo anläßlich eines Manövers ebenfalls

---

[49] Reden, Die Eisenbahnen Deutschlands, S. 342. Zum Vergleich: 1000 Taler entsprachen annähernd dem jährlichen Ruhegehalt eines preußischen Oberst und Regimentskommandeurs nach 25 bis 30 Dienstjahren. Ein aktiver Premier-(Ober-)leutnant erhielt dagegen nur einen Jahressold von 200 Talern. Das gesamte preußische Militärbudget betrug im Jahr 1840 25 823 449 Taler bei einem Gesamtetat von 80 544 050 Talern. Daten aus: Jany, Geschichte der preußischen Armee, S. 149. Der Betriebserlös der Berlin-Potsdamer-Eisenbahn belief sich im ersten Geschäftsjahr 1838/39 bei einem Fahrgastaufkommen von 674 171 Personen auf 187 271 Taler. Das ergab einen Betriebsgewinn von 80 884 Talern, woraus sich die damals beachtliche Verzinsung des eingesetzten Kapitals von 8 % errechnete. Aus: Das Pfennigmagazin der Gesellschaft zur Verbreitung gemeinnütziger Erkenntnisse. Zit. in: Deutsche Sozialgeschichte, S. 379 f.
[50] Pratt, The Raise of Rail-Power, S. 2 f.
[51] Über Eisenbahnen in Beziehung auf den Krieg, in: Allgemeine Militär-Zeitung, Nr. 18 (1836), S. 141 f.
[52] Köster, Militär und Eisenbahn, S. 102.
[53] Schurig, Die militärische Benutzung, S. 198.
[54] Pönitz, Die Eisenbahnen, S. 89.

schon sehr früh einen Truppentransport durchgeführt[55]. Einzelheiten erwähnte der Bericht jedoch nicht. Da allerdings der Gesellschaft der volle Fahrpreis bezahlt wurde, ist anzunehmen, daß auf der nur kurzen Strecke, ähnlich wie bei den anderen Armeen, vorerst nicht mehr als ein Regiment befördert wurde. Erst im Mai 1849 marschierte eine vollständige russische Division, allerdings schon unter kriegsmäßigen Bedingungen, auf der im Vorjahr vollendeten Kaiserlich Russischen Warschauer Bahn nach Krakau und weiter nach Ungarisch-Hradisch[56]. Reichlich verspätet folgte 1846 die bayerische Armee mit ihrem ersten Truppentransport auf der Eisenbahn[57]. Zwei Kompanien des bayerischen Leibregiments wurden von München nach Stockhausen und anschließend wieder zurück befördert[58]. Kurz darauf erfolgte auf derselben Strecke als Truppenversuch der Transport einer Eskadron Kürassiere mit vollständig gesattelten Pferden, der ohne die geringste Störung verlief[59]. Während der Herbstmanöver verlegten noch im selben Jahr sogar sieben Bataillone, rund 5000 Mann und 40 Pferde, mit der Eisenbahn von München zum Lagerlechfeld bei Augsburg[60].

Die meisten dieser vereinzelten Truppentransporte kleinerer Verbände kamen jedoch eher zufällig zustande und erfolgten ohne ein durchdachtes Konzept zur zukünftigen militärischen Nutzung der Eisenbahnen. Sie fanden häufig in einer volksfestartigen Atmosphäre mit Regimentskapellen, Fahnen und Menschenaufläufen statt und dienten vor allem der Förderung des eigenen Prestiges. Der öffentlichen Aufmerksamkeit konnten derartige Spektakel immer gewiß sein. So hatte der Reiz, die neue Zeit unmittelbar zu erleben, im Juni 1842 wohl 20 000 Bewohner der Stadt Wien veranlaßt, sich zum Empfang eines österreichischen Grenadierbataillons, das mit der Bahn von Brünn gekommen war, am Bahnhof zu

---

[55] Zusammenstellung derjenigen Grundsätze, welche von anderen Staaten, in denen Eisenbahnen bestehen, hinsichtlich deren Benutzung zu Gunsten der Militärverwaltung insbesondere zur Beförderung der Truppen, sowie des Kriegsmaterials und der Verpflegungsbedürfnisse angenommen worden sind. Bericht des Außenministeriums vom 21.2.1841, in: GStAPK, I. HA, Rep. 84a, Justizministerium, Nr. 11202, Bl. 47 f.
[56] Köster, Militär und Eisenbahn, S. 136 f.
[57] Ursache dieser Verzögerung schien vor allem das Gutachten des Generalmajors v. Baur über die Verwendung der Eisenbahnen für militärische Zwecke und deren Einfluß auf die Kriegsoperationen gewesen zu sein, das König Ludwig I. (1786–1848/68) schon im Frühjahr 1836 in Auftrag gegeben hatte. Baur kam auf Grund seiner Berechnungen über die notwendige Länge für Truppenzüge zu dem Schluß, daß Eisenbahnen sich höchstens für die Zufuhr von »Kriegsbedürfnissen« eigneten. Der König schien sich dieser Ansicht angeschlossen zu haben. In einer Schlußnotiz bemerkte er: »Da für Truppensendungen im Großen die Eisenbahnen nach dieser Abhandlung sich nicht eignen, so scheint es mir keinem Zweifel unterworfen, daß der Nutzen schnellerer Zufuhr von Kriegsbedürfnissen von den finanziellen Berücksichtigungen bei weitem überwogen wird, die Eisenbahnen nach dem Westen [gemeint ist hier die Linie Augsburg–Ulm] nicht zulassen, soll der Rhein mit Donau verbindende Kanal nicht ungeheuer leiden.« Zit. nach Meinke, Beiträge, S. 297 f. und 302 f.
[58] Showalter, Railroads, S. 27. Leider ohne Angabe der Primärquelle.
[59] Allgemeine Militär-Zeitung, Nr. 63 vom 26.5.1846.
[60] Bezzel, Geschichte des Königlich Bayerischen Heeres, S. 121. Zur militärischen Nutzung der Eisenbahnen in Bayern siehe auch den Aufsatz von Braun, Strategie auf Schienen, S. 321–332.

versammeln[61]. Der militärische Nutzen dieser ersten Transporte war jedoch nur gering[62]. Ein Zeitgewinn gegenüber konventionellen Märschen war mit größeren Verbänden auf den noch kurzen Strecken nicht zu erzielen. Die preußische Garde hätte die Strecke von Potsdam nach Berlin bequem auch per Fußmarsch in sechs Stunden zurücklegen können. Somit hatte also zunächst die Praxis die theoretischen Berechnungen der ersten militärischen Gutachten durchaus bestätigt. Für Pferde schien das neue Transportmittel überhaupt nicht geeignet. Die meisten der von der Garde auf der Bahn mitgenommenen Tiere waren durch das Geräusch der Maschinen und das durchdringende Geheul der Zugpfeifen in solche Angst geraten, daß sie später erkrankten[63]. Zudem waren die Kosten der Eisenbahntransporte für eine häufigere Nutzung einfach zu hoch[64]. So blieben die ersten Militärtransporte nur eine Episode und die optimistischen Prognosen der Eisenbahnprotagonisten über eine militärische Nutzung der Eisenbahnen schienen zunächst durch die nüchternen Tatsachen widerlegt.

c) Die Debatte im preußischen Staatsministerium um ermäßigte Militärtarife

Nach dem ersten Eisenbahnmarsch der Garde fanden in Preußen vorerst keine weiteren Militärtransporte auf der Eisenbahn statt. Angesichts eines schnell wachsenden Streckenumfanges der ersten preußischen Bahnen nahm aber das Interesse der Armee an ihrer militärischen Nutzung deutlich zu. Eine Verordnung des preußischen Kriegsministeriums vom 29. Mai 1841 stellte dazu fest, daß »bei den sich mehrenden Eisenbahnanlagen und der durch dieselben gewährten rascheren und leichteren Beförderung es zweckmäßig [erscheint], diese auch auf Truppen anzuwenden«[65]. Allerdings waren die zu erwartenden hohen Kosten der zukünftigen Militärtransporte für das Kriegsministerium und sein stets knappes Militärbudget ein ernsthaftes Problem. Noch ehe die erste Eisenbahn in Preußen in Betrieb gegangen war, hatte daher das Kriegsministerium im Sommer 1838 versucht, massi-

---

[61] Siehe den Bericht in der Allgemeinen Militär-Zeitung, Nr. 145 vom 4.6.1842, S. 353, über die Ankunft eines Militärtransportes in Wien: »Gestern gestaltete sich die Ankunft des zur hiesigen Garnison bestimmten Grenadierbataillons zu einem wahren Volksfest. Wohl an 20 000 Menschen mochten am Bahnhof und auf eine weite Strecke den Damm entlang als Zuschauer zugegen gewesen sein. Der Kaiser, Erzherzog Franz Karl mit seinen Söhnen, Erzherzog Karl mit den Prinzen Albrecht und Friedrich erschienen am Bahnhof und Erzherzog Ludwig war dem Train zur Besichtigung selbst bis Leopoldau entgegen geritten. Das Gefolge der höchsten Personen, die im Zivil erschienen, bildete eine ungemein zahlreiche, glänzende Generalität«.
[62] Showalter, Railroads, S. 27.
[63] Allgemeine Militär-Zeitung, Nr. 85 vom 23.10.1839, S. 673. »Man kann daher annehmen, daß für Kavallerie der Transport mittels Eisenbahnen nicht ohne äußerste Not anwendbar sei«.
[64] Nach Köster, Militär und Eisenbahn, S. 102, gab es bis 1846 in Österreich überhaupt nur noch drei Transporte geschlossener Truppenverbände. Schon beim ersten Eisenbahntransport des österreichischen Jägerbataillons nach Brünn erfolgte der Rückweg auf Befehl des dortigen Generalkommandos per Fußmarsch, da die Eisenbahndirektion später den vollen Fahrpreis forderte.
[65] Monatliches Zirkular-Reskript des Preußischen Kriegsministers, Nr. 15 vom 29.5.1841, zit. nach Reden, Die Eisenbahnen Deutschlands, S. 285 f.

ven Einfluß auf die neuen Gesellschaften zu nehmen und verlangt, bei allen zukünftigen Militärtransporten schon im voraus Preisermäßigungen für die Armee gesetzlich festzuschreiben. Wie weit auf militärischer Seite das Umdenken zugunsten der neuen Technik bereits fortgeschritten war, zeigte ein Schreiben des Direktors des Allgemeinen Kriegsdepartments, Generalleutnant Ferdinand v. Stülpnagel (1781-1839), vom 1. Juli 1838 an den königlichen Flügeladjutanten Oberst v. Lindheim. Darin setzte sich der General für ermäßigte Militärtarife auf den Eisenbahnen ein, da nach seiner Ansicht die »Benutzung der Eisenbahnen sowohl zum Transport von Truppenteilen, als besonders auch alles sonstigen Kriegs- und Verpflegungsmaterials im Fall des Krieges von dem größten, fast unberechenbaren Nutzen« sein wird[66]. Diese überraschend eindeutige Stellungnahme zugunsten der Eisenbahnen bildete durchaus keine Einzelmeinung in der Armee, da Stülpnagel in der Tariffrage den durch Krankheit verhinderten Kriegsminister General v. Rauch vertrat und hier in vollem Einklang mit seinem Vorgesetzten gehandelt hatte. Auch General v. Müffling, inzwischen Präsident des preußischen Staatsrates, hatte den Antrag »auf das Kräftigste« unterstützt. Dennoch war Stülpnagels Vorstoß im Staatsministerium auf nur geringes Interesse gestoßen und schließlich auch »mit großer Stimmenmehrheit zurückgewiesen« worden[67]. Die meisten preußischen Minister scheuten sich, den zahlreichen restriktiven Bestimmungen des geplanten Eisenbahngesetzes noch weitere Beschränkungen hinzuzufügen. Sie befürchteten, daß sich für die bereits projektierten Bahnen überhaupt keine Geldgeber mehr fänden, wenn der Staat den zukünftigen Gesellschaften schon jetzt durch Gesetz verbilligte Frachtsätze in Kriegszeiten auferlegen würde. Die Mehrheit der Minister des Staatsministeriums sah auch keinen Bedarf, sich in dieser Frage schon jetzt festzulegen. Überhaupt war es nach ihrer Ansicht noch gar nicht nachgewiesen, »daß die Militärtransporte auf Eisenbahnen mehr als die [bisherigen] Truppenmärsche und Versendungen von Kriegsmaterial kosten würden«[68]. Daher hielt man es erst einmal für das beste, wenn sich die Armee ohne besondere gesetzliche Regelung im Bedarfsfalle mit den Eisenbahngesellschaften auf niedrigere Tarife einigte. Das Kriegsministerium mochte sich damit jedoch nicht zufriedengeben. In einem Votum vom 17. Juli 1839 gab der inzwischen wieder dienstfähige Kriegsminister General Gustav Johann v. Rauch (1774-1841) zu bedenken, daß solche Einigungen unter dem Druck eines Krisen- oder Kriegsfalles für den Staat allerdings erhebliche Risiken enthalten würden, da man dann gezwungen sei, unter Zeitdruck zu verhandeln. Rauch argumentierte, daß der Transport von Truppen und Kriegsmaterial in Kriegszeiten schon an und für sich eine große Mehrausgabe bedeute, die allerdings durch den militärisch wichtigen Zeitgewinn und die geringe Belastung der Einwohner durch Einquartierung und Vorspanndienste kompensiert würde. Für den Eisenbahntransport von 12 000 Mann Infanterie über die ca. 600 Kilometer lange Strecke von Berlin nach Köln müsse er aber mit Mehrkosten

---

[66] Schreiben des Generals v. Stülpnagel an Oberst v. Lindheim, in: GStAPK, Justizministerium, Nr. 11202.
[67] Brief Stülpnagels an Oberst v. Lindheim, ebd.
[68] Ebd.

III. Die organisatorische und operative Bewältigung der Eisenbahnfrage   121

von fünf Talern pro Soldat kalkulieren[69]. Der Vorgang blieb jedoch noch ein weiteres Jahr in der Schwebe. Ohne eine Kenntnis der Kostenstruktur der zukünftigen Eisenbahngesellschaften mochten die Minister keine Entscheidung treffen. Fest stand hierbei nur, daß man mit den geplanten Tarifermäßigungen keinesfalls unter die Selbstkostengrenze gehen durfte. Doch die war eben nicht bekannt. Im Oktober 1840 stellte General v. Rauch daher im Staatsministerium den Antrag, in der Frage der Tarifermäßigungen bei den benachbarten Mächten Informationen einzuholen. In seinem Votum vom 31. Oktober 1840 schlug er vor,

»daß durch die Königl. Gesandtschaften in England, Frankreich, Rußland, Belgien, Österreich, Sachsen, Bayern und die übrigen betreffenden deutschen Bundesstaaten baldigst Nachricht darüber eingezogen werde, ob und welche Bestimmungen zu Gunsten der Militärtransporte auf den dortigen Eisenbahnen wirklich erlassen worden sind[70].«

Diese Vorgehensweise war für die preußische Eisenbahnpolitik durchaus typisch. Schon General Rühle v. Lilienstern hatte im Februar 1835 vom Außenministerium Informationen über die im Ausland vorhandenen Regelungen in Eisenbahnangelegenheiten angefordert. Jedenfalls stimmten die Minister dem Vorschlag des Kriegsministers zu. Er bedeutete eine willkommene Vertagung der unfruchtbaren Debatte, die man bisher mangels konkreter statistischer Daten nur in höchst theoretischer Weise hatte führen können. Tatsächlich dauerte es nur wenige Monate, bis der erbetene Bericht des Außenministeriums im Februar 1841 dem neuen Kriegsminister v. Boyen vorlag[71]. Die darin gemeldeten Ergebnisse halfen jedoch wenig bei der Entscheidungsfindung, da die Frage besonderer Militärtarife bei den auswärtigen Mächten entweder gar nicht geregelt war oder aber die Lösungen auf Bedingungen basierten, die auf Preußen nicht übertragbar waren. So besaß Belgien ein Staatsbahnsystem, in dem Ermäßigungen für Militärtransporte keine Rolle spielten. Geringere Kosten für die Militärverwaltung bedeuteten zugleich auch geringere Einnahmen für die öffentliche Eisenbahnverwaltung, hinsichtlich des Gesamtstaatshaushaltes also ein Nullsummenspiel. Frankreich hatte für seine beiden erst bestehenden Bahnen von Paris nach Versailles sowie nach St. Germain zunächst keine Tarifermäßigungen für Militärtransporte vorgesehen, beabsichtigte dies aber bei zukünftigen Konzessionierungen zu tun. Österreich wiederum sah bei Militärtransporten grundsätzlich die Zahlung des vollen Tarifs vor, hatte aber auf weitere detaillierte Bestimmungen vorerst verzichtet, ebenso verfuhr man in England. Auch Rußland hatte für seine bis dahin einzige Eisenbahn von Petersburg nach Zarskoje Selo und weiter nach Pasolovsk, die insgesamt nur etwa 30 km lang war, keine besonderen Bestimmungen erlassen[72]. Anläßlich eines Manövers

---

[69] Votum des Kriegsministers v. Rauchs vom 17.7.1839, ebd., Bl. 26.
[70] Votum v. Rauch vom 31.10.1840, ebd., Bl. 33.
[71] Zusammenstellung derjenigen Grundsätze, Bericht des Außenministeriums vom 21.2.1841, ebd., Bl. 47 f.
[72] Das erste Teilstück war zunächst als Versuchsbahn von der Hauptstadt zur Sommerresidenz des Zaren angelegt worden. Ihre Eröffnung hatte am 30.10.1837 stattgefunden. Im darauffolgenden Sommer war der zweite Abschnitt bis Pawlowsk in Betrieb genommen worden. Trotz des wirtschaftlichen Erfolges der beiden Teilstrecken verzögerte sich der Baubeginn der eigentlich angestrebten Bahn von Petersburg nach Moskau jedoch bis 1843. Finanzielle Schwierigkeiten und die

sei einmal für den Transport von Truppen der volle Preis gezahlt worden. Bayern wiederum gedachte einen festen Militärtarif anzuwenden, der allerdings noch auf einem Gesetz aus dem Jahre 1819 beruhte und somit den besonderen Umständen des Bahntransportes kaum Rechnung tragen konnte. Schließlich waren die Verhältnisse in Sachsen ähnlich geartet wie in Preußen. Auch hier suchte die Administration noch nach einer angemessen Regelung für Militärtarife.

Mehr oder weniger konnte jeder der beteiligten Minister in dem Bericht des Außenministeriums eine Bestätigung seiner bisherigen Ansichten sehen. Finanzminister v. Alvensleben lehnte weiterhin eine Tarifermäßigung für Militärtransporte mit Blick auf die in England, Österreich und Rußland bestehenden Regelungen ab[73], während es hingegen dem Postminister v. Nagler »nicht überflüssig oder unnötig« erschien, »den Eisenbahngesellschaften bei Erteilung der Konzession für den gedachten Zweck gewisse Bedingungen aufzuerlegen«[74]. Ausschlaggebend schien schließlich die Auffassung des Innenministers Gustav v. Rochow zu sein. Da die »gesandtschaftlichen Mitteilungen« nach seiner Ansicht eine bestimmte Meinungsäußerung »nicht ersichtlich erleichterten«, forderte er vom Kriegsministerium, zunächst einmal seine Ansprüche an die Eisenbahndirektionen zu präzisieren. »Denn allererst wenn feststeht, was in dieser Beziehung von der Militärverwaltung in Anspruch genommen wird, oder in Anspruch genommen werden muß«, ließ sich seines Erachtens »eine bestimmte Ansicht darüber äußern, ob und inwieweit den Bahnunternehmungen zugunsten dieser Anforderungen Beschränkungen auferlegt werden können«. Als Innenminister dachte v. Rochow vor allem auch an etwaige politische Unruhen, zu deren Eindämmung oder gar Bekämpfung Streitkräfte erforderlich sein könnten. Es würde aber nach seiner Meinung

»unzweifelhaft in den Befugnissen des Staates liegen, sich aller Betriebsmittel der Potsdamer Bahn zu bemächtigen, um ohne Säumen die Garnison von Potsdam nach Berlin zu schaffen, [...] wenn zum Beispiel eine dringende Notwendigkeit wie [ein] ausgebrochener Tumult oder dergleichen es plötzlich erforderte, die hiesige Garnison so schleunigst als irgend möglich zu verstärken. Wenn aber die Militärverwaltung es im tiefsten Frieden angemessen finde, das Material für einen Festungsbau in Stettin auf der Eisenbahn dorthin zu schaffen, so wäre das zwar auch eine Benutzung der Eisenbahn zu militärischen Zwecken, allein es scheint an allen Gründen zu fehlen, in einem solchen Fall der Gesellschaft zuzumuten, den Transport für wohlfeile Preise zu leisten oder sich zugunsten desselben erhebliche Beschränkungen in ihrem Betriebe gefallen zu lassen[75].«

Zu der vom Innenminister geforderten genauen Festlegung seiner Ansprüche besonders in Kriegszeiten war das Kriegsministerium aber offenbar nicht in der Lage oder nicht willens. In einem Promemoria vom November 1841 betonte die militärische Seite noch einmal die Wichtigkeit, daß »bei der eigentümlichen geographischen Lage Preußens [...] der Kriegführung der große Vorteil, der in der

---

Vorgabe der Regierung, die Bahn ohne ausländische Hilfe zu bauen, führten dazu, daß die über 600 Kilometer lange Strecke erst acht Jahre später vollendet wurde. Siehe dazu: Westwood, Geschichte der russischen Eisenbahnen, S. 19-32.

[73] Votum des Finanzministers vom 7.6.1841, in: GStAPK, Justizministerium, Nr. 11 202, Bl. 50.
[74] Votum des Geheimen Staatsministers v. Nagler vom 20.6.1841, ebd., Bl. 51.
[75] Votum des Innenministers v. Rochow vom 4.7.1841, ebd., Bl. 52.

III. Die organisatorische und operative Bewältigung der Eisenbahnfrage

Benutzung der Eisenbahnen liegt, möglichst gesichert werde«[76]. Das Kriegsministerium forderte deshalb als Ideallösung aus militärischer Sicht die Umwandlung der bestehenden privaten Eisenbahngesellschaften in Staatsbahnen, »die jeder Zeit der uneingeschränkten Benutzung für die Kriegführung mit den geringsten Kosten geöffnet sind«[77]. Solange dies jedoch nicht möglich war, müsse man aber der »in allen bürgerlichen Verhältnissen« vorherrschenden Gewohnheit folgen, daß der Verkäufer dem Käufer bei Abnahme einer großen Menge besondere Vorteile gewähre, »welche mit der Größe seines Erlöses im Verhältnis stehen«. Darüber hinaus erlaubten die gewöhnlich mit der Hälfte der üblichen Geschwindigkeit ausgeführten Militärtransporte bei gleichem »Verbrauch von Feuerungsmaterial« die Fortschaffung einer »zweifachen Last. Nicht zuletzt dies rechtfertigte nach Ansicht des Kriegsministeriums durchaus billigere Tarifsätze für die Armee[78].« Die Argumentation der militärischen Seite hielt die Majorität der Minister für »beachtenswert«, was wohl nicht mehr als eine Höflichkeitsformel gewesen sein dürfte. Tatsächlich befürchtete sie, »daß eine derartige gesetzliche Bestimmung mehr als jede andere das Publikum von der Teilnahme an derartigen Unternehmungen abschrecken dürfte«[79]. Somit setzte sich im Staatsministerium in der Sitzung vom 31. Dezember 1841 schließlich die Ansicht des Innenministers v. Rochow durch. Eine gesetzliche Regelung zu Senkung der Militärtransporte unterblieb. Das Kriegsministerium sah sich auf direkte Verhandlungen mit den Eisenbahngesellschaften verwiesen und die Konzessionsbedingungen für neue Eisenbahngesellschaften in Preußen bestimmten nun für alle Militärtransporte, daß über die hier für zu leistende Vergütung, so wie über eine Ermäßigung der allgemeinen Frachtsätze für den Transport von Truppen und Kriegsmaterial nach Maßgabe der Umstände zu befinden sei[80].

Den einzelnen Truppenteilen war es ohnehin bereits seit dem 29. Mai 1841 erlaubt, nach eigenem Ermessen, allerdings nur »unter gewöhnlichen Verhältnissen«, d.h. in Friedenszeiten, »für kürzere oder längere Touren« Truppenbeförderungen anzuordnen. Voraussetzung war jedesmal ein genauer Kostenvergleich hinsichtlich der Ausgaben »des gewöhnlichen Landmarsches«, wobei es gestattet war, die verminderte Zahl der Marschtage und damit auch die verringerten Verpflegungskosten zugunsten des Eisenbahntransportes in Anschlag zu bringen[81]. Die ungünstige wirtschaftliche Entwicklung zu Beginn der vierziger Jahre mit sinkenden Fahrgastaufkommen zwang die Eisenbahngesellschaften schon bald, sich nach neuen Einnahmequellen umzusehen. Ebenso wie die österreichischen Gesellschaften der k.k.

---

[76] Promemoria des Kriegsministeriums vom November 1841, in: GStAPK, I. HA, Rep. 77, Ministerium des Innern, Tit. 258, Nr. 27, Benutzung der Eisenbahnen für öffentliche, namentlich für militärische Zwecke, Bl. 21–25.
[77] Ebd., Bl. 21.
[78] Ebd., Bl. 24.
[79] Protokoll der Sitzung des Staatsministeriums vom 31.12.1841, ebd., Bl. 17–20.
[80] Kabinettsordre vom 27.11.1843 betr. die Bestätigung der Niederschlesisch-Märkischen Eisenbahn, zit. nach Reden, Die Eisenbahnen Deutschlands, S. 287.
[81] Monatliches Zirkular-Reskript des Preußischen Kriegsministers, Nr. 15 vom 29.5.1841, zit. in: ebd., S. 285 f.

Armee günstigere Tarife anboten, räumten nun auch die preußischen Eisenbahnen der Armee ermäßigte Tarife für Truppenbeförderungen ein[82]. Die Berlin-Potsdamer Bahn verlangte für Truppentransporte nur zwei Drittel des niedrigsten Tarifsatzes, die Berlin-Anhalter und die Magdeburg-Leipziger-Gesellschaft sogar nur die Hälfte, wenn die zu befördernde Zahl 300 Mann erreichte oder überstieg[83]. Auch die Berlin-Frankfurter (a.d. Oder)-Eisenbahngesellschaft bot gleich nach ihrer Eröffnung am 15. August 1843 den Generalkommandos des Berliner Gardekorps und des III. Armeekorps ermäßigte Tarife an und wandte sich in einem vom 16. September des gleichen Jahres datierten Schreiben auch an das weit entfernt am Rhein amtierende Oberpräsidium in Koblenz, da ein großer Teil der im Rheinland stationierten Soldaten aus den östlichen Provinzen stammte. Unter Bezugnahme auf die Weisung des Kriegsministeriums vom 29. Mai 1841 schrieb die Direktion:

> »Da nach Verfügung des Königl. hohen Kriegsministeriums die Eisenbahnen nur in den Fällen bei Märschen und Transporten durch das Militär benutzt werden dürfen, wenn dadurch die Kosten der gewöhnlichen Etappenmärsche nicht überschritten werden, so haben wir uns vorläufig [...] bereit erklärt, die Fahrpreise auf unserer Eisenbahn jenem Prinzip angemessen, sowohl für einzelne Kommandierte als auch für Militärtransporte zu ermäßigen. Eurem Königl. hohen Oberpräsidium [in Koblenz] beehren wir uns, von diesen Ermäßigungen Kenntnis zu geben, mit dem ganz ergebenen Anheimstellen, hierauf Rücksicht zu nehmen und von unserer Bahn gegen Zahlung der ermäßigten Preise geneigtest Gebrauch zu machen[84].«

Das Angebot galt insbesondere für den Transport von Ersatzmannschaften und Reservisten, wobei sich die Gesellschaft den werbenden Hinweis nicht versagte, daß in diesen Fällen die Reservisten entsprechend der verkürzten Transportdauer später einberufen werden müßten. Bei der Nutzung der Bahn durch größere Truppenabteilungen war man jedoch vorsichtiger, und stellte die Preisermäßigung unter den Vorbehalt einer »jedesmaligen Einigung«[85]. Transporte ganzer Einheiten oder Verbände fanden jedoch zunächst auf den neuen preußischen Eisenbahnlinien nicht statt. Allerdings ließ die Armee nun vermehrt ihre Reservisten und Urlauber in Einzel- oder Gruppenfahrten mit der Bahn befördern. 1842 waren auf der Berlin-Potsdamer Eisenbahn schon insgesamt 8700 Armeeangehörige befördert worden, allein im September rund 2000 Reservisten und Urlauber und im November noch einmal 4000 Mann. Auch im folgenden Jahr ergab sich ein ähnliches Transportaufkommen an militärischem Personal auf dieser Strecke[86]. Auf der Berlin-Frankfurter Bahn waren nach Abschluß eines besonderen Abkommens zwischen der Gesellschaft und dem Kriegsministerium von August bis Dezember 1843 über 5000 Armeeangehörige gereist[87], und der Geschäftsbericht der Magdeburg-

---

[82] Ebd., S. 286.
[83] Promemoria des Kriegsministeriums, in: GStAPK, Ministerium des Innern, Tit. 258, Bl. 24.
[84] Berlin-Frankfurter-Eisenbahn vom 16.9.1843, in: LAH Koblenz, 403/1996 Akten des rheinischen Oberpräsidiums betr. die Benutzung der Eisenbahn und Dampfschiffe bei Märschen und Militärtransporten, Bl. 1-6.
[85] Ebd., Bl. 4.
[86] Reden, Die Eisenbahnen Deutschlands, S. 513.
[87] Ebd., S. 369.

Leipziger-Eisenbahngesellschaft vermerkte für das im April 1844 begonnene Geschäftsjahr immerhin die Zahl von 7190 reisenden »Militärpersonen«[88].

d) Erste Truppenversuche der Armee mit Pferden und Militärfahrzeugen auf den preußischen Eisenbahnen

Nach dem ersten Marsch preußischer Truppen auf der Berlin-Potsdamer Bahn im Oktober 1839 vergingen fast drei Jahre, ohne daß neue Transporte vollständiger Einheiten oder Verbände in Preußen durchgeführt wurden. Zwar befaßte sich die Armeeführung seither weiterhin, wie das Promemoria vom November 1841 zeigte, mit den technischen und organisatorischen Voraussetzungen für größere Eisenbahntransporte, die Erörterung vieler Fragen blieb jedoch zunächst sehr theoretisch. Erst im Sommer 1842 unternahm die preußische Armee die ersten ernsthaften Truppenversuche mit der Eisenbahn. Anfang Juli 1842 fuhr eine Batterie Zwölfpfünder mit acht Geschützen, 221 Mann sowie mit einer allerdings unvollständigen Bespannung mit einem Zug der Berlin-Potsdamer-Eisenbahn auf 21 Waggons in 20 Minuten von Berlin nach Zehlendorf und in der gleichen Zeit wieder zurück[89]. Im selben Jahr fanden noch weitere Truppenversuche mit kleineren Verbänden auf der Strecke Berlin-Wittenberg statt[90]. Die verantwortliche Kommission gelangte dabei zu der Ansicht, daß der Transport von Kriegsmaterial und Personal keine besonderen Schwierigkeiten verursache. Probleme waren nur beim Transport von Pferden aufgetreten, da hierzu die geeigneten Waggons fehlten. Das Kriegsministerium hatte daraufhin der Regierung empfohlen, weitere Konzessionen für den Bau von Eisenbahnen in Zukunft nur dann zu erteilen, wenn auch die Bereitstellung von geeigneten Waggons für Militär- und insbesondere für Pferdetransporte durch die zukünftige Gesellschaft sichergestellt sei[91].

In diesem Sinne wurde die neu zu konzessionierende märkisch-niederschlesische Eisenbahn durch eine Kabinettsordre vom 27. November 1843 verpflichtet, eine Anzahl von Transportfahrzeugen so einzurichten, daß solche nötigenfalls auch zum Transport von Pferden benutzt werden können, auch eine Anzahl von Wagen in einer Länge von zwölf Fuß zum Gebrauche bei der Absendung von Militäreffekten bereit zu halten. Ebenso hatte sich jede neue Eisenbahngesellschaft auf »außerordentliche Fahrten« zum Transport von Truppen einzurichten und dazu auf Anforderung alle ihre »sonst noch vorhandenen Transportmittel« zur Verfügung zu stellen. Der Militärverwaltung wurde es darin auch gestattet, »sich zu

---

[88] Geschäftsbericht der Magdeburg-Köthen-Halle-Leipziger Eisenbahngesellschaft für die Zeit vom 8.4.1844 bis zum 7.4.1845, in: GStAPK, I. HA, Rep. 89, Zivilkabinett, 1. Abt., Nr. 29 671 betr. die Eisenbahn von Magdeburg auf Leipzig bis zur sächsischen Grenze.
[89] Allgemeine Militär-Zeitung vom 21.7.1842 (Nr. 61). Siehe dazu Meinke, Die ältesten Stimmen, S. 65.
[90] Ebd., S. 64.
[91] Erfahrungen über die Benutzung der Eisenbahnen, S. 124. Der Beitrag enthielt die wörtliche Wiedergabe eines Berichtes des preußischen Kriegsministeriums vom 10.6.1846, in: GStAPK, I. HA, Rep. 77, Ministerium des Innern, 332 V, Nr. 17, Bd 2, Benutzung der Eisenbahnen für öffentliche, namentlich militärische Zwecke.

ihren Transporten eigener Transport- und Dampfwagen zu bedienen«, wobei sie allerdings die Feuerungskosten und ein mäßiges »Bahngeld« an die Gesellschaft zu zahlen hatte[92]. Die Armee vertrat jedoch die Auffassung, daß die Bereitstellung von ausreichendem Betriebsmaterial ausschließlich Aufgabe der privaten Eisenbahngesellschaften sei. In einem Schreiben an den damals für Eisenbahnen zuständigen Finanzminister Eduard v. Flottwell (1786-1865) betonte das Kriegsministerium Ende Dezember 1844 erneut seine Forderungen an die Eisenbahngesellschaften, geeignetes Betriebsmaterial für den »Transport einer größeren Anzahl von Pferden« zur Verfügung gestellt zu erhalten. Als Mindestmaß für die Wagenkästen beanspruchte die Armee 7½ Fuß in der Breite und 15 Fuß in der Tiefe, die Seitenwände sollten stabil sein und mindestens sechs Fuß hoch. Zur leichteren »Einbringung der Pferde« mußten sie auf wenigstens einer Seite abzuklappen sein. Die Böden der Wagen waren zudem mit mindestens zwei Zoll dicken Bohlen zu belegen, »um ein Durchtreten der Pferde zu verhüten«[93]. Die Truppenversuche mit der Eisenbahn waren jedoch schon im Jahre 1842 wieder eingestellt worden. Einen Antrag der Versuchskommission, die Probefahrten fortzusetzen, hatte das Kriegsministerium mit dem Hinweis abgelehnt, daß man sich davon auf Grund der noch geringen Ausdehnung der verfügbaren Bahnen keine weiteren Erkenntnisse verspreche[94].

Auch für reguläre Transporte vollständiger Truppenteile mit der Eisenbahn schien zunächst keine Veranlassung zu bestehen. In den noch ruhigen Zeiten verzichtete die militärische Führung offenbar darauf, die größere Schnelligkeit der Truppe mit höheren Kosten zu erkaufen[95]. Auch hatten die Eisenbahngesellschaften immer noch nicht ausreichend Betriebsmaterial für den Transport größerer Truppenteile zur Verfügung. Auf eine Anfrage General v. Müfflings beim Generalstab hinsichtlich der Leistungsfähigkeit der Eisenbahngesellschaften meldete der Major Fischer in einem Schreiben vom 28. Februar 1844, daß

»bei einer großen Anzahl in Gebrauch zu nehmender Lokomotiven [...] es ferner in der Regel an einer hinlänglichen Masse an Wagen fehlen [werde], um per Lokomotive 600 Mann zu transportieren, wozu an Wagen, wie sie fast allgemein benutzt werden, 20 Stück per Lokomotive erforderlich sind, während sich deren [jedoch] selten mehr als 13 bis 14 vorfinden[96].«

Fischer war derselbe Offizier, der an der Abfassung des Gutachtens von 1836 beteiligt gewesen war und 1841 in einer zweiten Broschüre[97] über die militärische Benutzung der Eisenbahnen die restriktiven Annahmen seiner ersten Schrift von 1836 zumindest teilweise revidiert hatte. Er schien auch danach dienstlich mit

---

[92] Preußische Gesetzsammlung, 1843, Nr. 34, S. 373.
[93] Schreiben des Kriegsministeriums vom 31.12.1844 an den Finanzminister v. Flottwell, in: GStAPK, I. HA, Rep. 93E, Ministerium für Handel, Gewerbe und öffentliche Arbeiten, Nr. 2360 Einrichtungen am Eisenbahnmaterial und Beschaffung von Laderampen für militärische Zwecke, Bl. 1.
[94] Erfahrungen über die Benutzung der Eisenbahnen, S. 124.
[95] Eine ähnliche Haltung vertraten zu Beginn der vierziger Jahre auch die Militärbehörden in der Habsburgermonarchie. Vgl. Köster, Militär und Eisenbahn, S. 102.
[96] Ganz gehorsamste Bemerkungen, in: GStAPK, Nachlaß v. Müffling.
[97] Darlegung der technischen und Verkehrsverhältnisse.

Eisenbahnangelegenheiten beschäftigt gewesen zu sein. Das maßgebliche Gutachten aus dem Jahre 1844 für den Streckenverlauf der Ostbahn hatte er mitverfaßt. Auch besaß er einen groben Überblick über den Betriebsmittelbestand der preußischen Eisenbahngesellschaften. Fischers Feststellungen, daß auf den »einigermaßen frequentierten Bahnen« tatsächlich im Durchschnitt nur 1½ Lokomotiven je Meile zur Verfügung ständen, wovon noch ein Drittel als Reserve oder als in Reparatur befindlich abgezogen werden müsse, bestätigten somit seine früheren pessimistischen Schätzungen, die auch in das Gutachten von 1836 aufgenommen worden waren[98].

Wesentliche, über das Gutachten von 1836 hinausgehende Erkenntnisse über die militärische Leistungsfähigkeit der Eisenbahnen hatte die Armee bis dahin nicht gewonnen. Fischer ging immer noch von einer mittleren Leistungsfähigkeit der Lokomotiven von 24 Meilen am Tag aus, die dann allerdings auch über eine längere Zeit erbracht werden könnte. Somit sei eine Brigade Infanterie von 5000 Mann samt ihrer Artillerie in drei Tagen von Berlin nach Köln zu befördern, für vier Brigaden nähme der Transport dann aber schon zehn Tage in Anspruch. Der Mangel an geeigneten Betriebsmitteln bildete noch lange ein gravierendes Problem bei Militärtransporten. Die Eisenbahngesellschaften unternahmen aus eigenem Antrieb keine Anstrengungen, hier Abhilfe zu schaffen und wiesen vorsorglich auf ihre für Militärzwecke oft nicht ausreichenden Kapazitäten hin. So vermerkte die Berlin-Frankfurter-Eisenbahngesellschaft in ihrem verbilligten Tarifangebot für Eisenbahntransporte vom September 1843, daß man Reservisten, Ersatzmannschaften und Kommandierte durchaus in Wagen der zweiten Klasse befördern wolle, bei größeren Transporten könne die Gesellschaft jedoch nur »so weit es die Mittel und Verhältnisse gestatten, Anspruch auf Beförderung in den Wagen geben, eventuell würde sich ein Teil Stehplätze gefallen lassen müssen[99].« Ein im März 1848 zwischen dem Kriegsministerium und der Köln-Mindener-Eisenbahn geschlossener Vertrag verpflichtete daher die Gesellschaft, auf Kosten des Ministeriums eine Anzahl von 28 Waggons der IV. Klasse speziell für den Transport von Pferden umzurüsten[100].

Als im Frühjahr 1846 Unruhen im Freistaat Krakau ausbrachen, nutzte die preußische Armee sofort die Gelegenheit, um weitere Erfahrungen mit Bahntransporten zu sammeln. Ende Februar 1846 ordnete die Regierung in Berlin an, ein Observationskorps in Stärke von zwei Brigaden des VI. Korps zur Sicherung an die oberschlesische Grenze zu verlegen. Nachdem in aller Eile das notwendige Betriebsmaterial zusammengezogen worden war, marschierten insgesamt 12 300 Mann und zwei Batterien zu je acht Geschützen sowie kompletter Bespannung von je 98 Pferden auf der oberschlesischen und der niederschlesisch-märkischen Bahn aus ihren Standorten zum Ausladebahnhof Gleiwitz. Pro Tag konnten zwei

---

[98] Ganz gehorsamste Bemerkungen, in: GStAPK, Nachlaß v. Müffling.
[99] Berlin-Frankfurter-Eisenbahn vom 16.9.1843, in: LAH Koblenz, 403/1996, Bl. 1-6.
[100] Vertrag zwischen dem preußischen Kriegsministerium und der Köln-Mindener-Eisenbahngesellschaft über die Durchführung von Truppentransporten, in: GStAPK, Handelsministerium, Nr. 2360, Bl. 79.

Züge in Marsch gesetzt werden. Ein Mitglied der Eisenbahndirektion oder ein höherer Bahnbeamter fuhren als Begleitung auf jedem Transport mit. Je Zug konnte entweder eine Batterie Artillerie oder ein Bataillon Infanterie befördert werden. Auf jeden Waggon kamen dabei zwei Geschütze einschließlich ihrer Protzen. Ein Artilleriezug bestand aus 40 Wagen, die von zwei Lokomotiven gezogen wurden[101]. Die 15 Munitionswagen wurden mit einem Extrazug bei Nacht an ihren Bestimmungsort gebracht. Der gewöhnliche Fahrbetrieb erlitt keine Einschränkungen, obwohl die oberschlesische Bahn »hierbei alle ihr zu Gebote stehenden Transportmittel in Bewegung setzen« mußte[102]. Der Mangel an Transportfahrzeugen erforderte es jedoch, daß zwei Drittel der Mannschaften stehend in ungedeckten Güterwagen transportiert werden mußten. Eine einheitliche Vorschrift für das Verhalten der Soldaten während des Marsches gab es noch nicht. Während bei einem der Bataillone die Tornister unter den Sitzbänken verstaut wurden, befahl man in einem anderen den Soldaten, diese auf die Knie zu nehmen, was sich allerdings als ziemlich beschwerlich herausstellte. Auch wurde ein großer Teil der von den Männern abgelegten Gewehre offenbar erheblich beschädigt[103].

Die Zugpferde der Artillerie wurden je zu viert in einem Güterwagen transportiert, von dem die Decke entfernt worden war. Sie standen quer zur Fahrtrichtung nebeneinander, mit den Köpfen zu der dem Telegraphen abgewandten Seite gerichtet. Eine Ideallösung war dies allerdings noch nicht. Um auf der einzigen zur Verfügung stehenden Rampe 98 Pferde einzuladen, hatte das Bahnpersonal fast zwei Stunden benötigt. Das Aufladen einer Batterie von acht Geschützen dauerte dagegen nur 45 Minuten. Insgesamt sah der Verfasser des Berichtes in den Transporten den praktischen Beweis erbracht, »daß bei zweckmäßigen Anordnungen und einem richtigen Zusammenwirken der Behörden selbst mit beschränkten Mitteln beachtenswerte Erfolge erzielt werden können«[104]. Aus Kostengründen marschierte jedoch ein Teil der Brigade später auf der Straße zurück[105].

2. Preußens Bemühungen um ein militärisch nutzbares Eisenbahnnetz in Deutschland 1838-1848

a) Die erste preußische Eisenbahninitiative beim Deutschen Bund 1838

Ein wesentlicher Grund für die anfängliche Skepsis der preußischen Militärs gegenüber den Eisenbahnen war die Sorge, daß sie bei nur vereinzelt verfügbaren Linien im Kriegsfall unter ungünstigen Umständen nicht genutzt werden könnten. Somit wäre die Truppe wieder auf die Chausseen angewiesen, die deshalb keines-

---

[101] Allgemeine Militär-Zeitung, Nr. 14 vom April 1846, S. 365 f.
[102] Erfahrungen über die Benutzung der Eisenbahnen, in: GStAPK, Ministerium des Innern, 332 V, Nr. 17 bzw. Militärwochenblatt 31, 1846, S. 124.
[103] Ebd., S. 125.
[104] Ebd., S. 124.
[105] Allgemeine Militär-Zeitung, Nr. 14 vom April 1846, S. 366.

III. Die organisatorische und operative Bewältigung der Eisenbahnfrage

wegs zugunsten der Eisenbahnen vernachlässigt werden durften. Andererseits würden nur vereinzelt bestehende Bahnen die Operationsfreiheit einengen und der Armeeführung kein flexibles Reagieren auf unerwartete Lageänderungen gestatten. Als Konsequenz aus dieser Überlegung erneuerten Militärs immer wieder ihre Forderung nach einem vollständigen preußischen Eisenbahnnetz, das vor allem die operative Bewegungsfreiheit der Armeen sicherstellte und ihnen im Notfall durch Querverbindungen zwischen den Hauptoperationslinien Möglichkeiten des Ausweichens bot.

In seinem ersten Gutachten von 1835 hatte General Rühle v. Lilienstern schon darauf hingewiesen, daß ein solches Eisenbahnnetz nicht nur in Preußen, sondern in ganz Deutschland errichtet werden müßte. Dies würde einem Vordringen der Franzosen in jedem Fall hinderlich sein, da es das Zuhilfeeilen von Norden nach Süden und umgekehrt aus einem Abschnitt des Kriegstheaters nach dem anderen erleichtere und befördere. Somit sei es wünschenswert, daß die süddeutschen Höfe ihre Ansichten über diese Angelegenheit aussprechen und mitteilen. Eine ununterbrochene Verständigung der deutschen Bundesstaaten läge sowohl im militärischen wie auch im kommerziellen Interesse besonders der Mitglieder des Zollvereins[106]. Auch die preußische Militärkommission von 1836 hatte abschließend erklärt, es sei aus militärischer Sicht wünschenswert, »daß die Eisenbahnen nicht vereinzelt stehen bleiben, sondern bald zu großen Systemen zusammenwachsen«[107]. Tatsächlich schien Bayern auf die Anregung Preußens eingegangen zu sein. Im Frühjahr 1836 hatte der preußische Gesandte in München, Graf v. Dönhoff, in einem Bericht an das preußische Außenministerium auf die Bestrebungen der bayerischen Regierung hingewiesen, eine Eisenbahnlinie zwischen Nord- und Süddeutschland zu errichten, so daß im Falle eines französischen Angriffes am Oberrhein schneller preußische Verstärkungen nach Süddeutschland befördert werden könnten[108]. Mit Blick auf die ständige Gefahr an der deutschen Westgrenze, vor allem am Oberrhein mit der dortigen Festungslücke, konnten sich die Überlegungen der Militärs zur Gestaltung eines Eisenbahnnetzes nicht nur auf das preußische Territorium beschränken, sondern mußten konsequenterweise das gesamte Bundesgebiet in ihre Betrachtung einbeziehen.

Die Verbindungsaufnahme mit den anderen Staaten des Bundes sollte auf der Grundlage des neuen, vom 6. Oktober 1837 datierenden Gutachtens[109] erfolgen, in dem die preußische Regierung ihre grundsätzlichen Ansichten über die militärische Nutzung der Eisenbahnen zusammengefaßt hatte. Einer seiner Verfasser dürfte

---

[106] Gutachten von 1835, in: GStAPK, Ministerium der Auswärtigen Angelegenheiten, Nr. 6963, Bl. 82.
[107] Unvorgreifliche Ansichten über die Benutzung der Eisenbahnen zu militärischen Zwecken in technischer Beziehung, in GStAPK, HA, Rep. 90, Preußisches Staatsministerium, Nr. 1674, Bl. 46.
[108] Gesandtschaftsberichte aus München, III. Abt., S. 390.
[109] Denkschrift über die bei der Beurteilung von Kunststraßen überhaupt und von Eisenbahnen insbesondere in Anwendung zu bringende Grundsätze, in: GStAPK, Staatsministerium, Nr. 1674.

mit ziemlicher Sicherheit der General Rühle v. Lilienstern gewesen sein[110]. Das neue Gutachten wiederholte zunächst die schon bekannten Argumente, daß die Eisenbahnen sich zum Transport kleinerer Korps und von Nachschubgütern durchaus eigneten, nicht aber auf dem »Kriegstheater im engeren Sinne« eingesetzt werden könnten. Widersprüchlich schien das Gutachten in seinen Ansichten über den alten Interessenkonflikt von militärischen und wirtschaftlichen Zwecken. Zunächst hieß es, daß

»die Verschmelzung beider Bedingungen [...] im Ganzen nur wenig Schwierigkeiten gefunden [habe]. Da der Krieg im Großen den Haupthandelswegen folgt, auf denen er am leichtesten seine Bedürfnisse befriedigen kann, so entfernen sich die militärischen Zwecke in ihrer Richtung in der Regel nur wenig von den kommerziellen.«

Sehr theoretisch in ihrem Widerspruch dazu klang dagegen folgende spätere Passage des Gutachtens:

»Da der Friede als Regel, der Krieg als Ausnahme angesehen werden muß und daher die militärischen Interessen mit keiner Selbständigkeit Bahnen dauernd erhalten können, [...] so wird das militärische Interesse sich bei der Organisation der Eisenbahnen nur untergeordnet denjenigen [wirtschaftlichen] Interessen anschließen können, welche die Eisenbahnen durch regelmäßige Benutzung zu ernähren vermögen.«

Fast schon trotzig erschienen die Verfasser nun mit ihrem Eingeständnis, daß nach Ansicht des Königs sehr wohl »im militärischen Interesse auf die Feststellung der Konstruktion des Handelsverkehrs dahin eingewirkt werden soll, daß letztere unbeschadet ihrer eigentlichen Bestimmung den militärischen Bedürfnissen möglichst angepaßt werden«[111]. Der preußische Monarch dachte hierbei vor allem daran, für die Durchführung von Militärtransporten im Echelonverkehr eine »möglichst gleichförmige Regulierung der Stationen nach ihrer Länge und den örtlichen Schwierigkeiten des Terrains« zu fordern, um zu verhindern, daß die einzelnen Transportabschnitte eine unterschiedliche Länge erhielten und damit aus der unterschiedlichen Dauer der Fahrt ein reibungsloses Ineinandergreifen der in Echelons zerfallenden Transporte erschwert werden würde[112].

Ob die preußische Regierung allerdings gut beraten war, ein Dokument, in dem so offen die unterschiedlichen Ansichten des Monarchen und seiner Generalität zum Ausdruck kamen, als Grundlage einer diplomatischen Initiative in der Bundesversammlung zu bestimmen, darf bezweifelt werden. Weitaus bedenklicher und für den Ausgang der Initiative geradezu verhängnisvoll waren jedoch jene Passagen des Gutachtens, in denen es auf die grenznahen Eisenbahnverbindungen, die im Kriegsfall in feindliche Hand fallen konnten, zu sprechen kam. Zu einem Zeitpunkt, da sich noch fast alle wichtigen inneren Eisenbahnlinien von unzweifelhaft militärischem Vorteil, entweder noch im Bau oder in der Projektierungsphase befanden, bereits auf die Möglichkeit von Bahnen in den Grenzgebieten einzugehen,

---

[110] Einige übereinstimmende Formulierungen mit Rühle v. Liliensterns Gutachten von 1835 lassen vermuten, daß der General zumindest an der Niederschrift dieses neuen Gutachtens beteiligt war.
[111] Denkschrift über die bei der Beurteilung von Kunststraßen überhaupt und von Eisenbahnen insbesondere in Anwendung zu bringende Grundsätze vom 6.10.1837, in: GStAPK, Staatsministerium, Nr. 1674, Bl. 107.
[112] Ebd.

die eventuell auch einmal dem Feind nutzen konnten, war überflüssig, wenn nicht sogar ungeschickt. Die Verfasser des Gutachtens glaubten hier, daß allein das Losschlagen einiger Keile und die Wegnahme der dadurch abgelösten Schienen augenblicklich die Passage einer bedrohten Eisenbahn unterbreche. Ein derartiges Abräumen größerer Strecken, auch das Zerschlagen der gußeisernen Stühle, in dem die Schienen ruhten, oder die Zerstörung der Steinunterlagen, könne eine Eisenbahn mit Hilfe einfachster Mittel sehr schnell unbrauchbar machen. Notfalls hätte man noch die Möglichkeit, Brücken oder Bahngleise zu sprengen und allein das Zurückziehen der Lokomotiven und Transportfahrzeuge, ja zuweilen selbst nur das Anzünden der Rohbauvorräte auf den Stationen, würde in wenigen Tagen eine Eisenbahn für längere Zeit unbrauchbar machen. Die Gutachter zogen daraus den Schluß, daß es somit nicht im Interesse des Staates sein könne, auf die Vorteile der Eisenbahnen für die eigene Armee, den Handel und die Industrie zu verzichten, selbst wenn sie möglicherweise im Laufe eines Krieges dem Feind einmal einen Vorteil gewähren könnten[113].

Am 23. Februar 1838 beantragte das Staatsministerium bei König Friedrich Wilhelm III., die Militärkommission beim Deutschen Bund über die im Gutachten formulierten Grundsätze hinsichtlich der militärischen Nutzung der Eisenbahn, die Preußen als richtig erkannt habe, zu unterrichten. Der Monarch genehmigte am 11. März 1838,

»daß die Bundesmilitärkommission des Deutschen Bundes von den Grundsätzen, die bei der Anlegung von Eisenbahnen für die Wahrnehmung der militärischen Interessen [in Preußen] angenommen sind, in vollständige Kenntnis gesetzt und zugleich der Bundestagsgesandte angewiesen werde, sich zu bemühen, durch seinen Vortrag auch bei den übrigen deutschen Regierungen für die im Bericht angedeuteten Zwecke Eingang zu verschaffen[114].«

Die eigentliche Absicht dieses Manövers war es allerdings, auf die Gestaltung der zukünftigen Bahnen in Süddeutschland möglichst frühzeitig Einfluß zu nehmen. So hieß es weiter in der Kabinettsordre:

»Insofern die Anlage von Eisenbahnen in diesen südlichen Gebieten angeregt wird, sind bei Beziehung der in militärischem Interesse als wichtig angedeuteten Züge nur diejenigen Bewegungen zum Anhalt zu nehmen, die für den Fall eines Krieges der deutschen Truppen auf den betreffenden Kriegstheatern, sei es zum Angriff oder zur Verteidigung auszuführen sein werden, oder die zur Verbindung des südlichen und des nördlichen Kriegstheaters dienen.«

Dies waren die »großen Kommunikationen«, welche die österreichischen Staaten mit dem unteren Main- und dem Rheingebiet verbinden würden, besonders die aus Böhmen durch Nordbayern gegen den Rhein führenden Bahnen sowie die aus Österreich entlang der Donau auf Ulm gehende Linie, außerdem die von Bayern bereits angeregte Nord-Südverbindung von Erfurt über Würzburg zum Neckar und zum Rhein[115].

---

[113] Ebd, Bl. 106.
[114] Kabinettsordre vom 11.3.1838, in: GStAPK, Staatsministerium, Nr. 1674, Bl. 109.
[115] Ebd.

Die Aussichten der vom König gewünschten Initiative schienen günstig. In Frankfurt beschäftigte sich die Bundesversammlung immer noch mit der Frage der Streckenführung der Taunusbahn von Frankfurt nach Mainz in den Bereich der dortigen Bundesfestung[116]. Während sich aber die Delegierten hierbei schnell auf einen Forderungskatalog an die Eisenbahnkomitees einigen konnten, war ein anderes Eisenbahnprojekt in der bayerischen Rheinpfalz bei den übrigen deutschen Mächten höchst umstritten. Inzwischen beabsichtigte Bayern, im Zusammenwirken mit Frankreich eine Bahnlinie ausgerechnet auf dem linken Rheinufer von Straßburg zur Festung Germersheim anzulegen[117]. Dieses Vorhaben stieß in Frankfurt auf die massivsten Bedenken vor allem der Militärs, die fürchteten, die geplante Strecke könnte im Kriegsfall von Frankreich zu offensiven Zwecken benützt werden. Es war nun das erklärte Ziel der preußischen Initiative, eine Übereinstimmung über die für die Verteidigung Deutschlands bedeutsamsten Eisenbahnen entweder auf bilateraler oder auf Bundesebene herbeizuführen. An die Notwendigkeit, eine strategisch umstrittene Strecke wie den Bau einer Bahn von Germersheim nach Straßburg vereiteln zu müssen, hatte man in Berlin überhaupt nicht gedacht. In diesem konkreten Fall mußte das beigefügte Gutachten sogar kontraproduktiv wirken, da es die Möglichkeiten der Nutzung einer Bahn durch den Feind im Kriegsfall als geringfügig gegenüber den mit ihr in Friedenszeiten verbundenen Vorteilen ansah. Im Gutachten hieß es zu diesem Punkt ganz eindeutig, eine Eisenbahn könne in wenigen Tagen für längere Zeit unbrauchbar gemacht werden und man brauche daher auch auf solche Richtungen nicht zu verzichten, die möglicherweise im Kriegsfall dem Feind von Vorteil sein könnten[118]. Der preußische Bevollmächtigte in der Bundesmilitärkommission, Major v. Radowitz, erkannte sogleich die fatalen Konsequenzen, die diese Passagen der Denkschrift auf die aktuelle Debatte über die linksrheinischen Eisenbahnpläne Bayerns haben mußten. In einem Schreiben an den Außenminister äußerte er sofort größte Bedenken gegen den Plan, die Denkschrift zur Grundlage einer Debatte in der Bundesversammlung zu machen. »Es ist bekannt, daß Bayern damit umgeht, als Gegensatz zu dem badischen Eisenbahnprojekt sich mit der französischen Regierung zu einer Bahn auf dem linken Rheinufer über Straßburg nach Germersheim zu vereinbaren.« Aus den Äußerungen des bayerischen Militärbevollmächtigten hatte er allerdings entnehmen können, daß die Regierung in München inzwischen befürchtete, beim Bund massiven Widerstand gegen dieses Projekt zu finden, ja daß sogar der Monarch selbst unsicher geworden sei, ob er den Forderungen der Rheinbayern nachgeben sollte, eine Eisenbahn auf dem feindlichen Ufer zu eröffnen, die unter Umständen den Franzosen nützlich werden könnte. Radowitz wies darauf hin, daß nach den in der Denkschrift enthaltenen

---

[116] Siehe das Schreiben des preußischen Bundestagsgesandten General v. Schoeler vom 15.5.1838 an Außenminister v. Werther, in: GStAPK, Ministerium der Auswärtigen Angelegenheiten, Nr. 6963, Bl. 117.

[117] Den Anlaß zu diesen Planungen lieferten offenbar die badischen Bemühungen zur Anlage einer rechtsrheinischen Strecke. Siehe dazu den Hinweis bei Mitchell, The Great Train Race, S. 45.

[118] Denkschrift über die bei der Beurteilung von Kunststraßen überhaupt und von Eisenbahnen insbesondere in Anwendung zu bringende Grundsätze, in: GStAPK, Staatsministerium, Nr. 1674.

Grundsätzen die möglichen militärischen Nachteile solcher exponierten Eisenbahnlinien weniger in Erwägung gezogen werden könnten und daß Bayern mit Sicherheit die Gelegenheit ergreifen würde, sich »bei etwaigen Diskussionen am Bunde hierauf in aller Weise zu stützen«[119]. Auch der preußische Bundestagsgesandte, General der Infanterie Reinhold Otto v. Schoeler (1772-1840), riet aus denselben Gründen seinem Außenminister davon ab, die Denkschrift sogleich im Bundestag zur Sprache zu bringen[120]. Für ihn stellte sich überhaupt die Frage, ob es nicht dem Interesse Preußens und den politischen Rücksichten angemessener sei,

»die badische Regierung bei der auf der diesseitigen Rheinseite beabsichtigten Eisenbahnanlegung zu unterstützen, als wie damit ein rivalisierendes Unternehmen der bayerischen Regierung auf der linken Rheinseite direkt oder indirekt zu befördern und dadurch Baden ohne allen Nutzen für Preußen und sogar zum Nachteil des allgemeinen Besten Deutschlands in dem Fortgang einer Anstrengung, welche die Großherzogliche Badische Regierung ihre ganz besondere Aufmerksamkeit widmet, zu beeinträchtigen[121].«

Damit war die ehedem durch allerhöchste Weisung angeordnete preußische Eisenbahninitiative bereits im Ansatz in Frage gestellt worden. General v. Schoeler bezweifelte sogar grundsätzlich den praktischen Nutzen der Denkschrift, die sich offenbar selbst widersprach, wenn sie die Möglichkeiten zum Unbrauchbarmachen einer vom Feinde bedrohten Bahnlinie zum Schluß wieder in Frage stellte. Würde nicht, so ermahnte der General seine Vorgesetzten in Berlin, »die auf der linken Rheinseite projektierte Eisenbahn [...] in einem solchen Grade die in der Denkschrift als möglich angenommenen Nachteile in sich selbst schließen«, da ja die dagegen angeführten Zerstörungsmaßnahmen bei der Unsicherheit, davon notfalls zur rechten Zeit Gebrauch machen zu können, vielleicht gar nicht mehr durchgeführt werden könnten. Immerhin, so v. Schoeler, enthalte die Denkschrift ja den Vorbehalt, »daß nicht vorher zu sehende Verhältnisse besondere Ausnahmen von der aufgestellten allgemeinen Ansicht motivieren könnten« und dieser Gesichtspunkt müsse eben »hier vollkommene Anwendung finden«[122]. Der nun merklich verunsicherte Außenminister v. Werther schaltete sofort den Kriegsminister ein, und nach gemeinsamer Konsultation eröffnete man schließlich den beiden Militärdiplomaten in Frankfurt, daß es nun auch in Berlin als ratsamer angesehen wurde, »von der gedachten Denkschrift für den Augenblick den beabsichtigten Gebrauch nicht zu machen«. Die Minister stellten es daher in das Ermessen der beiden Gesandten, den geeigneten Zeitpunkt für eine spätere Vorstellung des Gutachtens in der Bundesversammlung selbst zu bestimmen[123].

Am 12. Juli 1838 meldete v. Schoeler nach Berlin, daß man zu dem Schluß gekommen sei, das Gutachten zunächst in der Bundesmilitärkommission erörtern zu

---

[119] Schreiben v. Radowitz an Außenminister v. Werther vom 12.5.1838, in: GStAPK, Rep. 75A, Bundesmilitärkommission, Nr. 1336.
[120] Schreiben Generals v. Schoeler vom 15.5.1838, in: GStAPK, Ministerium der Auswärtigen Angelegenheiten, Nr. 6963, Bl. 117.
[121] Ebd.
[122] Ebd.
[123] Schreiben des Außenministers an General v. Schoeler vom 9.6.1838, ebd., Bl. 121.

lassen und seinem Inhalt »bei den Mitgliedern der Militärkommission und namentlich bei dem [österreichischen] General v. Rodiczky Eingang zu verschaffen«[124]. Eine weitere Verteilung des Gutachtens unterblieb dann jedoch. Nur Rodiczky erhielt eine Abschrift, die jedoch auf österreichischer Seite keine erkennbaren Reaktionen auslöste[125].

Damit war die erste preußische Eisenbahninitiative auf Bundesebene im wesentlichen gescheitert, nicht zuletzt auf Grund der höchst unglücklichen Passagen der Denkschrift über die leichte Zerstörbarkeit vom Feinde bedrohter Eisenbahnen. Ihre Streichung schien jedoch sonderbarerweise von der preußischen Administration nie in Erwägung gezogen worden zu sein. Erst sechs Jahre später, als sich bereits der Bau der französischen Eisenbahnen abzeichnete, ergriff Preußen noch einmal, und dieses Mal erfolgreich, die Initiative, um gemeinsam mit den anderen Regierungen des Deutschen Bundes die Voraussetzungen der militärischen Nutzung der Eisenbahnen in Deutschland zu schaffen.

Nach dem eher kläglichen Scheitern seiner ersten Eisenbahninitiative beim Deutschen Bund 1838 bemühte sich Preußen bei grenzüberschreitenden Eisenbahnangelegenheiten zunächst vermehrt um bilaterale Abkommen, was sich bereits beim Abschluß des Zollvereins als Vorgehensweise bewährt hatte. Das erste Abkommen über den Betrieb einer grenzüberschreitenden Eisenbahn wurde bereits am 20. Dezember 1841 von den Regierungen Preußens, Sachsen-Weimars, Gothas und Kurhessens unterzeichnet. Die beteiligten Staaten hatten sich darin verpflichtet, »die Anlegung einer Eisenbahn von Halle in der Richtung auf Merseburg, Weisenfels und Naumburg und weiter über Weimar, Erfurt, Gotha, Eisenach, Rotenburg nach Kassel und von letzterem Orte zum Anschluß an die Bahn von Minden nach Köln zuzulassen und zu befördern«[126]. Ein weiterer Vertrag zwischen Preußen, Hannover und Braunschweig vom 14. Januar 1842 regelte den Betrieb auf den geplanten Bahnen von Magdeburg nach Minden und bestimmte, »bei Mobilmachungen und außerordentlichen Truppenbewegungen Anstalten zu treffen und resp. die Eisenbahnunternehmer dazu anzuhalten, daß für die auf der Eisenbahn zwischen Magdeburg und Minden zu befördernden Transporte von Truppen, Waffen, Kriegs- und Verpflegungsbedürfnissen und Militäreffekten aller Art auch außerordentliche Fahrten eingerichtet« werden sollten. Außerdem sollten die Militärbehörden der unterzeichnenden Mächte im Bedarfsfalle auch auf den gesamten Bestand der verfügbaren Transportmittel zurückgreifen und sogar eigene Betriebsmittel einsetzen können[127]. Ein ähnlicher Vertrag wurde 1843 zwischen

---

[124] Schreiben v. Schoelers an den Außenminister vom 12.7.1838, ebd., Bl. 122 f. Diese Übergabe erfolgte tatsächlich, siehe dazu Köster, Militär und Eisenbahn, S. 92.

[125] General v. Rodiczky hatte das preußische Gutachten, ohne auf seine Inhalte einzugehen, an seinen Bericht vom 14.7.1838 an den Wiener Hofkriegsrat über die geplante Einmündung der Main-Taunus-Bahn in den Bereich der Festung Mainz gefügt, in: Kriegsarchiv Wien, Präsidialreihe 1131, ex 1838, fol. 3-7.

[126] Übersicht des Verkehrs und der Betriebsmittel auf den inländischen und den benachbarten ausländischen Eisenbahnen für militärische Zwecke nach den beim königlichen Großen Generalstab vorhandenen Materialien 1855 zusammengestellt, in: GStAPK, IV. HA, Rep. 5, Kriegsministerium, Nr. 13.

[127] Preußische Gesetzsammlung 1842, Nr. 5, S. 45-51.

Preußen und Sachsen für die Bahnverbindung von Breslau nach Dresden geschlossen[128]. Damit waren immerhin für die bedeutendsten grenzüberschreitenden Eisenbahnen Norddeutschlands die vertraglichen Grundlagen geschaffen. Doch die Aufgabe ihrer Erweiterung und Anbindung an die süddeutschen Eisenbahnen blieb vorerst ungelöst.

b) Karl Eduard Pönitz und sein Konzept eines strategischen Eisenbahnnetzes in Deutschland 1840/42

Ausgelöst durch die Rheinkrise von 1840 hatte die Überzeugung von der Notwendigkeit verstärkter nationaler Verteidigungsanstrengungen weite Kreise in Deutschland erfaßt[129]. Ebenso verbreitete sich auch die Einsicht, daß den Eisenbahnen hierbei eine besondere Rolle zukam. Eine große öffentliche Beachtung erzielte daher der sächsische Reserveoffizier und Militärschriftsteller Karl Eduard Pönitz mit seinem Buch »Die Eisenbahnen als militärische Operationslinien« das im Jahre 1842 erschien, zwei Jahre später ins Französische übersetzt wurde und 1853 eine Neuauflage erlebte[130]. Pönitz hatte die Grundideen seines Buches schon im August 1840 in vier kleineren Beiträgen für die Allgemeine Militär-Zeitung formuliert[131]. Nach seiner Ansicht bildeten die Staaten des Deutschen Bundes eine strategische Einheit. In Rußland und Frankreich[132] sah Pönitz die potentiellen Gegner Deutschlands. Um möglichen Angriffen wirksam entgegenzutreten, entwickelte Pönitz ein System strategischer Strecken mit einer in Nord-Süd-Richtung durch Deutschland verlaufenden Operationsbasis von Stettin über Berlin, Dresden, Prag und Linz[133]. Von ihr sollten je vier parallele Abzweigungen in die bedrohten Abschnitte zum Rhein, nach Ostpreußen sowie nach Gallizien führen. Als Hauptoperationslinien zum Rhein traten nach Pönitz Ansicht hervor:

»[1]   Die große Donaubahn von Linz bis Donaueschingen, [...] mit westlichen Ausläufern bei Waldshut, Kehl und Karlsruhe. Die böhmisch-fränkische Bahn von Prag über Pilsen und Nürnberg bis Würzburg; sie erreicht durch ihre beiden Ausläufer das Rheintal bei Darmstadt und Mainz.

---

[128] Preußische Gesetzsammlung 1843, Nr. 34, S. 403–410.
[129] Zur Rheinkrise von 1840 vgl. Winkler, Der lange Weg nach Westen, Bd 1, S. 87.
[130] Pönitz, Die Eisenbahnen. Zur Wirkung von Pönitz im Österreichischen Offizierkorps siehe auch Köster, Militär und Eisenbahn, S. 85. Die Bedeutung von Pönitz auch in Großbritannien wird dadurch belegt, daß Edwin A. Pratt ihn in seinem Werk: The Raise of Rail-Power, S. 4 f., neben Harkort als bedeutenden Vordenker der militärischen Nutzung der Eisenbahnen erwähnte. Dagegen berücksichtigte Pratt die Arbeiten von Friedrich List nicht. Die zweite Auflage von Pönitz Werk aus dem Jahre 1853 erschien auch in russischer Übersetzung. Siehe den Hinweis von Pönitz in der Allgemeinen Militär-Zeitung, Nr. 15 vom 3.2.1855, S. 579.
[131] Pönitz, Die Bewegung der Truppen.
[132] Allerdings schätzte Pönitz beide Staaten nur im Falle einer revolutionären Umwälzung als gefährlich ein. In Frankreich sah er eine ständige »dumpfe Gärung« ihr Wesen treiben, die einen plötzlichen Angriff von dort ebenso denkbar mache wie eine »kleine Völkerwanderung von Osten« durch die Machtergreifung ehrgeiziger Männer in Rußland. Pönitz, Die Eisenbahnen, S. 248 und 288.
[133] Ebd., S. 266.

[2-3] Die große sächsisch-thüringische Bahn [...]. Sie geht von Dresden über Riesa, Leipzig, Wiessenfels, Erfurt nach Eisennach«.
Von Kassel sollte sie sich mit einem nördlichen Arm über Paderborn und Dortmund nach Wesel sowie mit einen südlichen über Fulda und Frankfurt auf Mainz aufspalten.
»[4] Die große norddeutsche Bahn von Magdeburg über Hannover, Minden, Osnabrück nach Wesel[134].«
Von den nach Westen führenden Bahnen hoffte Pönitz vor allem auf die zügige Vollendung der sächsisch-thüringischen Bahn von Leipzig nach Mainz sowie die Bahnen von Magdeburg nach Osnabrück und von Prag nach Nürnberg.

»Die zuletzt genannten Eisenbahnlinien haben, mit den bereits in Sachsen, Preußen und Bayern bestehenden, eine Länge von beinahe 400 Kilometern. Rechnen wir nun auf die Meile durchschnittlich nur eine Lokomotive, so können durch diese Dampfkräfte 90 000 Mann Infanterie, mit 200 Geschützen, Zug- und Reitpferden gleichzeitig in Bewegung gesetzt werden.«

Die Vollendung aller Bahnen in der westlichen Hälfte Deutschlands würde ein Eisenbahnnetz von rund 700 Meilen zustande bringen, auf der 160 000 Mann Infanterie und 350 Geschütze fahren könnten, wohin es ihnen beliebt[135]. Obwohl Pönitz den Rhein als Hauptverteidigungslinie im Westen bezeichnet hatte, sah er keine Möglichkeit einer durchgehenden Eisenbahnverbindung entlang des Stromes. Zwischen Neuwied und Mainz wies sein Eisenbahnnetz eine Lücke auf, da nach seiner Ansicht »eine Bahn im Rheintale unausführbar sein dürfte«. Als Lösung des Problems, das ihm allerdings nicht sehr vordringlich erschien, schlug er eine Verbindungsbahn über den Westerwald und das Siegerland vor[136]. In der bereits von Köln nach Bonn begonnenen Bahn sah er eher für den Feind einen militärischen Nutzen. Auch die Bahn von Köln über Düren auf Aachen und Lüttich hatte nach seiner Ansicht keinen militärischen Wert. Wichtiger wäre hier eine Bahn über die Festungsstadt Jülich auf Aachen und Mastricht gewesen[137].

Im Osten sah Pönitz die deutsche Grenze gegen Rußland durch das Riesengebirge, die Sudeten und die Karpaten in zwei Teile geteilt. Den ungünstigeren nördlichen Abschnitt mit Ostpreußen und Schlesien hatte Preußen zu verteidigen. Pönitz warnte hier vor dem Glauben, diese Grenze sei allein durch die dortigen Festungen Glogau, Posen, Thorn, Graudenz und Danzig zu halten[138]. »Das sicherste Mittel, einem plötzlichen Angriff wirksam zu begegnen, sind auch hier die Eisenbahnen.« Als Operationsbasis für Ostpreußen gegen Rußland betrachtete Pönitz die Weichsel zwischen Danzig und Bromberg, für Schlesien die Oder zwischen der mährischen Grenze und Glogau. Entlang beider Basen hatte Pönitz eine Eisenbahnlinie vorgesehen. Allerdings klaffte zwischen der Oder und der Weichsel eine Lücke. Die dort liegenden Festungen konnten somit nur durch eine Eisenbahnlinie verbunden werden, die von Glogau über Posen auf Bromberg und

---

[134] Ebd., S. 280 f.
[135] Ebd., S. 285 f.
[136] Ebd., S. 264.
[137] Ebd., S. 265.
[138] Ebd., S. 288 f.

III. Die organisatorische und operative Bewältigung der Eisenbahnfrage   137

weiter nach Danzig geführt wurde. Von dieser Bahn mußte eine Abzweigung über die Weichsel nach Königsberg führen und von dort weiter je eine Bahn über Preußisch-Eylau nach Rastenburg sowie auf Gumbinnen und Tilsit. Nur dann wäre es möglich, ein in Ostpreußen belassenes Korps rechtzeitig in den Raum zwischen Posen und Breslau zu befördern, wenn der Feind ohne Rücksicht auf seine rechte Flanke dort im Mittelabschnitt vorrückte. Drei Linien sollten diese östlichen Bahnen mit dem Netz in West- und Mitteldeutschland verbinden. Die nördliche führte über Stettin auf Berlin, eine mittlere von Frankfurt a.d. Oder ebenfalls auf Berlin, und eine südliche Linie von Liegnitz über Görlitz auf Dresden. Als unerläßlich erachtete Pönitz eine Bahnlinie von Stettin über Stargard auf Bromberg, das zusammen mit der Festung Thorn den »Hauptstützpunkt für die aktive Verteidigung Preußens gegen Rußland« bilden sollte[139].

Damit hatte Pönitz erstmals ein rein militärisches Eisenbahnnetz entworfen, daß zwar kommerzielle Interessen ebenfalls abdeckte, aber eben nicht vorrangig berücksichtigte. Die Wirkung seiner Schrift in Kreisen der preußischen Armee läßt sich nur ungefähr skizzieren. In der Beurteilung der Lage der Ostbahn war man dort jedenfalls später zu einer von Pönitz abweichenden Lösung gekommen und hatte einer mittleren Streckenführung von Küstrin auf Bromberg den Vorzug gegeben. Eine kritische Besprechung von einem unbekannten Verfasser erschien schon kurz nach Erscheinen von Pönitz' Werk in der Allgemeinen Staatszeitung von 1842. Auch hatte seine frühere Fassung in der Militärzeitung von 1840 vermutlich den Major Fischer vom Generalstab veranlaßt, in einer zweiten, 1841 erschienenen Broschüre »Darlegung der technischen und Verkehrsverhältnisse der Eisenbahnen«, seine früheren Ansichten gegen Pönitz zu verteidigen. Zwei Dekaden später schien man im preußischen Generalstab schon weniger Anstoß an den Ansichten des Sachsen genommen zu haben. Das 1862 herausgegebene Handbuch für den Generalstabsdienst in der preußischen Armee erwähnte Pönitz' Hauptwerk immerhin im Literaturverzeichnis und äußerte sich lobend über dessen in einem anderen seiner Werke erteilte Anleitung zur Rekognoszierung[140]. Offenbar waren auch General v. Müffling die Ansichten von Pönitz zur Eisenbahn zur Kenntnis gelangt. Müfflings Anfrage beim Generalstab hinsichtlich der Leistungsfähigkeit von Eisenbahnen beim Truppentransport[141] dürfte wohl durch die Behauptung des Sachsen verursacht gewesen sein, eine Brigade von 4800 Mann könne mit nur zwölf Lokomotiven und 120 Personenwagen auf der Eisenbahn transportiert werden[142]. Der Adressat seiner Anfrage, Major Fischer, war dem General als Verfasser der von Pönitz heftig kritisierten Broschüre aus dem Jahre 1841[143] offenbar bekannt.

---

[139] Ebd., S. 290–294.
[140] Boehn, Generalstabsgeschäfte, S. 143.
[141] Ganz gehorsamste Bemerkungen, in: GStAPK, Nachlaß v. Müffling.
[142] Pönitz, Die Eisenbahnen, S. 42–48.
[143] Ganz gehorsamste Bemerkungen, in: GStAPK, Nachlaß v. Müffling. Fischer hat in seinem Antwortschreiben vom 28.2.1844 auch tatsächlich auf die strittige Frage des Transportes einer 5000 Mann starken Brigade Bezug genommen.

Ein anderer Hinweis auf die Ansichten preußischer Militärs über Pönitz findet sich möglicherweise in dem Aufsatz aus dem Archiv für Offiziere des Königl. Preuß. Artillerie- und Ingenieurkorps aus dem Jahre 1846[144]. Der ungenannte Verfasser kritisierte darin den Versuch, sich bei der Vorbereitung der Verteidigung Deutschlands auf einen bis ins einzelne konkretisierten Ablauf festzulegen und bemerkte hierzu, daß nach seiner Ansicht mißlungene Versuche dieser Art bereits gedruckt vorlägen. »Sie gehen in das Gebiet der Fiktion, die keinen praktischen Blick befriedigen kann[145].« Damit konnte eigentlich nur Pönitz gemeint sein, der tatsächlich den Verlauf einer von Eisenbahnen unterstützten Verteidigungsoperation gegen einen bei Düsseldorf über den Rhein gehenden Feind sehr detailliert geschildert hatte[146]. Ähnlich war Pönitz auch in einem zweiten Werk verfahren, das 1844 erschienen war und sich mit der Verteidigung Süddeutschlands befaßte[147].

Auch wenn die preußische Armee in Einzelheiten zu anderen Auffassungen als Pönitz gelangte, stimmte man doch im Kern mit ihm überein, daß nun endlich verstärkte Anstrengungen zur Herstellung eines militärisch nutzbaren deutschen Eisenbahnnetzes unternommen werden mußten. Den Schwerpunkt seiner erneuten diplomatischen Bemühungen sah Preußen immer noch im süddeutschen Raum. Seit dem Scheitern seiner ersten Initiative von 1838 hatte sich hier die strategische Lage trotz des inzwischen begonnenen Baus der Festungen Rastatt und Ulm nicht gebessert. Es stand im Gegenteil zu befürchten, daß die Realisierung der 1842 beschlossenen französischen Eisenbahnpläne die Verteidigungsfähigkeit des Deutschen Bundes schon bald erheblich beeinträchtigen würde.

c) Die Verhandlungen in der Deutschen Bundesversammlung über ein gemeinsames strategisches Eisenbahnnetz

Auch der Bundesmilitärkommission in Frankfurt war das Hauptwerk von Pönitz längst bekannt. Bereits im Dezember 1842 hatte Pönitz der Militärkommission der Bundesversammlung seine Schrift über die Eisenbahnen als militärische Operationslinien zugeleitet[148]. Die Kommission hatte den Eingang der Arbeit registriert und sie anschließend in Umlauf gegeben. Später wurde der Vorgang zunächst zu den Akten gelegt[149]. Dies war das übliche Verfahren in solchen Fällen. Eine Bereit-

---

[144] Über das Verhältnis der Eisenbahnen zur Befestigungskunst, S. 44.
[145] Ebd.
[146] Pönitz, Die Eisenbahnen, S. 99-109.
[147] Pönitz, Die Verteidigung.
[148] BA Koblenz, DB 5, I/41, Präsidium der Bundesmilitärkommission vom 17.12.1842. Dort auch das Schreiben des Verlages: »Veranlaßt von dem Verfasser, erlaubt sich die unterzeichnende Verlagshandlung dem hohen Präsidium der Militär-Kommission des Deutschen Bundes, sein in diesem Jahr erschienenes Werk über Eisenbahnen für militärische Zwecke mit der ergebensten Bitte zu übersenden, dieselbe Ihrer Aufmerksamkeit zu würdigen«.
[149] Ebd. Zur Bundesmilitärkommission siehe auch: Keul, Die Bundesmilitärkommission, S. 224 f. Die Bundesmilitärkommission wurde 1819 als militärtechnisches Hilfsgremium der Bundesversammlung eingesetzt, um in ihrem Auftrag alle anstehenden militärischen Fragen zu begutachten. Zu ihr gehörten je ein Vertreter aus Österreich, Preußen und Bayern sowie sechs bis sieben Mitglieder der drei Bundeskorps. Insgesamt war die Kommission zwar der Bundesversammlung un-

schaft der Militärkommission, sich weiter mit dieser Angelegenheit zu befassen, ergab sich daraus noch nicht[150]. Erst drei Jahre später wurde das Thema der Eisenbahnen auf die politische Tagesordnung gesetzt. Den wesentlichen Anstoß lieferte das französische Eisenbahngesetz, das zwar schon im Jahre 1842 verabschiedet worden war, dessen Realisierung inzwischen aber erste Konturen angenommen hatte[151]. So war im Frühjahr 1845 die Konzession für den Bau der strategisch wichtigen Bahn von Paris nach Straßburg an die Gesellschaft Cubiéres-Galiene erteilt worden. Dies hatte den Korrespondenten des Rheinischen Beobachters in einem alarmierenden Artikel veranlaßt, darauf hinzuweisen, daß man schon in wenigen Jahren in nur zwölf Stunden von Paris an die deutsche Grenze fahren könne. Zudem erschien es dem Verfasser als

»eine wunderbare Fügung des Schicksals, an der Spitze gerade dieses Eisenbahnunternehmens den französischen General zu finden, der vor wenigen Jahren seinem Namen eine gefährliche Bedeutung durch die mitten im Frieden ausgeführte Überrumpelung und Okkupation des Territoriums einer mit Frankreich damals im tiefsten Frieden lebenden Macht gab. Wer erinnert sich nicht der überraschenden Besetzung Anconas durch die Franzosen unter Cubiéres« (1786 - 1853),

fragte der Verfasser, und versuchte, die hysterische Stimmung der schon fünf Jahre zurückliegenden Rheinkrise noch einmal aufleben zu lassen. »Wer erinnert sich nicht daran, daß Straßburg selbst nur in Folge einer ebenso hinterlistigen und völkerrechtswidrigen Überraschung französisches Eigentum geworden ist[152]?«

Tatsächlich bestanden im süddeutschen Eisenbahnnetz aus militärischer Sicht noch gefährliche Lücken. So fehlte immer noch eine Eisenbahnverbindung zwischen Wien, Linz und dem bayrischen Passau. Ebenso warteten die Militärs noch auf eine Verbindung zwischen den beiden Festungen Ingolstadt und Ulm zur württembergischen Bahn. Der preußische Außenminister Heinrich Freiherr v. Bülow (1791-1846) bedauerte in einem Schreiben vom 23. April 1845 an Oberst v. Radowitz, der inzwischen zum preußischen Gesandten am Karlsruher Hof ernannt worden war, »daß es der Württembergischen Regierung bisher nicht gelungen sei, sich mit den Nachbarstaaten Bayern und Baden über einen [Eisenbahn]anschluß zu einigen«[153]. Der Minister kündigte deshalb eine diplomatische Initiative bei den deutschen Staaten an, um die Frage »der innerhalb des Bundesterritoriums anzulegenden Eisenbahnen« endlich vor die Bundesversammlung zu bringen. Dies sei der ausdrückliche Wunsch des Königs. Vor allem Österreich wolle man »zur Mitwirkung zu einem Antrage in der Bundesversammlung« bewegen, da man Bayerns Haltung, daß der Bund in dieser Frage nicht kompetent sei,

---

terstellt, ihre Mitglieder blieben jedoch ausschließlich ihren jeweiligen Regierungen verantwortlich.
150 Lediglich Pönitz zweite größere Schrift über die Verteidigung von Süddeutschland gegen die Franzosen wurde vom Militärbevollmächtigten des IX. Bundeskorps in der Sitzung vom 21.1.1844 in Umlauf gebracht. Siehe GStAPK, Rep. 75A, Bundesmilitärkommission, Nr. 1336.
151 Siehe Kapitel II.3.a) dieser Arbeit.
152 Zit. nach: Über die militärischen Verhältnisse, in: Allgemeine Militär-Zeitung, 1846, Nr. 5, S. 35.
153 Schreiben Bülows an Radowitz vom 23.4.1845, in: GStAPK, Ministerium der Auswärtigen Angelegenheiten, Nr. 6963.

nur zu gut kannte[154]. Obwohl ihre ersten Sondierungen in den diplomatischen Kreisen in Wien und Frankfurt wenig Ermutigendes ergaben[155], entschloß sich die preußische Regierung, im Herbst 1845 in dieser Frage offiziell an Österreich heran zu treten. Doch wie zu erwarten war, fiel die Wiener Antwort zunächst ablehnend aus. Der Hofkammerpräsident Karl Friedrich Frh. v. Kübeck (1780-1855) ließ den Staatskanzler Metternich auf dessen diesbezügliche Anfrage wissen, daß die Hauptrichtungen für die österreichischen Bahnen bereits 1841 festgelegt worden seien und eventuelle Umplanungen nun zu teuer kämen. Kübeck wies auch darauf hin, daß bereits bilaterale Abkommen mit Preußen beständen, ebenso mit anderen Staaten[156].

Die preußische Regierung verfolgte jedoch die Angelegenheit dieses Mal, anders als bei ihrer ersten Initiative von 1838, mit äußerstem Nachdruck. Am 25. Dezember 1845 schrieb Außenminister v. Bülow an Graf v. Dönhoff in Frankfurt, daß sich der König trotz der ablehnenden Haltung der Wiener Regierung verpflichtet fühle,

»die deutschen Fürsten auf die Gefahr aufmerksam zu machen, welche die Herstellung der soeben konzessionierten Eisenbahn von Paris nach Straßburg dem Süden Deutschlands bereitet [und] es auch jetzt noch als ein unerläßliches Bedürfnis [erachte], daß die Eisenbahnfrage vom Gesichtspunkt der Verteidigung Deutschlands aus betrachtet, von der Bundesversammlung in ernstliche Erwägung gezogen werde[157].«

Ein Schreiben des inzwischen zum Generalmajor beförderten v. Radowitz an den neuen Außenminister Carl Wilhelm Freiherr v. Canitz (1787-1850) vom 5. Dezember 1845 hatte erneut Bewegung in die festgefahrenen Verhandlungen mit Wien gebracht. Auch Radowitz sah die Chance einer gemeinsamen Beratung im Deutschen Bund über den Verlauf der Eisenbahnen als »unwiederbringlich verloren« an. Jetzt könne es nur noch um »den rein militärischen Gesichtspunkt« gehen, »wirkliche Nachteile für das Verteidigungssystem des Bundes abzuwenden«[158]. Daher regte er an, in der Bundesversammlung die Frage aufzuwerfen, wie die nun einmal tatsächlich bestehenden oder bereits projektierten Bahnen zur Verteidigung des Bundesgebietes beitragen könnten. »Es möge von Wichtigkeit sein«, so Radowitz, »sich darüber Rechenschaft zu geben, ob und welchen Einfluß die Eisenbahnen auf die Verteidigung des Bundesgebietes, sowohl durch die beweglichen Kräfte als durch die Festungen ausüben. Die Militärkommission sei daher aufzufordern, über diese Frage ein umfassendes Gutachten zu erstatten[159].«

Österreich schwenkte nun endlich auf die Linie der preußischen Politik ein, die Frage der Verteidigung Deutschlands mit Hilfe der Eisenbahnen in der Bundes-

---

[154] Ebd.
[155] In einem Schreiben vom 30.8.1845 an Außenminister v. Canitz meldete Graf v. Dönhoff aus Frankfurt, daß der österreichische Präsidialgesandte Graf v. Münch-Bellinghausen nicht näher auf die preußische Anregung eingegangen sei. Ebd., Bl. 219.
[156] Köster, Militär und Eisenbahn, S. 94.
[157] Schreiben Außenministers v. Canitz an Graf v. Dönhoff vom 25.12.1845, in: GStAPK, Ministerium der Auswärtigen Angelegenheiten, Nr. 6963, Bl. 236.
[158] Schreiben v. Radowitz an Außenminister v. Canitz vom 5.12.1845, ebd., Bl. 223.
[159] Ebd.

III. Die organisatorische und operative Bewältigung der Eisenbahnfrage   141

versammlung zu erörtern. Am 16. April 1846 instruierte Außenminister v. Canitz seinen Gesandten in Frankfurt, Graf v. Dönhoff, daß

»der Kaiserlich Österreichische Hof nunmehr bereit ist, die von uns gewünschte Beratung über die Eisenbahnfrage in der Bundesversammlung aufnehmen zu lassen [...] Was die formelle Behandlung der Sache betrifft, so wird nach dem von Euer Exzellenz gemachten Vorschlag, der seitens des Präsidenten zu stellende Antrag sich zunächst darauf zu beschränken haben, die Militärkommission zur Abgabe eines umfassenden Gutachtens über den Einfluß der Eisenbahnen auf die Verteidigung des Bundesgebietes [...] aufzufordern[160].«

Tatsächlich gab nur eine Woche später, am 23. April 1846, der Bundespräsidialgesandte Österreichs, Graf v. Münch-Bellinghausen (1786-1866), in der Bundesversammlung die erwartete Erklärung ab. Seine einleitende Bemerkung, daß durch die Einführung der Eisenbahnen ein neues Element in die Kriegführung eingetreten sei, stimmte sogar fast wörtlich mit v. Radowitz Formulierung in dessen Brief an Außenminister v. Canitz überein. Wohl dürften auch die jüngst erfolgreich durchgeführten Truppentransporte auf der Eisenbahn von Prag nach Krakau diesen Meinungswandel der österreichischen Diplomatie begünstigt haben. Mit Blick auf Frankreich stellte Münch-Bellinghausen nun fest:

»Namentlich erscheint es außer Zweifel, daß die Angriffsfähigkeit des nahen Auslandes durch die daselbst schon vorhandene und noch immer fortschreitende Erweiterung und Entwicklung eines großartigen und wohl berechneten Eisenbahnsystems erheblich zugenommen und noch im Wachsen begriffen ist[161].«

Wie von der preußischen Regierung beabsichtigt, erhielt die Bundesmilitärkommission nun den Auftrag, einen Bericht über den Einfluß der Eisenbahnen auf die Wehrhaftigkeit des Deutschen Bundes auszuarbeiten. Doch tatsächlich war dieser Bericht von preußischer Seite schon längst vorbereitet[162]. Unter Leitung des preußischen Oberst Friedrich From (1787-1857) wurde er nun endgültig fertiggestellt und am 3. Januar 1847 der Bundesmilitärkommission vorgelegt[163].

Froms Gutachten war in fünf Hauptabschnitte gegliedert, von denen sich der erste mit der Erörterung des allgemeinen Einflusses der Eisenbahn auf die Krieg-

---

[160] Schreiben v. Canitz an Dönhoff vom 16.4.1846, in: GStAPK, Bundesmilitärkommission, Nr. 1336.
[161] Separatprotokoll der Zwölften Sitzung der Bundesversammlung vom 23.4.1846, § 107. Die Eisenbahnen mit Rücksicht auf die Wehrhaftigkeit des Deutschen Bundes, Frankfurt o.J., S. 207. Beeinflußt haben dürfte die Versammlung auch der im August des Vorjahres erschienene Artikel im Beiheft des Militärwochenblattes zu den französischen Ansichten über die militärische Nutzung und Bedeutung der Eisenbahnen. Siehe Französische Ansichten. Dazu auch Keul, Die Bundesmilitärkommission, S. 225 f. Entgegen Keuls Ansicht existierte die für Frankreich wichtige Eisenbahn von Paris über Metz nach Straßburg damals allerdings noch nicht, sie wurde erst sechs Jahre später fertiggestellt.
[162] Dies geht eindeutig aus dem Schreiben Canitz an Dönhoff hervor. In: GStAPK, Rep. 75A, Bundesmilitärkommission, Nr. 1336. Darin hieß es schon am 16.4.1846: »Bei der Beratung des Gegenstandes werden dagegen diejenigen Gesichtspunkte festgehalten sein, welche in dem auf Veranlassung des Herrn Generals v. Radowitz durch den Obersten From ausgearbeiteten Entwurfs [...] näher entwickelt sind«.
[163] Motiviertes Gutachten über den Einfluß der Eisenbahnen auf die Wehrhaftigkeit des Deutschen Bundes und über den gegenwärtigen Stand des Eisenbahnwesens mit Rücksicht auf die Verteidigungsfähigkeit Deutschlands, in: BA, Koblenz, Bundesmilitärkommission, DB 5, I/41.

führung beschäftigte. Hierin fanden sich jedoch keine besonderen neuen Einsichten gegenüber den bisherigen Stellungnahmen der preußischen Militärs. Den Einfluß der Eisenbahnen auf die Kriegführung bezeichnete From zwar als gewiß, bestritt jedoch, daß sie ihr jemals »eine andere Gestalt geben können«, da nach seiner Ansicht im Kriege »von den hierin wirksamen Elementen die Kommunikationslinien immer nur eines und nicht immer das entscheidende sind«. Die traditionelle Übergewichtung der reinen Operationsführung auf dem eigentlichen Kriegsschauplatz verstellte den meisten Offizieren immer noch den Blick auf die wachsende Bedeutung von Transportmitteln für die zukünftige Kriegführung. Eisenbahnen erleichterten und beschleunigten zwar nach Froms Ansicht »den Nachschub an Nahrungsquellen und Waffen und sonstigem Militärbedarf. Sie befrei[t]en die Armee auch in kürzester Zeit von ihren Kranken, Verwundeten und Trains«, auf dem unmittelbaren Kriegsschauplatz sei ihr Nutzen jedoch gering. From hatte in dieser einleitenden Passage im wesentlichen nur aus früheren Gutachten die wichtigsten Ansichten noch einmal zusammengefaßt und zum Teil sogar wörtlich übernommen[164].

In technischer Hinsicht forderte er vor allem eine einheitliche Spurweite aller deutschen Eisenbahnlinien, die Anlage geräumiger, zur Truppenverladung geeigneter Bahnhöfe mit möglichst vielen Gleisen. Auch betonte From den Nutzen telegraphischer Verbindungen zur Regelung des militärischen Verkehrs auf Eisenbahnlinien. Festungen, Hauptorte und wahrscheinliche »Kriegstheater« sollten untereinander verbunden sein, um so »das Heer in stetem Zusammenhang mit seinen Nahrungsquellen und Depots« zu erhalten. Eisenbahnknotenpunkte sollten dabei möglichst befestigt sein. Schließlich forderte From bei Anlegung »etwaiger neuer Befestigungen sich da, wo das Terrain die Eisenbahnlinien vorschreibt, auch nach diesen zu richten«. Auch der Nutzen doppelgleisiger Streckenführung war unstrittig, um die Transportleistungen zu erhöhen und Unfälle bei entgegengesetztem Verkehr (sic!) zu vermeiden.

Den Hauptteil des Gutachtens bildete die Darstellung eines deutschen Eisenbahnnetzes. Im Unterschied zu Pönitz ging From von je einer Operationsbasis im Osten und im Westen aus. Die östliche dieser beiden Basen verlief längs der Oder und der March. Von ihr führten vier Hauptoperationslinien nach Osten:

(1.) Von Stettin und Küstrin durch Pommern und Preußen gegen das nördliche Rußland und Polen, (2.) von Glogau, Breslau und Kosel durch Polen gegen das mittlere Rußland, (3.) von Ölmütz und Wien durch Ungarn gegen das südliche Rußland, sowie (4.) im Süden gegen Serbien und die Türkei[165].

---

[164] Vor allem die Ansicht, daß Eisenbahnen die Transportzeit auf den vierten Teil verkürzten und die zu transportierenden Massen auf das Zehnfache steigerten, stammte aus dem im Vorjahr im Archiv für Offiziere des Königl. Preuß. Artillerie- und Ingenieur-Corps erschienenen Beitrag »Über das Verhältnis der Eisenbahnen zur Befestigungskunst«. Es ist sogar durchaus möglich, daß Oberst From selbst den Aufsatz verfaßt hatte, zumal er seit 1835 Redakteur dieser Zeitschrift war.
[165] Motiviertes Gutachten über den Einfluß der Eisenbahnen auf die Wehrhaftigkeit des Deutschen Bundes, BA, DB, I/41.

III. Die organisatorische und operative Bewältigung der Eisenbahnfrage

Im Westen bildeten die Ems, der Rhein und Tirol die zweite deutsche Operationslinie. Auf dieser lagen die festen Plätze Wesel, Köln-Deutz, Koblenz, Mainz, Germersheim, Rastatt, Ulm, Finstermünz, Brixen. Die nach Froms Ansicht wahrscheinlichen Operationslinien führten über (1.) Wesel und Köln auf Aachen, (2.) von Koblenz über Luxemburg auf Frankreich, (3.) von Mainz, Germersheim, Rastatt, Landau über Saarlouis auf Frankreich, (4.) von Ulm auf Basel und die Schweiz sowie (5.) von Bregenz, Feldkirch und Brixen nach der Schweiz.

Insgesamt fünf ostwestliche Bahnen sollten die wichtigsten Punkte der beiden Operationsbasen miteinander verbinden: (1.) Von Stettin sollte eine Bahn über Berlin über Magdeburg und Minden nach Wesel und Köln führen, (2.) von Küstrin über Berlin ebenfalls nach Wesel und Köln, (3.) von Berlin über Wittenberg, Erfurt auf Mainz und Koblenz, (4.) von Kosel und Olmütz über Prag und Würzburg auf Mainz und weiter auf Saarlouis, (5.) von Wien über Linz, Ingolstadt, Ulm, Rastatt und Germersheim gegen die Bundesgrenze am Mittelrhein. Die nordsüdlichen Bahnen sollten von der Ost- und Nordsee bis zum adriatischen Meer, sowie über Tirol hinaus bis zur Lombardei und der Schweiz verlaufen, um die »Kriegstheater in Nord- und Süddeutschland [zu] verbinden, und die Flankenbewegungen gegen einen von Osten nach Westen oder umgekehrt vordringenden Feind [zu] begünstigen«. Die Schnittpunkte der nordsüdlichen mit den ostwestlichen Bahnen sollten außerdem soweit wie möglich »in festen Plätzen liegen«.

Von den im Gutachten geforderten Bahnen waren jedoch bisher nur zwei große Hauptstrecken nutzbar, und auch dies nur in wesentlichen Teilen. Die ostwestliche Linie von Stettin, bzw. Frankfurt a.d. Oder über Berlin nach Köln stand kurz vor ihrer Vollendung. Gleiches galt für die nordsüdliche Linie von der Ostsee über Breslau und Oderberg bis nach Wien. Alle weiteren strategischen Verbindungen existierten zur Zeit der Abfassung des Gutachtens höchstens als Teilstrecken. So führte inzwischen eine nordsüdliche Strecke von Harburg über Lehrte nach Hildesheim, eine weitere nordsüdliche Strecke entlang des Oberrheins von Wiesbaden und Frankfurt nach Basel sowie schließlich eine Bahn von Hamburg über Berlin, Magdeburg, Leipzig nach Dresden, deren Verlängerung über Prag auf Wien in absehbarer Zeit abgeschlossen sein würde. Die gefährlichsten Lücken aus strategischer Sicht aber gab es noch im südwestdeutschen Raum. Zwar war der Rhein von Straßburg abwärts durch eine zweifache Reihe von Festungen gedeckt, doch für den Abschnitt oberhalb von Straßburg zwischen den Festungen Rastatt und Ulm fehlten noch die wichtigsten Eisenbahnverbindungen. From sprach daher von einer dringend notwendigen »Beschleunigung der aus Württemberg, Bayern [und] selbst von den norddeutschen Bundesstaaten durch diese Festungen nach dem Rhein möglichst gedeckt gegen die Bundesgrenze führenden Eisenbahnen«. Von militärischer Bedeutung sei hier vor allem eine Bahn von Nürnberg über Ingolstadt und Ulm an den Bodensee sowie eine Linie von Olmütz über Linz und Ulm auf die Bundesfestung Mainz.

Als aus militärischer Sicht bedenklich beurteilte From die vom Rhein gegen die westliche Bundesgrenze projektierten Bahnen, da sie nicht in Festungen mündeten. Dazu zählte er vor allem die geplante Bexbacher Bahn, die weder eine Verbindung mit Landau noch mit der preußischen Festung Saarlouis erhalten sollte. Über die Frage einer Eisenbahnverbindung zwischen Ober- und Niederrhein äußerte sich das Gutachten nur sehr vage. Obwohl From sie in einer Auflistung zu den wichtigen Hauptbahnlinien zählte, machte er später keine Angaben mehr über ihre mögliche Realisierung. Es lag auf der Hand, daß ein näheres Eingehen auf die Schwierigkeiten, die dem Projekt seitens der preußischen Regierung und auch der Armee bisher entgegengestellt worden waren, die preußische Position gegenüber den süddeutschen Staaten geschwächt hätte. Tatsächlich gelang es From, die Frage einer Anbindung der bedeutendsten Festungen des Landes bei Mainz, Koblenz, Köln und Wesel an das geplante Eisenbahnnetz aus der späteren Debatte auszuklammern.

Dabei hätte die militärische Bedrohung durch Frankreich, die eine bedeutende Rolle im Gutachten spielte, Preußen gerade in dieser Frage in einen Erklärungsnotstand bringen können. From rechnete jedenfalls mit der Fertigstellung aller großen Eisenbahnlinien des Nachbarlandes bis zum Jahre 1852. Den Abschluß der Bahn von Paris über Nancy nach Straßburg erwartete er sogar in noch kürzerer Zeit. »Man kann [also] annehmen«, so schrieb er, daß dann »im Falle einer von Frankreich beabsichtigten Überraschung der deutschen Bundesgrenze [...] binnen fünf Tagen bei Paris 59 000 Mann, oder bei Valenciennes 64 000 Mann, oder bei Metz 63 000 Mann, oder bei Straßburg 80 000 Mann versammelt sein können[166].« Beträchtlich erhöht wurde diese Gefahr durch das inzwischen vollständig ausgebaute Eisenbahnnetz Belgiens, das es seiner 32 000 Mann starken Armee ermögliche, innerhalb ganz kurzer Zeit an der preußischen Grenze versammelt zu sein, wobei sich die Ankunft der französischen Armee aus Valennciennes nur um wenige Tage verzögern würde.

Angesichts dieser schon bald eintretenden Gefährdung der westlichen Bundesgrenze betrachtete From den zügigen Abschluß der bereits projektierten Bahnen sowie eine schnellstmögliche Einigung über den Bau der noch fehlenden Strecken als unabdingbar für die Sicherheit des Bundes. Das Gutachten schloß mit der vorsichtigen Empfehlung, daß die Bundesversammlung an »der Überwachung der militärisch wichtigen Eisenbahnen«, allerdings nach dem Ermessen der »hohen Bundesregierungen«, beteiligt werden müsse. Dabei sollte es den Regierungen natürlich freigestellt bleiben, bei Abweichungen »gegen die genehm zu haltenden Grundsätze«, nach eigenem Ermessen mit der hohen Bundesversammlung in Verbindung zu treten. Dies zielte natürlich auf ein, wenn auch nur bescheidenes, Mitspracherecht des Bundes bei den ansonsten stark durch kleinstaatliche Interessen geprägten Eisenbahnprojekten. From kannte die Ressentiments der kleineren und mittleren deutschen Staaten gegen eine zu starke Bevormundung gerade in der Eisenbahnfrage nur zu gut. Schließlich war der Eisenbahnbau aus ihrer Sicht eines

---

[166] Separatprotokoll, § 107. Die genannten Truppenzahlen entstammen eindeutig den Berechnungen des 1845 im Beiheft zum Militärwochenblatt veröffentlichten Aufsatzes: Französische Ansichten, S. 445-447. Bei Paris konnten sich nach Berechnungen des ungenannten Verfassers in fünf Tagen 59 000 Mann versammeln, bei Valenciennes genau 63 747 Mann in der selben Zeit, ebenso bei Metz 62 629 Mann und bei Straßburg 80 133 Mann.

III. Die organisatorische und operative Bewältigung der Eisenbahnfrage

der wenigen Handlungsfelder, mit denen sich noch am besten die eigenen, zäh verteidigten Souveränitätsrechte aufrechterhalten ließen. Daher nahm sich die Militärkommission noch ein weiteres halbes Jahr Zeit, ehe sie am 22. Juni 1847 Froms Gutachten mit entsprechenden Modifikationen endlich zur Vorlage bei der Bundesversammlung genehmigte[167].

In ihrer Sitzung vom 15. Juli 1847 beschloß diese dann jedoch nichts anderes, als zunächst die Stellungnahmen der jeweiligen Regierungen einzuholen. Der preußische Gesandte v. Dönhoff stellte zusätzlich noch den Antrag, von allen deutschen Regierungen Übersichten über den jeweiligen Stand ihres Eisenbahnwesens anzufordern[168]. Auch dieser Vorschlag wurde allgemein gebilligt. Die Noten der Regierungen trafen jedoch nur schleppend ein. Am 13. September gab der österreichische Bundesgesandte in Frankfurt zu Protokoll, »daß sich die betreffenden Behörden [in Wien], denen gedachte Arbeit zur Berichterstattung vorgelegt worden ist, mit einstimmigen Beifall geäußert« haben. Den Antrag Preußens auf Mitteilung von Übersichten nahm man in Wien jedoch nur wohlwollend zur Kenntnis und beschied die Bundesversammlung, daß man erst »vorkommenden Falls« bei eintretenden Truppendispositionen entsprechende Mitteilungen machen wolle[169]. Wiederum erst drei Monate später stellte der kurhessische Gesandte in der Versammlung vom 13. Januar 1848 fest, daß seine Regierung zwar bereit sei, Übersichten des jeweiligen Standes des Eisenbahnwesens zu erstellen, aber darauf bestehe, daß die Eisenbahnen »als innere Landesangelegenheit der einzelnen Staaten betrachtet« würden[170].

Zustimmend äußerte sich dagegen eine Woche später der württembergische Gesandte und nahm die Sitzung zum Anlaß, auf den bayrischen Anschluß an die auf württembergischer Seite bereits bis Ulm fertiggestellte Eisenbahn zu drängen[171]. Zurückhaltender fiel in der nächsten Sitzung die Antwort der nassauischen Regierung aus. Man versprach, den Inhalt des Gutachtens »nach Möglichkeit im Allgemeinen zu berücksichtigen«, stellte aber immerhin in Aussicht, den Bau einer Eisenbahn von Köln nach Frankfurt »in jeder Weise zu begünstigen«[172]. Der Vertreter Hannovers äußerte sich in der Sitzung vom 24. Februar 1848, daß seine Regierung »mit Befriedigung Kenntnis von dem Gutachten genommen habe« und zusichere, »der ergangenen dringenden Empfehlung tunlichst zu genügen«. Die badische Regierung ließ der Versammlung mitteilen, daß man sich eine »etwaige Erklärung« noch vorbehalte[173]. Auf eine eigenständige Eisenbahnpolitik wollte

---

[167] Ebd., Separatprotokoll vom 22.6.1847. Zu den Einwänden der einzelnen Bevollmächtigten und deren abschließende Ausräumung siehe: Keul, Die Bundesmilitärkommission, S. 228 f.
[168] Ebd., 21. Sitzungsprotokoll vom 15.7.1847.
[169] Ebd., 29. Sitzungsprotokoll vom 13.9.1847.
[170] Ebd., 2. Sitzungsprotokoll vom 13.1.1848.
[171] Ebd., 3. Sitzungsprotokoll vom 20.1.1848. Bayern hatte zwar grundsätzlich die Notwendigkeit eines solchen Anschlusses eingeräumt, machte ihn aber von einem Nachgeben der Württembergischen Regierung hinsichtlich der geplanten Bodenseebahn abhängig. Siehe den Bericht des preußischen Gesandten in München, Graf v. Bernstorff, an Staatsminister Graf Canitz vom 23.3.1846, in: Gesandtschaftsberichte, Bd 4, S. 159.
[172] 4. Sitzungsprotokoll vom 27.1.1848.
[173] Zur Haltung der badischen Regierung siehe: Keul, Die Bundesmilitärkommission, S. 228.

man durchaus nicht verzichten und hatte sogar aus technischen Erwägungen, aber auch aus Sorge vor konkurrierenden Bahnen, eine eigene Spurweite eingeführt. Als schließlich die bayerische Regierung am 5. Juni 1848 ihre Ansichten zu Froms Gutachten der Bundesversammlung mitteilte, immerhin bereits mit der von Preußen gewünschten Übersicht[174], waren seit der Initiative von Münch-Bellinghausen schon mehr als zwei Jahre verstrichen. Längst hatte die erste Welle der Revolution in Deutschland alle Verhältnisse, auf denen noch die bisherigen Planungen beruhten, in ihren Grundfesten erschüttert. Der Krieg, zu dessen Vorbereitung sich die deutschen Regierungen so lange Zeit gelassen hatten, war nun ausgebrochen. Aber der Feind kam nicht über den Rhein oder über die Weichsel, sondern er stand schon im eigenen Land und die Eisenbahnen erwiesen sich trotz ihrer Unvollständigkeit als ein rettendes Instrument, auf das die bedrängten Regierungen nun ohne zu zögern zurückgriffen. In den folgenden Revolutionskriegen erlebten die deutschen Eisenbahnen ihre erste militärische Bewährungsprobe.

d) Sieg der Reaktion mit revolutionärer Technik – Die preußischen Eisenbahntransporte während der Revolutionszeit 1848/50

Nach dem durchaus zufriedenstellenden Verlauf der Eisenbahntransporte des Frühjahrs 1846 in Oberschlesien hatte das preußische Kriegsministerium zunächst keine weiteren Märsche mit der Eisenbahn angeordnet. Erst unmittelbar vor Beginn der politischen Unruhen im Frühjahr 1848 kam es erneut zu Militärtransporten auf der Eisenbahn. Doch nun waren es freilich keine Versuche mehr, sondern reale, durch den Ernst der politischen Lage erzwungene Transporte in bald schon beachtlichen Umfang.

Am 24. Februar 1848 war in Paris die Regierung des sogenannten Bürgerkönigs Louis-Philippe gestürzt worden. Preußen versetzte daraufhin seine beiden rheinischen Armeekorps und die Festungen an seiner westlichen Grenze in Kriegszustand. Aus den östlichen Provinzen Schlesien und Posen wurden die Kriegsreservisten des 37. und 38. Regiments auf der erst wenige Monate zuvor eröffneten Köln-Mindener-Eisenbahn nach Köln transportiert und von dort mit Dampfschiffen weiter rheinaufwärts zur Bundesfestung Mainz gebracht[175]. Am 11. März 1848, zwei Tage vor Unterzeichnung des Vertrages zwischen dem Kriegsministerium und der Köln-Mindener-Gesellschaft über die Truppenbeförderung zu besonderen Tarifen, begann bereits die Verlegung von insgesamt sechs Bataillonen des 26. und 27. Regiments von Magdeburg nach Köln. Die ersten beiden Bataillone trafen schon am gleichen Tag in zwei Zügen in Köln ein[176]. Die übrigen Verbände folgten an den beiden nächsten Tagen jeweils in zwei Echelons. Somit war nach genau 15 Jahren Friedrich Harkorts Vision vom Transport einer ganzen Brigade von Minden an den Rhein Realität geworden. Notfalls hätten diese Transporte auch

---

[174] 61. Sitzungsprotokoll vom 5.6.1847.
[175] Vossische Zeitung, Nr. 65 vom 17.3.1848.
[176] Ebd., Nr. 62 vom 14.3.1848.

innerhalb nur eines Tages abgeschlossen sein können. Immerhin hatte eine aus demselben Jahr stammende Übersicht des Generalstabes für die Bahn auf dem Abschnitt von Berlin nach Magdeburg eine tägliche Transportkapazität von 3000 Soldaten errechnet. Für den Abschnitt von Minden nach Deutz betrug die maximale Kapazität bei Einstellung des zivilen Verkehrs sogar insgesamt 5000 Mann, 100 Pferde, 40 Fahrzeuge und 2000 Ztr. Effekten[177]. Der Behauptung der Potsdamer Bahndirektion, bei rechtzeitiger »Disposition der Truppenbewegung« sogar innerhalb von 24 Stunden 12 000 Mann von Berlin nach Magdeburg befördern zu können, schien man im Generalstab allerdings nicht recht glauben zu wollen. Als vorerst größte Transportleistung auf dieser Strecke ließ die Armee erst ein Jahr später, im Mai 1849, innerhalb von acht Tagen insgesamt 10 900 Mann des IV. Armeekorps mit 1300 Pferden und 107 Fuhrwerken von Magdeburg nach Köln befördern[178]. Von dort wurden sie mit Dampfschiffen den Rhein abwärts in die Pfalz transportiert, um im Rahmen der Armee des Prinzen Wilhelm von Preußen an der Niederwerfung des badischen Aufstandes teilzunehmen.

Daß durch den Umsturz in Frankreich die staatliche Ordnung nicht nur an den äußeren Grenzen, sondern auch im Inneren bedroht war, hatte man in Berlin keineswegs aus dem Auge verloren. Zwei Tage vor Ausbruch der Straßenkämpfe in Berlin wurden auf Befehl des Kriegsministeriums am 16. März 1848 insgesamt acht Bataillone Infanterie aus den Garnisonen in Stettin, Frankfurt und Halle per Eisenbahn in die Hauptstadt befördert. Ohne zu zögern setzte die monarchistisch-reaktionäre Seite in der Auseinandersetzung mit der parlamentarischen Bewegung das modernste technische Mittel ein, das ihr zur Verfügung stand. Längst hatte die Regierung die Möglichkeit eines schnellen Eisenbahntransportes der Potsdamer Garnison nach Berlin im Falle drohender oder bereits ausgebrochener Unruhen in Erwägung gezogen. Schon anläßlich der Debatte im Staatsministerium um günstigere Militärtarife im Jahre 1841 hatte der damalige Innenminister v. Rochow auf diese militärische Option hingewiesen[179]. Tatsächlich trafen am 16. März 1848 gegen 9 Uhr abends auch zwei 600 Mann starke Bataillone des Potsdamer Gardekorps mit der Eisenbahn in Berlin ein. Der entsprechende Befehl des Generalkommandos war erst nachmittags in Potsdam eingegangen[180]. Die Hektik dieser Tage zeigte sich auch daran, daß die Truppe schon am nächsten Abend den Befehl erhielt, wieder nach Potsdam zurückkehren, aber noch vor dem Abrücken eine Gegenordre erhielt, um nun doch zum Schutz des königlichen Schlosses eingesetzt zu werden[181]. Alle Eisenbahnlinien in der Umgebung der Hauptstadt wurden außerdem durch Truppen ständig gesichert, um im Bedarfsfall genutzt werden zu können. Eine Kompanie des Gardejägerbataillons bewachte die Glienecker Brücke. Eine weitere Kompanie des Bataillons marschierte am 18. März mit der Bahn nach

---

[177] Übersicht des Verkehrs und der Betriebsmittel auf den inländischen und den benachbarten ausländischen Bahnen, 1848, in: GStAPK, Kriegsministerium, Nr. 11, T. I: Inländische Bahnen.
[178] Übersicht des Verkehrs und der Betriebsmittel auf den inländischen und den benachbarten ausländischen Bahnen, in: GStAPK, Kriegsministerium, Nr. 13, Bl. 31.
[179] Votum v. Rochow vom 4.7.1841, in: GStAPK, Justizministerium, Nr. 11 202, S. 52.
[180] Rheinhard, Geschichte des Königlich Preußischen Ersten Garderegiments zu Fuß, S. 471 f.
[181] Ebd., S. 472.

Brandenburg, kehrte aber schon am 20. wieder in ihren Standort zurück[182]. Am 30. März erfolgte auf Anweisung des interimsmäßigen Kriegsministers General Karl Friedrich v. Reyher (1786–1857) der Transport dreier weiterer Bataillone aus Magdeburg nach Berlin, und aus Stettin wurden noch einmal zwei Bataillone des 9. Infanterieregiments heran gebracht, die am 31. März um 12 Uhr marschbereit auf dem Stettiner Bahnhof standen[183]. Die gespannte politische Atmosphäre in der Hauptstadt dauerte noch an, als sich in der zweiten Märzhälfte die Berliner Regierung vor die Notwendigkeit gestellt sah, in einem weiteren Konflikt einzugreifen. Ende März 1848 eskalierte der Streit des Deutschen Bundes mit Dänemark um Schleswig-Holstein zum offenen Krieg. Auf die Eingliederung Schleswigs in den dänischen Staat am 21. März 1848 hatte die dort lebende deutsche Mehrheit eine provisorische Regierung gebildet und den dänischen König, der zugleich auch Herzog von Schleswig-Holstein war, zwar nicht abgesetzt, aber seiner Funktionen enthoben[184]. Zur Unterstützung der provisorischen deutschen Regierung in den beiden nördlichen Herzogtümern befahl das preußische Kriegsministerium die Aufstellung einer Eingreiftruppe in Stärke etwa einer Brigade. Im Raum Havelberg, ungefähr einen Tagesmarsch südlich der Eisenbahnlinie Berlin–Hamburg, sollte sich das aus einem Regiment Infanterie mit zwölf Geschützen, einem Füsilierbatallion sowie einem Kürassierregiment bestehende preußische Detachement sammeln[185]. Da sich jedoch die Zusammenziehung dieser Truppen verzögerte und zugleich die Lage in Schleswig-Holstein durch das Eingreifen der dänischen Armee eine bedrohliche Wende nahm, ordnete der Kriegsminister am 31. März 1848 die sofortige Beförderung zweier Grenadierregimenter des in Potsdam stationierten Gardekorps mit der Eisenbahn von Berlin nach Hamburg an. Das erste aus zwei Zügen bestehende Echelon mit zwei Bataillonen traf bereits am 4. April nachmittags unter dem lautstarken Jubel einer ungeheuren Menschenmenge in Hamburg ein[186]. Am nächsten Tag fuhr es mit der Altona-Rendsburger-Bahn weiter nach Rendsburg, wo die Truppe »en Parade« in die Festung einmarschierte. Am 7. April, nur eine Woche nach Erteilung des Marschbefehls, waren beide Garderegimenter in Rendsburg eingetroffen[187]. Die Artillerie der Garde, insgesamt 18 Geschütze, wurde später zusammen mit dem sich immer noch bei Havelberg sammelnden Detachment ebenfalls mit der Bahn nach Hamburg und weiter nach Rendsburg befördert. Die letzten Geschütze trafen am 14. April in Hamburg ein. Ein Hauptmann des Generalstabes koordinierte auf dem nördlich von Havelberg gelegenen Bahnhof von Glöwen diese Transporte. Nur das Kavallerieregiment sowie zwei Eskadronen Husaren marschierten über Land nach Neumünster. Dieser zweite größere Eisenbahntransport der preußischen Armee mit insgesamt zwölf Bataillonen und 8700 Mann verlief trotz seiner improvisierten Anordnung ebenfalls zufriedenstellend.

---

[182] Rentzell, Geschichte des Garde-Jäger-Bataillons, S. 119 f.
[183] Ollech, Carl Friedrich Wilhelm v. Reyher, S. 135–137.
[184] Nipperdey, Deutsche Geschichte, S. 624.
[185] Fransecky, Darstellung, S. 1 f.
[186] Vossische Zeitung, Nr. 83 vom 7.4.1848.
[187] Fransecky, Darstellung, S. 39.

III. Die organisatorische und operative Bewältigung der Eisenbahnfrage

Nachdem die preußische Armee in den Jahren vor der Revolution nur äußerst zurückhaltend Eisenbahntransporte durchgeführte hatte, erstaunt die Konsequenz und Entschlossenheit, mit der sie seit dem März 1848 auf das neue Transportmittel zurückgriff und damit schließlich ihre politische Position nachhaltig festigte. Innerhalb von nur wenigen Wochen waren mehrere zehntausend Mann auf den verschiedensten Linien an bedrohte Abschnitte befördert worden. Die Eisenbahngesellschaften hatte sich trotz der meist überstürzt angeordneten Transporte den Anforderungen gewachsen gezeigt. Allerdings hatte sich bei der Massenhaftigkeit der Transporte sehr schnell herausgestellt, daß die bisherige Organisation der gewöhnliche Märsche mit ihren seit langem festgelegten Quartierorten und Verpflegungsvorkehrungen sich nun ebenfalls den Anforderungen der Eisenbahnen anzupassen hatte. Bereits in einem Schreiben vom 12. März 1848 an das preußische Innenministerium hatte das Kriegsministerium darauf hingewiesen, daß durch die in den »jetzigen Zeitverhältnissen nötig werdenden Truppenbeförderungen« besondere Verpflegungsprobleme aufgetreten seien, vor allem durch das späte Eintreffen der Truppentransporte in den Quartierorten. Die Belastungen der Etappenorte an den wichtigsten Eisenbahnstrecken nahm schnell solche Ausmaße an, daß das Ministerium des Innern am 27. November 1848 in einem Schreiben an den westfälischen Regierungspräsidenten sich einverstanden erklärte, daß für die Stadt Minden Erleichterung geschaffen werden sollte, indem alle von Osten mit der Eisenbahn an den Rhein zu befördernden Truppen zukünftig nur in Bielefeld und Herford Nachtquartiere erhalten sollten[188]. Für die Rekruten und Reservisten des 38. Infanterieregiments, die aus ihrer Garnison in Schlesien mit der Bahn über Görlitz, Dresden und Leipzig nach Mainz befördert werden sollten, benötigte Preußen außer der Genehmigung der sächsischen Regierung auch die Erlaubnis, in Görlitz und Halle für die Nacht Quartier nehmen zu können[189]. Erst die Einführung der Nachtzüge in den fünfziger Jahren schaffte hier endgültig Abhilfe. Mit Schreiben vom 19. September 1854 teilte der damalige Kriegsminister, Friedrich Graf v. Waldersee, dem Regierungspräsidium in Münster mit, daß die von Osten mit der Eisenbahn kommenden Truppen »bei der gegenwärtigen Regelung der Eisenbahnzüge auf der Tour von Berlin nach Köln künftighin in der Provinz Westfalen kein Nachtquartier bedürfen werden, vielmehr ohne Unterbrechung von Magdeburg nach Köln befördert würden«[190].

Mehr noch als Preußen war die österreichische Armee während der Revolutionszeit gezwungen gewesen, auf Eisenbahnen zurückzugreifen. Dabei konnte sie der staunenden Fachwelt beweisen, daß sogar der Eisenbahntransport vollständiger Armeekorps einschließlich ihrer Artillerie und Kavallerie mit erheblichem Zeitgewinn möglich war. Im Oktober 1848 marschierten zum ersten Mal drei österreichische Armeekorps auf Befehl des Feldmarschalls von Windisch-Grätz per

---

[188] Schreiben des Ministerium des Innern vom 27.11.1848 an den Regierungspräsidenten von Westfalen, in: GStAPK, Ministerium des Innern, Tit. 258, Nr. 27.
[189] Ebd., Schreiben des Allgemeinen Kriegsdepartments vom 16.3.1848 an das Ministerium des Innern.
[190] Ebd., Schreiben des Kriegsministers vom 19.9.1854 an das Oberpräsidium in Münster und das Generalkommando des VII. Armeekorps.

Eisenbahn von Prag in den Raum Wien, um die revolutionäre Regierung in der Hauptstadt zu stürzen[191]. Im Mai 1849 wurden innerhalb von fünf Tagen rund 14 000 Mann mit fast 1000 Pferden sowie 48 Geschützen der russischen Division Panjutin per Eisenbahn zur Unterstützung der Österreichischen Armee in Ungarn von Krakau nach Mähren befördert[192]. Die Bahnlinie auf russischer Seite von Warschau bis zur österreichischen Grenze war erst im Jahr zuvor fertiggestellt worden[193].

Nach seinen Siegen in Ungarn und Italien sah sich Österreich seit dem Herbst 1850 wieder in der Lage, in die deutsche Politik einzugreifen. Hier galt es den Bemühungen Preußens entgegenzutreten, eine Einigung der deutschen Staaten mit Hilfe der Union unter Ausschluß Wiens zustande zu bringen. Auf Österreichs Veranlassung konstituierte sich am 2. September 1850 ein »Rumpfbundestag« in Frankfurt, der wieder alle Kompetenzen des alten Bundes für sich beanspruchte. Ein gegen Preußen gerichtetes »Schutz- und Trutzbündnis« der Wiener Regierung mit Württemberg und Bayern wurde einen Monat später in Bregenz geschlossen. Demonstrativ begann Österreich unmittelbar danach seine Truppen in Böhmen aufmarschieren zu lassen[194]. Binnen 26 Tagen transportierte die österreichische Armee fünf Korps, insgesamt 75 000 Mann mit 8000 Pferden sowie 1800 Fahrzeugen und Geschützen, per Eisenbahn aus Oberitalien nach Böhmen[195]. Eine Zeitersparnis gegenüber konventionellen Landmärschen konnte jedoch nicht erzielt werden. Man hatte keinen geregelten periodischen Verkehr vorbereitet, sondern tastete sich inmitten eines vollständig aufrecht erhaltenen Friedensbetriebes der Züge mit Hilfe telegraphischer Anweisungen an sein Ziel[196]. Immerhin hatten die Österreicher erstmals gezeigt, daß es möglich war, eine ganze Armee per Eisenbahn aufmarschieren zu lassen. Noch wichtiger war jedoch die Tatsache, daß erstmals durch das militärische Potential der Eisenbahnen Österreich überhaupt die Option erhielt, gegen Preußen eine aggressive Politik bis an den Rand des Krieges zu betreiben. Ob dies ohne die Gelegenheit, aller Welt und vor allem Preußen seine technische Überlegenheit zu demonstrieren, geschehen wäre, bleibt zumindest fraglich.

Auf preußischer Seite war am 6. November 1850 der Mobilmachungsbefehl ergangen, der zum ersten Mal seit 35 Jahren die gesamte Armee auf »Kriegsfuß«

---

[191] Köster, Militär und Eisenbahn, S. 127 f.
[192] Ebd., S. 136. Ebenso Wernekke, Die Mitwirkung der Eisenbahnen, S. 931. Siehe auch Joesten, Geschichte und System, S. 11, der für diesen Transport einen Zeitvorteil von elf Tagen zugunsten der Eisenbahn errechnete. Auch verhinderte die Eisenbahnbeförderung den bei einem Fußmarsch erfahrungsgemäß zu erwartenden Abgang von etwa 700–800 Mann.
[193] Westwood, Geschichte der russischen Eisenbahnen, S. 23.
[194] Angelow, Von Wien nach Königgrätz, S. 155 f. Zum Verlauf der Olmützkrise siehe Nipperdey, Deutsche Geschichte, S. 670–673.
[195] Wernekke, Die Mitwirkung der Eisenbahnen, S. 931. Vgl. auch Köster, Militär und Eisenbahn, S. 185: Am 29.11.1850, dem Tag, als Preußen dem österreichischen Ultimatum nachgab beförderte die Nördliche Staatsbahn innerhalb von 24 Stunden in acht separaten Zügen 7837 Soldaten, 555 Pferde, 178 Geschütze und Fuhrwerke sowie über 6000 Zentner Gepäck und Munition.
[196] Westphalen, Die Kriegführung, S. 9. Eine ausführliche Darstellung der Transporte und aller dabei auftretenden organisatorischen Problemstellungen findet sich bei Köster, Militär und Eisenbahn, S. 186–194.

III. Die organisatorische und operative Bewältigung der Eisenbahnfrage 151

gesetzt hatte[197]. Nach dem Plan des Chef des preußischen Generalstabschef, General v. Reyher, vom 29. Oktober sollten das Garde- und das II. Armeekorps mit rund 60 000 Mann bis Ende Dezember bei Torgau an der Elbe aufmarschieren, das III. und IV. Armeekorps bei Erfurt, bei Limburg an der Lahn die 15. Division und das VII. Armeekorps aus Münster, während sich die 16. Division zunächst bei Kreuznach versammelte[198]. Das V. Armeekorps wurde am 12. November von Posen in den Raum Guben verlegt, während das VI. Armeekorps in Breslau verblieb. Nach ihren Einsätzen in Baden, Hessen und Schleswig waren die Korps jedoch noch nicht wieder an ihre Standorte zurückgekehrt, sondern teils bis hinunter zur Regimentsebene in ganz Deutschland verstreut. Der Ersatz an Reservisten, Pferden oder Material mußte den Verbänden während des Marsches oder sogar erst am Bestimmungsort zugeführt werden[199]. Erschwerend hinzu traten Unstimmigkeiten bei der Räumung des immer noch besetzten Großherzogtums Baden. Der Abmarsch der dort stehenden preußischen Truppen in Stärke eines Armeekorps verzögerte sich um mehr als zwei Wochen, da der kommandierende General Ludwig Freiherr Roth v. Schreckenstein der Ansicht war, auf die zu seiner Ablösung eintreffenden badischen Truppen warten zu müssen[200]. Unabhängig von den Problemen der Armee zeigten sich die preußischen Eisenbahnen den erstmals an sie gestellten umfassenden Anforderungen vollauf gewachsen. So beförderte die Stettin-Stargard-Posener Eisenbahn innerhalb von acht Tagen vom 24. November bis zum 5. Dezember 1850 in zehn Extrazügen 10 128 Mann mit 380 Pferden und 54 Fahrzeugen nach Posen. Da der fahrplanmäßige Verkehr durch die Militärtransporte nicht behindert wurde, hätte nach Ansicht der Bearbeiter im Generalstab die Eisenbahngesellschaft notfalls auch mehr als nur einen Truppentransport pro Tag durchführen können[201]. Vom 15. bis zum 22. November beförderte die Berlin-Potsdam-Magdeburger Gesellschaft insgesamt 10 998 Mann des Gardekorps in ihre Bereitstellungsräume an der sächsischen Grenze, wobei die Transporte am 20. November ein Tagesmaximum von drei Zügen mit knapp 3000 Mann und 42 Pferden erreichten[202]. Daß die preußischen Truppentransporte auf der Eisenbahn im Umfang durchaus nicht geringer als die der österreichischen Armee waren[203], belegten die Leistungen der Berlin-Görlitz-Breslauer Bahn, die allein im November 1850 insgesamt 32 470 Soldaten, 248 Pferde und 47 Fuhrwer-

---

[197] Jany, Geschichte der preußischen Armee, S. 185.
[198] Ebd., S. 187.
[199] Ebd., S. 190.
[200] Über das an Ungehorsam grenzende Verhalten des Generals v. Schreckenstein siehe den Schriftwechsel in: Militärische Schriften weiland Kaiser Wilhelms des Großen, S. 113-128.
[201] Übersicht des Verkehrs und der Betriebsmittel auf den inländischen und den benachbarten ausländischen Eisenbahnen, in: GStAPK, Kriegsministerium, Nr. 13, Bl. 21.
[202] Ebd., Bl. 26.
[203] Das im Jahre 1862 erschienene Handbuch für den preußischen Generalstabsdienst erwähnte in seinem Kapitel über die militärische Nutzung der Eisenbahn zwar als Beispiel die Transporte der österreichischen Armee im Herbst 1850, überging aber sonderbarerweise die zur selben Zeit durchgeführten preußischen Eisenbahnmärsche. Siehe Boehn, Generalstabsgeschäfte, S. 141.

ke nach Schlesien transportierte und im Dezember nach einmal 21 903 Mann[204]. Hierzu zählten allerdings auch schon die Rücktransporte, da der eigentliche Aufmarsch bereits am 29. November 1850, nach der politischen Einigung der Kontrahenten in Olmütz, abgebrochen worden war[205]. Vom 30. November bis zum 2. Dezember 1850 beförderte die Glogau-Hansdorfer Bahn in drei Tagen mit jeweils vier Zügen 5776 Mann, 278 Pferde und 28 Fahrzeuge, »ohne Störung des gewöhnlichen Verkehrs«. Der bearbeitende Offizier bemerkte sogar dazu, daß die Bahn in der Folge auch das Doppelte leisten könne[206]. Ebenso war die Breslau-Schweidnitz-Reichenbacher Bahn, die vom 15. bis zum 19. Dezember 1850 weitere 3247 Mann in fünf Zügen in ihre Standorte zurück befördert hatte, hierfür nur zu einem Drittel ihrer Leistungsfähigkeit beansprucht worden[207].

Weder das angebliche Versagen der Eisenbahnen noch der Mangel an nutzbaren Eisenbahnlinien und Transportmaterial oder organisatorisches Unvermögen von Armee und Eisenbahngesellschaften[208] hatten somit die preußische Administration bewogen, Anfang Dezember 1850 dem Druck Österreichs und Rußlands in Olmütz nachzugeben. Tatsächlich waren die preußischen Truppentransporte auf den Eisenbahnen in ihrem Umfang kaum geringer als die österreichischen gewesen, auch war dazu nicht erheblich mehr Zeit benötigt worden. Die meisten Eisenbahngesellschaften hatten laut der Übersicht des Generalstabes sogar noch genügend Betriebsmaterial zur Verfügung, um ihren fahrplanmäßigen Verkehr aufrechtzuerhalten. Das preußische Eisenbahnnetz war schon zu dieser Zeit dem österreichischen eindeutig überlegen[209]. Preußische Truppen konnten auf drei Eisenbahnlinien über Magdeburg auf Halle und weiter an die sächsische Grenze, über Jüterbog auf Herzberg und Röderau sowie über Frankfurt a.d. Oder auf Görlitz und Breslau in ihre Einsatzräume befördert werden, während den Österreichern nur eine einzige Bahn von Wien über Brünn auf Prag zur Verfügung stand[210]. Tatsächlich beruhte Preußens Nachgeben gegenüber Österreich auf der

---

[204] Übersicht des Verkehrs und der Betriebsmittel auf den inländischen und den benachbarten ausländischen Eisenbahnen, in: GStAPK, Kriegsministerium, Nr. 13, Bl. 15.
[205] Jany, Geschichte der preußischen Armee, S. 190.
[206] Übersicht des Verkehrs und der Betriebsmittel auf den inländischen und den benachbarten ausländischen Eisenbahnen, in: GStAPK, Kriegsministerium, Nr. 13, Bl. 16.
[207] Ebd., Bl. 18.
[208] Showalter, Railroads, S. 38: Das vorhandene Eisenbahnnetz war zu dünn, die Zahl der Lokomotiven und Waggons zu gering und die Organisation zu ungenügend, um im großen Umfang Truppen zu transportieren. Showalters Behauptung, daß Männer, Pferde und Ausrüstung auf Ladestationen standen und ziellos von Station zu Station in Zügen, deren Ziele mysteriös blieben, transportiert worden seien (ebd., S. 37), ist der Übersicht des Generalstabes nicht einmal andeutungsweise zu entnehmen. Dabei hätten die Offiziere keine Veranlassung gehabt, darin solche Probleme zu verschweigen. Leider machte Showalter, der diese Quelle offenbar nicht bearbeitet hatte, keine Angaben über die Herkunft seiner Behauptung.
[209] Das preußische Eisenbahnnetz verfügte 1848 mit rund 2900 km annähernd über die anderthalbfache Streckenlänge des österreichischen von 1770 km, siehe Köster, Militär und Eisenbahn, S. 302 sowie die tabellarische Übersicht über den Stand des Eisenbahnwesens im preuß. Staate im August 1847 vom 13.1.1848 (Tabelle 7.1.), die auch die für 1848 vorgesehenen Fertigstellungen von rund 300 Kilometern berücksichtigt.
[210] Über die zahlreichen Friktionen auf österreichischer Seite siehe auch die Darstellung bei Köster, Militär und Eisenbahn, S. 183: »[Erst] nach knapp drei Wochen war nun unter dem Druck zu-

III. Die organisatorische und operative Bewältigung der Eisenbahnfrage 153

Einsicht, daß man inzwischen in Deutschland und Europa politisch isoliert war[211]. Auch wenn die preußische Regierung zunächst ein Eingreifen Rußlands zugunsten Österreichs nicht zu befürchten hatte[212], so muß es doch ein Schock für sie gewesen sein, plötzlich zum ersten Mal seit dem Krieg von 1806 ohne einen einzigen Verbündeten zu sein. Für einen allgemeinen europäischen Krieg gegen eine Koalition von zunächst nicht einzuschätzender Größe war aber, selbst wenn ihn König Friedrich Wilhelm IV. gewollt hätte, die Armee in ihrer inneren Struktur noch nicht bereit. Nach Ansicht aller Fachleute mußte erst eine umfassende Heeresreform das Verhältnis von Linie und Landwehr neu und grundlegend ordnen[213]. Über die Mobilmachung von 1850 schrieb der spätere preußische König und deutsche Kaiser Wilhelm I:

»Zwar war es trotz der denkbar ungünstigen Verhältnisse gelungen, ein Heer von mehr als 400 000 Mann aufzustellen, das gut ausgerüstet, zu einem erheblichen Teil im Besitz der ausgezeichnetsten Handwaffe der Welt, von einer, der schönsten Tage des Befreiungskrieges würdigen Stimmung beseelt war. Allein diese begeisterte Stimmung von Linie und Landwehr vermochte doch über die Tatsache nicht hinweg zu täuschen, daß fast die Hälfte der Kriegsmacht – die Landwehr, und von dieser besonders die Kavallerie, eine Waffe von mindestens zweifelhaftem Wert war[214].«

Preußen hatte in Olmütz einen Krieg mit Österreich noch einmal vermieden. Doch der fortgesetzte Druck des Habsburgerstaates hatte aus dem Nachgeben Berlins eine Demütigung gemacht[215] und in Preußen die Einsicht gestärkt, daß ein Krieg beider deutscher Großmächte in Zukunft wahrscheinlicher geworden sei. In Berlin setzte nun in bezug auf den ehemaligen Bündnispartner ein allmähliches Umdenken ein. Nirgends in ganz Europa besitze Preußen noch einen Freund, sondern sei ganz auf sich allein angewiesen, hatte Helmuth v. Moltke schon im Frühjahr 1850 an seinen Bruder geschrieben[216]. Der Generalstab schloß es nun nicht mehr aus, daß Preußen einen zukünftigen Krieg auch gegen eine von Österreich angeführte Koalition gegnerischer Mächte würde austragen müssen. Dies erforderte eine neue Strategie des schnellen Schlagens und damit eine schnell zu mobilisierende, angriffsfähige Armee. Bereits im Frühjahr 1852 hatte der Chef des Generalstabes, Karl Friedrich v. Rehyer, einen Operationsplan für einen Krieg gegen ein mit Frankreich verbündetes Österreich fertiggestellt. Sechs preußische Armeekorps sollten demnach zunächst in Böhmen eindringen und auf dem Weg nach Prag das österreichische Hauptheer entscheidend schlagen, um so die »Frei-

---

nehmend chaotischer Verhältnisse und wachsender Kriegsaussicht der ganze Eisenbahnbetrieb auf Militärtransporte eingestellt worden. Am 12.11.[1850] wurde auch endgültig einem Offizier die zentrale Steuerung der Truppentransporte übertragen«.

[211] Angelow, Von Wien nach Königgrätz, S. 160 f.
[212] Bericht des preußischen Konsuls in Warschau v. Wagner vom 26.10.1850. Siehe dazu ebd., S. 158.
[213] Jany, Geschichte der preußischen Armee, S. 192.
[214] Militärische Schriften weiland Kaiser Wilhelms des Großen, S. 128 f.
[215] Angelow, Von Wien nach Königgrätz, S. 161. Ein geheimes Zusatzprotokoll bestimmte sogar, daß Preußen als Voraussetzung einer Einstellung der österreichischen Rüstungen zunächst einseitig demobilisieren müsse.
[216] Brief Moltkes an seinen Bruder Adolf vom 17.2.1850, in: Moltke, Gesammelte Schriften, Bd 4, S. 139.

heit des Handelns« gegen Frankreich zu gewinnen[217]. In Zukunft schien Preußen wieder die Kriege Friedrichs II. führen zu müssen. Nur besaß es jetzt dazu die Eisenbahnen.

3. Die Grundlegung eines Militäreisenbahnwesens in Preußen 1849–1864

a) Von der Improvisation zur Organisation – Armee und zivile Eisenbahnbehörden in der Auseinandersetzung um die militärische Nutzung der Eisenbahnen

Während der revolutionären Phase von 1848/50 hatte die preußische Armee zwar in beachtlichem Umfang Truppen mit der Eisenbahn befördert, in der Zusammenarbeit zwischen den Militärbehörden und den zivilen Eisenbahngesellschaften sowie in der Entwicklung spezieller Vorschriften waren jedoch nur geringe Fortschritte erzielt worden. Unter dem Druck der politischen Ereignisse hatte die Regierung die meisten dieser Eisenbahntransporte in höchster Eile veranlaßt, ohne daß dazu eine genaue Planung oder sogar ein Konzept zur militärischen Nutzung der Eisenbahnen vorgelegen hätte. Ein Beispiel hierfür war der Anfang März 1848 während der Berliner Unruhen beabsichtigte Transport von 2000 Mann Infanterie von Erfurt nach Berlin. Da die Armee den Transport erst einen Tag vor dem Marschtermin angefordert hatte, war der beauftragten Eisenbahngesellschaft nichts anderes übriggeblieben, als noch in derselben Nacht alle auf dem Erfurter Bahnhof verfügbaren Güterwagen abzuladen, um Platz für die Truppe zu schaffen. Als dann der Transport tatsächlich noch pünktlich von Erfurt abging, wurde er in Wittenberg schließlich durch einen Gegenbefehl wieder gestoppt[218]. Ebenso hastig ließ die Regierung unmittelbar nach dem Ende der Straßenkämpfe Truppen aus Stettin, Frankfurt und Halle mit der Eisenbahn nach Berlin befördern.

Der bedrohten preußischen Regierung waren die Eisenbahnen somit zu einem höchst willkommenen Hilfsmittel ihrer auf spontanen Entschlüssen beruhenden Krisenbewältigung geworden. Auf einer besseren Planung beruhte immerhin der Transport einer Infanteriebrigade von Magdeburg nach Köln-Deutz Ende März 1848. Die Armee hatte das Betriebsmaterial rechtzeitig zwei Tage vorher bei den betroffenen Eisenbahngesellschaften angefordert, so daß der Einsatz der erforderlichen Extrazüge auch auf den langen, eingleisigen Bahnen »ohne alle Unbequemlichkeit«, d.h. ohne Störung des fahrplanmäßigen Verkehrs erfolgen konnte[219]. Ebenso reibungslos verlief Anfang April 1848 der Transport der 2. Gardeinfan-

---

[217] General v. Reyhers Plan datiert vom 3.2.1852 und ist erwähnt in: Moltke in der Vorbereitung, S. 41.
[218] Bericht des Erfurter Betriebsdirektors Mons vom 7.10.1851, in: GStAPK, I. HA, Rep. 93 E, Handelsministerium, Nr. 2372, Bl. 43.
[219] Nachtrag zu den der Armee im Jahre 1846 mitgeteilten Erfahrungen über die Benutzung der Eisenbahnen zu militärischen Zwecken, ebd., Bl. 1.

teriebrigade von Potsdam nach Schleswig-Holstein, obwohl er sehr kurzfristig vom Kriegsministerium angesetzt worden war und drei Eisenbahngesellschaften in Anspruch genommen werden mußten. In dieser kritischen ersten Phase der Eisenbahnnutzung zeigte sich allerdings sehr schnell, daß die preußische Armee auch die Frage der Versorgung und Unterbringung der Truppe auf den Eisenbahnetappenorten noch nicht verbindlich geklärt hatte.

Ein Bericht der Armee aus dem Jahre 1849 über die im Vorjahr gemachten Erfahrungen bei Eisenbahntransporten versuchte hier eine erste Abhilfe zu schaffen[220]. So wurde darin empfohlen, daß bei längeren Fahrten von sechs bis acht Stunden mit anschließendem Etappenmarsch die Truppe zuvor ausgeruht und nach Möglichkeit mit warmer Verpflegung versehen sein sollte. Außerdem müsse darauf, so der Bericht, geachtet werden, daß die Soldaten bei längeren Wartezeiten nicht ihre für mehrere Tage bestimmte Handverpflegung auf einmal verzehrten. An größeren Hauptstationen sollten die Eisenbahndirektionen Trinkwasser und entsprechende Gefäße für die Mannschaften und Pferde bereit halten. Ebenso waren die dortigen »Restaurationsbesitzer« dazu angehalten, größere Brotvorräte bereitzuhalten.

Ein besonderes Problem der Militärs stellte immer noch der Transport von Pferden und Artilleriefahrzeugen mit der Eisenbahn dar. Den meisten Gesellschaften fehlte nach wie vor geeignetes Betriebsmaterial in genügender Anzahl. Gemäß einer Aufstellung des Generalstabes aus dem Jahre 1848 besaß die Köln-Mindener-Eisenbahn insgesamt nur sechs speziell zum Transport von Pferden geeignete Wagen, die Berlin-Potsdam-Magdeburger-Bahn sogar nur vier. Alle anderen Güterwagen der beiden Gesellschaften waren Mehrzweckfahrzeuge von unterschiedlicher Belastbarkeit, ohne erkennbare Standardisierung mit acht, sechs oder nur vier Rädern ausgestattet und meistens nur nach zeitraubendem Umrüsten zum Transport von Pferden und Fuhrwerken geeignet[221]. Die Armee mußte sich vorerst mit Improvisationen behelfen. Für Militärfahrzeuge empfahl der Armeebericht von 1849 die Verwendung von heraustrennbaren Deichseln. Nur so war es zu vermeiden, zwei Waggons mit einer Kuppelstange verbinden zu müssen, was bei Bahnen mit engeren Kurven zu Schwierigkeiten führen würde. Der Transport von Pferden war hingegen ohne besondere Einrichtungen überhaupt nicht möglich. In Transportwagen mit hohen Wänden und schmalen Eingängen gingen die Tiere nicht ohne Angst, hieß es im Bericht. Der unter den Fußtritten erzeugte hohe Ton vermehre diese Scheu noch. Dem Problem konnte durch Vorlage von Streu vorgebeugt werden[222]. Längst war noch nicht klar, welcher Wagentyp sich am ehesten zur Beförderung von Pferden eignete. Inzwischen setzten die meisten Eisenbahngesellschaften sechs- oder sogar achträdrige Waggontypen ein, deren Dächer jedoch nicht mehr problemlos abzunehmen waren. Ohne diese Möglich-

---

[220] Ebd.
[221] Übersicht des Verkehrs und der Betriebsmittel auf den inländischen und den benachbarten ausländischen Eisenbahnen, in: GStAPK, Kriegsministerium, Nr. 11, T. I: Inländische Bahnen.
[222] Nachtrag zu den der Armee im Jahre 1846 mitgeteilten Erfahrungen, in: GStAPK, Handelsministerium, Nr. 2372, Bl. 1.

keit reichte die bisher geforderte Seitenhöhe von sechs Fuß höchstens noch für kleinere Pferde aus. Kriegsminister Generalleutnant August Wilhelm v. Stockhausen (1791-1861) schlug daher in einem Schreiben vom 20. Juli 1850 an Handelsminister v.d. Heydt die Durchführung weiterer Transport- und Beladeübungen an verschiedenen Wagentypen vor, um die geeignete Größe der Lichtöffnungen bei geschlossenen Waggons, die Größe der Türen zum Ein- und Ausführen der Pferde sowie die zweckmäßigste Art ihrer Verriegelung festzulegen. Die mit den Versuchen zu beauftragende Kommission solle, so das Kriegsministerium, aus geeigneten Kavallerie- und Artillerieoffizieren bestehen. Von den Eisenbahnverwaltungen wurde die Abstellung eines sachverständigen Technikers erbeten[223].

Zu den gewünschten Versuchen kam es jedoch wegen der Olmütz-Krise vorerst nicht. Doch zwei Jahre später beschäftigten den neuen Kriegsminister, Generalleutnant Eduard v. Bonin (1793-1865), immer noch die gleichen Fragen. Er sah sich daher veranlaßt, noch einmal bei seinem Amtskollegen v.d. Heydt darauf zu drängen, die Einrichtungen für den Kavallerietransport in allen ihren Details durch praktische Versuche näher zu prüfen[224]. Bonin forderte außerdem für alle Bahnhöfe die Einrichtung entsprechend hoher Perrons und Verladebrücken, die auf den Boden der Waggons gelegt werden können. Geeignete Verladeeinrichtungen für Pferde und Fahrzeuge fanden sich bislang höchstens auf den großen Bahnstationen. Das Verladen einer Artilleriebatterie mit rund 120 Mann, 55 Pferden und zwölf Fahrzeugen hatte im Jahre 1848 auf einer Zwischenstation 4½ Stunden in Anspruch genommen, auf einer Hauptstation dagegen nur zwei, das Ausladen wiederum nur 1½ Stunden. Als praktisch hatte es sich beim Beladen erwiesen, die Räder der Fahrzeuge durch angenagelte Klötzchen zu blockieren. Das ersparte ein aufwendiges Verzurren des Geräts[225]. Das belgische System, bei dem die Pferde von einer Kopframpe »an der schmalen Seite« in die Waggons hineingeführt wurden, lehnte v. Bonin ab. Dies käme nur für kleinere Armeen in Frage, da es bei großen Pferdemassen zu viel Zeit beanspruche. Für den Fall, daß es notwendig werden würde, die Pferde bereits vor Erreichen einer Station oder überhaupt auf offener Strecke auszuladen, regte der Kriegsminister das Mitführen transportabler Rampen an, die auf jedem Hauptbahnhof in einigen Exemplaren vorhanden sein müßten. Der Generalstab schien hier zunächst eine in Österreich verwendete Variante, die Offiziere bei einer Erkundung auf dem Bahnhof von Ratibor vorgefunden hatten, zur Anschaffung in Erwägung zu ziehen[226]. Das Handelsministerium hatte aber zu diesem Zweck bereits die Herstellung von zunächst zwölf eisernen Rampen in Auftrag gegeben, da nach Ansicht von Minister v.d. Heydt die österreichischen Modelle nicht im Zuge mitgenommen und auch nur auf ebener Fläche eingesetzt werden konnten[227].

---

[223] Schreiben des Kriegsministers an Minister v.d. Heydt vom 20.7.1850, in: GStAPK, Handelsministerium, Nr. 2360, Bl. 9.
[224] Schreiben des Kriegsministers an Minister v.d. Heydt vom 1.7.1852, ebd., Bl. 37.
[225] Ebd., Bl. 1.
[226] Schreiben des Kriegsministers an Minister v.d. Heydt vom 19.12.1854, ebd., Bl. 74.
[227] Schreiben des Ministers v.d. Heydt vom 5.1.1855, ebd., Bl. 75.

III. Die organisatorische und operative Bewältigung der Eisenbahnfrage 157

Immer noch unbefriedigend waren die Fortschritte in der notwendigen Umrüstung der Güterwagen für den Transport von Mannschaften und Pferden. Der Chef des Generalstabes der Armee, Generalleutnant v. Reyher, wies in einem Bericht vom 7. Juli 1854 an den Kriegsminister nochmals darauf hin, »daß sämtliche Privatbahnen, da wo es noch nicht geschehen ist, ihre [...] bedeckten Wagen und offenen Güterwagen mit den hierzu erforderlichen Verrichtungen – zum Einlegen der Sitzbänke [bzw.] Anbinden der Pferde – versehen [müßten]«[228]. Die Zeit drängte, um die militärischen Forderungen bei den Eisenbahngesellschaften durchzusetzen. Die Entwicklungen im Ausland waren für den Generalstab Anlaß zu größter Sorge. Frankreich hatte 1852 endlich seine strategisch wichtige Bahn von Paris nach Straßburg vollendet, und im Juni desselben Jahres hatte die russische Armee erstmals umfangreiche Truppentransporte auf der im Vorjahr fertiggestellten Eisenbahn von Petersburg nach Moskau durchgeführt. Innerhalb von 13 Tagen waren rund 60 Militärzüge mit insgesamt 17 000 Soldaten, 5600 Pferden sowie 16 Geschützen und 263 Equipagen auf der neuen Strecke befördert worden, und es stand zu befürchten, so der Tenor in der Allgemeinen Militär-Zeitung, daß das Zarenreich seine Streitkräfte auch an der Weichsel und am Narew mit gleicher Schnelligkeit anwachsen lassen könnte, wenn erst die Eisenbahn von Petersburg nach Warschau fertiggestellt sein wird[229].

Seit dem Frühjahr 1854 hatte die erneute Kriegsgefahr auf dem Balkan deutlich den Druck auf die preußische Armee erhöht, in der Frage der notwendigen Umrüstung des Eisenbahnbetriebsmaterials endlich zu einem Resultat zu gelangen. Schon im Juli 1853 waren russische Truppen in die Donaufürstentümer Moldau und Walachei einmarschiert, und das Osmanische Reich hatte daraufhin, im Vertrauen auf die Unterstützung Englands und Frankreichs, dem Zaren am 4. Oktober 1853 den Krieg erklärt. Österreich und Preußen schwankten noch im ihrer Haltung, hofften aber, neutral bleiben zu können[230].

Im Dezember 1854 forderte Handelsminister v.d. Heydt in einem Reskript die königlichen Eisenbahnkommissariate auf, nun binnen zweier Monate dafür zu sorgen, daß die Eisenbahngesellschaften ihre Güterwagen zum Transport von Personal und Pferden vorbereiteten[231]. Zum Transport von Mannschaften sollten nach der Vorstellung des Handelsministeriums Leisten an den Seiten befestigt werden, auf denen im Bedarfsfall Sitzbänke aus einfachen Brettern eingelegt werden könnten. Außerdem waren für die Türen Einlegebäume zu beschaffen, damit diese auch während der Fahrt gefahrlos geöffnet werden könnten. Für den Pferdetransport mußten an geeigneten Punkten im Wagen starke Ringe zum Festbinden eingeschraubt werden. Auch sei eine entsprechende Anzahl von Ersatzringen vorrätig zu halten[232]. Die Eisenbahngesellschaften fügten sich dieser Anordnung,

---

[228] General v. Reyher an den Kriegsminister Graf v. Waldersee vom 7.7.1854, ebd., Bl. 165.
[229] Allgemeine Militär-Zeitung, Nr. 98 vom 16.8.1853.
[230] Zu den Einzelheiten der Krise siehe die Darstellung bei Angelow, Von Wien nach Königgrätz, S. 172–175.
[231] Reskript des Ministeriums für Handel, Gewerbe und öffentliche Arbeiten an die zuständigen Eisenbahnkommissariate vom 22.12.1854, in: GStAPK, Handelsministerium, Nr. 2360, Bl. 63.
[232] Bericht des Eisenbahnkommissariats in Köln vom 18.1.1855, ebd.

obwohl sie, wie die Köln-Mindener-Gesellschaft betonte, gesetzlich dazu nicht verpflichtet seien[233].

Das Eisenbahnkommissariat in Erfurt konnte bereits am 18. Januar 1855 melden, daß die Magdeburg-Leipziger-Bahn bei einem Bestand von 40 sechsrädrigen und 80 vierrädrigen Personenwagen mit insgesamt 3700 Sitzplätzen nun zusätzlich unter Zuhilfenahme von 300 Bänken noch einmal 1500 Plätze in ihren Güterwagen herrichten könne. Zum Pferdetransport besaß die Bahn außer fünf besonders hierzu eingerichteten Wagen mit je drei Ständern noch 13 offene vierrädrige Wagen für den Transport von je fünf Pferden. Nach Berechnung des Eisenbahnkommissariats könnten durch den Umbau weiterer 128 bedeckter Güterwagen mit dem Betriebsmaterial der Bahn insgesamt 858 Pferde befördert werden. Die Direktion der Ostbahn meldete einen Bestand von 208 sechsrädrigen und 654 vierrädrigen Wagen, die mit insgesamt 6000 Bänken bestückt werden konnten, dazu kamen noch einmal 1800 Bänke bei der Stargard-Posener-Eisenbahn, so daß bei einer Besetzung von fünf Mann pro Bank rund 39 000 Mann auf der Bahn befördert werden konnten. Rechnete man die 176 Personenwagen beider Gesellschaften noch hinzu, so erhöhte sich die Transportkapazität sogar auf rund 48 000 Mann[234]. Die Berlin-Anhalter Eisenbahn konnte bei einem Bestand von insgesamt 210 Güterwagen durch das Anbringen geeigneter Bänke 7600 zusätzliche Transportplätze schaffen[235].

Aus der Sicht der Armee war damit jedoch die Frage des Eisenbahntransportes von Pferden immer noch nicht zufriedenstellend gelöst. In einer im folgenden Jahr vom Generalstab fertiggestellten Übersicht der Betriebsmittel auf den inländischen und benachbarten ausländischen Eisenbahnen gelangten die Verfasser zu dem Ergebnis, daß »eigens für Pferde eingerichtete Transportwagen à drei, sechs und neun Stück überall [noch] in zu geringer Anzahl vorhanden, [und] daher geschlossene und offene Lastwagen zur Aushilfe erforderlich [seien]«[236]. In offene Wagen ließen sich die Pferde zwar williger führen, auch verhielten sie sich während der Fahrt ruhiger als in geschlossenen Wagen, doch eine Verladung von 100 Pferden, die wegen der hochstehenden Seitenwände über Kopframpen erfolgen mußte, dauerte hierbei etwa 1½ Stunden, bei geschlossenen Wagen mit breiten Seitentüren dagegen nur rund 15 Minuten. Da man andererseits in offenen Wagen die Pferde quer zur Fahrtrichtung stellen und somit eine größere Anzahl von ihnen transportieren konnte, schien vorerst nicht klar, welcher Transportmethode der Vorzug zu geben sei. Der Generalstab mochte sich offenbar für keine dieser Lösungen eindeutig aussprechen, sondern richtete sich zunächst auf beide Möglichkeiten ein. Falls eine Eisenbahngesellschaft der Armee geschlossene Wagen bereit stellte, sollte sich die Truppe nach Ansicht der Eisenbahnfachleute im Generalstab »auch stets einige offene Wagen und umgekehrt, beigeben lassen, da einzelne Pfer-

---

[233] Ebd.
[234] Ebd.
[235] Bericht des Eisenbahnkommissariats vom 19.4.1855, ebd., Bl. 102.
[236] Übersicht des Verkehrs und der Betriebsmittel auf den inländischen und den benachbarten ausländischen Eisenbahnen, in: GStAPK, Kriegsministerium, Nr. 13,, Bl. 1 - 35.

III. Die organisatorische und operative Bewältigung der Eisenbahnfrage 159

de das ein oder das andere vorziehen« und dies in jedem Fall zu einer »Zeitersparnis beim Verladen« führe[237]. Bedenken wegen der hier deutlich werdenden mangelnden Praxis der Truppe bei Eisenbahntransporten hatte Generalstabschef v. Reyher schon in einem Schreiben vom 7. Juli 1854 an den Kriegsminister Graf v. Waldersee geäußert: Das »rasche und ordnungsgemäße Ein- und Aussteigen resp. Ein- und Ausführen der Pferde [...] in die Eisenbahntransportwagen müsse endlich, ähnlich wie in Frankreich, [...] fleißig geübt werden«, da »von dem raschen ordnungsmäßigen Verfahren hierbei [...] die pünktliche Einhaltung der Fristen ab[hänge], und selbst kleine Verspätungen bei komplizierten Eisenbahnfahrten Verwirrung erzeug[t]en[238].« Das Kriegsministerium schien jedoch vorerst keine Veranlassung zu derartigen Übungen oder Truppentransporten zu sehen. Tatsächlich unterblieben in Preußen in den fünfziger Jahren, anders als in der Habsburgermonarchie, größere Truppentransporte mit der Eisenbahn fast völlig. Der Generalstab sah sich auf eine weitgehend theoretische Erörterung der damit zusammenhängenden Probleme beschränkt. In seiner Übersicht aus dem Jahre 1855 stellte er dazu nur fest, daß »die seither auf den Preußischen Eisenbahnen vorgekommenen Truppentransporte [...] an sich zu unbedeutend [seien und auch] nicht längere Zeit hindurch angedauert haben«[239].

Offen blieb auch vorerst die Frage nach der Kontrolle der Eisenbahnen im Kriegsfalle. Annähernd vier Jahre verhandelte darüber eine mit Offizieren des Generalstabes und Beamten des Handelsministeriums besetzte Kommission zur »Regulierung der Eisenbahnbenutzung für Truppentransporte in Friedens- und Kriegszeiten«. Das Kriegsministerium hatte sie unmittelbar nach dem für Preußen so deprimierenden Ausgang der Olmützkrise im November 1850 einberufen. Über den Stand der Verhandlungen berichtete der Leiter der militärischen Seite, der Oberst im Generalstab Baeyer, am 20. Mai 1851 an den Chef des Generalstabes der Armee, General v. Reyher[240]. Sein Schreiben machte das Bestreben des Generalstabes deutlich, seinen Einfluß auf die Durchführung von Eisenbahntransporten vor allem im Kriegsfall möglichst auszudehnen. Dahin zielte auch die Forderung des Generalstabes, die Leitung der Bahntelegraphen im Kriegsfalle der Militärbehörde zu unterstellen. Seit Jahren schon inspizierte der Generalstab regelmäßig die vorhandenen Telegraphenlinien[241]. Baeyer räumte jedoch ein, mit seiner Forderung nach einer militärischen Kontrolle bei den zivilen Kommissionsmitgliedern auf wenig Gegenliebe gestoßen zu sein. Zwar sollten im Kriegsfalle militärische Befehle und Nachrichten vor allen anderen Übermittlungen, selbst offiziellen Depeschen, Vorrang haben, doch der Betrieb solle auch dann »den bestehenden Beamten und Direktionen [...] überlassen« bleiben. Widerstand auf der zivilen Seite rief

---

[237] Ebd., Bl. 11.
[238] Schreiben Generals v. Reyher an den Kriegsminister vom 7.7. 1854, in: GStAPK, Handelsministerium, Nr. 2372, Bl. 163.
[239] Übersicht des Verkehrs und der Betriebsmittel auf den inländischen und den benachbarten ausländischen Eisenbahnen, in: GStAPK, Kriegsministerium, Nr. 13, Bl. 13.
[240] Schreiben Oberst Baeyers an General v. Reyher vom 20.5.1851, in: GStAPK, Handelsministerium, Nr. 2372, Bl. 31-36.
[241] Siehe Notiz in der Allgemeinen Militär-Zeitung, Nr. 109 vom 12.9.1854.

auch die militärische Forderung hervor, das gesamte Staatsgebiet nach dem Muster der Eisenbahndirektionen in Bezirke einzuteilen, in denen sogenannte Unterkommissariate aus je einem Offizier und einem Zivilbeamten unter Umgehung der zivilen Eisenbahnkommissariate alle militärischen Anforderungen unverzüglich an die hiesigen Eisenbahnverwaltungen weiterzuleiten hatten und außerdem der Zentralkommission in Berlin über Dauer und Umfang der durchgeführten Eisenbahntransporte Bericht erstatten sollten. Zusätzlich müßten sie alljährlich über den Stand der für Militärtransporte geeigneten Betriebsmittel der in ihrem Bereich ansässigen Eisenbahngesellschaften Auskunft geben. Als Dienstbereiche für die Unterkommissariate waren Berlin, Stettin, Magdeburg, Breslau, Erfurt, Minden und Köln vorgesehen.

Unverzichtbar für den Generalstab war jedoch die Erhöhung der militärischen Leistungsfähigkeit der Eisenbahnen. Als notwendige Transportkapazität auf den strategisch wichtigen Bahnlinien an den Rhein, nach Ostpreußen und nach Schlesien verlangte Baeyer, daß täglich von jedem Berliner Bahnhof eine vollständige Brigade aus fünf Bataillonen Infanterie, einer Eskadron Kavallerie und einer sechs Pfünder Fußbatterie mit ihren Trains, insgesamt 5651 Mann, 536 Pferde und 42 Fahrzeuge, geschlossen befördert werden konnte. Nur dann könne nach Ansicht des Generalstabes eine Zersplitterung des gesamten Verbandes auf der Marschstrecke vermieden werden. Am Ende eines jeden Marschtages mußte die Brigade wieder vollständig und einsatzbereit zur Verfügung stehen. Dazu seien nach Ansicht des Generalstabes jeweils zehn Züge mit je 600 Achsen, jeder von zwei Lokomotiven gezogen, erforderlich. Wenn sie alle auf dem Bahnhof aufgestellt würden, um gleichzeitig verladen zu werden, könnten sie in Zeiträumen von 15 Minuten nacheinander abgehen. Nach der Berechnung des Generalstabes konnte allerdings

»bei der Notwendigkeit des Rücktransportes der Transportmittel für die Kontinuität des Transportes an den folgenden Tagen, der Notwendigkeit des täglichen Auf- und Abladens, [...] bei den meist nur eingleisigen Bahnen täglich nur durchschnittlich eine Entfernung von 24 Meilen als zurückzulegen anzusehen sein[242].«

Eine Stellungnahme der zivilen Seite der Kommission zu den militärischen Forderungen erfolgte erst ein halbes Jahr später. In einem Schreiben vom 8. November 1851 an den Minister v.d. Heydt äußerten die Beamten des Handelsministeriums vor allem Bedenken wegen der geforderten Einrichtung von Unterkommissariaten, da sie Kompetenzüberschneidungen mit den bereits bestehenden Eisenbahnkommissariaten befürchteten[243]. Auch die Direktionen der Eisenbahngesellschaften sahen mehrheitlich durch die geplante Einrichtung von militärisch dominierten Unterkommissariaten die einheitliche Leitung des Eisenbahnbetriebes nicht mehr sichergestellt und regten statt dessen an, geeignete Offiziere lediglich als Verbin-

---

[242] Schreiben Baeyers an Reyher vom 20.5.1851, in GStAPK, Handelsministerium, Nr. 2372, Bl. 31.
[243] Schreiben des Kölner Eisenbahnkommissariats an den Minister für Handel, Gewerbe und öffentliche Arbeiten vom 8.11.1851, ebd., Bl. 60-71.

dungsorgane zu den Eisenbahnbehörden zu kommandieren[244]. Übereinstimmung gab es hinsichtlich der notwendigen Transportkapazitäten. Die Eisenbahndirektionen sahen durchaus die Möglichkeit, täglich eine vollständige Brigade in die von der Armee gewünschten Hauptrichtungen zu transportieren. Die sieben wichtigsten preußischen Eisenbahnlinien verfügten bereits zusammen über eine Streckenlänge von 145 Meilen bei einer Transportkapazität von insgesamt 5116 Achsen. Rechnerisch ergab dies auf der geforderten Tagesdistanz von 24 Meilen ein Mittel von 847 Achsen. Ein Austausch von Betriebsmitteln zwischen den Gesellschaften sei daher, so die Eisenbahndirektionen, gar nicht erforderlich. Allerdings müsse zur Sicherstellung der militärischen Transporte der regelmäßige Personen- und Güterverkehr auf den betroffenen Linien vorübergehend eingestellt werden.

In einem Schreiben vom 7. Juli 1854 an das Kriegsministerium lenkte Generalstabschef v. Reyer in der Frage der Unterkommissariate schließlich ein, forderte aber im Gegenzug für den Kriegsfall die »Übernahme der Zentralpunkte der verschiedenen Eisenbahnen« durch »Offiziere höheren Ranges«[245]. Eigene Inspektionen der preußischen Eisenbahnlinien hätten zudem gezeigt, daß die Betriebseinrichtungen und Transportmittel der Staatsbahnen sowie der unter Staatsverwaltung stehenden Privatbahnen den militärischen Anforderungen mehr entsprechen als die Einrichtungen und Mittel der Privatbahnen. Allerdings räumte v. Reyher ein, daß einige wichtige Bahnen, wie etwa die Köln-Mindener, die thüringische und die Magdeburg-Leipziger Bahn »als militärisch vollkommen brauchbar bezeichnet werden [können]«[246]. Der Generalstabschef setzte sich auch für die Erweiterung der Festungsbahnhöfe in Magdeburg, Erfurt, Köln und Stettin ein, die er in ihrem gegenwärtigen Zustand für einen »starken militärischen Verkehr – geschweige denn zur Bergung der Kriegsmittel in Kriegsfällen – als unzureichend« ansah. Reyher wies auch auf den gesteigerten Bedarf an Brennstoff im Kriege hin und forderte, um von englischen Einfuhren unabhängig zu sein, die Anlage besonderer Reservekoksdepots in den wichtigsten Bahnhöfen, unter anderem in Köln, Minden, Magdeburg, Berlin und Königsberg. Diese müssen »zur alleinigen Disposition des Staates« stehen und »als eiserne Reserve betrachtet werde[n]«[247].

1855 fanden die Verhandlungen zwischen den beiden Ministerien zunächst ein vorläufiges Ende. Der Generalstab faßte den aktuellen Stand der militärisch nutzbaren Eisenbahnen in Preußen in einer umfangreichen Übersicht zusammen[248]. Das preußische Eisenbahnnetz wurde darin in fünf strategische Hauptrichtungen mit Zentrum in Berlin gegliedert. Die nördliche Linie führte nach Königsberg, eine südöstliche über Breslau nach Oderberg, eine nordwestliche nach Hamburg, die westliche über Minden und Köln nach Aachen und schließlich eine südwestliche

---

[244] Stellungnahme der Direktion der Bergisch-Märkischen-Eisenbahn an den Minister für Handel, Gewerbe und öffentliche Arbeiten vom 13.12.1853, ebd., Bl. 136, sowie Schreiben Minister v.d. Heydts an den Kriegsminister v. Bonin vom 29.3.1853, ebd., Bl. 157.
[245] Schreiben Generals v. Reyher an Kriegsminister Graf v. Waldersee vom 7.7.1854, ebd., Bl. 162.
[246] Ebd., Bl. 163.
[247] Ebd., Bl. 165.
[248] Übersicht des Verkehrs und der Betriebsmittel auf den inländischen und den benachbarten ausländischen Eisenbahnen, in: GStAPK, Kriegsministerium, Nr. 13.

über Halle, Erfurt, Kassel nach Frankfurt. Alle Festungen des Landes, mit Ausnahme von Koblenz und Luxemburg, waren nun miteinander verbunden, ebenso alle Stäbe der General- und Divisionskommandos außer dem Generalkommando des VIII. Korps in Koblenz und der 16. Division in Trier. Eine Mobilmachungsorder erreichte nun per Kurier auf der Eisenbahn innerhalb von 24 Stunden sämtliche Generalkommandos sowie spätestens im Laufe des zweiten Tages auch die Stabsquartiere aller Landwehrbataillone.

Inzwischen waren die Berliner Bahnhöfe durch eine städtische Ringbahn miteinander verbunden. Pläne dazu waren bereits seit 1845 erörtert worden, aber die Revolutionswirren hatte ihre Ausführung zunächst verhindert. Erst im Juli 1849 griff die Regierung das Projekt wieder auf. Die ursprüngliche Forderung des Kriegsministers, alle Bahnhöfe und Haltepunkte zu ihrer besseren Verteidigung zu ummauern und feste Torverschlüsse dort einzurichten, wo die Stadtmauer von der Bahn durchbrochen werden sollte, hatte nach den bei der Mobilmachung von 1850 offen zu Tage getretenen Mängeln der Berliner Eisenbahnverhältnisse nur noch nebensächliche Bedeutung. Am 15. Oktober 1851 konnte die Berliner Stadtbahn unter der Verwaltung der Niederschlesisch-Märkischen Direktion ihren Betrieb mit Lokomotiven aufnehmen[249]. Keineswegs hatte man in Berlin dabei übersehen, daß auch Paris bereits eine Ringbahn besaß, die von der französischen Regierung mit der Auflage, sie zu Militärtransporten kostenlos nutzen zu können, zur Hälfte finanziert worden war[250].

Kaum 20 Jahre, nachdem die Frage der militärischen Nutzung der Eisenbahn in Preußen zum ersten Male ernsthaft aufgeworfen worden war, verfügte Preußen somit über ein fast vollständiges, sich auf seine Eisenbahnen stützendes System militärischer Operationslinien. Zwar mußte es noch in vieler Hinsicht verbessert werden, aber schon jetzt ermöglichte es den gleichzeitigen Transport vollständiger Korps an alle bedrohten Grenzabschnitte des Landes. Auf der westlichen Linie an den Rhein konnte täglich eine Brigade nach Köln geschafft und diese Transportleistung zwei bis drei Wochen aufrecht erhalten werden. Nach der Planung des Generalstabes sollten täglich zehn Züge im Abstand von einer Viertelstunde, beginnend um fünf Uhr morgens, in Berlin abfahren. Gemäß der Planung würde der erste Zug nach nur sechs Stunden über Potsdam und Magdeburg den rund 24½ Meilen entfernten Etappenort Oschersleben erreichen, der westlichste Punkt des alten Preußens. Von dort aus ging der Transport nach einer zweistündigen Ruhe in weiteren 6½ Stunden Fahrt über ausländisches Territorium in das Nachtquartier nach Minden. Nach einer Nachtruhe von sechs Stunden sollte der erste Zug um vier morgens weiter nach Köln fahren, um dort nachmittags um 13 Uhr 30 einzutreffen, genau 32½ Stunden, nachdem er in Berlin losgefahren war. Der letzte Zug des ersten Echelons sollte dort um 15 Uhr 45 ankommen. Da für den Transport eines ganzen Korps etwa 100 Züge nötig waren, wäre somit in nicht einmal 11½ Tagen nach Beginn der Transporte ein vollständiger Großverband an der Westgrenze verfügbar. Zur gleichen Zeit konnte unabhängig davon ein weite-

---

[249] Berlin und seine Eisenbahnen, Bd 1, S. 238–246.
[250] Mitchell, The Great Train Race, S. 33 f.

res vollständiges Korps auf der südwestlichen Linie über Halle, Erfurt und Kassel nach Frankfurt befördert werden, wodurch Preußen kaum zwei Wochen nach Abschluß der Mobilisierung insgesamt vier seiner Armeekorps am Rhein verfügbar gehabt hätte.

Damit war die militärische Nutzung der Eisenbahnen in Preußen erstmals in strategische Dimensionen hinein gewachsen. Von einem Hilfsmittel besonders für Notfälle war die Eisenbahn in der Planung des Generalstabs nun zum Haupttransportmittel der Armee geworden und hatte, zumindest auf den langen Distanzen, endgültig die Chausseen ersetzt. In nicht einmal zwei Wochen konnte nun die preußische Armee ihre Kräfte im Westen verdoppeln und in kaum mehr als drei Wochen war sogar eine Verdreifachung möglich. Gegenüber den bereits sehr optimistischen Fristen, die Oberst v. Radowitz im Jahre 1840 den süddeutschen Staaten in Aussicht gestellt hatte, war dies immerhin ein weiterer Zeitgewinn von fast vier Wochen. Allerdings gingen die preußischen Planungen weiterhin von einer zunächst defensiven Kriegführung im Westen aus. Die Verstärkungen sollten, wie noch im Vormärz, einen bereits im Vormarsch begriffenen Feind aufhalten helfen. Eine grundsätzliche Änderung der Strategie im Sinne einer schnellen grenznahen Massierung der eigenen Kräfte, um selbst noch vor dem Feind die Offensive zu ergreifen, hat es während v. Reyhers Amtszeit ebenso wenig gegeben wie eine Integration von eisenbahntechnischer und operativer Planung. Beide Bereiche standen vorerst noch unverbunden nebeneinander.

Zu einer offensiven Ausrichtung der preußischen Operationsplanungen mit Hilfe der Eisenbahnen hätte wohl auch die alte Forderung des Generalstabs nach Anlage von Doppelgleisen auf allen Eisenbahnen, die als »militärische Operationslinien« dienen sollten, endlich erfüllt werden müssen. Ebenso stand noch die dringend notwendige Erweiterung der Festungsbahnhöfe in Stettin, Magdeburg, Köln und Erfurt aus. Die Militärs forderten für jeden Etappenbahnhof auf den Haupttransportstrecken die Anlage von Verladerampen, auf denen etwa 150 Pferde und zehn bis zwölf Fuhrwerke gleichzeitig verladen werden konnten[251]. Überhaupt schien es aus der Sicht des Generalstabes immer noch am besten, wenn die militärisch benötigten Eisenbahnlinien in den Besitz oder wenigstens unter die Verwaltung des Staates gelangten[252].

Auch die noch zwischen Bonn und Mainz bestehende Lücke im Eisenbahnnetz beschäftigte den Generalstab. Inzwischen drohte der militärische Wert der Doppelfestung Koblenz-Ehrenbreitstein, Preußens wichtigster Platz am Rhein, durch seine Isolation vom preußischen Eisenbahnnetz erheblich beeinträchtigt zu werden. Zwar hatte sich schon 1844 ein Eisenbahnkomitee zum Bau einer entsprechenden Verbindung von Bonn auf Koblenz bereit erklärt, doch gegen die beabsichtigte Anlage der Bahn auf dem linken, feindseitigen Rheinufer hatte das Kriegsministerium zunächst »strategische Bedenken« erhoben, so daß sich der König nicht zuletzt deshalb veranlaßt gesehen hatte, per »allerhöchster Ordre«

---

[251] Übersicht des Verkehrs und der Betriebsmittel auf den inländischen und den benachbarten ausländischen Eisenbahnen, in: GStAPK, Kriegsministerium, Nr. 13, Bl. 25.
[252] Ebd.

vom 9. Oktober 1845 von der Erteilung einer Konzession solange abzusehen, bis triftige Gründe für das Unternehmen angeführt würden[253]. Das Projekt lebte erst 1850 wieder auf, als sich erneut ein Eisenbahnkomitee wegen einer Konzession für eine linksrheinische Bahn von Köln über Koblenz nach Bingen an das Handelsministerium wandte. Minister v.d. Heydt versprach zwar, sich für das Unternehmen einzusetzen, lehnte aber gleichzeitig einen staatlichen Kredit oder eine Zinsgarantie mit der nun schon sonderbar klingenden Begründung ab, daß eine solche Bahn nicht in unmittelbarem Staatsinteresse liege[254]. Immerhin gab jetzt auch die Armee ihre ursprünglichen Bedenken auf, stellte aber für ihre Zustimmung die Bedingung, daß zusätzlich zu der linksrheinischen Bahn ebenso eine rechtsrheinische Linie angelegt würde. Allerdings durfte sie wegen der verbesserten artilleristischen Wirkungsmöglichkeiten vom linken Ufer nicht unmittelbar auf der rechten Rheinseite verlaufen, sondern sollte von Köln-Deutz durch das Siegtal über Limburg auf Wiesbaden führen, mit einer Abzweigung durch das Lahntal zur Festung Ehrenbreitstein[255]. Einer Gruppe englischer Investoren, die eine rechtsrheinische Linie von Wiesbaden über Horchheim und der Festung Ehrenbreitstein nach Köln-Deutz unmittelbar längst des Flußufers bauen wollte, versagte Minister v.d. Heydt eine Konzession für das preußische Gebiet, da seine Regierung besonders aus militärischen Erwägungen einer rechtsrheinischen Bahn über Siegen, Gießen und Wetzlar den Vorzug gab[256]. Eine Bahn direkt entlang des rechten Rheinufers hätte zudem nach Ansicht Minister v.d. Heydts die Wirtschaftlichkeit der östlichen Umgehungsbahn vollends in Frage gestellt. Doch die Eisenbahnentwicklung im benachbarten Ausland zwang Preußen erneut, seine starre Haltung zu überdenken. Nachdem 1852 die Paris-Straßburger-Bahn eröffnet worden war, mußte v.d. Heydt befürchten, daß sich der Nordseehandel bald neue Wege an der preußischen Rheinprovinz vorbei über Brüssel und Paris zum Oberrhein suchen würde. Plötzlich konnte dem Minister die Angelegenheit, die er noch drei Jahre zuvor als nicht besonders dringlich angesehen hatte, kaum schnell genug vorangetrieben werden. Allein das Kriegsministerium trage mit seinen weitgehenden Forderungen die Schuld an allen Verzögerungen, beklagte sich v.d. Heydt in einem Schreiben vom Dezember 1853 an den Ministerpräsidenten Otto v. Manteuffel (1805–1882)[257]. Der Minister mochte nun nicht mehr abwarten, bis sich für die rechtsrheinische Bahn eine für die Armee günstige Lösung fand. Der öffentliche Druck in der Rheinprovinz machte sich inzwischen in zahllosen Presseartikeln und Eingaben Luft. Mit jedem weiteren Jahr ohne Eisenbahn wuchs am Mittelrhein die Gefahr eines nicht wieder wettzumachenden wirtschaftlichen Niedergangs. In ihrem Bericht an das Handelsministerium vom 15. Februar 1853 hatte die Koblenzer Handelskammer denn auch ungewöhnlich kritisch gefragt, »welche militäri-

---

[253] Schreiben v.d. Heydts an das Koblenzer Oberpräsidium vom 7.3.1850, in: LAH Koblenz, 403/11884, Bl. 174.
[254] Schreiben v.d. Heydts an das Koblenzer Oberpräsidium vom 17.3.1850, ebd., Bl. 177.
[255] Schreiben v.d. Heydts an das Koblenzer Oberpräsidium vom 16.12.1852, ebd., Bl. 235.
[256] Schreiben v.d. Heydts an das Koblenzer Oberpräsidium vom 22.12.1852, ebd., Bl. 236.
[257] Schreiben v.d. Heydts an den Ministerpräsidenten Otto v. Manteuffel vom 18.12.1853, ebd., Bl. 356.

schen Vorteile es heutzutage noch geben könne, die mit dem Ruin einer halben Provinz erkauft werden dürften«[258]. Heydt favorisierte nun die ursprüngliche Strecke links des Rheins, drängte aber zugleich auch auf den Bau der militärisch vorteilhaften Köln-Gießener Bahn, um den Widerstand des Kriegsministeriums zu überwinden[259]. Das Handelsministerium einigte sich schließlich Anfang 1854 mit der Köln-Mindener-Eisenbahngesellschaft auf den Bau beider Linien mit allen Auflagen des Kriegsministeriums, jetzt aber verweigerte die Nassauische Regierung die Führung der rechtsrheinischen Bahn durch ihr Dillenburger Gebiet, da sie immer noch hoffte, mit Hilfe englischer Investoren ihr altes Bahnprojekt unmittelbar auf dem rechten Rheinufer von Horchheim nach Deutz realisieren zu können. Die Frage einer direkten Verbindung von Koblenz auf die Festung Mainz blieb somit vorerst offen. Der preußische Gesandte am Bundestag in Frankfurt, Otto v. Bismarck, sah sich deshalb veranlaßt, in einem Schreiben vom 2. Februar 1855 an den Kriegsminister Graf v. Waldersee noch einmal auf die Vorteile des nassauischen Angebotes hinzuweisen und die Frage zu stellen,

»ob es nicht für [Preußen], ganz abgesehen von der Rentabilität und dem Verkehr, im militärischen Interesse erwünscht sein muß, ohne eigenen Aufwand zu einer Bahn zu gelangen, welche auf dem kürzesten Wege nicht nur unsere Festungen Köln und Koblenz unter sich, sondern auch beide mit Mainz verbindet?«

Besonders für den Fall eines Krieges mit Frankreich sowie auch bei möglichen Verwicklungen mit Österreich glaubte v. Bismarck, »daß diese Bahn für unsere Position in Mainz von entscheidender Wichtigkeit sei«[260]. Der spätere Ministerpräsident und Kanzler befürchtete in diesem Winter, da der Krieg auf der Krim in sein entscheidendes Stadium eintrat, ein militärisches Zusammengehen Österreichs mit Frankreich, das sich unter Umständen auch gegen Preußen richten konnte. Tatsächlich hatte der Habsburgerstaat zeitweise seine Bereitschaft erkennen lassen, auf Seiten der Westmächte Frankreich und Großbritannien in den Krimkrieg einzutreten. Berlin beunruhigten daher auf höchste Spekulationen über einen Durchmarsch französischer Truppen über Süddeutschland nach Böhmen und Galizien, um hier eine zweite Front gegen Rußland und eventuell auch gegen Preußen zu eröffnen. Bismarck drängte den Ministerpräsidenten Otto v. Manteuffel, mit einer militärischen Demonstration Preußens am Rhein einer französischen Einflußnahme in Süddeutschland entgegenzutreten. »Lieber das Bajonett fällen«, schrieb er am 11. Februar 1855 nach Berlin, als den Franzosen »Marsch und Operationslinie durch Baden, Württemberg pp. [...] zu gestatten«, woraus sich »ohne Zweifel bald die militärische Herrschaft Frankreichs in diesen Ländern, halb mit Liebe, halb mit Gewalt« entwickeln würde[261]. Doch schon im März 1855 verflüchtigten sich alle

---

[258] Bericht der Handelskammer zu Koblenz vom 15.2.1853 an das Ministerium für Handel, Gewerbe und öffentliche Arbeiten, in: LAH Koblenz, Auß.St. Neuwied, 700, 213, Nachlaß v. Stedman.
[259] Schreiben v.d. Heydts an das Kölner Eisenbahnkommissariat vom 14.4.1853, in: LAH Koblenz, 403/11884, Bl. 245.
[260] Schreiben Bismarcks an Kriegsminister Graf v. Waldersee vom 2.2.1855, in: Preußen im Bundestag, Bd 2, S. 152 f.
[261] Schreiben Bismarcks an Ministerpräsident v. Manteufffel vom 11.2.1855, in: Bismarck, Werke in Auswahl, Bd 2, S. 54–56.

Befürchtungen über eine Ausweitung des Krieges. In Wien hatte sich die »Anti-Kriegspartei« durchgesetzt[262]. Der Krieg blieb weiterhin auf die Halbinsel Krim beschränkt.

Der Vorfall machte allerdings auch deutlich, wie wenig sich Bismarck um Fragen der Rentabilität und die Interessen der Eisenbahngesellschaften kümmerte, wenn es galt, außenpolitischen Risiken entgegenzutreten. Ganz so weit mochte der Kriegsminister jedoch nicht gehen. In seinem Antwortschreiben an Bismarck räumte Graf v. Waldersee ein, daß inzwischen auch gegen die von ihm vorgeschlagene ufernahe, rechtsrheinische Bahn keine militärischen Bedenken mehr bestünden, er aber davon absehen müsse, »zur Ausführung eines Projektes, welches die Rentabilität der im Entwurf genehmigten Deutz-Gießener Bahn beeinträchtige, militärische Gründe geltend zu machen«[263]. Anders als Bismarck war sich der Kriegsminister durchaus bewußt, daß eine Lösung dieses strategischen Problems keinesfalls im Alleingang, sondern nur, trotz aller Differenzen im einzelnen, einvernehmlich mit dem Handelsministerium erzielt werden konnte.

Den entscheidenden Durchbruch in der scheinbar aussichtslos verfahrenen Angelegenheit schaffte erneut Minister v.d. Heydt, als er im Frühjahr 1856 den Plan aufbrachte, durch den Bau zunächst nur der linksrheinischen Bahn die nassauische Regierung zum Nachgeben zu bewegen. Existierte erst einmal eine linksrheinische Bahn, so argumentierte der Minister gegenüber v. Waldersee, würde eine rechtsrheinische Linie in unmittelbarer Nachbarschaft kaum noch rentabel sein. Damit entfiele aber auch für Nassau der Grund, sich weiterhin gegen eine Deutz-Gießener Bahn zu stellen. Als nun endlich auch der Kriegsminister diesem Vorgehen unter dem Vorbehalt zugestimmt hatte, daß allerdings erst dann der Betrieb auf der linksrheinischen Bahn aufgenommen werden dürfe, wenn der Bau der Deutz-Gießener Bahn völlig sichergestellt sei[264], konnte am 9. März 1856 die Konzession für die lang ersehnte Rheinstrecke erteilt werden[265]. Der Vorgang machte einmal mehr deutlich, wie stark im Vergleich zu den rivalisierenden ausländischen Mächten das Mitspracherecht der Armee bei der Anlage von Eisenbahnen in Preußen war. Allerdings war Kriegsminister v. Waldersee auch klug genug, den Bogen nicht zu überspannen, nachdem ihm die zivile Seite so sehr entgegengekommen war und er letzlich befürchten mußte, durch seine fortgesetzte Weigerung im Staatsministerium in eine isolierte Position zu geraten.

Bis 1858 wurde zunächst die Verbindung von Koblenz nach Bonn auf der linken Rheinseite hergestellt, ein Jahr später dann auch die Fortsetzung von Koblenz nach Bingen, wo die Bahn Anschluß an die im selben Jahr fertiggestellte Bahn nach Mainz hatte[266]. Die Rheinbrücke bei Koblenz zur Verbindung mit der nassauischen Bahn wurde erst 1864 vollendet. Schon im Jahr zuvor war die Lahntal-

---

[262] Nipperdey, Deutsche Geschichte, S. 688 f.
[263] Antwortschreiben Kriegsministers v. Waldersee vom 12.2.1855, auszugsweise zit. in: Preußen im Bundestag, S. 153.
[264] Schreiben Waldersees an v.d. Heydt vom 20.2.1856, in: GStAPK, 93 E, Handelsministerium, Nr. 16276, Bd 2, o.Bl.
[265] Königliche Kabinettsordre, ebd., o.Bl.
[266] Fuchs, Eisenbahnprojekte, S. 168.

bahn eröffnet worden und damit die von den preußischen Militärs geforderte rechtsrheinische Umgehung endgültig abgeschlossen. Nach Ansicht der im Jahre 1861 eingesetzten Spezialkommission des Deutschen Bundes war sie allerdings jetzt plötzlich noch nur ein »sehr beschränkter Ersatz« für eine direkte rechtsrheinische Bahn von Ehrenbreitstein auf Köln-Deutz[267]. Die Gründe für diesen Meinungsumschwung seitens der Militärs, der sich ja schon in Waldersees Antwort an Bismarck abzeichnete, blieben jedoch im Dunkeln. Immerhin waren nun wenigstens alle preußischen Rheinfestungen an das Eisenbahnnetz angeschlossen[268]. Nachdem schließlich 1856 mit dem Bau einer Eisenbahn von Saarbrücken über Trier auf Luxemburg begonnen worden war, schien auch die Anbindung dieser bedeutenden Bundesfestung an das deutsche Eisenbahnnetz nur noch eine Frage der Zeit.

Als eine seiner letzten Diensthandlungen legte der Chef des Generalstabes v. Reyher im Dezember 1856 den ersten, auf einer umfassenden Nutzung der Eisenbahnen basierenden Operationsplan vor. General v. Reyher unterschied zunächst vier Spezialfälle, wobei er »die militärischen Verhältnisse so einfach als möglich vorausgesetzt« hatte[269]. Im ersten Fall marschierte das III. Armeekorps, zu dem die Linie und das erste Aufgebot der Landwehr gehörten, in 13 Tagen von Berlin über Magdeburg nach Köln-Deutz. Die Bahntransporte sollten genau 14 Tage nach Erteilung der Mobilmachungsorder beginnen, so daß die Eisenbahnverwaltungen genug Zeit hatten, das notwendige Betriebsmaterial bereitzustellen. Im zweiten Fall war geplant, das IV. Armeekorps mit Linie und erstem Landwehraufgebot ebenfalls innerhalb von 13 Tagen von Magdeburg über Erfurt und Guntershausen nach Frankfurt a.M. zu befördern. Auch hier war ein Tag- und Nachtbetrieb vorgesehen. Der Güterverkehr sollte für die Dauer der Militärtransporte ganz eingestellt werden. Der Personenverkehr war dagegen gestattet, sofern »die militärischen Interessen solches zulässig mach[en]«. Im dritten Fall hatten die 5. Infanteriedivision und Teile des Gardekorps von Berlin nach Kosel in Schlesien zu verlegen und schließlich war geplant, das II. Armeekorps aus seinen Standorten in Pommern nach Königsberg zu transportieren. Dabei hatte Reyher zunächst alle Kombinationen vermieden, »in deren Folge Truppen verschiedener Armeekorps gleichzeitig und in verschiedene Richtungen ein- und dieselbe Bahnlinie zu benutzen hätten«[270].

Bemerkenswert ist hieran, daß die zentralen preußischen Korps unabhängig voneinander und gleichzeitig zur Verstärkung dreier bedrohter Grenzabschnitte befördert werden konnten. Das zugrunde liegende politische Szenario war offensichtlich ein Konflikt Preußens gegen eine Koalition mehrerer Mächte, die ihm entweder bereits den Krieg erklärt hatten oder sich aber noch drohend im Hintergrund hielten. Frankreich schien immer noch als der Hauptfeind in einem zukünf-

---

[267] Bericht über die Leistungsfähigkeit der Deutschen Eisenbahnen zu militärischen Zwecken, in: BA, DB 5, II/232, S. 14.
[268] Ebd., S. 189.
[269] Chef des Stabes der Armee vom 9.12.1856, GStAPK, Handelsministerium, Nr. 2372, Bl. 308.
[270] Ebd.

tigen Krieg angenommen worden zu sein. So waren zur Verstärkung der beiden westlichen Generalkommandos das III. und IV. Armeekorps vorgesehen, aber auch Österreich und Rußland zog v. Reyher jetzt ins Kalkül und gedachte, die beiden in den bedrohten Provinzen Schlesien und Ostpreußen stationierten Korps für eine offensichtlich zunächst nur defensive Kriegführung mit je einem Korps zu verstärken. Da das V. Armeekorps in Posen in jedem Fall an der Weichsel gebunden war, verblieb als zentrale Reserve nur eine einzige Division des Gardekorps. Eine Einbindung der Eisenbahntransporte in ein konkretes Kriegsszenario war allerdings auch jetzt noch nicht erkennbar. Die Eisenbahnfahrpläne des Generalstabes standen nach wie vor unvermittelt neben den vorhandenen Operationsplänen. Allerdings übernahm mit v. Reyhers Transportplan von 1856 die Eisenbahn endgültig die Rolle als das wesentliche und zentrale Transportmittel der Armee. Nicht mehr nur vereinzelte Verbände sollten, in Ergänzung zu den bisherigen Landmärschen, mit der Eisenbahn an bedrohte Abschnitte befördert werden, sondern der Aufmarsch der gesamten Armee war nun erstmals mit der Eisenbahn vorgesehen. Innerhalb von nur sechs Jahren hatten Kriegsministerium und Generalstab in zähen Verhandlungen mit den zivilen Eisenbahngesellschaften die Voraussetzungen für ein militärisches Eisenbahnwesen in Preußen geschaffen.

Obwohl das preußische Eisenbahnnetz schon zu Beginn der fünfziger Jahre einen beachtlichen Umfang erreicht hatte, genügten weder die Infrastruktur der meist privaten Eisenbahngesellschaften noch ihre Bestände an Betriebsmitteln nur annähernd den militärischen Anforderungen nach einem über Tage und Wochen aufrecht zu erhaltenden Dauerbetrieb. Diese Ansprüche an das Leistungsvermögen der Eisenbahngesellschaften beruhten jedoch weitgehend auf theoretischen Erwägungen der Generalstabsoffiziere, da praktische Transportübungen oder sogar umfangreichere Eisenbahnmärsche in den fünfziger Jahren nicht zustande kamen. Das Handelsministerium unterstützte die Armee bis zu einem gewissen Grad in ihren Forderungen nach einer Verbesserung der Transportkapazitäten, leistete ihr jedoch dort entschlossenen Widerstand, wo sie die Unabhängigkeit der Gesellschaften bedrohte und gar notfalls eine Ablösung ziviler Betriebsdirektoren durch geeignete Offiziere forderte. Eine militärische Kontrolle der Eisenbahnen kam für den Handelsminister v.d. Heydt auch im Kriegsfalle nicht in Frage. Tatsächlich fehlte den Armeeoffizieren hier mangels praktischer Erfahrungen mit größeren Eisenbahntransporten einfach die notwendige Kompetenz. Somit sah sich die Armeeführung in zukünftigen Krisen- oder Kriegsfällen mehr denn je auf die Zusammenarbeit mit den zivilen Eisenbahngesellschaften und deren Fachleuten angewiesen. Für die Einzelheiten dieses Zusammenwirkens war aber eine befriedigende Lösung vorerst nicht gefunden worden.

b) Die ersten militärischen Eisenbahnreglements in Preußen, Österreich und Frankreich

In allen Armeen der deutschen Staaten waren bei der Nutzung der Eisenbahnen während der Revolutionszeit noch erhebliche organisatorische Mängel aufgetreten.

III. Die organisatorische und operative Bewältigung der Eisenbahnfrage 169

Eine Vorschrift, die festlegte, in welcher Form und Reihenfolge die Truppe mit dem geringst möglichen Zeitbedarf die Eisenbahnwaggons zu besteigen hatte oder einheitlich für die gesamte Armee die Verladung von Pferden, Artilleriegeschützen und Fuhrwerken regelte, war trotz der sehr umfangreichen Truppentransporte von 1848 bis 1850 nicht zustande gekommen. Die Eingabe eines Inspekteurs der Main-Weser-Bahn an die Bundesversammlung in Frankfurt zeigte, daß damals nicht einmal für den Marsch geeignete Vorkehrungen getroffen worden waren, um die Disziplin der Truppe aufrechtzuerhalten. So hieß es darin: »Bei allen Truppenbeförderungen, die bis jetzt unter meinen Augen stattgefunden haben, konnte ich wahrnehmen, daß ein besonderes militärisches Reglement hierfür nicht bestehe[271].« Die aufgesessene Mannschaft mußte erst besonders waggonweise von Abteil zu Abteil abgezählt werden, was jedesmal, so der Bahninspekteur, erhebliche Verzögerungen mitsichbrachte. »Waren die Leute eingestiegen, so überließ man es deren eigenem Gutdünken, sich möglichst bequem einzurichten, [...] daß hierbei an eine Schonung der Montur meistens nicht gedacht wurde«, hatte er »häufig Gelegenheit zu sehen«. Nach seiner Ansicht »wirkte der Eisenbahntransport auch mehr oder weniger lockernd auf die Disziplin«, was nach seiner Einschätzung daran lag, »daß die Leute stundenlang sich selbst überlassen waren«. So habe er gesehen, »daß Soldaten, während der Zug in raschestem Gange war, unter dem Jubel ihrer Kameraden aus den Wagen auf deren Verdeck kletterten; daß dabei keine Unfälle zu beklagen waren, wundere ihn noch heute.« Der Eisenbahninspekteur entwickelte an seinen Bericht anschließend ein detailliertes Schema für das geordnete Ein- und Aussteigen der Truppe und zeigte sich überzeugt, daß sofern »dieses oder ein darauf basierendes Exerzitium in Anwendung kommen [solle], in längstens fünf bis sieben Minuten das stärkste Bataillon seine Plätze in den Wagen einnimmt, wozu bisher zwanzig Minuten bis zu einer halben Stunde nötig waren«. Die Militärkommission dankte dem Verfasser schriftlich für seine Mühe, wies dabei aber auf die Zuständigkeit der einzelnen souveränen Bundesstaaten hin und legte den Vorgang zu den Akten.

Immerhin hatte die österreichische Arme schon 1847 erste vorläufige Bestimmungen für die Benutzung der Eisenbahn durch Truppenverbände herausgegeben, allerdings ohne darin die Möglichkeit von Kavallerietransporten vorzusehen[272]. Bei der Versammlung in Böhmen 1850 war die österreichische Kavallerie noch auf der Straße marschiert, ebenso wie die Kavallerie des preußischen Interventionskorps für Schleswig-Holstein im April 1848. Bei einem kleineren Kavallerietransport, den die preußische Armee im Jahre 1848 durchgeführt hatte, waren allerdings zwei Eskadronen mit insgesamt 278 Pferden auf drei verschiedenen Wagenzügen, jeder mit 92 Pferden und den dazu gehörigen Mannschaften, befördert worden. Je drei

---

[271] An hohe deutsche Bundesversammlung untertänigste Vorlage von Seiten des Inspekteurs Förster an der Main-Weser Bahn zu Frankfurt am Main, vom 12.3.1856, in: BA, DB 5, II/220.
[272] Köster, Militär und Eisenbahn, S. 207.

bis sieben Pferde standen in den Kastenwaggons dicht nebeneinander, die Reiter hielten sich auch während der Fahrt neben ihren Pferden auf[273].

Im Jahre 1855 gab das französische Kriegsministerium ein neues Transportreglement heraus, das die Erfahrungen aus den Transporten der für die Krim bestimmten Truppen im März 1854 verarbeitete und die erste provisorische Eisenbahnvorschrift vom September 1851 ersetzte. Es war in drei Abschnitte gegliedert, je einer für den Transport von Infanterie, Kavallerie und Artillerie. Die Anforderung von Eisenbahntransporten erfolgte in Frankreich grundsätzlich über die Militärintendantur. Bei Marschbeginn erhielten die Truppenführer von einem Beamten der Intendantur die notwendigen Requisitionsscheine, die immer nur für eine Bahngesellschaft gültig waren und von diesen bei der Erstellung ihrer Rechnungen an das Kriegsministerium wieder beigefügt werden mußten. Geschlossene Truppenteile sollten auf allen französischen Bahnen für den vierten Teil des normalen Tarifs befördert werden. Allein reisende Militärs zahlten die Hälfte. Sonderzüge waren ab einer effektiven Stärke von 345 Mann vorgesehen. Die Reihenfolge der Waggons war genau festgelegt. Ein Kavalleriezug bestand zunächst ganz vorne aus einem flachen Wagen mit ein oder zwei großen Brücken zum Ausladen der Pferde. Dann folgte ein verschlossener Wagen mit dem Gepäck der Truppe, anschließend die erste Hälfte der Pferdewagen mit einem Extrawagen für die Sättel. In der Mitte des Zuges befanden sich ein oder zwei Wagen der dritten Klasse mit den Mannschaften sowie ein oder zwei Coupéwagen erster oder zweiter Klasse für die Offiziere. Daran schloß sich die zweite Hälfte der Pferdewagen an, die je nach Größe mit fünf bis neun Pferden beladen wurden. Auf jedem Pferdewagen waren vier Soldaten als Begleitung vorgesehen. Auf einem angehängten Flachwagen wurde das Privatgepäck der Offiziere transportiert, für das allerdings der volle Tarif bezahlt werden mußte. Die Truppe nahm ihre Rationen für maximal ein bis zwei Tage mit. Eine zusätzliche Zufuhr von Verpflegung während der Fahrt war nicht vorgesehen. Alle zwei bis drei Stunden sollte ein Halt von etwa 15 Minuten durchgeführt werden. Falls die Einheiten in einem gemischten Zug aus Personen- und Güterwagen fuhren, sollte ungefähr auf der Hälfte der Marschstrecke ein Wechsel der Plätze vorgenommen werden. Das Ein- und Aussteigen der Truppe vor dem festgesetzten Signal war strengstens untersagt, ebenso der Wechsel aus einem Wagen in den anderen während der Fahrt. Die Kommandeure oder Einheitsführer waren verpflichtet, sich für die Dauer der Fahrt genau an die Anweisungen der den Zug begleitenden Bahnbeamten zu halten. Deren Befugnisse gegenüber der Truppe waren, wie es die Vorschrift betonte, entsprechend denen von Schiffskommandanten bei Seetransporten geregelt.

Noch im Dezember 1855 wurde diese Vorschrift im preußischen Militärwochenblatt veröffentlicht[274]. Als technische Richtwerte für die Zusammenstellung

---

[273] Nachtrag zu den der Armee im Jahre 1846 mitgeteilten Erfahrungen über die Benutzung der Eisenbahnen zu militärischen Zwecken, in: GStAPK, Handelsministerium, Nr. 2372, Bl. 1.
[274] Règlements concernant le transport des troupes. Die deutsche Übersetzung: Reglement der Französischen Armee erschien bereits in der Dezemberausgabe 1855 des Beihefts zum Militärwochenblatt.

eines Militärtransportes wurden inzwischen in allen Armeen, die Erfahrungen mit Militärtransporten besaßen, je Zug ein bis zwei Lokomotiven[275] und ca. 60 Waggons, gerechnet zu 120 Achsen, angenommen. Damit konnte entweder ein Infanteriebataillon von etwa 1000 Mann einschließlich Gepäck oder eine Kavallerieeskadron mit ca. 200 Mann und Pferden transportiert werden. Ebenso reichte ein solcher Zug aber auch für eine Artilleriebatterie mit 160 Mann und 100 bis 120 Pferden. Ein österreichischer Reglementsentwurf vom April 1853 schrieb vor, daß je Waggon maximal sechs Pferde längs zur Fahrtrichtung mit den Köpfen zueinander befördert werden sollten[276]. Alternativ war auch die Beladung mit 50 Fuhrwerken oder etwa 6000 Zentnern Nachschub möglich. Die Durchschnittsgeschwindigkeit eines Militärtransportes sollte 3 bis 3½ Meilen betragen[277]. Für den Transport von Geschützen und Gepäckwagen wurden in fast allen europäischen Armeen die in Großbritannien entwickelten sogenannten Lorries bevorzugt. Dies waren vier- oder achträdrige Plateauwagen mit niedrigen Einfassungen, auf denen entweder drei Geschütze oder zwei Bagagewagen befördert werden konnten[278]. Mit der Umstellung von Holz- auf Kohlefeuerung war dann auch der Transport von Munition auf den letzten Waggons möglich geworden.

In Preußen hatte der Generalstab im Jahre 1855, fünf Jahre nach dem Ende der letzten großen Eisenbahntransporte, eine erste vorläufige Anweisung für die Vorbereitung und Durchführung von Truppentransporten per Eisenbahn verfaßt, die allerdings noch nicht in Druckfassung erschienen war. Da seit dem Ende der Olmützkrise von 1850 in Preußen keine größeren Truppentransporte mehr stattgefunden hatten, war der Generalstab in besonderer Weise auf die Erfahrungen der ausländischen, vor allem der österreichischen und französischen Armee, angewiesen. Den Formulierungen des französischen Vorbildes wörtlich folgend, verbot die vorläufige preußische Vorschrift der Truppe das Herausstrecken von Armen und Köpfen während der Fahrt. Auch lautes Schreien und das Heraussteigen vor dem festgesetzten Signal war strengstens verboten. Die Erfahrungen aus der Revolutionszeit hatten den Generalstab veranlaßt, für den Transport größerer Truppenverbände die Aufstellung eines sogenannten Fahrtableaus vorzusehen, das mit den örtlichen Eisenbahnkommissaren und den beauftragten Bahndirektionen abzustimmen war, ehe es durch den kommandierenden General genehmigt wurde. Beim Transport einer größeren Truppenzahl mußten die erforderlichen »Extrazüge« mindestens 24 Stunden vor Marschbeginn angefordert werden. Geringere Transporte bis zu 100 Mann seien mindestens zwölf Stunden vorher anzumelden. Auch sollten auf dem Verladebahnhof notfalls größere Ladebühnen errichtet werden, außerdem war zu prüfen, ob die Perrons und Rampen verstärkt werden

---

[275] In Österreich hatten die nach 1850 angeschafften Lokomotiven bereits eine um 50 % gesteigerte Zugkraft, so daß statt bisher drei nur noch ein bis zwei Lokomotiven je Zug erforderlich waren. Siehe auch Köster, Militär und Eisenbahn, S. 206.
[276] Ebd., S. 208.
[277] Ebd., S. 195.
[278] Ebd., S. 215.

mußten und eventuell auch Barracken zur »temporären Unterkunft der Truppen« erforderlich waren[279]. Die Infanterie sei dabei zuerst zu befördern, da

> »sie am frühesten marschfertig [und] ihr Transport die geringsten Vorbereitungen erforder[e]. Auch könnten die für den von Pferde- und Geschütztransport erforderlichen Lastwagen erst dauernd für den Zweck eingerichtet werden, wenn der Infanterietransport im großen Ganzen beendigt [sei].«

Die Kavallerie und das Fuhrwesen müsse dann, sobald sie erst »einmal auf die Bahn gebracht« worden sind, »ohne Wagenwechsel, so weit wie möglich [transportiert werden], da jede Umladung viel Zeit und Arbeit erforder[e]«[280]. Beim Transport größerer Truppenmassen, vornehmlich der Infanterie, empfahl der Generalstab eine verteilte Aufstellung längs der Bahn, da »die Räume selbst in den größeren Bahnhöfen« für diesen Zweck zu klein und »Stopfungen« daher unvermeidlich seien. Die Mannschaft sei aber in jedem Fall eine Stunde vor Abgang des Zuges, die Bagage zwei Stunden vorher bereit zu halten, die Truppe stets in Sektionen zu jeweils zehn Mann. Nach Möglichkeit sollten die taktischen Verbände geschlossen mit den »dazugehörigen Offizieren« in den Zügen reisen. Die Unteroffiziere haben sich direkt bei ihren Korporalschaften aufzuhalten. Während der Fahrt habe die Truppe Gepäck und Helm abzunehmen, die Bajonette seien umzudrehen und das Gepäck unter der Sitzbank zu verstauen. Das Gewehr solle zwischen die Beine genommen, der Helm in der Hand gehalten werden. Sämtliche Trainsoldaten haben sich als Begleitpersonal bei ihren Pferden aufzuhalten, bei der Kavallerie und Artillerie sollen es nur ein Drittel der Mannschaften sein.

Insgesamt konnten diese Bestimmungen nicht mehr sein als ein erster Anhalt. Von ihrer Veröffentlichung sah das Kriegsministerium daher zunächst ab. Bei »der komplizierten Natur des Eisenbahnwesens« rechnete der Generalstab durchaus damit, daß die darin »entwickelten Behauptungen, in Betreff der Leistungsfähigkeit der Bahnen, bei dereinstiger praktischer Durchführung, manchen Abänderungen unterworfen sein werden«. Der Generalstab räumte somit offen ein, daß ihm, nachdem fünf Jahre keine größeren Eisenbahntransporte in Preußen mehr stattgefunden hatten, »Praxis und Erfahrung« weitgehend fehlten[281].

An dieser Lage hatte sich auch zwei Jahre später noch nichts geändert. Dennoch gab die preußische Armee 1857 ein erstes gedrucktes Eisenbahnreglement heraus[282]. Kleinere Militärtransporte sollten danach ohne Verzögerung des regulären fahrplanmäßigen Betriebes stattfinden. Die Eisenbahndirektionen hatten allein darüber zu entscheiden, wann die Beförderung der Truppe durchgeführt werden konnte. Allerdings durfte in Ausnahmefällen jeder Truppenführer den Einsatz eines Extrazuges verlangen, hatte seinen Entschluß dann aber später bei seinen Vorgesetzten vertreten[283]. Eine zweite, ausführlichere Vorschrift erschien schließ-

---

[279] Übersicht des Verkehrs und der Betriebsmittel auf den inländischen und den benachbarten ausländischen Eisenbahnen, in: GStAPK, Kriegsministerium, Nr. 13, Bl. 9.
[280] Ebd.
[281] Ebd., Bl. 10.
[282] Reglement für die Beförderung von Truppen, Militär-Effekten und sonstigen Armeebedürfnissen auf den Staatsbahnen, Berlin 1857, in: GStAPK, Ministerium des Innern, Tit. 258, Nr. 27.
[283] Ebd., § 4.

III. Die organisatorische und operative Bewältigung der Eisenbahnfrage 173

lich im Dezember 1861[284]. Sie regelte die technischen Details der Militärtransporte, vor allem aber die Frage der Zusammenarbeit zwischen Armee, Ministerien und den zivilen Eisenbahndirektionen. Darin wurde die Transportleistung eines Militärzuges ähnlich wie in der österreichischen Armee festgelegt.

»Auf einem Militärzug werden in der Regel fortgeschafft: Ein Bataillon zu 1000 Mann, oder eine Eskadron zu 150 Pferden oder ³/₄ Batterie oder ³/₄ Munitions- oder andere Kolonnen; jeder Truppenteil mit seinem kriegsmäßigen Zubehör, so daß der Zug nicht unter 60 und nicht viel über 100 Achsen stark wird[285].«

In der mittleren Fahrgeschwindigkeit der Züge von 3 bis 3½ Meilen waren bereits die kürzeren Aufenthalte von je 15 Minuten berücksichtigt[286]. Alle acht bis neun Stunden sollte auf den »sogenannten Hauptruhepunkten« ein längerer Aufenthalt von ein bis zwei Stunden eingelegt werden, »welcher vorzugsweise der Verpflegung der Mannschaften und Pferde dient«[287]. Die Truppe war schon, wie es auch in der französischen Armee gehandhabt wurde, vor Fahrtantritt mit dem erforderlichen Verpflegungsbedarf für die gesamte Fahrt zu versorgen.

Der dritte Teil der Vorschrift befaßte sich mit den Transportgebühren, die von den zivilen Eisenbahngesellschaften erhoben werden durften. Für die Beförderung eines Offiziers in der ersten oder zweiten Klasse wurden je Meile vier Groschen bezahlt[288]. Für Mannschaften betrug der Tarif je Meile einen Groschen in der dritten oder vierten Klasse. Für den Transport eines Pferdes mußten zwölf Groschen je Meile bezahlt werden[289]. Teil IV der Vorschrift regelte die Beförderung von Munition[290]. Es verbot den Transport von Munitionsfahrzeugen in reinen Personenzügen (§ 7) und bestimmte, sie in jedem Fall

»an das der Lokomotive entgegengesetzte Ende des Zuges zu stellen; es müssen derselben jedoch mindestens vier nicht mit entzündlicher Munition beladene Eisenbahnwagen vorausgehen [...]. Der am Schluß des Zuges befindliche Wagen muß mit einer Bremse versehen und dieselbe bedient sein.« (§ 8)

Für den Transport eines ganzen preußischen Armeekorps errechnete die Vorschrift einen Bedarf von insgesamt 94 Zügen. 25 Züge entfielen auf den Transport der 25 Infanteriebataillone, 20 Züge waren für die 20 Eskadronen Kavallerie vor-

---

[284] Truppenbeförderung auf Eisenbahnen. Darin enthalten als I. Teil: Organisation des Transports großer Truppenmassen auf Eisenbahnen, Berlin 1861, GStAPK, I. HA, Rep. 93 E, Ministerium für Handel, Gewerbe und öffentliche Arbeiten, Nr. 2374, Organisation der Truppentransporte 1863–1872. Eine zweite überarbeitete Fassung der Vorschrift erschien noch am 9.5.1866 kurz vor Beginn des Feldzuges nach Königgrätz. Sie wurde nur ein Jahr später wiederum ersetzt durch die neue Anweisung: Bestimmung über Militär-Transporte auf Eisenbahnen, Berlin 1867, ebd.
[285] Ebd., T. I, § 5.
[286] Ebd., T. I, § 7.
[287] Ebd., T. I, § 8.
[288] 30 Groschen ergaben einen preußischen Taler. Siehe Rittmann, Deutsche Geldgeschichte, S. 722 f.
[289] Truppenbeförderung auf Eisenbahnen, T. III, Reglement für die Beförderung von Truppen, Militäreffekten und sonstigen Armeebedürfnissen auf den Staatsbahnen, in: GStAPK, Handelsministerium, Nr. 2374, hierzu vor allem § 7 (Transporttarife). § 1 verpflichtete die »Königl. Eisenbahndirektionen« zum Transport von Truppen, Militärpersonen, Pferden, Fahrzeugen und sonstigen Armeebedürfnissen auf den Staatsbahnen.
[290] Ebd., Truppenbeförderung auf Eisenbahnen, T. IV: Reglement wegen Beförderung entzündlicher militärischer Munition auf den Staatseisenbahnen.

gesehen, 16 Züge für die zwölf Batterien Artillerie, zwölf Züge für die neun Munitionskolonnen, vier Züge für eine Pontonkolonne, zwölf Züge für die fünf Trainskolonnen und fünf komplette Züge für die höheren Stäbe[291]. Auch die preußische Vorschrift von 1861 beruhte jedoch noch weitgehend auf theoretischen Erwägungen oder Angaben ziviler Eisenbahnangestellter, die so weit wie möglich ergänzt wurden durch Vorschriften anderer Armeen oder durch direkte Anfragen bei benachbarten Mächten[292].

c) Die Entwicklung des Militäreisenbahnwesens in Österreich und Frankreich bis zum Krieg von 1859

Anders als Preußen hatte Österreich auch nach der Krisenzeit von 1848/50 regelmäßig noch größere Truppentransporte mit der Eisenbahn durchgeführt, etwa zur Verlegung zu Manövern oder in neue Standorte[293]. Trotzdem schien die österreichische Armee in dem Jahrzehnt nach der Revolution ihre führende Rolle im militärischen Eisenbahnwesen verloren zu haben. Der deutlich innovative Zug, der noch nach der Revolutionsphase in der konkreten Beschäftigung der Armee mit den technischen Innovationen, wie etwa der Feldtelegraphie, festzustellen war, verlor nach 1854 zunehmend an Kraft. Im Oktober 1855 wurden die erst im Vorjahr aufgestellte Feldtelegraphentruppe wieder aufgelöst und die Geräte verkauft. Insgesamt war eine merkwürdige Lethargie bei der Umsetzung vorhandenen Wissens in verbindliche, fortschrittliche Weisungen festzustellen[294]. So ließ man sich in der Habsburgermonarchie mit einem offiziellen Reglement für Eisenbahntransporte sogar bis zum Jahre 1862 Zeit. Entscheidender für das Zurückfallen des militärischen Eisenbahnwesens in Österreich im europäischen Vergleich war das Fortbestehen der gravierenden Lücken in seinem Streckennetz, vor allem die Verbindungen vom Zentrum der Monarchie zu ihren tendenziell bedrohten Landesteilen. Zwar verdoppelte sich das österreichische Schienennetz von 1851 bis 1859 von 2000 auf insgesamt 4000 km, nachdem schon 1854 das Staatsbahnsystem wieder zugunsten privat finanzierter Eisenbahngesellschaften aufgegeben worden war[295], aber eine zuverlässige Eisenbahnverbindung von Tirol nach Norditalien war noch zu Beginn des Krieges von 1859 nicht verfügbar[296]. Auch die Fertigstellung der so dringend benötigten Wiener Verbindungsbahn zwischen dem Nord- und Südbahnhof erfolgte erst am 1. Juli 1859, eine Woche nach der verlorenen Schlacht von Solferino. Der geringe Betriebsmittelbestand der Staatsbahnen, vor allem der Mangel an Personenwaggons, führte schon in den frühen fünfziger Jah-

---

[291] Ebd., T. I, § 16.
[292] Siehe den Hinweis bei Köster, Militär und Eisenbahn, S. 198, über eine entsprechende preußische Anfrage beim österreichischen Kriegsministerium vom 10.3.1859.
[293] Ebd., S. 178.
[294] Ebd., S. 212 f. Das k.k. Eisenbahnbüro schrieb ca. 50 Jahre lapidar dazu: »und so sehen wir die Ereignisse des Jahres 1859 hereinbrechen, ohne daß bezüglich der militärischen Eisenbahnbenutzung entsprechende Vorsorge getroffen worden wären«. In: Unsere Eisenbahn im Kriege, S. 127.
[295] Köster, Militär und Eisenbahn, S. 242.
[296] Ebd., S. 204 f.

ren zu unzumutbaren Transportbedingungen für die Truppe, besonders beim Rücktransport der 1854 während des Krimkrieges in Galizien eingesetzten Observationskorps[297].

An die führende Stelle Österreichs trat nach 1850 mehr und mehr Frankreich, dessen 1842 entworfenes Eisenbahnnetz inzwischen weitgehend fertiggestellt war. 1852 verfügte das französische Eisenbahnnetz über eine Streckenlänge von 4063 km, davon waren schon 78 Prozent doppelgleisige Bahnen. 1859 waren es bereits 8840 km mit immerhin noch rund 60 Prozent an doppelten Gleisen[298]. In den Jahren 1856 und 1857 wuchs das französische Netz jeweils um 17,5 Prozent. Sechs große Eisenbahngesellschaften, darunter die Compagnie Paris-Orléans, die Compagnie Paris-Lyon-Marseille sowie die Compagnie du Nord, betrieben 1857 über 97 Prozent des gesamten Streckennetzes[299]. Die französischen Eisenbahnen waren vor allem auf den strategisch wichtigen Strecken zweigleisig angelegt. Dies galt auch für die Bahn von Paris nach Lyon, die 1859 über einen Bestand von 340 Lokomotiven, 547 Personen- sowie 2908 Güterwagen verfügte[300]. Schon kurz nach ihrer Eröffnung 1852 verfügte die Direktion der Paris-Straßburger-Eisenbahn über so viele Betriebsmittel, daß sie sich in der Lage sah, innerhalb eines Tages 15 000 Mann Infanterie samt aller ihrer Pferde und Wagen von Paris nach Straßburg zu befördern, ohne dazu den regulären Bahnbetrieb einstellen zu müssen[301]. Über die Nordbahn und die Paris-Lyoner-Eisenbahn hatten zu Beginn des Krimkrieges die Transporte des zunächst 25 000 Mann starken französischen Expeditionskorps zu den Mittelmeerhäfen Toulon und Marseille stattgefunden. Insgesamt beförderte allein die Nordbahn innerhalb von fünf Wochen rund 40 000 Mann, wobei an einzelnen Tagen mehr als 2000 Infanteristen transportiert werden konnten, ohne daß der zivile Zugverkehr eingeschränkt werden mußte[302].

Im Krieg von 1859 gegen Österreich beförderte die französische Armee wiederum auf der Paris-Lyoner-Bahn in 86 Tagen vom 20. April bis zum 15. Juli etwa 227 600 Mann und 36 400 Pferde, insgesamt sechs Armeekorps. Allein vom 20. bis zum 30. April 1859 waren es rund 84 000 Mann, die nach Lyon abgingen. Das Maximum wurde am 25. April mit 12 000 Mann in 14 Zügen erreicht[303]. Dennoch war es den französischen Bahngesellschaften möglich, auf derselben Strecke noch zusätzlich 13 reguläre Züge fahren zu lassen[304]. Eine Spezialkommission in Paris, der ein Generalstabsoffizier und Abgeordnete der betroffenen Eisenbahngesell-

---

[297] Ebd., S. 194 f.
[298] Bericht über die Leistungsfähigkeit der Deutschen Eisenbahnen zu militärischen Zwecken, in: BA, DB 5, II/232, S. 22.
[299] Mitchell, The Great Train Race, S. 19.
[300] Die Benutzung der Eisenbahnen Frankreichs, S. 417. Die häufiger genannte höhere Zahl von ca. 604 000 Mann und 130 000 Pferden, so etwa bei Wernecke, Die Mitwirkung der Eisenbahnen, S. 931, beruhte auf Doppelzählungen der französischen Behörden. Sie schien allein schon auf Grund der Tatsache, daß nur sechs französische Armeekorps in Norditalien zum Einsatz gekommen sind, viel zu hoch gegriffen.
[301] Allgemeine Militär-Zeitung, Nr. 108 vom 9.9.1854, S. 884.
[302] Über die neuesten Truppen-Transporte.
[303] Die Benutzung der Eisenbahnen Frankreichs, S. 417.
[304] Westphalen, Die Kriegführung, S. 12.

schaften angehörten, regelte den erforderlichen Bedarf an Betriebsmaterial[305]. Bei Lyon teilten sich die Transporte. Zwei der französischen Korps marschierten auf einer Nebenbahn über Grenoble durch die Westalpen nach Piemont. Nach einem dreitägigen Fußmarsch zwischen den Endstationen St. Jean de Maurienne und Susa auf der italienischen Seite trafen die Spitzen der französischen Korps am 2. Mai 1859 in Turin ein[306]. Die vier übrigen französischen Korps marschierten dagegen mit der Bahn zu den Mittelmeerhäfen Marseille und Toulon, wo sie vom 26. April bis zum 3. Mai nach Genua eingeschifft wurden. Bis Mitte Mai standen somit 130 000 Franzosen und 50 000 Piemonteser an der Polinie vereinigt[307]. Allerdings hatte die französische Armee erhebliche Probleme, den Versorgungsbedarf der Truppe zeitgerecht nachzuführen[308]. Kaiser Napoleon III. war zwar schon am 14. Mai in Alessandria eingetroffen, mußte dort aber noch zwei Wochen lang praktisch untätig mit seiner Armee verharren, da Munitionskolonnen und Trains nicht früher auf der eingleisigen Bahn von Susa nach Turin herangeschafft werden konnten[309]. Dies hätte zu einer kritischen Situation für die verbündeten Streitkräfte führen können, wenn nicht die österreichische Armeeführung gezögert hätte, die vorerst noch isolierte Armee Piemont-Sardiniens sofort nach Ablauf ihres Ultimatums am 26. April anzugreifen. Auch den Österreichern hatte die Nachschubfrage erhebliche Probleme bereitet. Zudem bestärkte ein sinnentstellend dechiffriertes Telegramm aus Wien den österreichischen Oberbefehlshaber Feldzeugmeister v. Gyulai, trotz seiner zweifachen Überlegenheit gegenüber der Armee Piemonts in der Defensive zu bleiben[310]. Die französischen Eisenbahnen hatten somit wesentlich dazu beigetragen, die kritische Phase bis zur Vereinigung der beiden verbündeten Armeen auf nur drei Wochen zu verkürzen. Die Unsicherheit in der österreichischen Armeeführung wiederum trug dazu bei, daß auch die restliche Zeit bis Ende Mai, in der sie dem Gegner noch überlegen war, ungenutzt verstrich.

Doch nicht nur der Truppenaufmarsch zu diesem Feldzug war erstmals in der Kriegsgeschichte durch den Einsatz der Eisenbahnen bestimmt worden, auch in der Eröffnungsphase sollten sie eine wesentliche Rolle spielen. Da der Schwerpunkt der Österreicher auf ihrem rechten Flügel entlang des Po lag, entschloß sich Napoleon Ende Mai zu einer Umgehung des rechten österreichischen Flügels nördlich des Po auf Vercelli. Hier würde außerdem den verbündeten Armeen für ihren weiteren Vormarsch auf Mailand die Eisenbahn von Turin über Mailand nach Verona als Operationslinie zur Verfügung stehen. Dazu mußte allerdings fast die gesamte französische Armee nach Norden an den Ticino rochieren. Unter dem Schutz der Piemontesen wurde diese kriegsentscheidende Bewegung innerhalb von nur vier Tagen vom 27. bis zum 31. Mai auf der über Alessandria nach Norden

---

[305] Ebd., S. 12.
[306] Moltke, Militärische Werke, IV: Kriegslehren, Bd 1, S. 225. Siehe auch ebd., III: Kriegsgeschichtliche Arbeiten, Bd 3, S. 25 f.
[307] Fiedler, Kriegswesen, S. 169.
[308] Ebd., S. 226 f.
[309] Westphalen, Die Kriegführung, S. 13. Siehe auch Moltke, Militärische Werke, III, Bd 3, S. 26.
[310] Köster, Militär und Eisenbahn, S. 202.

III. Die organisatorische und operative Bewältigung der Eisenbahnfrage 177

führenden Eisenbahnlinie abgeschlossen. Dabei wurde die Infanterie von drei Divisionen des III. französisches Korps in insgesamt zwölf Zügen bis zum 30. Mai nach Casale am Po transportiert. Schon am nächsten Tag erreichte das Korps sein Marschziel Vercelli, wo die französische Armeeadministration per Eisenbahn von Turin binnen nur 48 Stunden 500 000 Verpflegungsportionen für einen viertägigen Bedarf aller Korps zusammengezogen hatte. Am 30. Mai 1859 waren auch die übrigen französischen Korps und das Gardekorps bei Casale am Po eingetroffen[311]. Insgesamt wurde die Umgehungsoperation mit Hilfe der Eisenbahn in einer derartigen Schnelligkeit ausgeführt, daß sie den Österreichern noch bis zum 31. Mai verborgen geblieben war[312].

In der Zwischenzeit hatte sich die Führung des Habsburgerstaates entschlossen, zur Verstärkung seiner Armee in Norditalien das I. Korps mit insgesamt 45 000 Mann, 10 000 Pferden und 88 Geschützen aus Böhmen nach Norditalien zu transportieren. Die Eisenbahntransporte begannen am 25. Mai in Prag und führten über das bayerische Hof und die sächsisch-bayerischen Linien nach Innsbruck. »Wesentliche Friktionen« traten dabei nicht auf. Zwar mußte die Truppe den Abschnitt von Innsbruck nach Bozen zu Fuß zurücklegen, traf aber mit ihren Spitzen noch rechtzeitig zur Schlacht von Magenta am 4. Juni 1859 am Ticino ein[313]. Die österreichische Niederlage in dieser Schlacht und ebenso die bei Solferino knapp drei Wochen später konnten die Verstärkungen aus Böhmen, die bis zum 9. Juni 1859 vollzählig auf dem Kriegsschauplatz eingetroffen waren, jedoch nicht mehr verhindern. Österreichs militärisches Desaster, das schließlich im Waffenstillstand von Villa Franca am 8. Juli 1859 besiegelt wurde, war ausschließlich die Folge operativer Fehlentscheidungen. Die österreichischen Bahnen traf trotz der noch vorhandenen gravierenden Lücken im Eisenbahnnetz der Monarchie daran keine Schuld. Der »Massentransportträger« konnte in diesem ersten, schon zu einem erheblichen Teil mit Eisenbahnen geführten Krieg »durchaus den an ihn gestellten Anforderungen genügen«[314].

d) Die preußischen Aufmarschplanungen während des Krieges von 1859

Österreichs Krieg gegen Frankreich und Piemont-Sardinien im Jahre 1859 hatte ein neues Zeitalter der militärischen Nutzung der Eisenbahnen eröffnet. Es war nun endgültig klar, daß Eisenbahntransporte von Truppen nur dann ein effektives Instrument der militärischen Operationsführung sein konnten, wenn sie bereits im Frieden detailliert geplant und vorbereitet waren. Keiner schien dies besser ver-

---

[311] Moltke, Militärische Werke, III, Bd 3, S. 73 f.
[312] Köster, Militär und Eisenbahn, S. 202 f.
[313] Ebd., S. 204 f.
[314] Ebd., S. 205.

standen zu haben als Helmuth v. Moltke. Seit dem 29. Oktober 1857 hatte er die Nachfolge General v. Reyhers als Chef des Generalstabs der Armee angetreten[315].

Noch vor Ausbruch der Feindseligkeiten in Norditalien hatte Moltke im Februar 1859 auf Anfrage des Kriegsministers General v. Bonin eine Denkschrift über eine erste Aufstellung der Armee im Falle eines Krieges mit Frankreich verfaßt. Bereits im Vorjahr habe der Generalstab, so erläuterte Moltke in seinem Begleitschreiben, sämtliche Märsche für eine Konzentration der Armee am Rhein »bis ins Detail bearbeitet« und entsprechende Eisenbahntableaus erstellt. Allerdings räumte er ein, daß man »bei dem Mangel an praktischer Erfahrung« im Generalstab nicht genau wisse, »ob diese oder ähnliche Leistungen auf den Eisenbahnen ausgeführt werden können«, und bat daher, Eisenbahnkommissare oder Betriebsdirektoren zur Prüfung der Tableaus hinzuzuziehen[316]. Moltke entwickelte in seiner Denkschrift den Plan, siebeneinhalb Korps im Westen aufmarschieren zu lassen. Da er Rußland nach seiner Niederlage im Krimkrieg noch nicht wieder für kriegsfähig hielt, waren nur das I. Ostpreußische Korps und eine Division des VI. Korps für den Schutz der Ostgrenze vorgesehen. Die übrigen Korps sollten frühestens vier Wochen nach Beginn der Kampfhandlungen in Norditalien einsatzbereit am Rhein sein, also genau dann, wenn die ersten großen Entscheidungen zwischen Österreich und Frankreich gefallen sind. An einen Kriegseintritt an der Seite Österreichs dachte Moltke vorerst nicht. Durch seine bewaffnete Einmischung in Norditalien bedrohe Frankreich nach Ansicht des Generalstabschefs »zunächst weder Preußen noch die Masse der deutschen Bundesländer unmittelbar«. Wohl aber könne Preußen, so fürchtete Moltke in seiner Denkschrift, falls es zu spät am Rhein erschiene, nach einer Niederlage Österreichs in Norditalien in die Lage von 1806 geraten und isoliert gegen Frankreich stehen, das dann »seine ganze Kraft zur Wiedererlangung der nie verschmerzten Rheinlinie konzentrieren« würde[317]. Moltke schlug daher eine rechtzeitige Aufstellung der preußischen Streitkräfte »in drei größeren Abteilungen« im Westen vor. Die erste war für den Schutz der Rheinprovinz und der Festungslinie bestimmt. Hierfür sah Moltke die beiden rheinischen Korps sowie das III. Korps aus Brandenburg vor, das am 30. Tag nach Beginn der Mobilmachung dort verfügbar sein könnte. Die zweite Gruppe am Main bildete die eigentliche Offensivarmee. Sie sollte eine Stärke von 2½ Korps haben und am 42. Mobilmachungstag einsatzbereit im Rheinland stehen. Das IV. Armeekorps aus Magdeburg sollte per Fußmarsch am 36. Tag dort eintreffen, das V. Korps aus Posen auf der Eisenbahn am 32. Tag. Eine dritte Gruppe in Stärke von 66 000 Mann, bestehend aus dem II. Korps und dem Gardekorps, verblieb als operative Reserve an der Saale.

Moltkes Denkschrift von 1859 integrierte zumindest im Ansatz die eisenbahntechnische Marschplanung in seine Operationsführung. Erstmals in der Operati-

---

[315] Moltke war vom Prinzregenten Wilhelm zunächst nur mit der Führung der Geschäfte des Generalstabschefs beauftragt worden. Seine eigentliche Ernennung erfolgte erst im folgenden Jahr. Siehe dazu: Kessel, Moltke, S. 227.
[316] Moltkes Schreiben an Kriegsminister v. Bonin vom 7.2.1859, in: Moltke, Militärische Werke, I, Bd 4, S. 3 f.
[317] Moltkes Denkschrift vom 7.2.1859, ebd., S. 4–34.

onsplanung war unter Berücksichtigung der Eisenbahnkapazitäten auf den Tag genau festgelegt worden, wann die einzelnen Korps in ihren Versammlungsräumen verfügbar sein sollten. Der Umstand, daß das IV. Korps im Rahmen des Gesamtaufmarsches seinen Einsatzraum per Fußmarsch erreichen sollte, deutet auf eine präzise eisenbahntechnische Koordination aller Marschbewegungen und vor allem auf eine weitgehende Ausschöpfung sämtlicher Eisenbahnkapazitäten hin. Moltkes Plan war allerdings immer noch defensiv ausgerichtet und orientierte sich an einem groben politischen Szenario, dessen Details erst die weitere Entwicklung ergeben mußte. Ein konkreter Operationsplan, der über die erste Versammlung aller Kräfte hinausging, konnte es nicht sein, zumal auch längst nicht feststand, daß Preußen tatsächlich in einen Krieg mit Frankreich verwickelt würde.

In einer neuen Denkschrift vom 14. März 1859 erörterte Moltke nun die Möglichkeit der vollständigen Konzentration acht preußischer Korps am Rhein sowie am Main mit Hilfe der Eisenbahnen. Er fürchtete hierbei jedoch immer noch »vielfache Inkonvenienzen«, die »im Ernstfalle gewiß noch greller hervortreten« würden, wenn nicht jedes Korps, mit Ausnahme der Garde, seine eigene, nach Möglichkeit zweigleisige Bahnlinie zugewiesen erhielte[318]. Nach Moltkes Plan sollten hierbei das II., III. und IV. Korps auf drei nördlichen Linien marschieren, während das V. und VI. Korps auf zwei südlichen Routen über Sachsen und Thüringen zum unteren Main bestimmt waren. Der Aufmarsch könnte dann bis zum 30. Mobilmachungstag abgeschlossen sein, wobei allerdings das Gardekorps, das auf der Route des III. Korps folgen sollte, erst bis zum 37. Tag seine Versammlung bei Bonn abgeschlossen haben könnte.

Für den Transport eines ganzen Korps mit seinen 25 Infanteriebataillonen zu je 1000 Mann, zwölf Batterien Artillerie und 20 Eskadronen Kavallerie, Gepäck sowie Munition veranschlagte Moltke 8800 Achsen. Dies entsprach 4400 Waggons oder etwa 70 Zügen. Auf einer eingleisigen Strecke konnten nach Moltkes Berechnungen täglich nur das Personal von maximal sechs Bataillonen auf 750 Achsen oder ca. 375 Waggons etwa 250 km weit transportiert werden. Bei einer mittleren Geschwindigkeit von 20 bis 25 Stundenkilometer benötigte ein Zug ca. elf Stunden für diese Strecke. Bildeten acht Züge in einem Abstand von ca. 30 Minuten das erste Echelon, so traf der letzte dieser acht Züge frühestens nach 15 Stunden am Zielort ein. Erst dann konnten die leeren Züge zum Ausgangsort zurückkehren, um am Folgetag das nächste Echelon zu bilden. Nach Moltkes Kalkulation würde ein vollständiges preußisches Korps auf einer eingleisigen Strecke von 750 km, was ungefähr der Entfernung Frankfurt a.d.O.–Düren entsprach, 15 Tage zuzüglich eines Ruhetages benötigen. Auf zweigleisigen Strecken würde sich diese Marschzeit jedoch nach seiner Ansicht auf neun Tage reduzieren. Die Denkschrift wurde erst auf Moltkes Drängen vom Kriegsministerium an das für Eisenbahnfragen zuständige Handelsministerium weitergeleitet. Das Antwortschreiben Minister v.d. Heydts vom 23. April deutete zwar vorsichtig Widerspruch zu einzelnen Annahmen Moltkes an, signalisierte jedoch seine uneingeschränkte Bereitschaft zur

---

[318] Denkschrift betreffend den etwaigen Einfluß der neuen Eisenbahnbauten und Projekte auf künftige Truppenkonzentrationen gegen Westen, ebd., S. 66–74.

Zusammenarbeit mit den militärischen Dienststellen[319]. Inzwischen standen die Feindseligkeiten in Norditalien kurz vor dem Ausbruch. Die Gefahr, daß auch Preußen in den nun unmittelbar bevorstehenden Krieg in Norditalien verwickelt werden könnte, schien die üblichen Behördenwege im preußischen Beamtenstaat drastisch verkürzt zu haben. Schon am 2. Mai 1859 konstituierte sich eine gemischte Kommission aus Militärs und Beamten des Handelsministeriums, die sich auf die Festlegung dreier Haupttransportrouten in den Westen einigte[320]. Eine nördliche Route, die einzige doppelgleisige, führte von Bromberg oder Stettin über Berlin, Minden, Oberhausen nach Köln, eine südliche von Posen oder Breslau über Görlitz, Leipzig und Hof nach Frankfurt am Main. Die dritte, mittlere Linie ging von Berlin nach Guntershausen bei Kassel, wo sie über Dortmund auf Düsseldorf oder über Gießen auf Frankfurt verzweigte. Täglich sollten im Abstand von einer Stunde auf den beiden südlichen Strecken zehn, auf der nördlichen sogar 13 Züge abgehen. Die Truppen sollten bis zum Zielpunkt in denselben Waggons fahren, nur die Lokomotiven und »Fahrbeamten« wechselten »an den auch im Friedensbetrieb hierzu bestimmten Orten«[321]. Da die Verladezeit für einen Kavallerie- oder Artilleriezug zwei Stunden in Anspruch nahm, war man hierzu auf Bahnhöfe angewiesen, die ein paralleles Verladen erlaubten. Auf der nördlichen Linie waren dies die Stationen in Stettin, Scheidemühl, Berlin und Oschersleben. Auf jeder der drei Routen hatte eine gemischte Kommission aus Offizieren und Beamten im Zusammenwirken mit den Beauftragten der privaten Eisenbahngesellschaften für das rollende Material zu sorgen. Die Ausarbeitung der entsprechenden Fahrpläne, die Einteilung der abgehenden Züge in Echelons und die Festlegung ihrer Nummern und Abfahrtszeiten war Sache des Handelsministeriums[322].

Nachdem die Entwicklung der militärischen Lage in Norditalien für Österreich von Anfang an einen ungünstigen Verlauf genommen hatte, begann sich Preußen darauf vorzubereiten, zugunsten Österreichs am Rhein zu intervenieren. Am 24. Juni wurde die österreichische Armee erneut bei Solferino geschlagen. Nur einen Tag später befahl Prinzregent Wilhelm die Mobilmachung von sechs preußischen Korps. Gleichzeitig beantragte Preußen in der Frankfurter Bundesversammlung die Aufstellung eines preußisch-süddeutschen Observationskorps am Oberrhein[323]. Anfang Juli sollten die ersten Transporte in den Westen rollen. Das Tableau für den Eisenbahntransport des V. Armeekorps von Posen nach Frankfurt a.M. war bereits in Kraft gesetzt[324]. Doch der Waffenstillstand Österreichs mit Frankreich und Piemont-Sardinien am 8. Juli machte die preußischen Mobilmachungsmaßnahmen überflüssig.

Nicht ohne Resultat blieben dagegen die gemeinsamen Beratungen von Militärs und Beamten beider Ministerien. Aus ihnen ging zwei Jahre später die preußische

---

[319] Heydts Antwortschreiben findet sich in: Moltke, Militärische Werke, I, Bd 4, S. 77.
[320] Protokoll der zentralen Kommission vom 2.5.1859, in: GStAPK, I. HA, Rep. 77, Ministerium des Innern, Tit. 332, Nr. 17.
[321] Protokoll der zentralen Kommission vom 2.5.1859, ebd.
[322] Ebd.
[323] Angelow, Von Wien nach Königgrätz, S. 217.
[324] Westphalen, Die Kriegführung, S. 16.

Eisenbahnzentralkommission hervor. Der § 18 der preußischen Militäreisenbahnvorschrift von 1861 regelte ihre Zusammensetzung, Kompetenzen und Aufgaben[325]. Beteiligt waren mit jeweils ein bis zwei Vertretern das preußische Ministerium des Innern, das Handelsministerium, das Kriegsministerium und der Generalstab der Armee. Im drohenden Kriegsfall hatte sie die vom Generalstab ausgearbeiteten »Transporttableaus« hinsichtlich ihrer »Ausführbarkeit in eisenbahntechnischer Beziehung« zu prüfen. Nach deren Genehmigung legte die Kommission die Zahl der erforderlichen Linien- und Etappenkommissionen fest, die jeweils mit einem Offizier und einem zivilen Beamten besetzt waren. Die Linienkommissionen waren zuständig für die Bereitstellung der notwendigen Betriebsmittel auf der Strecke und die Ausarbeitung der präzisen Fahrtdispositionen. Vor allem jedoch waren sie für den reibungslosen Fahrbetrieb auf ihrer Strecke verantwortlich. Sie hatten auf die Einhaltung der Verladezeiten zu achten, auf die Reihenfolge der Züge sowie auf die Einhaltung der Fahrzeiten. Die örtlichen Eisenbahndirektionen hatten die Linienkommission zu unterstützen und mußten einen Beauftragten als Ansprechpartner benennen[326].

Die Eisenbahnstationen oder Entladeplätze wurden von Etappenkommandanten geführt, die direkt dem allgemeinen Kriegsdepartement im Kriegsministerium unterstellt waren und an dieses zu melden und zu berichten hatten. Hinsichtlich der ihnen übertragenen Station hatten sie den Rang eines »Platzkommandanten«[327]. Das Neuartige an dieser Regelung war, daß in Zukunft die Linienkommissionen vom Zeitpunkt des Eintreffens der Truppe am Verladebahnhof praktisch einen Teil der militärischen Befehlsgewalt übernahmen. Für die Dauer des Eisenbahntransportes, so bestimmte die Instruktion, hatten sich die Kommandeure und Einheitsführer nach den Vorgaben der Linienkommission und des in ihrem Auftrag handelnden Eisenbahnpersonals zu richten.

»Alle Anweisungen aber in Bezug auf Aufstellung, An- und Abmarsch, Einteilung, Ein- und Ausladung der Truppen, ihrer Pferde und Bagage, Speisung der Mannschaften, Fütterung und Tränken der Pferde gehen [...] von den Etappenkommandanten aus, und es sind die Truppenbefehlshaber verpflichtet, unbeschadet ihrer Rangverhältnisse, den empfangenen Anweisungen strikt Folge zu leisten[328].«

Es schien den Offizieren nicht immer leicht gefallen zu sein, diese Befehlslage zu akzeptieren. Ein Grundsatzbefehl vom 15. Februar 1864, unterzeichnet vom preußischen Befehlshaber im Dänischen Krieg, Generalfeldmarschall Friedrich Graf v. Wrangel (1784-1877), stellte noch einmal unmißverständlich fest: »Alle Trans-

---

[325] Truppenbeförderung auf Eisenbahnen, in: GStAPK Handelsministerium, Nr. 2374.
[326] Mit Telegramm vom 6.5.1866 an die Königlichen Eisenbahndirektionen forderte das Handelsministerium »umgehend in telegraphischem Wege die Bevollmächtigten zu bezeichnen, mit welchen die Exekutivkommission resp. die Linienkommission wg. der bevorstehenden Truppen-Transporte, soweit die von ihr verwalteten Bahnstrecken dabei beteiligt sind, in Verbindung treten können«, in: GStAPK, Handelsministerium, Nr. 2372.
[327] Kriegsminister v. Bonin: Instruktion für die im Falle intendierter preußischer Truppen-Transporte nach der deutschen Westgrenze fungierenden Etappen-Kommandanten, in: LAH Koblenz, 403/1811, Acta des rheinischen Ober-Präsidiums betreffend das Militärmarsch- und Vorspannwesen, Bl. 491-493.
[328] Instruktion für die Etappenkommandanten, ebd., Bl. 491.

porte auf der Eisenbahn, sie mögen Namen haben, welche sie wollen, sind, wenn sie die Stärke von mehr als 35 Personen, mehr als einen Wagen und mehr als sechs Pferde haben, nur durch die [Etappen]kommandanturen zu regeln[329].« Sogar noch während des Feldzuges in Böhmen 1866 kam es häufig zu Reibereien und Klagen seitens der Truppenführer über das zuständige Eisenbahnpersonal, weil entweder die Züge zu langsam entladen wurden oder erst gar nicht in die überfüllten Bahnhöfe einrollen konnten[330]. Aber der Generalstab mochte an der Kompetenzverteilung nicht rütteln lassen. Moltke bekräftigte noch einmal in einer aus dem Jahre 1869 stammenden Notiz, daß es »unerläßlich [sei], den gesamten Betrieb der Bahnen einer mit Machtvollkommenheit ausgestatteten Militärbehörde zu unterstellen [...] und jegliche Einmischung der Truppenbefehlshaber in den Betrieb aufs strengste auszuschließen«. Deren Mitwirkung beschränke sich lediglich »auf den Schutz der Bahnen und auf die Verantwortung, daß die zu befördernden Truppen nur das etatmäßige Feldgerät mit sich führen und die Bahnhöfe tunlichst schnell räumen[331].«

e) Die preußisch-österreichischen Eisenbahntransporte während des Dänischen Krieges von 1864

Im Sommer 1859 hatte Preußen erstmals große Truppentransporte mit der Eisenbahn geplant. Nach dem schnellen Waffenstillstand Österreichs mit Frankreich und Piemont-Sardinien war der bereits genau ausgearbeitete Plan für den Transport des V. Korps nach Westen jedoch nicht mehr ausgeführt worden. Erst fünf Jahre später sollten tatsächlich die ersten umfangreichen Eisenbahntransporte der preußischen Armee seit 1850/51 stattfinden[332], allerdings nicht an den Rhein, sondern zur holsteinischen Grenze. Noch ehe die Differenzen mit dem alten Rivalen im Westen erneut zum Austrag kamen, beanspruchte ein anderer schwelender Konflikt die Aufmerksamkeit von Politikern und Militärs.

In der Auseinandersetzung des Deutschen Bundes mit Dänemark um den Status der beiden Herzogtümer Schleswig und Holstein hatten sich beide Parteien 1852 auf Druck der Großmächte Großbritannien und Rußland im Londoner Protokoll auf den Status quo ante geeinigt. Die beiden Herzogtümer blieben in Personalunion beim dänischen Königreich und Holstein gehörte staatsrechtlich weiterhin zum Deutschen Bund, wodurch der dänische König als Herzog von Holstein zugleich auch Bundesfürst war[333]. Vor allem Preußen sah in dieser Ver-

---

[329] Die Instruktion ist vollständig zitiert bei Westphalen, Die Kriegführung, S. 25–27.
[330] Basson, Die Eisenbahnen, S. 11: »Die Herren sahen einen einzigen leeren Schienenstrang und meinten, eine Entladung müsse stattfinden«.
[331] Moltke, Militärische Werke, IV, Bd 1, S. 215.
[332] Dies wird auch von Westphalen, Die Kriegführung, S. 27 bestätigt: »Vorbereitungen zu größeren Transporten waren zwar in den letzten Jahren mehrmals getroffen, d.h. auf dem Papier ausgearbeitet worden, aber nur im kleinen und zur Übung hatten Fahrten wirklich stattgefunden«.
[333] Zur politischen Vorgeschichte des Konflikts, die hier nur angedeutet werden kann, siehe: Nipperdey, Deutsche Geschichte, S. 770–777. Dazu auch: Messerschmidt, Die Schleswig-Holstein Frage.

einbarung nur eine vorübergehende Lösung und war gewillt, bei nächster sich bietender Gelegenheit erneut militärische Gewalt anzuwenden, um die Frage endgültig zu klären. »Die Eventualität einer militärischen Lösung der mit Dänemark so lange schwebenden Streitfrage« sei vom Generalstab »unausgesetzt im Auge behalten worden«, schrieb Moltke noch im Dezember 1862 an den Kriegsminister General Albrecht v. Roon (1803-1879). Auch sei die »Versammlung eines preußischen Heeres bei Hamburg und Lübeck« bereits als Übungsaufgabe für Eisenbahntransporte im Generalstab bearbeitet worden[334]. Um nicht wieder den Großmächten Gelegenheit zum Eingreifen zu geben, sollte nach Moltkes Ansicht in einem kommenden Krieg das dänische Heer, das er auf etwa 60 000 Mann schätzte, zügig ausgeschaltet und dadurch die dänische Regierung zum Nachgeben veranlaßt werden. Die Besetzung des jütländischen Festlandes allein konnte, wie der Krieg von 1849/50 gezeigt hatte, zu keinem befriedigenden Resultat führen, solange aus Mangel an Seestreitkräften an einen Angriff auf die dänische Hauptstadt Kopenhagen nicht zu denken war. Schon bis zum 16. Mobilmachungstag sollten nach Moltkes Planungen die preußischen Kräfte sich in vier Gruppen bei Altona, Hamburg und Lübeck versammeln. Von dort aus konnte der Vormarsch zur Eiderlinie bei Rendsburg und Kiel nach weiteren drei Tagen abgeschlossen sein[335]. Über den mangelhaften Zustand des Eisenbahnnetzes in Holstein und Schleswig war sich Moltke völlig im klaren. Sämtliche Bahnlinien waren noch eingleisig und sehr dürftig mit Betriebsmitteln ausgestattet. Im Grunde gab es nur eine einzige Bahnlinie von Altona bis Rendsburg mit einer Abzweigung nach Kiel bei Neumünster. Die schleswigsche Bahn wiederum führte nicht direkt auf Flensburg, sondern zweigte kurz vor der Stadt Schleswig in Richtung Westen auf die Nordsee bei Tönning ab. Erst von dieser Bahn führte dann eine weitere Abzweigung auf Flensburg. Der Verkehr, der ohnehin schon durch die getrennte Verwaltung erschwert war, litt außerdem darunter, daß auf den schleswigschen Bahnen ein anderes Signalsystem als auf den holsteinischen angewendet wurde[336]. Ungewiß war zudem die zeitgerechte Fertigstellung der Hamburg-Altonaer Bahn, die einen direkten Anschluß an die holsteinische Bahn bei Altona gewähren würde. Dennoch war Preußen auf die kommende Auseinandersetzung mit Dänemark weitgehend vorbereitet, als im November 1863 der dänische König Christian IX. die Verfassung seines Landes auch auf das Herzogtum Schleswig ausweitete und damit das Londoner Protokoll von 1852 verletzte. Der Bundestag in Frankfurt hatte darauf dem dänischen König ein auf sieben Wochen befristetes Ultimatum zur Zurücknahme der Novemberverfassung in Schleswig gesetzt. Als diese Frist ergebnislos verstrichen war, waren am 23. Dezember 1863 sächsische und hannoverische Truppen im Auftrag des Bundes in Holstein eingerückt und hatten das gesamte Herzogtum bis zur Eider besetzt. Unter dem Einfluß der national gestimmten Öffentlichkeit neigten die deutschen Mittelstaaten zur Trennung beider Herzogtümer von Dänemark, um sie an den Sohn des Herzogs von Augustenburg

---

[334] Moltke, Militärische Werke, I, Bd 1, S. 1.
[335] Ebd., S. 10.
[336] Moltke, Militärische Werke, IV, Bd 1, S. 228.

zu übertragen[337]. Preußen und Österreich hatten sich jedoch dem Vorgehen des Deutschen Bundes zunächst nicht angeschlossen, sondern sich im Januar 1864 auf ein gemeinsames Vorgehen gegen Dänemark strikt auf der Grundlage des Londoner Protokolls geeinigt. Offiziell strebten beide Mächte zunächst nur eine pfandweise Besetzung Schleswigs an[338]. Am 16. Januar 1864 stellten Preußen und Österreich ihrerseits ein allerdings nur auf 48 Stunden befristetes Ultimatum an Dänemark zur Aufhebung der sogenannten Novemberverfassung. Als dies mit einer ablehnenden Antwort aus Kopenhagen beschieden wurde, überschritten die Streitkräfte beider Mächte am 1. Februar 1864 die Eiderlinie. Die verbündete Streitmacht war insgesamt rund 60 000 Mann stark und bestand aus jeweils einem preußischen und einem österreichischen Korps. Zum preußischen Korps gehörten die 6. und 13. Division, zusammen 32 433 Mann, 11 935 Pferde und 96 Geschütze[339].

Die militärische Nutzung der Eisenbahnen im Krieg gegen Dänemark lief auf preußischer Seite in zwei Phasen ab. Zunächst waren in enger Zusammenarbeit mit den österreichischen Bahnen schon seit Mitte Dezember 1863 die Truppen beider Mächte in den Raum Hamburg und Lübeck befördert worden. Dieser Aufmarsch vollzog sich ohne nennenswerte Störung. Die 6. Division sammelte um Perleberg, die 13. Division bis zum 14. Januar 1864 bei Minden. Von dort fuhren die ersten Eisenbahntransporte am 19. Januar nach Harburg bei Hamburg. Hier kam den Preußen der Umstand zu Hilfe, daß dank starken Frostes fast die gesamte Division die Elbe auf einer stabilen Eisschicht überqueren konnte. Nur zwei berittene Batterien, die erst am 25. Januar in Harburg eintrafen, mußten bei nun einsetzendem Tauwetter auf Fähren über den Fluß gesetzt werden[340]. Insgesamt wurden auf dem ersten großen Truppentransport der preußischen Armee in 68 Zügen bis März 1864 rund 52 000 Mann, 10 750 Pferde und 770 Fahrzeuge transportiert[341]. Der zivile Verkehr konnte fast ohne Einschränkung aufrechterhalten werden. Es wurde hauptsächlich bei Nacht gefahren, nur das Verladen der Pferde und Fahrzeuge fand bei Tageslicht statt[342]. Allerdings mußte das Betriebsmaterial von sieben Eisenbahngesellschaften zusammengezogen werden. Hierbei zeigte sich, daß das Betriebsmaterial der preußischen Staatsbahnen allen Anforderungen entsprach, während bei den Privatbahnen zum Teil noch ältere, für den Truppentransport weniger geeignete Fahrzeuge im Einsatz waren[343]. Für die unter winterli-

---

[337] Nipperdey, Deutsche Geschichte, S. 772.
[338] Angelow, Von Wien nach Königgrätz, S. 233. Siehe auch die Darstellung bei Kessel, Moltke, S. 373-376.
[339] Westphalen, Die Kriegführung, S. 23.
[340] Der Deutsch-Dänische Krieg 1864, S. 76.
[341] Die neuerdings in größerem Umfang stattgehabten Truppentransporte. Bericht des Ministers für Handel, Gewerbe und öffentliche Arbeiten, in: GStAPK, Handelsministerium, Nr. 2374. Zu den preußischen Kräften auch: Der Deutsch-Dänische Krieg 1864, S. 59 f.
[342] Westphalen, Die Kriegführung, S. 24.
[343] Die neuerdings in größerem Umfang stattgehabten Truppentransporte, in: GStAPK, Handelsministerium, Nr. 2374. Siehe auch die Angaben bei General v. Goeben, in: August von Goeben in seinen Briefen, S. 84: Um vier Uhr nachmittags fuhr Goebens Transport in Minden ab und kam

III. Die organisatorische und operative Bewältigung der Eisenbahnfrage   185

chen Bedingungen stattfindenden Eisenbahnfahrten erhielt die Truppe wollene Decken und sogar Stroh in den Coupés. Das Ministerium stellte wollene Sonderbekleidung zur Verfügung und auf den Zwischenstationen wurde Warmbier ausgeschenkt[344]. Es ereignete sich laut Bericht des Handelsministers während der ganzen Transporte nur ein einziger Unfall. »In Folge mangelhaften Verschließens« der Tür eines Personenwagens der österreichischen staatlichen Gesellschaft sei ein österreichischer Unteroffizier aus dem Wagen gefallen. Er wurde jedoch, so heißt es im Bericht, nur unerheblich »beschädigt«[345].

Auf österreichischer Seite fuhren innerhalb von sechs Tagen über Oderberg, Breslau und Berlin 46 Züge mit drei Brigaden und rund 20 500 Mann sowie über 5000 Pferden bis zu ihrem Entladepunkt in Hamburg[346]. Von Breslau aus gingen täglich acht Züge im Turnusbetrieb nach Hamburg. Sämtliche Züge waren somit am dritten Tag ihres Abganges wieder in Breslau verfügbar[347]. Der Bericht des preußischen Handelsministers Heinrich Graf v. Itzenplitz (1799-1883) vom 10. Juli 1864 über die »stattgehabten Truppentransporte« schloß dann auch mit durchaus zufriedenem Tenor:

»In Berücksichtigung des Umstandes, daß die von den österreichischen Bahnen übergebenen Eisenbahnwagen, welche, soweit dieselben zur Beförderung des toten Materials dienten, bis Hamburg durchgeliefert werden mußten, sich nicht immer in einem für den Übergang auf die preußischen Bahnen geeigneten Zustand befanden, sowie in Anbetracht der während der Transporte oft herrschenden ungünstigen Witterung kann das Ergebnis dieses ersten großen Truppentransportes als ein günstiges bezeichnet werden[348].«

In der zweiten Phase war die preußische Armee im wesentlichen auf die Nutzung der holsteinischen und schleswigschen Bahnen angewiesen und hatte hierbei mit den ernsten Mängeln zu kämpfen, die Moltke bereits 1862 vorhergesagt hatte. So mußte die zur Sicherung der rückwärtigen Verbindungen vorgesehene 10. Infanteriebrigade mangels Transportmitteln mehrere Tage untätig in Hamburg verbleiben[349]. Die übrigen Truppen marschierten nach Beendigung des Eisenbahntransportes per Landmarsch, die Ankömmlinge des jeweiligen Tages echelonweise zusammengefaßt, weiter nach Norden zur Eiderlinie[350]. Durch besondere Bestimmungen des Oberkommandierenden in Schleswig-Holstein, Generalfeldmarschall Graf v. Wrangel[351], gelang es immerhin, ab dem 15. Februar 1864 regelmäßig wenigstens zwei Züge von Altona bis Flensburg abgehen zu lassen. Wrangel

---

am nächsten Morgen gegen 3 Uhr in Harburg an, nach Zwischenstops in Wunstorf, Lehrte, Celle und Uelzen.
[344] Ebd., S. 83.
[345] Die neuerdings stattgehabten Truppentransporte, in: GStAPK, Handelsministerium, Nr. 2374.
[346] Da der Deutsche Bund gegen eine Besetzung Schleswigs war, hatten Bayern und Sachsen den mit Preußen verbündeten Österreichern den Durchmarsch durch ihr Gebiet verweigert. Siehe auch: Der Deutsch-Dänische Krieg 1864, S. 72.
[347] Die neuerdings stattgehabten Truppentransporte, in: GStAPK, Handelsministerium, Nr. 2374.
[348] Ebd.
[349] Moltke, Militärische Werke, IV, Bd 1, S. 229.
[350] August v. Goeben in seinen Briefen, S. 85.
[351] Westphalen, Die Kriegführung, S. 25 f.

hatte mit der holsteinischen und südschleswigschen Eisenbahnverwaltung einen festen Fahrplan vereinbart. Zugleich wurden alle unterstellten Truppenteile dazu angehalten, ihre Eisenbahntransporte 24 Stunden vorher unter genauer Angabe von Personen, Pferden und Fahrzeugen anzumelden[352]. Erst in der zweiten Junihälfte hatte die Armee so viele Betriebsmittel zur Verfügung, daß diese Rate auf sechs Züge gesteigert werden konnte. Obwohl Moltke für die Planung des Krieges und seine wesentlichen Rahmenbedingungen verantwortlich war, hatte man ihn mit der unmittelbaren Leitung der Operationen nicht beauftragt. Offensichtlich schloß die preußische Regierung das Eingreifen anderer Mächte nicht aus, somit blieb Moltke in Berlin unabkömmlich[353]. Für den Rücktransport der Truppen konnten auf den holsteinischen Bahnen in der Zeit vom 14. bis 30. November 1864 bereits 30 Bataillone, vier Eskadrons, sechs Batterien und 16 Züge mit Feldgerät nach Altona transportiert werden, womit durchschnittlich täglich 400 Achsen für militärische Zwecke verfügbar gemacht worden waren[354]. Der weitere Rücktransport von Hamburg, Harburg, Büchel und Lübeck in die Standorte verlief ohne größere Verzögerungen.

Der erste große zusammenhängende und auf exakten Planungen beruhende Truppentransport der preußischen Armee erfolgte zwar ohne nennenswerte Störungen und Verspätungen und kann deswegen durchaus als Erfolg verbucht werden, die volle Wirkung auf einen schnellen Abschluß des anschließenden Feldzuges blieb ihm jedoch versagt. Moltkes Kalkül von einem zügigen Aufmarsch an der Eider und einer rasch durchgeführten Offensive zur Zerschlagung der Masse der dänischen Armee im sogenannten »Dannewerk« ging nicht auf. Der Gegner konnte sich dem schnellen Zugriff der verbündeten Kräfte an der Eider entziehen und sich in die stark verschanzten Stellungen bei Düppel zurückziehen. Zu unklar war lange Zeit die politische Situation, zu ungewiß die Haltung des österreichischen Verbündeten und der übrigen Großmächte, als daß die politische Führung in Preußen eine militärische Maximallösung im Sinne Moltkes von vorneherein hätte anstreben können. So zog sich der Krieg, der doch nur wenige Wochen hätte dauern sollen, bis weit in den Sommer hin.

Die Eisenbahn spielte bei den späteren Operationen in Südschleswig nur noch eine geringe Rolle. Entscheidend wäre ihr Einsatz nur am Anfang des Krieges gewesen, wenn nach schnellem Antransport der Kräfte eine sofortige kriegsentscheidende Operation vorgenommen worden wäre. So hatte es Moltke schon vor dem Krieg geplant. Doch er hatte nicht zum letzten Mal einsehen müssen, daß die rein militärischen Notwendigkeiten sich den politischen Gesichtspunkten und Rücksichten, die allein den Erfolg absichern konnten, unterzuordnen hatten.

Innerhalb nur einer Dekade nach der Revolution von 1848/50 war es der Armee in Preußen weitgehend gelungen, die Eisenbahnen fest in ihre Mobilisierungs- und Aufmarschplanungen zu integrieren. Dieser Prozeß der organisatorischen und

---

[352] Instruktion für die auf der Eisenbahnstrecke zwischen Altona und Flensburg zu befördernden Transporte von Truppen, Material und Bedürfnissen der alliierten Armee, zit. nach ebd., S. 25 f.
[353] Kessel, Moltke, S. 374.
[354] Moltke, Militärische Werke, IV, Bd 1, S. 229 f.

operativen Aneignung der Eisenbahnen beruhte auf zwei wesentlichen Grundsatzentscheidungen. Zum einen blieben die Eisenbahnen in ihrer Mehrzahl in der Hand privater Gesellschaften. Alle Versuche der Armee, wenigstens im Kriegsfall die preußischen Eisenbahnen unter militärische Kontrolle zu stellen, mißlangen angesichts eines gemeinsamen Widerstandes des preußischen Handelsministeriums, seiner Eisenbahnkommissariate sowie der Eisenbahndirektionen. Somit war für jede Planung zukünftiger Truppentransporte eine enge Zusammenarbeit zwischen zivilen und militärischen Behörden erforderlich geworden. Die organisatorischen Fragen hierzu fanden mit den gemeinsamen Beratungen im Frühjahr 1859 ihre im Prinzip endgültige Lösung. Für alle strategisch bedeutenden preußischen Eisenbahnlinien wurden gemischte Linienkommissionen aus Generalstabsoffizieren und Vertretern des Handelsministeriums eingesetzt, die wiederum einer zentralen Kommission unterstanden. Sie besaßen die volle Verantwortung für den gesamten militärischen Eisenbahnbetrieb auf ihren Strecken und sogar Weisungsbefugnis gegenüber den höheren Kommandeuren der zu befördernden Truppe.

Zum zweiten hatten Kriegsministerium und Generalstab spätestens seit der Revolutionszeit endgültig den alten Grundsatz aufgegeben, daß die Eisenbahnen in erster Linie wirtschaftlichen Zwecken dienen sollten. Sehr schnell hatte die Armee erkannt, daß ein auf der Grundlage wirtschaftlicher Interessen zustande gekommenes Eisenbahnnetz keineswegs allen strategischen Anforderungen genügen konnte und versuchte deshalb, massiv auf Streckenführung sowie Art und Umfang von Infrastruktur und Betriebsmaterial der Eisenbahngesellschaften Einfluß zu nehmen. Hierin wurde sie weitgehend vom preußischen Handelsministerium unterstützt. Die vermehrten außenpolitischen Risiken in den fünfziger Jahren, insbesondere aber die vorläufige Vollendung des französischen Eisenbahnnetzes bis 1853 beschleunigten den Aufbau eines militärischen Eisenbahnwesens in Preußen ebenso wie der drohende Ausbau der strategischen Bahnen in Westrußland und Polen. Die Interessengemeinschaft von Kriegs- und Handelsministerium endete jedoch immer dann, wenn die Armee den Abschluß wichtiger Verkehrswege aus militärischen Gründen verzögerte und dadurch Schaden für die Gesamtwirtschaft einzutreten drohte. Im Zweifel setzte sich dann das Handelsministerium gegen die militärische Seite durch und veranlaßte etwa 1854 den Bau der wichtigen Rheintalbahn von Bonn auf Koblenz, obwohl die von der Armee als Kompensation geforderte rechtsrheinische Parallelbahn noch nicht gesichert war. Es war ein in der Geschichte der militärischen Nutzung der Eisenbahnen in Preußen einmaliger Fall, daß hier entgegengesetzte strategische Erwägungen einander blockierten und den Bau einer im Grunde auch militärisch lebensnotwendigen Verbindung zu den Festungen am Mittelrhein nachhaltig verzögerten.

Obwohl die Armee mit detaillierten Vorschriften wichtige Fragen der Organisation von Truppentransporten auf der Eisenbahn schon früh geregelt hatte, unterblieb ihre praktische Anwendung im großen Maßstab bis zum Kriegsausbruch von 1864 und im Grunde darüber hinaus bis zum Krieg von 1866. Ob dies allein aus Sparsamkeit geschah, trotz mehrfacher Klagen des Generalstabes über mangelnde Praxis, bleibt ungeklärt. Jedenfalls veranlaßte die österreichische Armee, deren Budgetmittel weitaus beschränkter waren als die preußischen, selbst in Friedenszeiten größere Eisenbahntransporte auch zu Manöverzwecken. Der Verlauf der späteren Truppentransporte auf preußischer Seite, insbesondere der im Krieg von 1866 zur böhmisch-sächsischen Grenze, zeigte allerdings, daß ihre nur weitgehend theoretische Vorbereitung dennoch gründlich und ausreichend war.

Immerhin war es der preußischen Armee trotz einzelner Mängel gelungen, die Frage der organisatorischen und operativen Aneignung der Eisenbahn durch erkennbare Bemühungen seit Beginn der fünfziger Jahre weitgehend zu lösen und die militärische Nutzung der Eisenbahn auch im strategischen Maßstab schon vor dem Dienstantritt Moltkes als Chef des Generalstabes zu ermöglichen.

4. Der Einsatz der Eisenbahnen in den Feldzügen von 1866

a) Der preußische Eisenbahnaufmarsch gegen Sachsen und Österreich

Im Frühjahr 1866 hatten sich die politischen Spannungen zwischen Österreich und Preußen erstmals seit 1850 wieder bis zur Gefahr eines Krieges gesteigert. Äußerer Anlaß waren die wachsenden Meinungsverschiedenheiten beider Mächte über das zukünftige Schicksal der im Krieg gegen Dänemark gewonnenen Herzogtümer Schleswig und Holstein. Preußen strebte ihre Annexion an, während Österreich im Einklang mit den deutschen Mittelstaaten die Ansprüche des Herzogs von Augustenburg auf die sogenannten Elbherzogtümer unterstützte[355]. Tatsächlich aber war es der über 100 Jahre alte preußisch-österreichische Dualismus, bei dem eine kriegerische Lösung niemals jenseits des Horizontes der Handelnden gewesen war[356] und der nun beide Mächte zu einem Krieg trieb, vor dem Preußen 16 Jahre zuvor in Olmütz noch zurückgeschreckt war. Inzwischen aber gestaltete sich die Lage für Preußen erheblich günstiger. Ein Eingreifen Rußlands stand nicht zu befürchten, Frankreich würde eine abwartende Haltung einnehmen und mit Italien gab es inzwischen sogar einen potentiellen Bündnispartner gegen Österreich. Auch besaß die preußische Armee seit der Heeresreform einschließlich ihrer Ersatztruppen und Landwehrbataillone eine Stärke von rund 560 000 Mann. Damit war sie numerisch ihrem österreichischen Gegner sogar leicht überlegen[357].

Doch das preußische Eisenbahnnetz wies aus militärischer Sicht noch erhebliche Mängel auf. Eine zusätzliche vierte Strecke für den Aufmarsch gegen Österreich und Sachsen von Berlin in direkter Richtung auf Görlitz war bisher nur bis Cottbus gebaut worden. Auch die schon fertigen Linien stellten die Militärs nicht

---

[355] Nipperdey, Deutsche Geschichte, S. 770-782.
[356] Ebd., S. 783.
[357] Plan für die Aufstellung der Armee vom Winter 1865/66, in: Moltke, Militärische Werke, I, Bd 2, S. 31-45. Insgesamt wurde bis zu Beginn des Jahres 1861 die Zahl der Regimenter um 34 erhöht und die jüngeren Landwehrjahrgänge, die das erste Aufgebot bildeten, durch vermehrte Zuweisung von Berufsoffizieren in die Linienformationen integriert. Die Friedensstärke der Armee erhöhte sich damit um rund 60 000 Mann. Siehe dazu: Jany, Geschichte der preußischen Armee, Bd 4, S. 214-233.

III. Die organisatorische und operative Bewältigung der Eisenbahnfrage

zufrieden. Die durch die Lausitz auf den zukünftigen Kriegsschauplatz führenden Bahnlinien waren für den Generalstabschef Helmuth v. Moltke Anlaß zu erheblicher Sorge, da sie weder durch »Terrainabschnitte« noch durch Festungen gedeckt wurden und somit kaum wirksam gegen einen feindlichen Zugriff gesperrt werden konnten[358]. Außerdem fehlten den meisten Bahnlinien östlich der Oder, trotz der seit langem vorgetragenen Forderungen des Generalstabs, immer noch ein zweites Gleis[359]. Somit war aber eine frühzeitige Konzentration überlegener Kräfte in Oberschlesien zur entscheidungssuchenden Offensive auf Wien, die nach Ansicht Moltkes gleichzeitig auch Preußens exponierte Provinzen und vor allem Berlin am wirksamsten hätte schützen können, nicht möglich[360].

Preußens größter Nachteil in einem Krieg gegen Österreich war die Gefährdung seiner Hauptstadt. Berlin lag weniger als fünf Tagesmärsche von der sächsischen Grenze entfernt und der Verlust der inzwischen zum Industriezentrum und Eisenbahnknotenpunkt aufgestiegenen Stadt hätte die preußische Monarchie faktisch halbiert und ihr eine wirksame Fortführung des Kriegs unmöglich gemacht[361]. Um einen drohenden massiven Stoß der Österreicher und Sachsen ins südliche Brandenburg und nach Berlin aufzufangen, sah Moltke in einer im Winter 1865/66 verfaßten Denkschrift[362] eine doppelte Konzentration der Hauptarmee mit etwa 193 000 Mann bei Dresden und Görlitz vor. Sämtliche preußischen Eisenbahnverbindungen, so Moltke, würden auf diese beiden »Hauptversammlungspunkte« hinweisen[363]. In Schlesien sollten sich zusätzlich 54 000 Mann des V. und VI. Armeekorps bei Freiburg und Schweidnitz sammeln, so daß insgesamt 240 000 Mann gegen Österreich aufgeboten sein würden. Etwa 34 000 Mann glaubte Moltke vorerst am Rhein und 14 000 Mann in Schleswig-Holstein zurücklassen zu müssen. Die für einen Krieg gegen Preußen verfügbaren österreichischen Kräfte schätzte er ebenfalls auf 240 000 Mann. Dazu kamen allerdings noch 25 000 Sachsen, falls es nicht gelang, die sächsische Armee durch einen überraschenden Schlag unmittelbar nach dem ersten Mobilmachungstag auszuschalten.

Moltke entwickelte daher in seiner Winterdenkschrift auch einen präzisen Plan zur handstreichartigen Besetzung des Nachbarstaates mit Hilfe der Eisenbahnen. Sachsen sollte durch ein Ultimatum zwei Tage vor Beginn der Mobilisierung aufgefordert werden, sich für neutral zu erklären und preußischen Truppen den Durchmarsch nach Böhmen zu gewähren. Andernfalls würde noch in der Nacht vor dem ersten Mobilmachungstag ein preußisches Infanterieregiment als Voraustruppe von Torgau aus mit der Eisenbahn nach Röderau und Riesa befördert werden und die dortigen Bahnhöfe besetzen. Tags darauf hätten sich zwei weitere Regimenter, offiziell für den Einsatz in Schleswig-Holstein bestimmt, in Berlin auf der Hamburger Bahn zu sammeln, um dann aber insgeheim auf den Anhalter Bahnhof überführt zu werden, von wo sie bis zum Abend desselben Tages, zu-

---

[358] Denkschrift vom 2.7.1858, erwähnt in: Moltke in der Vorbereitung, S. 39 f.
[359] Siehe dazu: Statistik der Eisenbahnen, S. 60–70.
[360] Plan für die Aufstellung der Armee, in: Moltke, Militärische Werke, I, Bd 2, S. 33.
[361] Siehe Groote, Moltkes Planungen, S. 79 f.
[362] Plan für die Aufstellung der Armee, in: Moltke, Militärische Werke, I, Bd 2, S. 31–45.
[363] Ebd., S. 36.

sammen mit einem Gardekavallerieregiment und drei Gardebatterien nach Röderau an der sächsischen Grenze gebracht würden. In der folgenden Nacht sollten zwei weitere Gardeinfanterieregimenter mit der Bahn folgen, so daß am zweiten Mobilmachungstag rund 12 000 Mann mit 48 Geschützen zum Einmarsch in Sachsen bereitständen. Die Einnahme von Dresden war bereits für den dritten Mobilmachungstag vorgesehen. Um der sächsischen Regierung und ihrer Armee keine Zeit für Gegenmaßnahmen zu lassen, müsse, so Moltke, der erste Mobilmachungstag unbedingt zugleich auch der Tag der Kriegserklärung sein[364].

Für die Mobilisierung aller neun Korps hatte der preußische Generalstab zehn Tage angesetzt. Die anschließende Phase der Eisenbahntransporte zur »sukzessiven Versammlung« der gesamten Armee in ihren Ausladungsräumen sollte noch einmal 14 Tage beanspruchen[365]. Somit konnte der Aufmarsch der Armee in längstens 24 oder 25 Tagen nach Beginn der Mobilisierung abgeschlossen sein. Zur Konzentration der preußischen Korps in zwei weit auseinander liegenden Versammlungsräumen hatten Moltke geographische und politische Erwägungen veranlaßt, ebenso aber auch Rücksichten auf logistische Probleme. So mußten die bei Dresden und Görlitz zu versammelnden preußischen Hauptkräfte zunächst auf einer zehn Meilen ausgedehnten Front verteilt werden, da die Versorgung von fast 200 000 Mann ihren Verbleib auf einem Punkte unmöglich machte. Ihre endgültige Konzentration sollte, sofern man zur Defensive gezwungen war, durch zwei Tagesmärsche auf Bautzen bewirkt werden. Ergab sich dagegen die Möglichkeit zur Offensive, so sollte die Vereinigung beider Gruppen in drei Tagesmärschen voraus bei der böhmischen Stadt Jungbunzlau an der Iser stattfinden[366]. So hatte es bereits Moltkes Vorgänger im Amt, General v. Reyher, in seinem aus dem Jahre 1852 stammenden Kriegsplan vorgesehen[367]. Die zweite preußische Kräftegruppierung in Schlesien war in erster Linie für die Verteidigung jener Provinz vorgesehen, die man in Berlin immer noch als das bedeutendste Erbe Friedrich II. ansah und deshalb nicht leichtfertig dem Zugriff des Gegners ausgesetzt werden sollte. Andererseits bedeutete die Einnahme einer starken Position in Schlesien auch eine ständige flankierende Bedrohung für jeden österreichischen Vorstoß nach Norden. Kam es dagegen aber zu einer preußischen Offensive nach Böhmen, so sollten diese Kräfte die Hauptgruppe durch einen Vorstoß auf den Eisenbahnknotenpunkt Pardubitz unterstützen.

Außer strategischen Überlegungen sprach für einen zunächst getrennten Aufmarsch der Armee, daß die Größe moderner Armeekorps ihre Vereinigung bereits vor dem entscheidenden Zusammenstoß mit dem Feind unmöglich machte. Da sich seit den Befreiungskriegen die Marschlänge eines preußischen Korps auf fast vier Meilen oder 30 km verdoppelt hatte und seine Frontbreite inzwischen fünf Kilometer betrug, mußte jedem Armeekorps unbedingt eine eigene Marschstraße zugewiesen werden, andernfalls konnte bei einem Gefecht ein zweites, nachfol-

---

[364] Ebd., S. 38–40.
[365] Ebd., S. 36.
[366] Ebd.
[367] Moltke in der Vorbereitung, S. 41.

gendes Korps kaum noch am selben Tage in das Geschehen eingreifen[368]. Jedes Gefecht drohte zudem in einen frontalen Kampf auszuarten, da angesichts der gesteigerten Reichweite moderner Feuerwaffen flankierende Bewegungen unmittelbar auf dem Gefechtsfeld kaum noch durchführbar waren. Moltke sah eine Lösung aller dieser Probleme im Konzept der operativen Umfassung. Wenn die Umfassung während der Schlacht nicht mehr möglich war, mußte sie bereits vor der Schlacht durch konzentrische Märsche stattfinden. Ein solches Zusammentreffen zweier bis dahin getrennter Armeen auf dem Schlachtfeld bezeichnete Moltke 25 Jahre später in einem Brief an den Historiker Heinrich v. Treitschke als das höchste Ziel jeder Strategie. Es sei daher Teil seines Planes gewesen, die anfangs unvermeidliche Trennung der Armeegruppen bis zur Begegnung mit dem Feind aufrechtzuerhalten[369]. Das Risiko, zuvor einzeln geschlagen zu werden, ließ sich gegen einen entschlossenen Feind allerdings nie völlig ausschalten.

Moltke hatte zunächst gehofft, am selben Tag wie die Österreicher mit der Mobilmachung beginnen zu können. Da die Österreicher nur über eine einzige Bahnlinie nach Böhmen verfügten, würden sie nach seiner Rechnung für Mobilisierung und Aufmarsch fast sechs Wochen benötigen, Preußen dagegen nur 25 Tage. Dies hätte der preußischen Armee einen Vorsprung von 17 Tagen verschafft und damit ausreichend Zeit für ihre endgültige Konzentration, noch ehe eine österreichische Offensive gegen eine der isolierten Armeegruppen wirksam werden konnte[370].

Doch dieser rechnerische Vorsprung schmolz schnell dahin, als die Österreicher schon im März 1866 mit ersten Mobilmachungsmaßnahmen begannen, während der preußische König noch zögerte, dem Drängen Moltkes auf eine unverzügliche Gesamtmobilmachung nachzugeben. Am 3. April mußte der Generalstabschef daher seinen Monarchen und den Kriegsminister daran erinnern, daß jeder Tag, den Österreich früher rüste, diesen unschätzbar wichtigen Zeitraum zur unabdingbaren Konzentration der eigenen Kräfte weiter reduziere[371]. Schon im preußischen Ministerrat hatte der Generalstabschef am 28. Februar den Krieg gegen Österreich eine »weltgeschichtliche Notwendigkeit« genannt. Auch Ministerpräsident Otto v. Bismarck und Kriegsminister Albrecht v. Roon hatten damals für den Krieg gestimmt[372]. Doch König Wilhelm wollte in der Öffentlichkeit nicht als Aggressor erscheinen, zumal der Krieg gegen Österreich auch in der preußischen Armee nicht sehr populär war[373].

---

[368] Boehn, Generalstabsgeschäfte, S. 297: Ein Armeekorps aus neun Infanterieregimentern, einem Jägerbataillon, einem Pionierbataillon, neun Kavallerieregimentern und der Reserveartillerie, der Bagage und dem gesamten Fuhrwesen hatte eine rechnerische Marschlänge von 31 365 Schritt, wenn keine der angenommenen Normaldistanzen zwischen den Verbänden verloren ging. Da dies aber nie ganz zu erreichen war, veranschlagte Boehn die Marschtiefe eines preußischen Korps auf 35 000 bis 40 000 Schritt, also etwa vier Meilen.
[369] Zit. bei Creveld, Command in War, S. 118. Creveld bezweifelte allerdings, daß diese Disposition von Anfang an in Moltkes Absicht gelegen habe.
[370] Memoranda vom 9. und 10.4.1866, in: Moltke, Militärische Werke, I, Bd 2, S. 106 f.
[371] Kessel, Moltke, S. 445.
[372] Moltke in der Vorbereitung, S. 43.
[373] Kessel, Moltke, S. 443 f.

Wieder waren es die preußischen Eisenbahnen, die der stockenden militärpolitischen Maschinerie, wie schon 1848/50, aus ihrer Verlegenheit halfen und dazu beitrugen, den erstmals in dieser Deutlichkeit hervortretenden Widerspruch zwischen einer straff durchgeführten Mobilmachung und den Ansprüchen einer stets in Alternativen denkenden Diplomatie halbwegs zu glätten. Die verlorene Zeit hoffte Moltke nun durch die Verwendung einer weiteren Bahnlinie wettmachen zu können, auch wenn dies zu einer breiteren, nach Westen ausgedehnten Aufstellung der Armee führte. Am 14. April schlug er dem König vor, die sieben östlichen Korps auf einer 400 km ausgedehnten Linie von Halle über Görlitz auf Neiße zu versammeln. Diese weitergehende Zersplitterung der Kräfte erhöhte jedoch wiederum den Druck, nach Abschluß der Ausladungen möglichst ohne Verzug mit den Operationen zu beginnen. Ein Innehalten, ein erneutes Verhandeln oder gar eine Demobilisierung war in dieser Lage kaum noch möglich. »Nur dürfen wir, wenn wir einmal mobil gemacht haben, den Vorwurf der Aggression nicht scheuen«, erläuterte Moltke dem Monarchen am 14. April seine neue Disposition. »Jedes Zuwarten verschlimmert unsere Lage ganz erheblich[374].«

Die politische Führung in Berlin war immer noch zu keinem eindeutigen Entschluß gelangt, als Moltke am 16. April telegraphisch die Meldung erhielt, daß die österreichische Armee begonnen habe, zusätzliche Pferde aufzukaufen. Dies galt gemeinhin als untrügliches Zeichen für Österreichs fortgeschrittene Kriegsbereitschaft[375]. Tatsächlich setzte schon am 21. April die Mobilisierung der österreichischen Streitkräfte in Italien ein. Sechs Tage später begann der Habsburgerstaat auch mit der Mobilisierung seiner Nordarmee. Entgegen Moltkes Erwartung schien sich der Gegner jedoch nicht im nördlichen Böhmen, sondern in Mähren zu konzentrieren. Daraus ergab sich eine erhöhte Bedrohung Schlesiens. Moltke änderte deshalb seine Pläne erneut und schlug am 27. April dem König in einem Immediatvortrag die Aufstellung der gesamten Armee, jetzt auch unter Einschluß der Kräfte des VIII. Rheinischen Armeekorps, in drei Gruppen vor. Die Kräfte in Schlesien wurden auf Kosten der mittleren Hauptgruppe erheblich verstärkt und das bisher für die Festung Mainz vorgesehene VIII. Armeekorps sollte sich nun als dritte Gruppe am rechten Flügel an der Elbe sammeln und dazu per Eisenbahn vom Rhein bis nach Halle transportiert werden[376].

Erstaunlicherweise ließ die politische Führung den Generalstabschef, der schon bald darauf überall als Garant des Sieges von Königgrätz gelten sollte, über ihre nächsten Absichten vorübergehend im Ungewissen. Irritiert schrieb Moltke am 2. Mai an General Edwin v. Manteuffel in Schleswig: »Was Allerhöchsten Orts seit den letzten drei Tagen beschlossen ist, weiß ich nicht, glaube aber, daß die Mobilmachung der Armee, will man nicht die Sicherheit des Staates gefährden, nur noch um Stunden verschoben werden darf[377].« Zu Moltkes Erleichterung befahl König

---

[374] Ebd., S. 447.
[375] Moltke in der Vorbereitung, S. 50.
[376] Ebd., S. 51.
[377] Brief an Generalleutnant Edwin v. Manteuffel vom 2.5.1866, in: Moltke, Militärische Werke, I, Bd 2, S. 153 f.

Wilhelm schließlich am 3. Mai die Mobilmachung von immerhin fünf Armeekorps aus den inneren Provinzen des Landes[378]. Trotzdem sah sich Moltke schon einen Tag später veranlaßt, wiederum auf den beschleunigten Transport dieser Kräfte zu drängen. Durch den Mobilisierungsvorsprung der Österreicher waren die von ihm geplanten Versammlungsräume der preußischen Korps nun erheblich gefährdet. Es lagen dem Generalstabschef inzwischen sichere Nachrichten vor, daß an den Bahnlinien von Tetschen bis Prag und von Josephstadt bis Olmütz der Gegner bereits je ein Korps versammelt hatte. Selbst wenn sofort der Auftrag an die zentrale Eisenbahnkommission erging, das benötigte Transportmaterial zusammenzuziehen, würde es nach Moltkes Berechnungen immer noch 22 Tage dauern, das III. Korps wie geplant vollständig bei Cottbus, bzw. das IV. Korps bei Torgau auszuladen[379]. Der König genehmigte jetzt endlich Moltkes Vorschläge mit geringfügigen Abweichungen. Bis zum 12. Mai erfolgte auch sukzessive die Mobilisierung der gesamte Armee[380].

Bereits zuvor waren die Eisenbahnen in großem Umfang für die sogenannten Augmentationstransporte in Anspruch genommen geworden, mit denen die Korps in ihren Friedensstandorten durch Zuführung von Reservisten auf die volle Kriegsstärke gebracht werden sollten. Nach Abschluß dieser Vorphase begannen Mitte Mai 1866 die eigentlichen Truppentransporte der geschlossenen Großverbände. Es war der erste große Eisenbahntransport der preußischen Armee überhaupt. Im Krieg gegen Dänemark 1864 waren zwar bereits zwei Divisionen und drei österreichische Brigaden nach Schleswig-Holstein befördert worden, nun aber beabsichtigte die Armeeführung mehr als acht preußische Korps, fast die gesamte Armee, innerhalb nur dreier Wochen auf allen verfügbaren Bahnen des Landes in ihre Aufmarschräume zu transportieren. Für die meisten preußischen Offiziere und Mannschaften war der Marsch mit der Eisenbahn eine völlig neue Erfahrung. Die gesamte militärisch-zivile Organisation zur Abwicklung der Transporte war noch nie in ihrer Gesamtheit erprobt worden. Es lagen keinerlei Erfahrungen vor, ob die preußischen Eisenbahnen dieser umfassenden Belastung überhaupt gewachsen waren und welche Komplikationen eine wochenlang aufrecht erhaltene Frequenz von täglich bis zu zwölf Zügen auf jeder Bahn hervorrufen würde. Sämtliche Planungen waren bisher nur theoretischer Natur, das uhrwerkartige Ineinandergreifen Hunderter von Transporten hatte zuvor nur auf dem Papier kalkuliert werden können, eine Gewähr für das Gelingen dieses gewaltigen Unternehmens vermochte daher niemand zu geben.

Die Eisenbahntransporte begannen am 17. Mai 1866 mit der Verlegung der vier zuerst mobilisierten Korps zu ihren Zielorten in der Lausitz und in Schlesien[381]. Innerhalb von zwölf Tagen wurde die Masse des V. Armeekorps in etwa 90 Zügen von Posen, Lissa und Glogau nach Königszelt in Schlesien befördert. Vom

---

[378] Kessel, Moltke, S. 450.
[379] Schreiben Moltkes an König Wilhelm vom 4.5.1866, in: Moltke, Militärische Werke, I, Bd 2, S. 153 f.
[380] Kessel, Moltke, S. 451.
[381] Der Feldzug von 1866 in Deutschland, Anhang 2, S. 3.

IV. schlesischen Korps brauchten dagegen nur kleinere Teile in ihre Aufmarschräume bei Frankenstein und Neiße befördert zu werden. Die Zentralkommission hatte die Transporttableaus ausgearbeitet und sie dem Kriegsministerium zur Genehmigung vorgelegt. Insgesamt wurden von beiden Korps in 135 Zügen 1170 Offiziere, rund 33 000 Mann, sowie 8800 Pferde und 867 Fahrzeuge transportiert[382]. Der weitgehend reibungslose Ablauf des Transports, der in diesem Ausmaß vorher nie geübt worden war, muß überraschen, zumal mit dem Generalstab, der Zentralkommission, dem Kriegsministerium und den betroffenen Generalkommandos gleich vier Befehlsinstanzen an diesem Vorgang beteiligt waren. Allerdings blieben Eigenmächtigkeiten der Truppe nicht aus. Als Moltke Nachricht von beabsichtigten »Dislokationsveränderungen« beim V. Korps erhielt, mußte er am 7. Mai in einem Schreiben an den Kriegsminister eindringlich davor warnen, daß den hierdurch bedingten »direkten Requisitionen der Generalkommandos [an rollendem Material] durch die Eisenbahnverwaltung nicht nachgekommen werden kann, ohne Gefahr, Störungen in den Anordnungen der Zentraleisenbahnkommission für den Gesamttransport zu veranlassen«[383]. Er garantierte jedoch, daß eine »Kreuzung der Transportmaßregeln nicht zu besorgen« sei, wenn »das technische Mitglied der Kommission ermächtigt und angewiesen [werde], die Heranziehung der Betriebsmittel und die übrigen Vorbereitungen auf den Transportlinien schon jetzt zu veranlassen«[384].

Am gleichen Tage wie beim V. Korps begannen auch die Eisenbahntransporte des III. Korps aus Brandenburg, Wittenberg und Angermünde. In 44 Zügen wurden sechs Infanterie- und vier Kavallerieregimenter über Berlin und Frankfurt/O. nach Guben gebracht[385]. Die Transporte dauerten hier nur fünf Tage. Der Rest des Korps erreichte seinen »Konzentrationsrayon« bei Trebkau im Landmarsch[386]. Zeitgleich verlegte auch das IV. Korps aus Magdeburg in 68 Zügen bis zum 24. Mai in den Raum Herzberg[387].

Mit dem Transport des II. Armeekorps aus Stettin begann am 23. Mai die zweite Phase des preußischen Eisenbahnaufmarsches. Das Korps sollte die mittlere Kräftegruppierung in der Lausitz verstärken, die seit dem 12. Mai 1866 als 1. preußische Armee unter dem Befehl des Prinzen Friedrich Karl stand[388]. Bis zum 1. Juni wurde es in nur zehn Tagen vollständig mit seinen 25 Infanteriebataillonen, 21 Eskadronen, 16 Batterien mit Munitionskolonnen sowie dem Pionierbataillon nach Jüterbog und Herzberg transportiert. Dazu waren alle in der Vorschrift vorgesehenen 94 Züge erforderlich[389]. Bis Berlin wurden die Transporte

---

[382] Wernekke, Die Mitwirkung der Eisenbahnen, S. 947.
[383] Schreiben an Kriegsminister v. Roon vom 7.5.1866, in: Moltke, Militärische Werke, I, Bd 2, S. 156.
[384] Ebd., S. 156 f.
[385] Wernekke, Die Mitwirkung der Eisenbahnen, S. 948.
[386] Der Feldzug von 1866 in Deutschland, Anhang 2, S. 3.
[387] Siehe im einzelnen die Fahrtdispositionen der jeweiligen Linienkommissionen, GStAPK, Handelsministerium, Nr. 2372.
[388] Kessel, Moltke, S. 452.
[389] Wernekke, Die Mitwirkung der Eisenbahnen, S. 948.

von der Stettiner Bahngesellschaft vorgenommen, danach von der Anhalter Bahn. Obwohl täglich mindestens acht Militärzüge auf der Strecke fuhren, konnte die Stettiner Eisenbahnverwaltung den größten Teil ihres zivilen Personenverkehrs und den Transport der Eilgüter aufrechterhalten. Auf der zweigleisigen Anhalter Bahn war sogar der gesamte zivile Personen- und Güterverkehr weiter geführt worden. Besondere Störungen oder Unfälle traten dabei nicht ein[390]. Aus Ostpreußen wurde seit dem 24. Mai das I. Armeekorps in 94 Zügen nach Görlitz transportiert[391]. Nach Moltkes Absicht konnte es dort je nach Lage die erste Armee in der Lausitz oder die zweite in Schlesien unterstützen[392]. Die Korps in Schlesien waren seit dem 16. Mai als 2. Armee unter dem Kommando des preußischen Kronprinzen Friedrich, dem späteren Kaiser Friedrich III., zusammengefaßt.

Da die Beförderung der zuerst aufmarschierenden Korps noch nicht abgeschlossen war, erreichten die Truppentransporte mit dem 23. Mai ihren Höhepunkt. Auf allen fünf verfügbaren Strecken rollten nun täglich rund 20 000 Mann und 5500 Pferde in etwa 40 Militärzügen in ihre Aufmarschräume[393]. Dies war nur möglich, weil jedes Korps seine eigene Bahnlinie besaß. Eine Frequenz von zwölf Zügen je Tag im Abstand von eineinhalb Stunden galt damals als das Maximum für jede Linie. Die einzelnen Transporte dauerten im Höchstfall, so auf der Strecke von Königsberg nach Görlitz, fast 40 Stunden[394]. Für die Disziplin der Truppe war dies allerdings eine Herausforderung. Über »Ungehörigkeiten seitens der beförderten Mannschaften« beschwerte sich das Eisenbahnkommissariat in Berlin am 5. Juni in einem Schreiben an den Handelsminister. So hätten Soldaten während der Fahrt zum Zeitvertreib Brot und leere Flaschen aus den Wagen geworfen und seien sogar auf die Leitern und Trittbretter der Waggons geklettert. Diese Beschreibung erinnerte an ähnliche Vorfälle aus der Zeit der Revolutionskriege von 1848/50 und zeigte, daß die inzwischen erlassenen Transportvorschriften nicht überall konsequent angewandt wurden.

Kaum war Moltke mit seiner Absicht, die westlichen Provinzen am Rhein unverteidigt zu lassen, beim König durchgedrungen[395], wurde seit dem 27. Mai auch das VIII. Armeekorps auf der Linie Koblenz–Kassel–Halle per Eisenbahn nach

---

[390] Bericht über den Verlauf der Eisenbahntransporte des II. Armeekorps von den Mobilmachungsorten nach Jüterbog und Herzberg vom 23.5. bis zum 5.6.1866, in: GStAPK, Handelsministerium, Nr. 2410.
[391] Wernekke, Die Mitwirkung der Eisenbahnen, S. 948.
[392] Moltke rechnete zu diesem Zeitpunkt noch damit, daß die Österreicher entweder eine Offensive nach Norden unternehmen oder mit starken Kräften nach Schlesien vorrücken könnten. Brief an den Kommandeur des V. Armeekorps General v. Steinmetz vom 1.6.1866, in: Moltke, Militärische Werke I, Bd 2, S. 179.
[393] Der Feldzug von 1866 in Deutschland, Anhang 2, S. 4.
[394] Brief an General v. Steinmetz vom 1.6.1866, in: Moltke, Militärische Werke, I, Bd 2, S. 187. Siehe auch die statistischen Angaben bei Westphalen, Die Kriegführung, S. 30.
[395] Moltke in einem Vortrag beim König am 14.5.1866: »Unser VIII. Armeekorps bei Koblenz, die 13. Division bei Minden, die 8. Division bei Erfurt würden wahrscheinlich zuwartend dastehen, während schon an der Böhmischen Grenze die Entscheidungen fallen. In der Lage, in der wir sind, scheint es vielmehr geraten, alle Kräfte gegen den Hauptfeind zu versammeln.« Moltke, Militärische Werke, I, Bd 2, S. 172.

Halle verlegt[396]. Dies geschah trotz der gespannten politischen Lage mit Genehmigung der kurhessischen Eisenbahnen. Insgesamt mußte für den Transport das Betriebsmaterial von sechs Bahndirektionen zusammengezogen werden[397]. Um die sächsischen Streitkräfte zu binden, plante Moltke, das Korps im Raum Torgau mit der 14. Division zu einer neuen Armeegruppe, der sogenannten Elbarmee, zusammenfassen. Die Chance zu einem entwaffnenden Überraschungsschlag gegen die sächsischen Armee, zu dem Moltke noch im Winter geraten hatte, war nun allerdings längst vertan.

Immer noch hoffte Moltke jedoch, die Vereinigung aller drei Gruppen unmittelbar nach dem 5. Juni durch konzentrische Märsche aus drei Richtungen gegen den Feind zu erreichen. Mehrmals mußte der General seinen zögernden Monarchen drängen, die Kriegserklärung an Österreich nun nicht mehr unnötig hinauszuschieben. Am 25. Mai bezeichnete er es anläßlich einer Konferenz der Armeekommandeure beim König

»als dringend wünschenswert, daß die diplomatische Aktion bis zum 5. Juni zum Abschluß gelange. Wir stehen auf dem 60 Meilen [= 450 km] langen Bogen Zeitz–Torgau–Görlitz–Neiße mit 60 000, 130 000, 30 000 und 60 000 Mann. Die Konzentration von je zwei und endlich von allen diesen Gruppen kann am schnellsten nur nach vorwärts, also durch Offensive erreicht werden[398].«

Erstmals wurde bei dieser Gelegenheit auch von einigen Generalen offiziell Kritik an dieser »Verzettelung der preußischen Streitkräfte« geübt[399]. Teilweise herrschte sogar die Auffassung vor, mit den Eisenbahntransporten sei bereits der endgültige Aufmarsch erfolgt und man müsse nun befürchten, von den Österreichern »en Detail« angegriffen zu werden. Bekannt ist Moltkes Antwort an den seine Maßnahmen stets kritisierenden kommandierenden General des V. Armeekorps in Schlesien, General Karl Friedrich v. Steinmetz (1796–1877). In einem Schreiben vom 1. Juni erläuterte er dem General, daß der eigentliche Aufmarsch erst noch bevorstehe. »Erst am 5. Juni sind die Transporte beendet, erst dann kann per Fußmarsch erreicht werden, was per Eisenbahn nicht bewerkstelligt werden konnte: der strategische Aufmarsch[400].« Doch da die Mobilisierung der österreichischen Nordarmee schon am 27. April 1866 begonnen hatte und abzusehen war, daß der Aufmarsch ihrer Korps per Eisenbahn bis zum 9. oder 10. Juni abgeschlossen sein mußte, würden den preußischen Korps dann noch gerade vier oder fünf Tage für ihre Konzentration nach vorne verbleiben. Moltke schien allerdings

---

[396] Westphalen, Die Kriegführung, S. 30. Siehe auch Wernekke, Die Mitwirkung der Eisenbahnen, S. 948: Innerhalb von nur sieben Tagen wurden 926 Offiziere, 30 747 Mannschaften, 8576 Pferde sowie 3310 Fahrzeuge in 84 Zügen von Koblenz nach Halle verlegt. Ein kleinerer Transport von zwei Infanterie- und einem Kavallerieregiment sowie zwei Batterien marschierte jedoch nach Wetzlar, und bildete dort die zum Einsatz gegen Kurhessen vorgesehenen Brigade Beyer. Der Feldzug von 1866 in Deutschland, Anhang 2, S. 5.
[397] Westphalen, Die Kriegführung, S. 31.
[398] Seinen Grundgedanken skizzierte Moltke am 1.6.1866 in einem Brief an General v. Steinmetz: »Das Korrektiv für unsere zersplitterten Ausschiffungspunkte [...] ist die Konzentration nach vorne.« Ebd., S. 187. Dazu auch Junkelmann, Die Eisenbahnen, S. 238.
[399] Kessel, Moltke, S. 453 f.
[400] Schreiben Moltkes an General v. Steinmetz vom 1.6.1866, in: Moltke, Militärische Werke, I, Bd 2, S. 186 f.

III. Die organisatorische und operative Bewältigung der Eisenbahnfrage   197

keine große Hoffnung auf die Entschlußfreudigkeit seines Monarchen gesetzt zu haben. Vermutlich schon am 29. Mai gab er vorsorglich Befehle zu einer Verschiebung der 1. Armee und der Elbarmee näher an die 2. Armee heran, wodurch die ursprüngliche Aufstellung der Armee in ihrer Ausdehnung von 400 auf 300 Kilometer verkürzt wurde[401]. Anfang Juni hatte Moltke auch die Gewißheit, daß sich die Österreicher tatsächlich mit der Masse ihrer Nordarmee in Mähren versammelten. Dies machte eine weitere Verstärkung der 2. Armee in Schlesien erforderlich. Am 11. Juni ordnete Moltke daher nach Rücksprache mit dem Chef des Stabes der 2. Armee, General v. Blumenthal, den Transport des Gardekorps von Berlin nach Brieg in Schlesien an[402]. Beginnend am 13. Juni wurde der größte Teil des 37 000 Mann starken Gardekorps mit 9300 Pferden in 85 Zügen nach Brieg in Schlesien transportiert[403]. Einzelne Bataillone des Korps hatten allerdings schon früher per Landmarsch nach Cottbus verlegt[404]. Erst am 23. Juni, zeitgleich mit dem Einmarsch in Böhmen, konnten diese Transporte beendet werden. Der Transport des für die Elbarmee bestimmten Reservekorps vom 21. bis zum 24. Juni schloß den ersten großen Eisenbahnaufmarsch der preußischen Armee ab[405].

Allein bis zum 23. Juni hatten somit in rund 660 Zügen über 230 000 Mann mit 64 000 Pferden und über 6200 Fahrzeugen in ihre Aufmarschräume befördert werden können. Unfälle oder erhebliche Störungen waren dabei nicht eingetreten[406]. Selbst Verspätungen oder Fahrplanänderungen kamen selten vor. Schwierigkeiten bereitete allerdings immer noch das teilweise ungeeignete Transportmaterial. Der für den Transport des VIII. Korps zuständige Linienkommissar Simon klagte in einem Brief an die Exekutivkommission, daß die Köln-Mindener-Eisenbahngesellschaft fast nur offene Lattenwagen zum Pferdetransport zur Verfügung gestellt habe[407]. Selbst auf der sich im Staatsbesitz befindenden Ostbahn fehlten beim Transport des I. Korps in den Pferdewagen Querbalken zur Sicherung der offenen Türen[408]. Auch die Einrichtungen zum Verladen von Pferden entsprachen auf einzelnen Bahnhöfen nicht immer den militärischen Erfordernissen. Linienkommissar Simon forderte im selben Schreiben vom 27. Mai, daß die Güterabfertigung auf dem Köln-Deutzer Bahnhof eine dritte Rampe und zusätzliche Übergangsbrücken erhalte müsse. Insgesamt habe er die »Verladungsanstalten« auf dem Bahnhof »für überaus unzulänglich befunden« und drohte sogar mit einer

---

[401] Befehlsentwurf vom 29. oder 30.5.1866, in: Ebd., S. 182 f. Siehe auch Kessel, Moltke, S. 455, bzw. Moltke in der Vorbereitung, S. 58.
[402] In einem Telegramm an General v. Blumenthal hatte Moltke am 8.6.1866 angefragt: »Erwägen Sie: Wenn Ihnen noch ein Korps per Eisenbahn zugeschickt würde, wohin würden Sie es wünschen? Greiffenberg, Liegnitz, Breslau oder wo? Antwort morgen früh.« In: Moltke, Militärische Werke, I, Bd 2, S. 202. Blumenthal antwortete, daß das Korps am besten nach Brieg südlich Breslau zu dirigieren sei.
[403] Siehe Wernekke, Mitwirkung der Eisenbahnen, S. 948.
[404] Kessel, Geschichte des Königlich Preußischen Ersten Garde-Regimentes zu Fuß, S. 53.
[405] Westphalen, Die Kriegführung, S. 567.
[406] Ebd., S. 31 f.
[407] Schreiben vom 27.5.1866 an den Betriebsdirektor Leopold, in: GStAPK, Handelsministerium, Nr. 2410.
[408] Bericht des Hauptmanns v. Lattre vom 5.6.1866 über den Transport des I. Korps nach Görlitz, in: GStAPK, Handelsministerium, Nr. 2372.

Meldung beim zuständigen Handelsminister. Auch auf den Bahnhöfen Herzberg und Bitterfeld reichten die vorhandenen Rampen nicht zum zügigen Ausladen der Pferde und Fuhrwerke aus, so daß provisorische Rampen aus Schnittholz und Erde errichtet werden mußten. Dadurch konnten schließlich sieben Wagen gleichzeitig entladen werden und ein ganzes Bataillon mit allen Pferden und Fahrzeugen war somit in einer knappen Viertelstunde marschbereit, wie der zuständige Linienkommissar nicht ohne Stolz meldete[409].

Auf österreichischer Seite stand für einen Krieg gegen Preußen ausschließlich die Bahnlinie Wien–Lundenburg–Pardubitz und Prag mit der Abzweigung nach Olmütz zur Verfügung. Von diesen Strecken war nur der Abschnitt von Wien nach Lundenburg zweigleisig[410]. Zur Durchführung und Überwachung der erforderlichen Militärtransporte waren, ähnlich wie in Preußen, fünf Linienkommissionen mit nachgeordneten Etappenkommission eingesetzt, die wiederum einer Zentralleitung unterstanden[411]. Auf der nördlichen Bahnlinie sollten insgesamt sechs Korps in ihre Versammlungsbereiche in den Raum Olmütz transportiert werden. Das I. Österreichische Korps stand bereits mit Masse in Böhmen. Drei weitere Armeekorps waren für den Einsatz in Norditalien vorgesehen[412]. Ursprünglich hatte die Armeeführung beabsichtigt, die Eisenbahntransporte für beide Kriegsschauplätze gleichzeitig beginnen zu lassen, dann aber entschied man sich in Wien aus politischen Gründen, zunächst die Südarmee aufzustellen[413].

Außer den eigentlichen »Konzentrationstransporten« zur Grenze waren zuvor, ähnlich wie auf preußischer Seite, noch zusätzliche »Augmentations«-Transporte notwendig, um den Korps ihre Reservisten aus zum Teil weit von den Standorten liegenden Ergänzungsregionen zuzuführen. Diese Transporte hatten bereits am 1. Mai 1866 begonnen. Bis zum 19. Mai waren dem 1., 2., und 4. Armeekorps insgesamt 65 000 Mann, 7074 Pferde und 648 Geschütze und Fahrzeuge in 110 Zügen zugeführt worden[414]. Für eine derartig ungünstige Dislozierung der Reserven gab es zwar innenpolitische Gründe, sie führte aber auch im Falle eine Mobilisierung zu einer bedeutenden Erschwernis für das Eisenbahntransportwesen. Die Eisenbahntransporte zum Aufmarsch der Nordarmee konnten somit erst am 20. Mai beginnen, drei Tage später als auf preußischer Seite[415]. Bis zum 9. Juni wurden auf dieser Strecke rund 191 500 Mann mit 28 600 Pferden und 4280 Wagen sowie rund 15 000 Tonnen Ausrüstungs- und Versorgungsgüter in 458 Zügen nach Mähren transportiert. Auch wenn im Gegensatz zu den Transporten auf preußischer Seite die Kavallerie noch zum größten Teil auf der Straße marschieren mußte[416], so hatten die österreichischen Bahnen mit einer durchschnittlichen täglichen

---

[409] Bericht des Oberleutnant Bergmann vom 26.5.1866 über den Eisenbahntransport des IV. Armeekorps an Oberstleutnant Veith, ebd.
[410] Westphalen, Die Kriegführung, S. 34.
[411] Ebd., S. 38.
[412] Zur Aufteilung der österreichischen Kräfte: Wawro, The Austro-Prussian War, S. 52 f.
[413] Westphalen, Die Kriegführung, S. 35.
[414] Ebd., S. 36.
[415] Unsere Eisenbahn im Kriege, S. 137.
[416] Ebd., S. 138. Zum Zahlenmaterial siehe auch Westphalen, Die Kriegführung, S. 35 f.

Transportleistung von 8700 Mann, 2700 Pferden und 250 Fuhrwerken auf je 22 Zügen, nicht eingerechnet die nennenswerte Zahl zusätzlicher Verpflegungstransporte, die Leistungen der französischen Bahnen im Krieg von 1859, die ebenfalls nur auf einer Hauptlinie stattgefunden hatten, deutlich übertroffen[417]. Auch im Vergleich zu den Eisenbahntransporten auf preußischer Seite war eine über drei Wochen aufrechterhaltene tägliche Frequenz von 22 Zügen eine erstaunliche Leistung. Zwar erreichten die preußischen Transporte in ihrer Spitze eine Zahl von 40 Zügen, diese verteilten sich aber auf mehrere Strecken, während den Österreichern im wesentlichen nur eine Hauptlinie zur Verfügung stand.

b) Umrisse eines modernen Kriegsbildes – Der Einsatz der Eisenbahnen im Feldzug gegen Hannover

Mit dem Abschluß der Eisenbahnaufmärsche Anfang Juni 1866 endete zunächst die militärische Rolle der Eisenbahnen auf dem böhmischen Kriegsschauplatz. An den anschließenden Operationen der drei preußischen Armeen hatten sie keinen wesentlichen Anteil mehr. Auf dem mitteldeutschen Kriegsschauplatz sah dies jedoch völlig anders aus. Während der preußischen Bemühungen zur schnellen Einschließung und Gefangennahme der hannoverischen Armee spielten Eisenbahnen bis zum erfolgreichen Ende der Operationen in jeder Phase eine entscheidende Rolle.

Preußen eröffnete die Feindseligkeiten gegen Hannover und Kurhessen bereits am 16. Juni 1866, eine Woche früher als gegen Österreich. Mit Ablauf des Ultimatums vom 14. Juni drangen zwei Tage später drei preußische Kräftegruppierungen in das feindliche Territorium ein[418]. Das aus zwei Brigaden bestehende Korps des Generals Edwin v. Manteuffel rückte in zwei Kolonnen im Fußmarsch von Harburg, das südlich von Hamburg lag, über Celle und Lüneburg auf Hannover vor. Durch Fortschaffen sämtlichen Betriebsmaterials hatten die Hannoveraner die dort vorhandenen Eisenbahnlinien vorläufig unbrauchbar gemacht. Von Minden marschierte die 13. Division des Generals August v. Goeben auf der Bückeburger Chaussee nach Hannover. Unmittelbar vor dem Eintreffen der Preußen am 17. Juni abends verließ der letzte mit Kriegsmaterial beladene Zug der hannoverischen Armee den Bahnhof von Hannover in Richtung Süden[419]. Die gesamte gegnerische Armee war per Eisenbahn auf Göttingen ausgewichen und hatte die Bahnlinie hinter sich unpassierbar gemacht. Vor allem die Leinebrücken bei Poppenburg, Dehmen und Ahlfeld wurden entweder durch Sprengung oder Abtragen der Gleise gesperrt[420]. Nach Sammlung aller Kräfte im Raum Göttingen beabsichtigte der hannoverische König Georg I. mit seiner Armee durch den Thüringer Wald nach Süden zu gelangen, um Anschluß an die bayerische Armee zu gewin-

---

[417] Ebd., S. 37: »gegen das Jahr 1859 [war seitens der Österreicher] ein wesentlicher Fortschritt in der Behandlung des gesamten militärischen Eisenbahntransportwesens gemacht worden«.
[418] Der Feldzug von 1866 in Deutschland, S. 49–88.
[419] Westphalen, Die Kriegführung, S. 572.
[420] Ebd., S. 574 f. Ihre Wiederherstellung erfolgte bis zum 20.6.1866.

nen. Genau dies mußte aus preußischer Sicht verhindert werden. Die 32. Infanteriebrigade des Generals Friedrich Gustav v. Beyer war ebenfalls schon am 16. Juni von Wetzlar in Richtung auf Kassel vorgerückt[421] und erhielt noch vor ihrem Eintreffen im Marschziel den neuen Auftrag, weiter nach Osten vorzudringen, um der hannoverischen Armee den Weg nach Süden abzuschneiden. Beyer verfügte über fünf Bataillone Infanterie, eine Batterie Artillerie und eine halbe Eskradron Kavallerie. In Marburg angekommen, stellte die Brigade ein Detachement in Kompaniestärke zusammen, das mit dem dort vorgefundenen Eisenbahngerät weiter auf Melsungen vorstieß, wo zahlreiches Betriebsmaterial erbeutet wurde. Auf dem nächsten Bahnhof in Guntershausen fielen dem erfolgreich agierenden preußischen Detachement nicht nur weitere Bahnfahrzeuge in die Hände, sondern auch eine bedeutende Anzahl kurhessischer Truppen. Mit seiner überraschend reichen Beute stieß das Vorauskommando am nächsten Tag wieder zu den inzwischen nachgerückten preußischen Hauptkräften zurück, die nun ihren Vormarsch beschleunigt fortsetzen konnten[422]. Am 19. Juni abends traf die gesamte Brigade nach einem Marsch von drei Tagen auf der inzwischen ab Guntershausen wieder hergestellten Bahn in ihrem Zwischenziel in Kassel ein. Die Masse der hessischen Truppen war jedoch bereits mit der Bahn nach Hünfeld gefahren und von dort zu Fuß auf Hanau marschiert, um sich im Raum Frankfurt mit den Bundestruppen zu vereinigen[423].

Oberster Befehlshaber aller drei preußischen Gruppierungen war der General Friedrich Karl Vogel v. Falckenstein (1797–1885). Seine zunächst noch weit zerstreuten Kräfte hoffte der General möglichst schnell vereinigen zu können, um die bei Frankfurt sich sammelnden Streitkräfte des Deutschen Bundes anzugreifen. Die hannoverische Armee glaubte v. Falckenstein noch im Raum Göttingen stellen zu können. Deren Stärke betrug inzwischen rund 15 000 Mann[424]. Daß sie jedoch schon weiter nach Osten ausgewichen waren, um über Mühlhausen, Heiligenstadt und Eisenach den Thüringer Wald zu erreichen, war ihm vorläufig noch unbekannt. Besser über die Feindlage war dagegen der preußische Generalstabschef in Berlin informiert. Dort liefen auch per Telegraph sämtliche Nachrichten ziviler Behörden und Agenten über die Bewegungen der Hannoveraner ein[425]. Da die Eisenbahnen südlich von Hannover noch nicht befahrbar waren, regte Moltke am 19. Juni bei Falckenstein an, die von Harburg kommenden Truppen des General v. Manteuffels nach ihrem Eintreffen in Hannover in einer weit nach Osten ausholenden Bewegung per Eisenbahn über Magdeburg, Halle und Erfurt in den

---

[421] Feldzug von 1866 in Deutschland, S. 54. Beyers Brigade war ebenfalls auf den Landmarsch angewiesen, da die kurhessischen Truppen die Eisenbahnen durch Abzug allen Betriebsmaterials unbrauchbar gemacht und sich nach Hanau abgesetzt hatten. Um vor einem möglichen Angriff der sich im Raum Frankfurt sammelnden Bundestruppen sicher zu sein, hatten die Preußen ihrerseits die nach Wetzlar führende Bahnlinie teilweise zerstört.
[422] Ebd.
[423] Westphalen, Die Kriegführung, S. 174.
[424] Der Feldzug von 1866, S. 57. Bis zum 20.6. war die hannoverische Armee bei Göttingen in »leidlich operations- und schlagfähigen Zustand gebracht«.
[425] Siehe: Moltke in der Vorbereitung, S. 61.

III. Die organisatorische und operative Bewältigung der Eisenbahnfrage 201

Raum um Eisenach zu transportieren. Dies schien Moltke noch der aussichtsreichste Weg, dem Feind den Fluchtweg in den Thüringer Wald und ins Werratal zu verlegen. Am gleichen Tag war auch endlich ein Teil des Korps Manteuffel in 14 Zügen von Lüneburg in Hannover eingetroffen[426]. Es handelte sich um die Brigade des Generals Korth mit acht Bataillonen Infanterie, vier Eskadronen Kavallerie und zwei Batterien Artillerie[427]. Die zuständigen Eisenbahnverwaltungen der Magdeburg-Leipziger, der Magdeburg-Halbertstadter und der hannoverischen Bahnen hatten gleich morgens am 20. Juni die entsprechenden Fahrtdispositionen erarbeitet, so daß der erste der von Moltke beabsichtigten Transporte schon am 21. Juni mittags nach Halle hätte abgehen können. Zur Überraschung des verantwortlichen Eisenbahnbeamten verfügte General v. Falckenstein jedoch kurz nach Abschluß der Transportplanungen, daß der beabsichtigte Truppentransport nicht stattfinden könne. Er begründete seine Entscheidung mit dem offensichtlichen Vorwand, daß es nach den inzwischen eingegangenen Nachrichten wahrscheinlich sei, »daß die Bahnverwaltungen ihre Zusage, die Truppen bis zum 24. nach dem Bestimmungsorte zu bringen, nicht aufrecht erhalten könnten«[428]. Auch eine gegen Mittag eintreffende Rückfrage des Zentralkomitees in Berlin und ein nochmaliges Vorstelligwerden des verantwortlichen Linienkommissars bei v. Falckensteins Stabschef bewirkte keine Änderung des Entschlusses[429]. Offensichtlich schien der General froh, vom Korps Manteuffel inzwischen wenigstens eine Brigade zur Verfügung zu haben. Diese Kräfte nun in einer weit ausholenden Umfassungsbewegung bei immer noch unklarer Lage erneut zu zersplittern, mußte naturgemäß bei jedem Truppenführer erhebliche Bedenken hervorrufen. Daher ließ er noch am selben Tag die Eisenbahnverwaltungen Fahrtdispositionen für den Transport von Manteuffels Truppen am 21. und 22. Juni per Eisenbahn über Braunschweig weiter auf Seesen ausarbeiten[430]. Dort sollten sie auf gleiche Höhe zur Division Goeben aufschließen[431]. Um zu verhindern, daß diese offenkundig unzweckmäßigen Ent-

---

[426] Bei Lauenburg hatten die Preußen mit der Dampffähre zwei Lokomotiven der Berlin-Hamburger Bahn über die Elbe gesetzt, um sie auf der Linie Lüneburg–Hannover einzusetzen. Siehe: Der Feldzug von 1866, S. 55.
[427] Westphalen, Die Kriegführung, S. 39.
[428] Bericht des Regierungsbaurates a.D. Lentz aus Magdeburg an das Exekutivkomitee in Berlin vom 21.6.1866, in: GStAPK, Handelsministerium, Nr. 2410.
[429] Ebd.
[430] Ebd.
[431] Der Feldzug von 1866 in Deutschland, S. 60. Das Generalstabswerk von 1867 nannte als Datum für Moltkes Vorschlag eines südöstlichen Umfassungsmarsches per Eisenbahn erst den Abend des 21.6. Tatsächlich hatte Moltke dies jedoch schon am 19.6. empfohlen. Die Nennung dieses Datums hätte Falckenstein allerdings in ein ungünstiges Licht gesetzt. Die Verfasser des Werkes von 1867 schwiegen jedoch zu den Differenzen zwischen General v. Falckenstein und dem preußischen Generalstabschef. Die Herausgeber des Bandes von 1905, Moltke in der Vorbereitung und Durchführung der Operationen, nahmen diese Rücksicht nicht mehr, und wiesen Falckenstein die volle Verantwortung für die Verzögerung der Operation zu. Siehe S. 62: »Statt nun sich an die Befehle seines Königs und Moltkes zu halten, handelte der Oberbefehlshaber [v. Falckenstein] im Westen in den nächsten Tagen nach den Gesichtspunkten des Ministerpräsidenten.« Bismarck hatte dem General telegraphisch auf den unorganisierten Zustand der Bundestruppen bei Frankfurt hingewiesen und ihm bei raschem Zupacken ein zweites Roßbach in Aussicht gestellt.

scheidung des Generals v. Falckenstein den Hannoveranern doch noch ein Entkommen nach Süden ermöglichte, blieb Moltke nichts anderes übrig, als sich direkt von Berlin aus in die Operationen einzuschalten. Noch am 20. Juni abends veranlaßte er telegraphisch den Transport einer kleinen, sofort verfügbaren Abteilung per Eisenbahn von Erfurt in den Raum Eisenach–Gotha[432]. Obwohl längst klar war, daß die hannoverische Armee nicht mehr bei Göttingen stand, sondern sich wahrscheinlich schon im Anmarsch auf Gotha befand, um die dortigen schwachen preußischen Kräfte zu überrennen, beharrte General v. Falckenstein, auch nachdem Moltke seinen Befehl zur Entsendung einer kampfstarken Abteilung am 23. Juni noch einmal wiederholt hatte, auf seinem bisherigen Plan, den Feind bei Göttingen zu stellen. Zu seinem Glück besaß Moltke im Vergleich zu früheren Oberbefehlshabern mit der Eisenbahn und dem Telegraphen endlich die Mittel, direkt in den Befehlsbereich eines Kommandeurs einzugreifen, der seine operativen Ansichten nicht teilte. Das schwache preußische Detachement im Raum Gotha war inzwischen auf Veranlassung Moltkes durch zwei weitere Bataillone verstärkt worden. Dies reichte aber bei weitem nicht zu einem ernsthaften Versuch, die hannoverische Armee aufzuhalten. Moltke musste zunächst Zeit gewinnen und ließ mit den Hannoveranern Verhandlungen über ihre Kapitulation aufnehmen. Man sei umstellt und ein Entkommen nach Süden außerhalb jeder Realität, gab man dem Feind zur Kenntnis. Daß die Hannoveraner noch in der Nacht zum 24. Juni mit einem energischen Stoß zwischen Eisenach und Gotha die preußische Kapitulationsaufforderung ad absurdum hätten führen können, mußte ihnen selbst bekannt gewesen sein, denn am Nachmittag zuvor hatte eine Patrouille von 20 hannoverischen Husaren festgestellt, daß Eisenach frei von preußischen Truppen war. Aber bereits am nächsten Morgen hatten die Preußen nach einem Aufklärungsvorstoß, der per Zug durchgeführt wurde, zwei Gardebataillone aus Gotha in die Stadt gebracht[433]. Statt nun endlich einen energischen Stoß nach Süden über die Bahnlinie zu führen, ließen sich die Hannoveraner tatsächlich auf Verhandlungen mit den preußischen Unterhändlern ein und vergeudeten so zwei weitere entscheidende Tage.

Inzwischen hatte sich am 23. Juni auch der preußische König in die Operationsführung eingemischt und seinem widerstrebenden General v. Falckenstein befohlen, unverzüglich die Anweisungen Moltkes zum Transport einer Brigade in den Raum Eisenach–Gotha zu befolgen. Doch erst am nächsten Nachmittag, nachdem der entsprechende Befehl zum sechsten Male wiederholt worden war[434], ging endlich die Meldung in Berlin ein, daß die Brigade des Generals Flies mit fünf Bataillonen und vermutlich einer Batterie Artillerie[435] über Magdeburg nach Gotha unterwegs sei. Am 25. Juni trafen die Truppen endlich nachts in Gotha ein, wo sie auf das dringendste erwartet worden waren. Offenbar hatte das Betriebspersonal

---

[432] Moltke in der Vorbereitung, S. 62.
[433] Telegramm des Linienkommissars Umpfenbach an den Geh. Oberbaurat Weishaupt in Berlin vom 24.6.1866, in GStAPK, Handelsministerium, Nr. 2409.
[434] Moltke in der Vorbereitung, S. 66.
[435] Westphalen, Die Kriegführung, S. 42.

der hannoverischen Bahnen zu der Verzögerung beigetragen, was die Preußen eigentlich nicht hätte überraschen dürfen[436]. Die hannoverische Armee hatte jedoch ihre Chance endgültig vertan, noch Anschluß nach Süden an die bayerischen Truppen zu gewinnen. Nach einem letzten Achtungserfolg über die Brigade Flies bei Langensalza, die sie nach ihrer Ausladung mit viel zu schwachen Kräften angegriffen hatte, kapitulierten die Hannoveraner am 29. Juni, ohne daß es noch zu weiteren Kampfhandlungen gekommen wäre.

Trotz unterschiedlicher operativer Auffassungen bei Moltke und v. Falckenstein wurde gleich zu Beginn des Feldzuges gegen Hannover bei beiden Generalen der Wille deutlich, die Eisenbahn bei jeder sich bietenden Gelegenheit militärisch zu nutzen. Wo ein Transport der Truppe per Eisenbahn möglich war, wurde er auch durchgeführt oder zunächst die Voraussetzungen dazu konsequent geschaffen. Zwar hatte der Gegner versucht, seine Bahnen unbrauchbar zu machen, aber in der Eile war dies nur in oberflächlicher Weise geschehen. Die zerstörten Streckenabschnitte oder das fortgeschaffte Betriebsmaterial konnten meist innerhalb eines Tages wiederhergestellt oder ersetzt werden. Daß es den Hannoveranern trotzdem beinahe gelungen wäre, nach Süden zu entkommen, lag nicht an den unbrauchbar gemachten Eisenbahnen, sondern an der Uneinigkeit der preußischen Führung. Auch die zivilen Bahndirektionen zeigten ein erstaunlich hohes Maß an Flexibilität. Innerhalb kürzester Zeit wurde nach Eingang des entsprechenden Auftrages aus Berlin am 20. Juni der Transport der Brigade Flies vom Korps Manteuffel schon für den nächsten Tag in 29 Zügen nach Halle und weiter nach Gotha geplant. Als General v. Falckenstein diesen Marsch jedoch überraschend absagte, wurde noch am selben Tag, wie vom General gewünscht, ein Eisenbahntransport über Braunschweig nach Seesen organisiert, der schon am nächsten Morgen beginnen konnte[437].

Die preußische Armee hatte die Eisenbahnen inzwischen vollkommen in ihr taktisch-operatives Repertoire integriert. Während des Feldzuges gegen Hannover hatten alle Verbände ihre Märsche je nach Lage kombiniert zu Fuß und mit der Bahn durchgeführt und dabei sogar fehlendes Betriebsmaterial durch Vorauskommandos sichergestellt oder dem Feind abgenommen. Lokomotiven wurden mit Fähren über Flüsse gesetzt und eigene Bahnen zum Schutz der rückwärtigen Verbindungen zerstört. Die zunächst nur schwer einzuschätzende Haltung der Regierungen in Hannover und Kurhessen und die numerische Unterlegenheit der preußischen Kräfte, die sich zudem in weit auseinander liegenden Ausgangsstellungen befanden, hatten eine vorhergehende operative Planung sehr erschwert. So war die preußische Führung zu ständigen Improvisationen gezwungen, die ohne Eisenbahnen kaum durchführbar gewesen wären. Was Moltke hierbei von Falckenstein unterschied, war seine kühne Vorstellung, mit der Eisenbahn Truppen über Hunderte von Kilometern über Magdeburg, Halle und Erfurt direkt in

---

[436] Telegramm des Linienkommissars Umpfenbach an den Geh. Oberbaurat Weishaupt in Berlin vom 25.6.1866, in: GStAPK, Handelsministerium, Nr. 2409.
[437] Bericht des Regierungsbaurates a.D. Lentz aus Magdeburg an das Exekutivkomitee in Berlin, in: GStAPK, Handelsministerium, Nr. 2410.

den Rücken des Gegners zu transportieren. Der Feldzug gegen die hannoverische Armee wurde mit einer für damalige Verhältnisse hohen Beweglichkeit geführt, und es überwogen bei weitem die Marschbewegungen gegenüber den Gefechtshandlungen. Bezeichnenderweise fand das einzige größere Gefecht des Feldzuges bei Langensalza erst statt, als der Feldzug längst zugunsten der Preußen entschieden war. Erneut hatten sich die Eisenbahnen als ein flexibles Instrument für operative Aushilfsmaßnahmen bewährt. Doch anders als bei den noch kurzfristig angesetzten Eisenbahntransporten während der Revolutionsphase 1848/50 hatten sich beim Feldzug in Mitteldeutschland erstmals, wenn auch mehr den Umständen zu verdanken, die Umrisse einer neuen Kriegführung gezeigt. Zuletzt hatte Moltke die Operationen mit telegraphischen Anweisungen aus dem weit entfernten Berlin geleitet und sich dabei wiederum mit Hilfe telegraphischer Meldungen, ungeachtet der räumlichen Distanz, ein zutreffendes Bild der Lage verschaffen können. Erstmalig basierte die Übermittlung von Lageinformationen und entsprechenden Befehlen zu einem hohen Anteil auf telegraphischen Verbindungen. Die telegraphischen Anweisungen waren ihrerseits mit schnellen Eisenbahnbewegungen kombiniert worden, so daß sogar von einer Integration beider Techniken in eine neue Strategie gesprochen werden kann, mit deren Hilfe die bisher für die Kriegführung wirksamen Beschränkungen von Raum und Zeit zum Teil überwunden wurden. Moltke brauchte selbst nicht vor Ort zu sein, um über alle wichtigen Vorgänge auf dem Kriegsschauplatz informiert zu sein, seine Befehle waren in kürzester Zeit über Hunderte von Kilometern übermittelt worden und hatten Marschbewegungen mit der Eisenbahn veranlaßt, die ihrerseits wieder über Hunderte von Kilometern führten. Diese Entwicklung war nie geplant gewesen. Ein Konzept zu dieser neuen Kriegführung hatte zu Beginn des Feldzuges gewiß nicht vorgelegen, es hatte sich vielmehr spontan aus den Umständen entwickelt und damit ein hohes Maß an Flexibilität auf seiten der Preußen offenbart, die ihnen gegenüber ihren Gegnern eine eindeutige Überlegenheit verschaffte und die selbst durch die wiederholte Uneinigkeit auf oberster Führungsebene zwischen Moltke und Falckenstein nicht ernsthaft beeinträchtigt werden konnte.

c) Kaum der Aufgabe gewachsen – Die preußischen Feldeisenbahnabteilungen in Böhmen und Sachsen

Seit den Anfängen der Debatte über die militärische Nutzung der Eisenbahnen hatten sich die Militärs auch mit den Möglichkeiten der Zerstörung von Bahnlinien beschäftigt. Die Verfasser der preußischen Denkschrift von 1837 waren bereits zu dem Resultat gelangt, daß Eisenbahnen, die für einen möglichen Angreifer nützlich sein könnten, leicht durch verschiedene einfachste Maßnahmen unbrauchbar gemacht werden konnten. Auf den Ausbau strategisch exponierter Bahnen müsse daher nach ihrer Ansicht nicht grundsätzlich verzichtet werden. Jedoch hatten sie offen gelassen, welche Truppen notfalls diese Zerstörungen durchführen sollten, auf welche Hilfsmittel sie dabei zurückgreifen konnten und unter welchen Umständen und auf wessen Befehl derartige Zerstörungen vorzunehmen seien. Praktische Erfahrungen mit der Zerstörung und Wiederherstellung von Eisenbahnen konnten jedoch erst in den Revolutionskriegen 1848/50 gesammelt werden. Besonders für die revolutionären Kräfte war die Zerstörung von Eisenbahnen ein probates Mittel, auch wenn sie dabei meistens kaum planvoll vorgingen. Die Vossische Zeitung hatte bereits am 24. März 1848 gemeldet, daß ein »Haufen Tumultanten« aus der Ortschaft Meiderich die Schienen der Köln-Mindener Bahn aufgebrochen hatte. Eine Eskadron des 5. Ulanenregiments aus der nahen Festung Wesel mußte ausrücken, um die Ruhe wiederherzustellen. Ein preußisches Füsilierbataillon, das im Jahre 1849 während des Maiaufstandes in Dresden von der sächsischen Regierung zu Hilfe gerufen worden war, benötigte für die Fahrt von Berlin nach Dresden elf Stunden, da die von den Aufständischen oder ihren Sympathisanten ab dem Bahnhof Röderau zerstörte Strecke erst durch Pioniere wieder hergestellt werden mußte. Den nachfolgenden preußischen Truppen erging es nicht besser. Die Strecke war gleich nach dem Passieren des ersten Bataillons erneut zerstört worden[438].

Erwartungsgemäß war es auch in regulären Kriegen bereits zur Zerstörung von Eisenbahnlinien gekommen. Im Juni 1848 hatten italienische Truppen die Eisenbahnlinie Venedig–Vicenza beim Anmarsch der österreichischen Armee unbrauchbar gemacht. Im Gegenzug hatten die Österreicher versucht, eine Eisenbahnbrücke bei Pojana zu sprengen, um den Transport von italienischen Verstärkungen nach Vicenza zu verhindern[439]. Während der Belagerung von Venedig im selben Jahr war es den Italienern wiederum gelungen, einige Bogen der großen Eisenbahnbrücke über die Lagunen zu sprengen und dadurch den Betrieb auf ihr unmöglich zu machen[440]. Das Problem war somit in allen Armeen durchaus bekannt und es ist daher nicht erstaunlich, daß General v. Reyher in seinem Forderungskatalog aus dem Jahre 1854 auch die Abstellung von Eisenbahnpionieren zur »methodischen Zerstörung resp. Herstellung zerstörter Eisenbahnen« vorgeschlagen hatte. Durch ständige Übung sollten diese Truppen auf ihren möglichen Einsatz vorbereitet werden. In jeder Festung sollten außerdem Schienen in ausreichender Menge gelagert werden, um eventuell anfallende Reparaturen unverzüglich vornehmen zu können[441]. Doch erst fünf Jahre später, nach dem Krieg von 1859 in Norditalien, entschloß sich das Kriegsministerium, die ersten Bestimmungen über Maßnahmen zur Wiederherstellung von Eisenbahnen im Kriege herauszugeben. Hinsichtlich Art und Umfang der neuen Truppe wollte man sich noch nicht festlegen, jedoch sollte sie unter dem direkten Befehl des jeweils verantwortlichen Armeeoberkommandos stehen. Die benötigte Ausrüstung war von der Pioniertruppe zu stellen, bei erforderlichen Sprengungen konnte auch auf die Pulvervorräte der Artillerie zurückgegriffen werden. Die einfachen Arbeiten, wozu auch noch die Wiederherstellung kleinerer hölzerner Brücken zählte, sollten von ver-

---

[438] Schurig, Die militärische Benutzung, Nr. 15, S. 200.
[439] Köster, Militär und Eisenbahn, S. 130.
[440] Meinke, Die ältesten Stimmen, S. 931.
[441] Schreiben Generals v. Reyher an Kriegsminister General v. Waldersee vom 7.7.1854, in: GStAPK, Handelsministerium, Nr. 2360, Bl. 166.

fügbaren Pionierkräften ausgeführt werden, während für alle komplexeren Bauten Eisenbahningenieure und geeignete Zivilarbeiter vorgesehen waren[442]. Versuche der bayerischen Pioniertruppe auf den Bahnen in der Pfalz hatten im selben Jahr ergeben, daß rund 150 »geübte Eisenbahnarbeiter« in einer Stunde etwa 300 m Bahnschienen, die mit der moderneren und solideren Laschenverbindung befestigt waren, vollständig abbrechen und sogar das Material auf Eisenbahnwagen aus der Kriegszone bringen könnten. Die von der Frankfurter Bundesversammlung eingesetzte Spezialkommission zur Beurteilung der Leistungsfähigkeit der Deutschen Eisenbahnen gelangte auf der Grundlage dieser Versuche 1861 zu dem Schluß, daß
»bei gehöriger Einteilung, umsichtiger Leitung, sowie ununterbrochener, beschleunigter Arbeit und geregelter Fortschaffung des Materials [...] das Abreißen einer halben, eingleisigen Bahnmeile je nach der bezeichneten Schienenkonstruktion in 10 bis 13 Zeitstunden durch 120 bis 150 Mann als Leistung angenommen [...] werden [kann][443].«

Das preußische Kriegsministerium gab im selben Jahr eine erweiterte Anleitung zur Unterbrechung von Eisenbahnverbindungen heraus, die einen gemischten Einsatz ziviler und militärischer Kräfte vorsah[444]. Nach wie vor blieb die Aufstellung einer permanenten Eisenbahntruppe einem zukünftigem Kriegsfall vorbehalten[445]. Für den nur drei Jahre später ausbrechenden deutsch-dänischen Krieg schien dies jedoch noch nicht erforderlich gewesen zu sein. Die von der Armee beanspruchten Eisenbahnstrecken verliefen weitgehend durch deutsches Territorium. Die Möglichkeit von Anschlägen und Beschädigungen schätzte das Kriegsministerium hier wohl als gering ein und glaubte, notfalls auch mit örtlichen Kräften auskommen zu können. Für den bevorstehenden Krieg gegen Österreich zeichnete sich jedoch eine viel schwierigere Lage ab. Der Armee war klar, daß die sächsischen und böhmischen Linien im Kriegsgebiet aller Voraussicht nach zerstört werden würden und es darauf ankam, sie möglichst schnell wieder betriebsbereit zu machen. Unmittelbar nach den ersten Mobilmachungsbefehlen nahm daher das Kriegsministerium am 4. Mai 1866 Verhandlungen mit dem für Eisenbahnangelegenheiten zuständigen Handelsministerium zur Bildung von besonderen Feldeisenbahnabteilungen auf. Unter dem Druck des unmittelbar bevorstehenden Krieges benötigten die beteiligten Parteien nur fünf Tage, um sich über die Einzelheiten der neuen Truppe zu einigen[446]. Am 25. Mai bzw. am 1. Juni wurden per Kabinettsordre zunächst für die Dauer des Krieges die Aufstellung zweier Feldeisenbahnabteilungen verfügt[447]. Eine dritte kam kurz darauf dazu, so daß schließlich jeder der drei preußischen Armeegruppen eine Abteilung zugewiesen werden konnte[448]. »Die Aufgabe der Feldeisenbahnabteilung«, so hieß es in der entsprechenden Kabinettsordre, »ist eine rein technische und besteht in der be-

---

[442] Hille/Meurin, Geschichte der preußischen Eisenbahntruppen, S. 3.
[443] Bericht über die Leistungsfähigkeit der Deutschen Eisenbahnen zu militärischen Zwecken, in: BA, DB 5, II/232, S. 104.
[444] Anleitung zur Unterbrechung von Eisenbahn-Verbindungen.
[445] Hille/Meurin, Geschichte der preußischen Eisenbahntruppen, S. 4.
[446] Ebd., S. 5.
[447] Grundzüge für Organisation und Dienstbetrieb der bei einer Mobilmachung zu formierenden Feld-Eisenbahn-Abteilung, GStAPK, Handelsministerium, Nr. 2409.
[448] Pratt, The Rise of Rail-Power, S. 122.

III. Die organisatorische und operative Bewältigung der Eisenbahnfrage 207

triebsfähigen Wiederherstellung zerstörter Eisenbahnstrecken und in der Zerstörung von Eisenbahnen[449].«

Ob diese Maßnahmen von den Erfahrungen des Construction-Corps der Unionstruppen im amerikanischen Bürgerkrieg 1861-1865 beeinflußt wurden, ist zweifelhaft[450]. Obwohl die preußische Regierung den Krieg in Nordamerika durchaus mit Interesse verfolgte und sogar sehr gute Beziehungen zur Unionsregierung unterhielt[451], dürften in dieser Beziehung zunächst keine Impulse aufgenommen worden sein. Die offiziell nach Amerika geschickten Beobachter schienen sich kaum für Eisenbahnangelegenheiten interessiert zu haben, sondern richteten ihr Augenmerk mehr auf Fragen der Kavallerietaktik oder die Wirkung der neuartigen gezogenen Geschütze[452]. Erst 1878 erschien im Militärwochenblatt in Übersetzung ein Bericht über die Tätigkeit der nordamerikanischen Feldeisenbahnabteilungen im Bürgerkrieg, der von ihrem Kommandeur, Brigadegeneral McCallum, kurz vor seinem Tod für die New Yorker Zeitung The Sun verfaßt worden war[453]. Der Entschluß zum Aufbau einer besonderen Truppe zum Schutz und zur Wiederherstellung von Eisenbahnverbindungen schien somit im wesentlichen unbeeinflußt von den amerikanischen Kriegserfahrungen getroffen worden sein. Dafür spricht auch die im Vergleich zu den amerikanischen Feldeisenbahntruppen geringe Stärke der einzelnen preußischen Abteilungen, die nur aus jeweils zwölf Mann sowie 50 bis 100 Pionieren und etwa 20 Gleisarbeitern bestanden. Ihre Führung übernahm der erste Ingenieurstabsoffizier der jeweiligen Armee[454].

---

[449] Grundzüge für Organisation und Dienstbetrieb, GStAPK, Handelsministerium, Nr. 2409.
[450] Siehe dazu Luvaas, The Military Legacy, S. 122 f. Luvaas erwähnte hierbei eine Abhandlung über die Tätigkeit der amerikanischen Feldeisenbahnabteilungen der Nordstaaten, die als Übersetzung des Werkes des amerikanischen Brigadegenerals McCallum von der Direktion der (preußischen) Staatseisenbahnen noch im Jahre 1866 herausgegeben worden sein soll. Luvaas räumte jedoch ein, daß ein solches Exemplar nicht aufzufinden war. Den Hinweis hatte er dem Literaturverzeichnis bei Pratt, The Rise of Rail Power, S. 377 entnommen, der allerdings weder McCallum als Verfasser noch ein Erscheinungsjahr erwähnte. Woher Pratt seinerseits Kenntnis von diesen Titel hatte, ist nicht festzustellen. In seinem Text erwähnte er das Buch jedoch nicht, und auch die deutschen Autoren, auf die er sich stützte, wie etwa Hille/Meurin, Geschichte der preußischen Eisenbahntruppen oder Westphalen, Die Kriegführung enthielten dazu keine Angaben, obwohl gerade letzterer sehr ausführlich auf den Sezessionskrieg eingegangen war. Auch in den Akten des zuständigen preußischen Ministeriums für Handel, Gewerbe und öffentliche Arbeiten findet sich nicht der geringste Hinweis auf eine solche Abhandlung oder amtlich veranlaßte Übersetzung, während andere Arbeiten vergleichbarer Art dort oft sogar als Anlage beigefügt wurden.
[451] Siehe dazu Löffler, Preußens und Sachsens Beziehungen, S. 61.
[452] Luvaas, The Military Legacy, S. 119-142.
[453] Das Militäreisenbahnwesen während des nordamerikanischen Bürgerkrieges, in: Militärwochenblatt, Nr. 43 (1878) als Übersetzung des Beitrages von Brigadegeneral McCallum in der The Sun Nr. 296 vom 23. Juni 1878. Der Autor sprach darin ausdrücklich sein Bedauern aus, daß in allen bis dato erschienenen Darstellungen des Bürgerkrieges sein ehemaliges Department of Military Railroads nicht erwähnt worden sei. Diese Bemerkung schließt eigentlich andere Veröffentlichungen zu diesem Thema, die sich die preußische Armee für 1866 hätte zunutze machen können, aus.
[454] Grundzüge für Organisation und Dienstbetrieb, in: GStAPK, Handelsministerium, Nr. 2409, »Jedes Detachement ist in der Stärke von 50 Mann aus Alimentations-Manufakturen der Pionier-Bataillone zu formieren.« Westphalen, Die Kriegführung, S. 407, nannte als Stärke für den militä-

Jede Abteilung besaß außerdem zwei Lokomotiven und dreißig Waggons mit Ersatzmaterial für rund 50 Schienenmeter sowie Baumaterial zur Wiederherstellung von Brücken[455].

Die Feldeisenbahnabteilung I formierte sich bis zum 5. Juni 1866 aus einer Abteilung des ostpreußischen Pionierbataillons Nr. 1 und verlegte am 18. Juni von Berlin nach Görlitz[456]. Die zweite Abteilung wurde aus Abstellungen des Pionierbataillons 2 in Stettin formiert und marschierte ab dem 27. Mai in verschiedenen Etappen zum Hauptquartier der Elbarmee nach Riesa[457]. Erst am 16. Juni wurde in Deutz aus Kräften des Pionierbataillons 7 die dritte Abteilung gebildet und vier Tage später zum Hauptquartier der 2. Armee nach Frankenstein in Schlesien transportiert, wo sie am 22. Juni eintraf[458].

Der Einsatz der Abteilungen erfolgte in drei Phasen. Zunächst sollten die Abteilungen I und II die beiden unterbrochenen sächsischen Hauptbahnen von Leipzig nach Dresden und von dort nach Görlitz wieder betriebsbereit machen. Das größte Problem war hierbei die Wiederherstellung der von den Sachsen zum Teil abgebrannten Elbbrücke bei Riesa. Die Abteilung II begann am 16. Juni mit der Reparatur der Brücke. Doch schon bald zeigte sich, daß die Aufgabe ohne zusätzliche Zimmerleute aus Preußen nicht zu bewältigen war. Erst nach drei Tagen konnte der erste preußische Versorgungszug die provisorisch hergestellte Brücke in Richtung Dresden passieren. Die vollständige Wiederherstellung der Brücke beanspruchte noch sieben weitere Tage[459]. In der zweiten Phase des Einsatzes sollte die zum Teil stark zerstörte böhmische Bahn von Zittau über Reichenberg nach Turnau wieder befahrbar gemacht werden, ebenso die über Josefstadt und Königgrätz nach Pardubitz führende Linie. Im Einsatz waren hier die Abteilungen I und III. In der dritten Phase wurden die zerstörten Eisenbahnlinien auf dem westlichen Kriegsschauplatz wiederhergestellt. Dazu war die Feldeisenbahnabteilung II schon am 2. Juli zur Unterstützung des Korps v. Falckenstein nach Eisenach marschiert. Am 18. Juli verlegte schließlich auch die I. Abteilung nach Plauen[460].

Spätestens auf österreichischem Gebiet hatte sich der Mangel an Telegraphisten und Telegraphenapparaten für den Einsatz der Truppe empfindlich bemerkbar gemacht. Unterbrochene Telegraphenleitungen blockierten den Bahnbetrieb auf der Station Zittau und auch den Einsatz der Feldeisenbahntruppe. Am 23. Juni meldete der Chef der Feldeisenbahnabteilung II aus Löbau nach Berlin, »daß die Tätigkeit [seiner] Abteilung vollständig gehemmt [sei], wenn nicht Telegraphenap-

---

rischen Teil einen Offizier als Befehlshaber, vier Unteroffiziere, sechs Gefreite, drei Trainsoldaten und 39 Pioniere.
[455] Pratt, The Raise of Rail-Power, S. 124.
[456] Hille/Meurin, Geschichte der preußischen Eisenbahntruppen, S. 7.
[457] Ebd., S. 9 f. Westphalen, Die Kriegführung, S. 566 f.
[458] Ebd., S. 570.
[459] Ebd., S. 566 f.
[460] Ebd., S. 565.

parate mit Beamten und Stationsvorstehern mitgeführt werden«[461]. Daß schon gleich zu Beginn des Krieges ein Mangel an ausgebildetem Fachpersonal und Gerät die Tätigkeit der Truppe erheblich beeinträchtigte, verdeutlicht die schmale Planungsbasis und die völlige Unterschätzung der zu lösenden logistischen und organisatorischen Probleme seitens der militärischen Führung. Ein großer Teil des zivilen Fachpersonals war einfach zum Wehrdienst eingezogen worden.

Doch auf der Gegenseite hatten die Österreicher nicht einmal eine so kleine Feldeisenbahntruppe wie die preußische zur Verfügung. Die militärische Führung des Habsburgerstaates war der Ansicht, daß die Gewährleistung des Fahrbetriebes auf den kriegswichtigen Strecken im Kampfgebiet ausschließlich Aufgabe des zivilen Bahnpersonals sei[462], die Truppe hatte sie dabei lediglich zu unterstützten[463]. Da die direkte Verbindung von Dresden nach Prag ohnehin durch die Festung Theresienstadt blockiert war, konzentrierten sich die Österreicher auf umfangreiche Zerstörungsmaßnahmen an der parallelen Linie von Zittau nach Turnau. Um den Vormarsch der 1. preußischen Armee des Prinzen Friedrich Karl zu erschweren, hatten sie am 18. Juni 1866 begonnen, unmittelbar hinter der böhmischen Grenze die Bahnlinie zwischen Reichenberg und Turnau zu zerstören. Der Oberbau des Bahnhofs in Turnau wurde abgetragen und vier Brücken über die Elbe, Iser und Moldau durch den Abbau der Gleise unbrauchbar gemacht[464]. Durch Sprengung eines Hohlweges auf der Strecke zwischen Reichenberg und Turnau gelang es den Österreichern, die Gleise auf einer Länge von 45 Metern durch tonnenschwere Felsen zu blockieren. Obwohl durch 50 zusätzliche Pioniere verstärkt, benötigte die Feldeisenbahnabteilung I bis Mitternacht des 29. Juni, um die Strecke mittels weiterer Sprengungen wieder zu räumen[465]. Die Herstellung der Betriebsanlagen auf dem Bahnhof Turnau gelang dagegen erst am 14. Juli. Immerhin konnte schon am 3. Juli mit Hilfe von Personal und Betriebsmitteln der preußischen Bahnen ein Notbetrieb bis nach Turnau aufgenommen werden[466]. Andere Trupps der Abteilung erkundeten die Bahnlinie entlang der Iser über Jungbunzlau und Münchengrätz nach Kralup. Dort stieß man wieder auf die von Norden nach Prag führende Haupteisenbahnlinie, die immer noch von der Festung Theresienstadt blockiert wurde. Nach Instandsetzung der Iserbrücken und der Moldaubrücke bei Kralup war Prag am 24. Juli, zwei Tage vor Abschluß des Waffenstillstandes mit Österreich, erstmals für den preußischen Eisenbahnverkehr erreichbar[467].

Die Feldeisenbahnabteilung III war zu Beginn des Feldzuges ins schlesische Frankenberg verlegt worden und folgte zunächst den Korps der 2. preußischen

---

[461] Telegramm des Chefs der Feldeisenbahnabteilung II an den Geh. Oberbaurat Weishaupt vom 23.6.1866, in: GStAPK, Handelsministerium, Nr. 2409.
[462] Pratt, The Raise of Rail-Power, S. 124.
[463] Zum Schutz gefährdeter Strecken in Böhmen und Mähren waren schon Mitte Mai zwei österreichische Brigaden in Marsch gesetzt worden. Wernekke, Die Mitwirkung der Eisenbahnen, S. 939.
[464] Eine Übersicht der Demontagemaßnahmen auf österreichischer Seite liefert das Eisenbahnbüro des k.k. Generalstabs in dem Beitrag: Unsere Eisenbahn im Kriege, S. 141 f.
[465] Pratt, Raise of Rail-Power, S. 124.
[466] Westphalen, Die Kriegführung, S. 568.
[467] Ebd.

Armee über die Bergpässe nach Böhmen. Am 1. Juli erreichte sie bei Königinhof die Bahnlinie von Turnau nach Josefstadt. Von hier aus nahm eine Gruppe der Abteilung am 3. Juli Verbindung mit der Feldeisenbahnabteilung I bei Liebstadt auf. Die Masse der Abteilung III marschierte nach dem Sieg von Königgrätz zum zentralen Eisenbahnknotenpunkt Pardubitz, wo umfangreiche Arbeiten zur Wiederherstellung des Bahnhofs erforderlich waren. Allerdings blockierten weiterhin die beiden Festungen Josefstadt und Königgrätz die direkte Bahnlinie von Turnau nach Pardubitz, da Material zur Anlage eines Umgehungsgleises nicht zur Verfügung stand. Die preußischen Militärzüge blieben auf den Umweg über Kralup und Prag nach Pardubitz angewiesen[468]. Nach Fertigstellung des Bahnhofs Pardubitz verblieb die dritte Abteilung als einzige der drei Feldeisenbahnabteilungen bis zum Ende des Krieges in Böhmen und führte Erkundungen und Wiederherstellungsarbeiten auf der Linie Brünn–Lundenburg durch[469]. Besondere Einsatzgrundsätze gab es noch nicht. Die Truppe mußte improvisieren. Während der Erkundungsvorstöße bewährte sich die Methode, daß ein Bahnmeisterwagen dem Arbeitszug im Abstand von etwa 400 m vorausfuhr. Zerstörte Gleisabschnitte wurden zunächst nur provisorisch wiederhergestellt, so daß eine Lokomotive mit Arbeitszug die Stelle passieren konnte, um anschließend die Erkundung der weiteren Strecke fortzusetzen. Zurück blieb eine Abteilung zur ordnungsgemäßen Instandsetzung des Gleisoberbaus[470].

Trotz ihrer geringen Stärke hatten die preußischen Feldeisenbahnabteilungen ihren Nutzen im böhmischen Feldzug durchaus unter Beweis gestellt, doch bei der Fülle der an sie gestellten Anforderungen konnten bei weitem nicht alle Aufgaben zufriedenstellend gelöst werden. Die geringe Ausbildungszeit und auch der noch unzureichende Zusammenhalt einer erst unmittelbar vor Kriegsbeginn aufgestellten Truppe verhinderten eine »kriegsmäßig schnelle Arbeitsweise«[471]. Eine im Zweischichtbetrieb mit jeweils 50 Mann erzielte Tagesleistung von 750 m Gleisneubau konnte Kriegsansprüchen nicht genügen. Ausrüstungsmängel, vor allem fehlende Telegraphenverbindungen und Fuhrwerke, behinderten die Arbeit der Abteilungen zusätzlich. Auch ihre unmittelbare Unterstellung unter die Armeehauptquartiere hatte sich nicht bewährt, da die Arbeiten oft weit im rückwärtigen Bereich der Armeen anfielen, und somit die Etappenorganisationen eher zur Überwachung geeignet gewesen wären[472].

Der Einsatz der Feldeisenbahnabteilungen im Krieg von 1866 kann insgesamt nur als ein erster Versuch gewertet werden. Der erhoffte Erfolg blieb zunächst aus. Erst in der Endphase des Feldzuges in Böhmen konnte auf Umwegen eine Eisenbahnlinie bis in die Nähe der operierenden Truppen hergestellt werden. Die eingesetzten Kräfte waren zu gering, ihre Zuteilung zu den Armeen erfolgte pauschal, scheinbar ohne eine eingehende Beurteilung der Lage und vor allem der

---

[468] Hille/Meurin, Geschichte der preußischen Eisenbahntruppen, S. 18. Siehe dazu auch die Angaben bei Wartensleben-Carow, Erinnerungen, S. 46.
[469] Westphalen, Die Kriegführung, S. 570.
[470] Ebd., S. 566.
[471] Hille/Meurin, Geschichte der preußischen Eisenbahntruppen, S. 17.
[472] Ebd., S. 17 f.

Sperrwirkungen der österreichischen Festungen. Eine Konzentration aller Kräfte auf die Linie Reichenberg–Turnau, die einzig sinnvolle Option, erfolgte daher nicht. Auch der preußische Generalstab, der dies hätte veranlassen können, schien dem Problem der Wiederherstellung zerstörter Eisenbahnen im Kriegsgebiet kaum die gebührende Aufmerksamkeit gewidmet zu haben. Bei der Aufstellung und Zuteilung der Feldeisenbahnabteilungen war er von den zuständigen Ministerien jedenfalls nicht hinzugezogen worden. Ob daher tatsächlich die Leistungen der nordamerikanischen Eisenbahntruppen hier ein Vorbild waren, muß angesichts des völlig unzureichenden Kräfteansatzes und vor allem auf Grund der konzeptionellen Mängel auf preußischer Seite bezweifelt werden.

d) Planungsmängel oder Versäumnis der Eisenbahnen? – Die gescheiterte Versorgung der preußischen Armee im böhmischen Feldzug

Eines der größten Probleme aller Armeeführer seit der Zeit Wallensteins, als erstmals wieder seit der Antike Armeen in Stärke von mehreren Zehntausend Mann ins Feld gestellt wurden, war die Versorgung der Truppe mit Proviant und Kriegsbedürfnissen aus rückwärtigen Depots[473]. Die Bestimmungen der preußische Armee sahen für den Vormarsch in feindliches Gebiet die »unmittelbare Requisition« durch die Truppe vor, sowie die Nachführung eiserner Bestände von rund 144 000 Portionen von je einem Kilogramm, die den Bedarf eines 36 000 Mann starken Korps für vier Tage abdeckten[474]. Bei der Fourage für die Pferde konnte jedoch nur ein zweitägiger Vorrat mitgeführt werden. Gelang es nicht, sich wie üblich aus dem Lande zu ernähren, konnte auf Befehl des Kommandierenden Generals auf diese Reserve zurückgegriffen werden[475]. Zur Heranführung dieser Vorräte war jedem Generalkommando seit 1856 ein Trainbataillon mit einer Stärke von rund 300 Mann unterstellt. Dazu gehörten fünf Trainkolonnen mit je 150 vierspännigen Proviantwagen[476], eine Feldbäckereikompanie, ein Pferdedepot, außerdem ein Hauptlazarett für 1200 Kranke sowie drei leichte Feldlazarette mit je 200 Liegeplätzen[477]. Seit 1860 bildeten die neun preußischen Trainbataillone eine eigene Waffengattung, die einem Inspekteur des Kriegsministeriums unterstellt war[478]. Während der Truppentransporte 1866 wurden die Trainbataillone mit ihren fünf Proviantkolonnen jeweils in zehn Eisenbahnzügen ihren Korps nachgeführt. Die Personalstärke der Trainbataillone war inzwischen auf 500 Mann erhöht worden, jede Kolonne zu 4 Offizieren und 96 Unteroffizieren oder Mannschaften.

An die Transportzüge des II. Armeekorps waren zudem noch besondere Waggons mit Brotvorräten angehängt worden, doch hatte das Korpskommando seine

---
[473] Creveld, Supplying War, S. 5 f.
[474] Boehn, Generalstabsgeschäfte, S. 407.
[475] Ebd., S. 408.
[476] Ebd.
[477] Jany, Geschichte der preußischen Armee, Bd 4, S. 210.
[478] Creveld, Supplying War, S. 79.

Proviantkolonnen erst mit drei Tagen Verspätung folgen lassen, so daß diese Vorräte der Truppe vorerst nicht zur Verfügung standen[479]. Das uralte Prinzip der Requisition galt auch während des Feldzuges von 1866. Selbst das neue Transportmittel der Eisenbahn konnte hier keine Abhilfe schaffen. Von Beginn der Feindseligkeiten mit Österreich bis zur Schlacht von Königgrätz spielte sie nach den Worten des französischen Militärattachés in Preußen, Baron Eugène Stoffel (1821-1907), praktisch keine Rolle[480]. Hauptursache hierfür war allerdings nicht die geringe Leistungsfähigkeit der preußischen Eisenbahnen, sondern schlicht der vorläufige Ausfall aller Eisenbahnlinien im besetzten Gebiet. Die direkte Verbindung von Dresden nach Prag war für die gesamte Dauer des Krieges durch die Festung Theresienstadt blockiert. Auch die zweite direkte Verbindung nach Böhmen von Breslau über Oderberg nach Prerau konnte bis Kriegsende nicht für Militärtransporte genutzt werden, da die Eisenbahnbrücke bei Oderberg von den Preußen selbst gesprengt worden war. Wie sehr auf preußischer Seite eine umfassende logistische Planung versäumt worden war, zeigt auch die Tatsache, daß Moltke erst im Laufe des Feldzuges bei den Armeen anfragte, ob nicht die Festungen Theresienstadt, Königgrätz und Josepfstadt durch Anlage von »Notgleisen« oder »Traversierungen« zu umgehen seien. Doch dafür reichte weder das vorhandene Gleismaterial noch das Baupersonal. Für die Versorgung der Truppe blieb somit nur die mittlere Bahnlinie von Zittau über Reichenberg zum Bahnknotenpunkt Turnau in Nordböhmen. Die hier notwendigen Instandsetzungsarbeiten konnten jedoch bei weitem nicht mit den auf die Iser vorrückenden Korps der 1. Preußischen Armee Schritt halten[481]. Der Eisenbahnknotenpunkt Turnau wurde erst am 29. Juni von der Feldeisenbahnabteilung I erreicht und der dortige Bahnhof war nicht vor dem 14. Juli wieder völlig betriebsbereit[482]. Inzwischen stauten sich die Versorgungsgüter an den Endpunkten der preußischen Eisenbahnlinien. Schon am 5. Juni hatte die Direktion der Niederschlesisch-Märkischen-Eisenbahn bei der Feldintendantur des I. Armeekorps angemahnt, daß die zum Bahnhof Görlitz dirigierten umfangreichen Fouragesendungen nicht mit der »erforderlichen Promptheit« abgenommen würden, und man bislang zur Abhilfe eigene Arbeiter zum Abladen einsetze, obwohl die Gesellschaft dazu nicht verpflichtet sei. Eine Besserung der Lage trat jedoch nicht ein. Am 18. Juni wandte sich daher die Gesellschaft wegen der »Säumigkeit, mit welcher die Abnahme der Fourage- und Verpflegungssendungen« geschah direkt an das Handelsministerium und beklagte sich »bitter«, daß die Feldintendanturen und Proviantämter ihre Waggons

»rücksichtslos [...] oft mehrere Tage beladen stehen lassen und sie dann oft nach anderen Orten dirigieren, wohin sie gleich direkt hätten geschickt werden können. So haben

---

[479] Bericht über den Verlauf des Eisenbahntransportes des II. Armeekorps, in: GStAPK, Handelsministerium, Nr. 2409.
[480] Stoffel, Rapports, S. 45.
[481] Westphalen, Die Kriegführung, S. 47.
[482] Ebd., S. 564.

kürzlich 150 Wagen noch mehrere Tage in Breslau gestanden und sind von da nach Frankenstein geschafft worden[483].«

Ende Juni befanden sich schließlich nicht weniger als 17 920 Tonnen irgendwo auf den Strecken im preußischen Aufmarschgebiet, ohne daß sie vor- oder zurückbewegt werden konnten[484]. Unablässig würden die Eisenbahnverwaltungen von den Intendanturen und Lieferanten um »prompte Beförderung der Armeebedürfnisse angegangen«, schrieb das Handelsministerium am 25. Juni an den Kriegsminister v. Roon, seitens der Eisenbahnen gingen jedoch immer wieder Anzeigen bei ihm ein, worin über eine zu langsame Abnahme der Sendungen auf den Ankunftsstationen geklagt werde[485]. Am selben Tag telegraphierte aus Zittau der zuständige Eisenbahnbauinspektor nach Berlin, daß von der Militärverwaltung am Bahnhof zu langsam ausgeladen würde und warnte: »Wenn wir nicht vorrücken, sind heute abend die Bahnhöfe Zittau, Löbau, Bautzen und Görlitz vollständig gesperrt[486].« Zu mehr als einem mahnenden Appell mochte sich das Kriegsministerium jedoch nicht entschließen. »Die Abnahme der Eisenbahnsendungen [müsse] künftig mit größter Umsicht und Energie behandelt« werden, ließ sich das zuständige Militärökonomiedepartement am 24. Juni vernehmen und drohte die säumigen Intendanturen der Armeekorps zur Rechenschaft zu ziehen[487]. Gerade hierin zeigte sich die ganze Hilflosigkeit der logistischen Führung, die nicht in der Lage war, umgehend dringend gebotene organisatorische Maßnahmen zu ergreifen, sondern statt dessen auf einen bestehenden Erlaß pochte. In einem Schreiben vom 4. Juli an den Kriegsminister schlug das Handelsministerium nun einen schärferen Ton an und sprach von »übelsten Mängeln in der Organisation der Verpflegungstransporte« auf der Breslau-Schweidnitz-Freiburger Bahn sowie auf der Ostbahn. Zwar sei das Entladeproblem in Zittau inzwischen gelöst, auch in Löbau habe man mit dem Abladen begonnen, aber in Kohlfurt und in Görlitz habe sich bis drei Uhr nachmittags noch niemand von der zuständigen Intendantur eingefunden. Bei der Überführung von Heu und Stroh sei es im Bereich der 2. Armee sogar vorgekommen, daß Intendanten dieses Strohfutter nicht mehr für nötig erachteten, so daß »noch teilweise der gute Wille zum Abnehmen fehlen dürfte«[488].

Anfang Juli wurde berichtet, daß auf der oberschlesischen Bahnstrecke noch 139, auf den Stationen der Freiburger Bahn sogar 303 Waggons mit Proviant und Fourage beladen standen[489]. In den geschlossenen, ungelüfteten Waggons schimmelte das Brot. Oft konnten die Waggons nicht geöffnet werden, weil einfach die Schlüssel fehlten[490]. Ein weiteres Problem bestand in der geringen Entladekapazität der Bahnhöfe im Kriegsgebiet. Die meisten Stationen boten kaum Raum für 60

---

[483] Schreiben der Direktion der Niederschlesisch-Märkischen Eisenbahn an das Handelsministerium in: GStAPK, Handelsministerium, Nr. 2409.
[484] Creveld, Supplying War, S. 84.
[485] Schreiben des Handelsministeriums an den Kriegsminister v. Roon vom 25.6.1866, in: GStAPK, Handelsministerium, Nr. 2409.
[486] Telegramm des Eisenbahnbau Inspektors Kinel an das Handelsministerium vom 25.6.1866, ebd.
[487] Schreiben des Militärökonomiedepartements an die Militärverwaltungen vom 24.6.1866, ebd.
[488] Schreiben des Handelsministeriums an den Kriegsminister v. Roon vom 4.7.1866, ebd.
[489] Westphalen, Die Kriegführung, S. 48.
[490] Basson, Die Eisenbahnen, S. 14 f.

bis 80 Achsen. Das seitliche Entladen verursachte einen hohen Rangieraufwand, da die Rampen in der Regel kürzer waren als die Züge. Ein Entladen über Kopframpen war nicht möglich, da die meisten Waggons keine abklappbaren Kopfbracken besaßen[491].

Von den riesigen Mengen an Versorgungsgütern erreichte die Truppe nur wenig. Die Preußen mußten sich, wie alle anderen Armeen vor ihnen, aus dem Land versorgen. Sie lebten vom Requirieren, behalfen sich mit dem, was sie an örtlichen Transportmitteln vorfanden und verhielten sich so, als ob es überhaupt keine Eisenbahnen gegeben hätte[492]. Zum Teil war die Truppe auch extremen Belastungen ausgesetzt. Die Männer der Brigade des Generals v. Schöler erreichten »halb wahnsinnig vor Durst und Hunger« am 28. Juni 1866 die Stadt Münchengrätz, wo sie sich für die Strapazen ihres Marsches in den Bierkellern des dortigen Palais Wallenstein schadlos hielten. Zum Glück für die preußischen Einheiten waren die Österreicher außerstande, einen entschlossenen Gegenangriff zu führen[493]. Am 2. Juli 1866 telegrafierte die Feldintendantur des VII. Armeekorps aus Zittau an die Eisenbahn-Zentral-Kommission in Berlin, »daß Proviant und Hafer seit mehreren Tagen massenhaft auf den Bahnhöfen der Strecke Dresden–Löbau für das VII. Korps [stehen] und trotz aller Bemühungen nicht hierher geschafft [werden]«. Daraus entstünden die »allerschwersten Verlegenheiten für die Elbarmee, die muß verhungern«[494]. Ein späterer Berichterstatter stellte hierzu nur fest, daß allein vier hundertachsige Züge pro Tag an der richtigen Stelle vermutlich ausgereicht hätten, um den täglichen Bedarf der Armee zu decken[495].

Ob es aber tatsächlich Moltke war, der dieses »logistische Desaster« zu verantworten hatte, muß bezweifelt werden[496]. Zwar waren in den Fahrtdispositionen für die einzelnen Korps Versorgungstransporte nicht vorgesehen. Doch anders als bei den großen Truppentransporten hatte die Verantwortlichkeit für die Beförderung von Versorgungsgütern nicht beim Generalstab gelegen, sondern bei den einzelnen Truppenverbänden, d.h. bei den Quartiermeistern der Armeekorps. Sie allein gaben den Bahnen die Güter wie im Frieden auf, in der Erwartung, jene würden

---

[491] Ebd., S. 11.
[492] Creveld, Supplying War, S. 85. Siehe dazu auch Stoffel, Rapports, S. 44: »Man hat behauptet, daß die preußischen Armeen im Krieg von 1866 nach völlig neuen Prinzipien gehandelt hätten, um sich mit Hilfe der Eisenbahnen in den Besitz wichtiger Punkte zu setzen. Aber dies ist eine die Tatsachen verkennende Übertreibung. Soweit man es erkennen kann, haben die Preußen ganz einfach so gehandelt, wie es ihnen die Umstände diktierten«.
[493] Fontane, Der Deutsche Krieg von 1866, Bd 1, S. 159.
[494] Telegramm der Feldintendantur des VII. Armeekorps an das Exekutivkomitee in Berlin vom 2.7.1866, in: GStAPK, Handelsministerium, Nr. 2410.
[495] Westphalen, Die Kriegführung, S. 258. Bei einer Verpflegungsstärke der böhmischen Armee von 300 000 Mann und 90 000 Pferden betrug der tägliche Bedarf an Verpflegung etwa 945 Tonnen. Veranschlagt man die Nutzlast eines Waggons auf rund fünf Tonnen, so konnte ein Zug von hundert Achsen etwa 250 Tonnen transportieren.
[496] Diese Ansicht vertrat Creveld, Supplying War, S. 84: »Zu allem Überfluß nahm Moltke auch noch seinen Eisenbahnexperten Major v. Wartensleben mit ins Feld. Damit hatte er dem ganzen System den führenden Kopf genommen, der allein es hätte verhindern können, daß die Quartiermeister der Korps in riesigen Mengen Nachschubgüter per Eisenbahn nachführen ließen, ohne sich um die Aufnahmefähigkeit der Entladebahnhöfe zu kümmern«.

schon Mittel und Wege zur weiteren Beförderung finden. An den Zielbahnhöfen gab es aber weder bauliche Einrichtungen zur Lagerung der Güter noch ausreichendes Personal, um sie aus den Waggons zu laden[497]. Moltke selbst hatte das Nachschubproblem sehr schnell erkannt. Unter Hinweis auf die Bedeutung der böhmischen Eisenbahnen »insbesondere für den sonst sehr schwierigen Verpflegungsnachschub« hatte er schon einen Tag vor der Entscheidung bei Königgrätz dem Kommandanten von Dresden, Generalleutnant v.d. Mölbe, den Auftrag erteilt, eine »Rekognoszierung« der Bahnlinie von Dresden nach Prag durchzuführen[498]. Die Ursache für die wachsenden Verpflegungsschwierigkeiten sah er in dem Umstand, daß noch kein Armeeintendant für die gesamte Armee ernannt worden war[499]. Eher halbherzig versuchte er die erkannte Lücke zu schließen, ohne selbst die volle Verantwortung auf sich zu nehmen, indem er am 4. Juli den Kriegsminister bat, er möge, da ein Armeeintendant für die ganze Armee noch nicht ernannt worden sei, mit dem Handelsministerium wegen einer schnellen Inbetriebnahme der für die Verpflegung der Armee unbedingt notwendigen Bahnlinie Löbau–Turnau–Jung-Bunzlau in Verbindung treten[500]. Große Hoffnung auf eine schnelle Verbesserung der Transportlage schien Moltke allerdings nicht gehegt zu haben, denn wiederum nur einen Tag später befahl er den Oberkommandos der drei preußischen Armeen, unter Hinweis auf die »Unzulänglichkeit der Löbau-Turnauer-Eisenbahn zur Heranschaffung der Verpflegung« in eigener Verantwortung »Requisitonen« durchzuführen, um Zeitverluste zu vermeiden[501].

Im Unterschied zu Frankreich und Großbritannien, wo auf Grund der ungünstigen Erfahrungen des Krimkrieges die gesamte Verpflegungsfrage in den Verantwortungsbereich der dortigen Generalstäbe fiel, gab es in Preußen seit 1861 nur einzelne Intendanten bis zur Ebene der Divisionen[502]. Diese waren zwar für die Beschaffung, Lagerung und auch den Transport sämtlicher Versorgungsgüter zuständig und arbeiteten dazu auch mit den jeweiligen Truppengeneralstabsoffizieren zusammen, aber eine Integration der logistischen Abläufe in den Mechanismus aller operativen Bewegungen war einfach nicht vorgesehen. Die Aufgabe war immerhin längst erkannt. Schon in dem 1862 in Preußen erschienenen Handbuch für Generalstabsgeschäfte wurde das französische Modell eines Generalintendanten für die gesamte Armee ausdrücklich als Vorbild erwähnt. Dieser bestimmte im Einverständnis mit dem Chef des Generalstabes die Aufstellungspunkte der Magazine und Depots, leitete deren Bewegungen und ordnete den Nachschub je nach den Operationen der Armee[503]. Auf preußischer Seite existierte vorerst keine vergleichbare zentrale Instanz, die in Abstimmung mit dem Generalstab genaue Eisenbahntransportpläne für Verpflegung und sonstige Versorgungsgüter analog zu denen für die Beförderung der Truppen hätte ausgeben können. Dieses Versäum-

---

[497] Westphalen, Die Kriegführung, S. 259.
[498] Moltke, Militärische Werke, I, Bd 2, S. 241.
[499] Moltke, Militärische Werke, IV, Bd 1, S. 231.
[500] Moltke, Militärische Werke, I, Bd 2, S. 241.
[501] Ebd., S. 250.
[502] Boehn, Generalstabsgeschäfte, S. 394.
[503] Ebd., S. 421.

nis war um so erstaunlicher, da doch die ersten militärischen Gutachten zur Nutzung der Eisenbahn aus den dreißiger Jahren noch stets auf die uneingeschränkte Möglichkeit des Transportes von Nachschubgütern hingewiesen hatten, wobei sogar die Ansicht vertreten worden war, die Eisenbahnen eigneten sich überwiegend gerade nur für diese Aufgabe. Ein neues Kriegsbild mit einer stärkeren Gewichtung der logistischen Abläufe war freilich aus diesen Einsichten nicht entwickelt worden.

Das Scheitern einer geregelten Versorgung der preußischen Truppen während des Feldzuges in Böhmen hatte seine Ursache somit nicht in dem mangelnden Leistungsvermögen der Eisenbahnen. Die Transportkapazität der meisten preußischen Bahnen war der Beanspruchung durch die Truppentransporte mehr als gewachsen. Aus den Berichten der Linienkommissare geht hervor, daß teilweise sogar der zivile Personenverkehr aufrechterhalten werden konnte. Ohne nennenswerte Schwierigkeiten und in der Regel zeitgerecht erreichten die Versorgungszüge die Endbahnhöfe auf der preußischen Seite. Dort ging allerdings die Verantwortung für die Entladung, Lagerung und den Weitertransport der Versorgungsgüter auf die Intendanten der einzelnen Korps über. Diese aber scheiterten an der Aufgabenstellung, da vorerst die erforderlichen Eisenbahnlinien auf dem gegnerischen Gebiet nicht in Betrieb genommen werden konnten. Auch waren sie nicht in der Lage, eine ausreichende Zahl von Personal, Fuhrwerken und Lagerräumen zu organisieren. Die vollständige Integration der preußischen Eisenbahnen in die Gesamtoperationen des Feldzuges in Böhmen mußte scheitern, weil es das zuständige Kriegsministerium nicht verstand, den organisatorischen Rahmen hierfür sicherzustellen. Dies hätte wohl nur eine zentrale logistische Planungsinstanz leisten können, die alle Versorgungstransporte mit den Eisenbahngesellschaften und mit dem Generalstab abgesprochen und koordiniert hätte. Die Scheitern der Versorgung hatte somit armeeinterne Ursachen und konnte nicht den Eisenbahnen angelastet werden. Es macht aber auch deutlich, daß bei den verantwortlichen Stellen im Kriegsministerium das Verständnis für das Transportmittel Eisenbahnen und seine Bedeutung für die Kriegführung immer noch sehr gering war. Die Eisenbahnen wurden nach wie vor nur als ein Hilfsmittel der bestehenden Versorgungsstruktur bewertet, das helfen sollte, Lücken und Schwachstellen in den logistischen Verbindungslinien zu beheben. Eine Neuausrichtung der gesamten Versorgungsabläufe auf das Transportmittel Eisenbahn unterblieb deshalb weitgehend. Es war ein intellektuelles, kein materielles Problem.

Auf den Ausgang des Feldzuges hatten die gravierenden Mängel in der logistischen Planung allerdings keinen entscheidenden Einfluß[504]. Knapp zwei Wochen nach Beginn der Feindseligkeiten fand der konzentrische Vormarsch der preußischen Armeen in der siegreichen Schlacht von Königgrätz seinen Abschluß.

---

[504] Creveld, Supplying War, S. 89, mit kritischer Beurteilung der preußischen Feldzugsplanungen: »Angesichts der Mängel ihres Eisenbahnnetzes und der Irrtümer ihrer Doktrin müssen die Preußen den Sieg entweder ihrem Improvisationsvermögen zu verdanken gehabt haben, [...] oder man muß den Schluß ziehen, daß die Eisenbahn doch nur geringen Einfluß auf ihre Kriegführung besaß«.

5. Die Eisenbahn als Angriffswaffe. Die operativen Konsequenzen des Feldzuges von 1866

a) Der Feldzug von 1866 und der Einsatz der Eisenbahnen – Ein Fazit

Preußens Krieg gegen Österreich zählt in der Militärgeschichtsschreibung neben den Kriegen auf der Krim und in Norditalien sowie dem amerikanischen Sezessionskrieg zu den ersten militärischen Konflikten, in denen der Einsatz moderner Technologien wie der des Zündnadelgewehrs, der Telegraphie und vor allem der Eisenbahnen entscheidend für den Kriegsausgang gewesen waren. Für 1866 gilt diese Feststellung jedoch noch nicht uneingeschränkt. In taktischer Hinsicht spielte zwar das Zündnadelgewehr auf dem böhmischen Kriegsschauplatz eine überragende Rolle und ermöglichte den Preußen eine neuartige Kombination von taktischer Defensive und strategischer Offensive, doch auf der operativen Ebene mußte der Krieg in seiner entscheidenden Phase fast wieder ausschließlich mit traditionellen Führungs- und Transportmitteln geführt werden. Nachdem die preußischen Korps in Böhmen einmarschiert waren, standen ihnen die Eisenbahnen nicht mehr zur Verfügung. Nachschub und Ersatz mußte ihnen von den Eisenbahnendpunkten auf preußischer Seite vorerst wie in früheren Kriegen auf dem Landwege mit Fuhrwerken nachgeführt werden. Zwar wies der erstmalige Einsatz dreier Feldeisenbahnabteilungen zur Wiederherstellung der feindlichen Bahnen durchaus in Richtung einer modernen Kriegführung, im Vergleich zu dem massiven Einsatz von Eisenbahntruppen auf Unionsseite im amerikanischen Sezessionskrieg[505] war ihre Stärke jedoch zu gering, um wesentlich auf das Kriegsgeschehen Einfluß zu nehmen.

Auch die Verwendung der Telegraphie ergab auf preußischer Seite kein anderes Bild. Was von den österreichischen Telegrapheneinrichtungen in Nordböhmen noch intakt zurückgelassen worden war, wurde von den eigenen Truppen in der gehobenen Stimmung des ersten Vormarsches leichtfertig zerstört[506]. Die dem Gros der Truppe folgenden Fernmelder waren nicht in der Lage, pro Stunde mehr als drei bis fünf Kilometer neue Leitungen zu legen. Besonderen Wert schienen die preußischen Armeeführer allerdings nicht auf eine ständige Verbindung mit ihrem Hauptquartier, das sich noch bis zum 30. Juni in Berlin befunden hatte, gelegt zu haben. Von der Hauptstadt benötigte eine telegraphische Nachricht zur 1. Armee in Nordböhmen bis zu drei Tagen Zeit. Umgekehrt lief es nicht besser. Von der Einnahme Dresdens durch die 1. Armee am 18. Juni erfuhr Moltke in Berlin erst einen Tag später. Schlechter noch war die Kommunikation zwischen der 1. und 2. preußischen Armee. Seit ihrem Einrücken in Böhmen am 23. Juni hatten beide Armeen für fast eine Woche keinerlei Verbindung miteinander. Keiner der beiden Kommandeure besaß somit genaue Vorstellungen von den Bewegungen der

---

[505] Das nordamerikanische Department of Military Railroads umfaßte unter Brigadegeneral McCallum 1865 rund 18 000 Mann mit 419 Lokomotiven und 6330 Waggons. Siehe dazu Joesten, Geschichte und System, S. 11 f.
[506] Creveld, Command in War, S. 124.

Nachbararmee. Vor allem in der 1. Armee schien man dies jedoch nicht als gravierenden Nachteil zu empfinden. Prinz Friedrich Karl war sogar der Ansicht, daß vor einer unmittelbarer Berührung mit dem Feind die Notwendig einer Verbindungsaufnahme mit der Kronprinzenarmee nicht bestehe[507]. Die Nachlässigkeit, mit der selbst höchste Stäbe ihre Nachrichtenverbindungen betrieben, sowie auch die gravierenden Planungsmängel vor allem bei der Logistik, die fehlende Abstimmung zwischen örtlichen Behörden, Intendanten und zentralen Stäben, das kaum zu verstehende Versäumnis, ausreichendes Gleismaterial zur Umgehung der österreichischen Festungen heranzuschaffen, rechtfertigen es nicht, den Feldzug in Böhmen als einen Krieg im modernen Sinne zu bezeichnen. Die militärischen Möglichkeiten der neuen Techniken waren im einzelnen zwar auf preußischer Seite erkannt und zum Teil auch umgesetzt worden, doch ein neues Kriegsbild, das alle diese Neuerungen in die Operationsführung integriert und damit ihr Potential wirksamer ausgeschöpft hätte, war höchstens auf der Ebene des Generalstabes und seiner Führung vorhanden.

Moltke ist es allerdings zu verdanken, daß Eisenbahnen und Telegraphen beim Feldzug in Mitteldeutschland eine weitaus bedeutendere Rolle als in Böhmen spielten. Hier standen den Preußen die Eisenbahnlinien, vom ausweichenden Gegner nur oberflächlich unbrauchbar gemacht, nach verhältnismäßig kurzer Zeit wieder zum Transport von Truppen und Nachschub zur Verfügung. Auch von den Telegraphen wurde lebhaft Gebrauch gemacht. Vor allem zivile Behörden meldeten ständig telegraphisch Nachrichten über die Bewegungen der hannoverischen Armee nach Berlin und verschafften dem Hauptquartier somit einen besseren Überblick über die Feindlage, als ihn die Kommandeure vor Ort besaßen. Moltke sah sich in der Endphase des Feldzuges sogar mehr und mehr gezwungen, auf den Verlauf der Operationen direkt einzuwirken und von Berlin aus telegraphisch direkt Truppenbewegungen auf der Eisenbahn zu veranlassen, die selbst für einen an Ort und Stelle befindlichen Befehlshaber nur schwer zu arrangieren gewesen wären. Eisenbahnen und Telegraphen blieben hier auch nach Beginn des Feldzuges wesentliche Führungsmittel, die von Moltke in enger Verzahnung zur Erhöhung von Schnelligkeit und Präzision aller Truppenbewegungen angewandt wurden. Auch wenn hierbei von einem willentlich und planmäßig zur Anwendung gekommenen modernen Kriegsbild kaum die Rede sein konnte, da sich die meisten dieser Maßnahmen eher spontan aus einer Notlage heraus entwickelt haben, so muß doch festgehalten werden, daß im Resultat die preußische Operationsführung in Mitteldeutschland weitaus mehr als der böhmische Feldzug den Charakter eines modernen-technisierten Krieges angenommen hatte.

Anders fällt das Urteil wiederum aus, wenn der Krieg in seiner Gesamtheit betrachtet und dabei auch die Phase der Mobilisierung mit einbezogen wird. Der Wettlauf der Rüstungen und die ständige Gefährdung der eigenen Auslodezonen durch einen Feind, der mit Hilfe seiner Eisenbahnen früher operationsfähig sein würde, widersprachen dem bisherigen gewohnten Kriegsbild bereits in erheblicher

---

[507] Ebd.: »Der Feldzug von 1866 zeigte, daß weitreichende Nachrichtenverbindungen in der preußischen Armee in keiner Weise zufriedenstellend waren«.

Weise. Der »Gewinn einiger Tage für den Beginn der Operationen« war nach der 1842 geäußerten Ansicht des französischen Capitaines Graf Daru nur von unwesentlicher Bedeutung[508]. Damit hatte er sich durchaus in Übereinstimmung mit seinen Fachkollegen auch in Preußen befunden. Ein knappes Vierteljahrhundert später im Krieg von 1866 kam es für beide Parteien jedoch auf jeden einzelnen Tag an, um nicht schon vor Beginn des Feldzuges in einen kaum noch aufzuholenden Rückstand zu geraten. Die schnellstmögliche Mobilisierung der Armee und ihr Transport in die zuvor festgelegten Aufmarschräume wurde damit zur entscheidenden Phase eines zukünftigen Krieges, noch ehe überhaupt der erste Schuß abgegeben war. Entsprechend hoch war der Druck, den der Generalstabschef auf die noch zögernde politische Führung auszuüben suchte. Daß es in Moltkes eisenbahngestützen Aufmarschplanungen nun auf jeden einzelnen Tag ankommen mußte, war seinem Monarchen nur schwer zu vermitteln. Andererseits konnten es Bismarck und der König nicht hinnehmen, daß Preußen durch eine der militärischen Logik folgende Mechanik der Mobilisierung zwar einen temporären Vorteil gegenüber der österreichischen Armee errang, andererseits dafür aber das Odium hätte auf sich nehmen müssen, zu einem Zeitpunkt, als eine friedliche Lösung des Konfliktes noch nicht unmöglich erschien, einen Krieg begonnen zu haben. Moltke entwickelte hier nur wenig Verständnis für die Einsicht, daß der hierdurch angerichtete politische Schaden den militärischen Vorteil bei weitem überwiegen würde. Andererseits mußte jedoch die Politik akzeptieren, daß die wachsende Bedeutung des Faktors Zeit in den Kriegen der Zukunft ihren diplomatischen Spielraum immer weiter einzuengen drohte. Zwar konnte 1866 von einer vollständigen Mechanisierung des Aufmarsches wie im Jahre 1914 noch keine Rede sein, der Ansatz der Kräfte im Krieg von 1866 war durch den Eisenbahnaufmarsch noch nicht, wie bereits ein halbes Jahrhundert später unter Moltkes Nachfolgern, vollkommen vorgegeben und feststehend[509]. Doch die Tendenz dazu war schon in ihm angelegt und der Wettlauf der Armeen auf den Kriegsschauplatz das entscheidend Neuartige im Krieg von 1866. Operationsführung und Eisenbahnfahrpläne waren erstmals miteinander verzahnt. Der Truppe blieb keine Möglichkeit mehr, sich im Aufmarschraum zu »assimilieren«, sie sollte sofort an den Feind. Diese neue Strategie rechtfertigt es tatsächlich, Preußens Feldzug gegen Österreich und die übrigen Feindstaaten des Deutschen Bundes zu den ersten modernen Kriegen zu rechnen.

b) Die Lehren von 1866 – Das militärische Eisenbahnwesen in Preußen bis zum Krieg von 1870/71

Da die Organisation der Truppentransporte sich 1866 durchweg bewährt hatte, konnte die militärische Führung im Krieg gegen Frankreich ohne erhebliche Modifikationen auf sie zurückgreifen. Die bisherige Eisenbahnsektion im Großen Ge-

---

[508] Zit. nach: Französische Ansichten, S. 431.
[509] Salewski, Moltke, S. 91.

neralstab war 1869 zur selbständigen Abteilung erhoben worden. Ihr Chef, der Major und spätere General Karl Hermann v. Brandenstein (1831-1886), war jetzt zugleich der Delegierte des Generalstabs bei der für alle norddeutschen Eisenbahnlinien zuständigen Zentralkommission[510]. Schon im Frühjahr 1870 hatte seine Abteilung die entsprechenden Fahrtdispositionen für den Aufmarsch am Rhein fertiggestellt. Die 13 Korps des neuen Norddeutschen Bundes konnten auf sechs verschiedenen Linien, von denen inzwischen immerhin drei zweigleisig waren, an die Westgrenze befördert werden. Für die drei süddeutschen Korps standen drei weitere Ost-West Verbindungen zur Verfügung. Verzögerungen der militärischen Maßnahmen auf Grund politischer Bedenken brauchte Moltke jetzt nicht mehr zu befürchten. Frankreichs offizielle Kriegserklärung erfolgte schon am 19. Juli 1870, nachdem man mit der Einberufung der Reservisten am 15. Juli begonnen hatte.

Die Mobilmachung der preußisch-norddeutschen Korps konnte daher bereits einen Tag später, am 16. Juli erfolgen. Die Eisenbahntransporte begannen am 23. Juli, nachdem die erforderlichen Fahrtdispositionen bereits am zweiten Mobilmachungstag den Eisenbahndirektionen ausgehändigt worden waren. Nur acht Tage später, am 3. August 1870, standen drei operationsfähige Armeen an der Westgrenze versammelt. Binnen 19 Tagen waren somit in rund 900 Zügen 462000 deutsche Soldaten in ihre geplanten Konzentrationsräume befördert worden. Wesentliche Voraussetzung hierzu war die von der Eisenbahnabteilung angeordnete Erhöhung der Zugstärke auf 100 Achsen. Da sich damit die Zahl der Transportzüge um durchschnittlich zehn Prozent reduzierte, konnte ein Korps auf den eingleisigen Strecken einen ganzen Tag eher an seinem Bestimmungsort eintreffen, auf den zweigleisigen Strecken gewann es noch fast 16 Stunden. Eine weitere Bedingung für den Zeitgewinn gegenüber den Transporten von 1866 war die erstmalige Einführung eines besonderen Militärfahrplanes, der jeglichen zivilen Verkehr unterband[511]. Die Franzosen konnten den vereinigten deutschen Streitkräften zunächst nur teilmobile Verbände entgegenstellen, da anders als auf preußischer Seite ihre Mobilmachungspläne die Herstellung der vollen Kriegsbereitschaft erst in den grenznahen Konzentrationsräumen vorsahen. Für dieses Verfahren hätten die Franzosen insgesamt sechs Wochen Zeit benötigt. Die Preußen ließen ihnen jedoch nur drei Wochen[512]. Somit hatten die Eisenbahnen den deutschen Truppen gleich zu Beginn des Krieges den entscheidenden Vorteil verschafft.

Schon bald nach Abschluß des Feldzuges von 1866 hatte in der Armee und den betroffenen zivilen Stellen eine Debatte über die Steigerung der Leistungsfähigkeit der Feldeisenbahnabteilungen in einem zukünftigen Kriege eingesetzt. Einigkeit war trotz der Fülle gegensätzlichster Vorschläge schnell darüber erzielt, daß die Zahl der Eisenbahntruppen erheblich erhöht werden müsse und ihre dauernde Einrichtung anzustreben sei. Moltke wies 1869 auf das Beispiel der nordamerikanischen Eisenbahnkorps hin, deren erstaunliches Bautempo vor allem dadurch möglich war, daß sie von den im Frieden gültigen technischen Standards abgerückt

---

[510] Westphalen, Die Kriegführung, S. 54.
[511] Siehe auch: Der Eisenbahn-Aufmarsch, S. 21.
[512] Junkelmann, Die Eisenbahn, S. 239 f.

III. Die organisatorische und operative Bewältigung der Eisenbahnfrage 221

seien. Auch sind die im Kriege eintretenden Störungen von denen des Friedens sehr verschieden, und daher müsse den Angehörigen der Feldeisenbahnabteilungen Gelegenheit gegeben werden, »sich auf jene Kriegsaufgaben wissenschaftlich und praktisch vorzubereiten«[513]. Per königlichem Dekret vom 10. August 1869 wurde schließlich ihre dauerhafte Aufstellung angeordnet[514]. Aus Kostengründen wurde jedoch zunächst nur eine Kompanie als Stammeinheit gebildet, die später bei Kriegsausbruch als Grundlage für die Aufstellung von vier Feldeisenbahnabteilungen von je 200 Mann Stärke diente[515]. Diese wurden den drei preußisch-norddeutschen Armeen zugeteilt, die vierte Abteilung verblieb als Reserve zur Verfügung des großen Hauptquartiers. Eine fünfte bayerische Abteilung trat schließlich noch hinzu[516]. Die Steigerung der Leistungsfähigkeit der Truppe gegenüber dem Feldzug von 1866 war unübersehbar. Bis zum Kriegsende wurde ein vom Feind aufgegebenes und teilweise massiv zerstörtes Eisenbahnnetz in einer Ausdehnung von 4000 Kilometern wieder betriebsfähig gemacht. Auch gelang es in 40 Tagen, eine 37 km lange Ersatzbahn östlich um die Festung Metz anzulegen sowie eine 5 km lange Umgehung um den gesprengten Tunnel von Nanteuil[517].

Am augenfälligsten waren während des Krieges von 1866 die Mängel in der Versorgung der Truppe zu Tage getreten. Auch die Eisenbahnen hatten hierin nichts zur Verbesserung beitragen können, so daß Moltke schließlich am 5. Juli 1866 den Korps hatte gestatten müssen, auf eigene Verantwortung Requisitionen zu betreiben. Eine Kabinettsordre vom 30. Juli 1866 versuchte daher die festgestellten Versäumnisse zügig nachzuholen. Sie gestand einigermaßen verbrämt, daß »die jetzigen großartigen Kriegserfahrungen [...] auch hier und da manche Lücke und Unvollkommenheiten bei unserer im allgemeinen musterhaften Armeeverpflegung [haben] entdecken lassen«, und verfügte die Einrichtung der neuen Position eines Generalintendanten. Mit ihr wurde der bisherige Direktor des Ökonomiedepartments im Kriegsministerium, General Heinrich Bronsart v. Schellendorf (1803–1874), beauftragt. Seine Aufgabe bestand zunächst nur darin, »sich durch Lokalinspektionen von dem Zustande des Verpflegungswesens auf allen Punkten des Kriegsschauplatzes persönlich Kenntnis zu verschaffen und für etwa nötige Verbesserungen dem Kriegsministerium Vorschläge zu machen«[518].

Eine Vorschrift über die »Organisation des Etappenwesens zur Zeit des Krieges« erschien schließlich am 2. Mai 1867 nach nur zweimonatiger Beratungszeit. Für jede Armee wurde darin ein Generaletappeninspekteur bestimmt, dem sämtliche Verbindungen zu ihren Operationsbasen, vornehmlich auch die Eisenbahnlinien, unterstanden. Für die technischen Belange der unterstellten Strecken wurde ihm ein Eisenbahndirektor zugeordnet. Diesem wiederum sollte auch je eine Feldeisenbahnabteilung unterstehen. Jedem Armeekorps wurde eine Haupteisenbahnstation als Sammelpunkt zugewiesen. Die Endstation der benutzten Eisenbahnlinie

---

[513] Hille/Meurin, Geschichte der preußischen Eisenbahntruppen, S. 19.
[514] Unsere Eisenbahn im Kriege, S. 127.
[515] Hille/Meurin, Geschichte der preußischen Eisenbahntruppen, S. 20 f.
[516] Westphalen, Die Kriegführung, S. 409 f.
[517] Wernekke, Die Mitwirkung der Eisenbahnen, S. 952 f.
[518] Zit. nach der Allgemeinen Militär-Zeitung Nr. 32 vom 11.8.1866, S. 256.

hinter dem operierenden Armeekorps bildete den Etappenhauptort und war zugleich der Verteilungspunkt aller ihm zufließenden Transporte[519]. Doch das Problem der Versorgung einer sich schnell von ihrem Etappenhauptort entfernenden Armee konnten auch die neuen Bestimmungen nicht lösen. Zwar waren nun die Kompetenzen und Verantwortlichkeiten geklärt, aber die klaffende Lücke zwischen dem Endpunkt der Eisenbahn und der sich im zügigen Vormarsch befindenden Truppe konnte im Grunde nur durch die schnelle Inbetriebnahme der gegnerischen Eisenbahnen geschlossen werden. Dies aber gelang auch im Kriege von 1870 gegen Frankreich nicht. Während der Dauer des Krieges konnten die Eisenbahnendpunkte nicht weiter als bis Nancy vorangetrieben werden. Eine Versorgung der Belagerungstruppen von Paris durch die Eisenbahn wurde erst durch die Kapitulation der Festung Mézières am 2. Januar 1871 möglich[520]. Das logistische Konzept der nunmehr preußisch-norddeutschen Armee scheiterte somit wiederum aus gleichen Gründen wie 1866[521], und wiederum war die Requisition durch die Truppe die rettende Lösung[522].

c) Der Wandel der operativen Vorstellungen in der preußischen Armee 1850–1870

Die ersten Protagonisten der Eisenbahn hatten die neue Technik noch als ein Mittel ausschließlich der Verteidigung gepriesen. Harkort und List waren von der Vorstellung ausgegangen, daß mit Hilfe der Eisenbahn eine bedeutende Anzahl von Truppen beschleunigt in bedrohte Grenzprovinzen befördert werden könnte. Beide hatten jedoch nur allgemein gehaltene Betrachtungen angestellt. Der Entwurf genauer Zeitpläne für die Marschbewegungen der Truppe war nach ihrer Ansicht Aufgabe der Militärs, die allein die entsprechenden Kriegspläne kannten.

In den verbliebenen Unterlagen der preußischen Armee finden sich zunächst derartige Pläne nicht. Obwohl sich die preußische Armeeführung durchaus auf Auseinandersetzungen mit verschiedenen Gegnern, vor allem mit Frankreich und Österreich eingestellt hatte, begnügte sie sich in den ersten anderthalb Jahrzehnten nach dem Pariser Frieden von 1815 mit allgemeinen Erwägungen für den Einsatz der eigenen Kräfte. Präzise Operationspläne mit genauen Zeitvorgaben für Mobilisierung und Aufmarsch auf jedem der sogenannten Kriegstheater existierten zunächst nicht, und selbst ein Mobilmachungsplan wurde erst im Krisenjahr 1830 ernsthaft in Angriff genommen. In seiner Denkschrift über einen Krieg mit Frankreich schrieb Clausewitz noch im Jahre 1827:

»Nähere Bestimmungen über die Verteilung der Kräfte und ihre Richtungslinie, über die Einschließung der Festungen, über die Anlage der Depots und Magazine, kurz, das

---

[519] Westphalen, Die Kriegführung, S. 52 f.
[520] Creveld, Supplying War, S. 95.
[521] Junkelmann, Die Eisenbahnen, S. 240.
[522] Creveld, Supplying War, S. 98 f.

was man Operationsplan zu nennen pflegt, lassen sich erst feststellen, wenn sich die Umstände entwickelt haben[523].«

General v. Wolzogen, seit 1817 der Vertreter Preußens in der Militärkommission in Frankfurt, sah es in seinem aus demselben Jahr stammenden Verteidigungsplan für die westliche Grenze Deutschlands zwar als vorteilhaft an, die Sammelpunkte der verschiedenen Kontingente schon im voraus zu bestimmen, nachteilig sei es aber, den Oberbefehlshaber in der Zusammenstellung der Divisionen und Korps auf dem eigentlichen Kriegstheater schon im voraus zu beschränken. »Je verschiedener die Verhältnisse sein können, unter denen der Deutsche Bund mit seinem Nachbarn Krieg führen muß, je verschiedener werden die Operationslinien und hiermit auch die Zusammensetzung der Korps sein müssen[524].« Auch ließ sich der Zeitpunkt, wann die Truppen im Operationsgebiet eintreffen würden, auf Grund vieler Unwägbarkeiten wie etwa der Witterung, des Zustandes der Straßen und Flußübergänge und nicht zuletzt der Verfassung der Truppe selbst immer nur schätzen. »Einige Zeit sei zur Kriegsbrauchbarkeit einer in ihren Elementen erst zusammenstoßenden Armee unerläßlich«, notierte 1834 Prinz August, der Inspekteur der preußischen Artillerie, nach einer Erkundungsreise in der Rheinprovinz, daher könne niemand dazu raten, »eine solche auf dem Kriegstheater selbst gesammelte Truppenmasse sofort unmittelbar an den Feind zu bringen«[525].

General v. Grolmann hatte es im Jahre 1817 abgelehnt, vorzeitig einen Operationsplan zu entwerfen, da er erst bei einem ausbrechenden Krieg wissen könne, wie »die vorhandenen Mittel unter den obwaltenden Umständen angewendet werden müssen«[526]. Im gleichen Sinne hieß es in einer Denkschrift im Nachlaß des Generals Friedrich Carl v. Müffling vom Februar 1832, daß »besondere Kriegskombinationen [...] erst im Notfall für sich allein oder mit seinen Nachbarn vorzubereiten [seien]«[527]. Der Verfasser der Denkschrift glaubte auch noch, daß sich der »einfache Gang der meisten Kriegsereignisse leicht übersehen« ließe. Ein genauer Plan mit präzisen Marschbewegungen und Zeitvorgaben sowie festgelegten Operationszielen schien daher nicht erforderlich. Zukünftige Kriege würden sich, gleich an welcher Front, ohnehin nach einander ähnelnden Abläufen vollziehen.

In dieses traditionelle Kriegsbild fügte sich auch der ungenannte Verfasser des 1846 im Archiv für Offiziere des preußischen Artillerie- und Ingenieurkorps erschienen Aufsatzes »Über das Verhältnis der Eisenbahn zur Befestigungskunst«. Für ihn war die Analyse aller militärischen Kombinationen, unter Berücksichtigung

---

[523] Schwartz, Leben des Generals Carl v. Clausewitz, S. 428.
[524] Über die Verteidigung der westlichen Grenze von Deutschland, Bl. 10–12, in: Nachlaß Herrmann von Boyen, GStAPK, I. HA, Rep. 93.
[525] Einige Betrachtungen über eine, der politischen Lage Preußens und den Terrainverhältnissen zusagende Art der Kriegführung in der Rheinprovinz auf einer Reise im Sommer 1835 nach mündlichen Unterhaltungen und schriftlichen Mitteilungen des Herrn Generalleutnant Aster zusammengesetzt, in: GStAPK, BPH Rep. 57 III D8, Bl. 20.
[526] Über die Verteidigung der Länder vom rechten Ufer der Elbe bis zur Memel, Bl. 33. Nach Görlitz, Der Deutsche Generalstab, soll Grolmann sogar das Wort geprägt haben, daß es Torheit sei, einen militärischen Operationsplan am Schreibtisch auf Jahre hinaus zu entwerfen, solche Handlungsweisen gehören in das Gebiet der »militärischen Romane«.
[527] Memoir vom 4.2.1832, Nachlaß v. Müffling, Bl. 33.

sämtlicher historisch wichtigen militärischen Punkte, der besten sie verbindenden militärischen Bewegungslinien sowie der Aufzählung der auf allen einzelnen Kriegstheatern zu vereinigen Kräfte außerhalb einer konkreten Lage einfach ein Ding der Unmöglichkeit. Alles dies aber müßte, so der Verfasser, mit allen denkbar möglichen Operationsplänen für einen Verteidigungskrieg in Deutschland in Verbindung gebracht werden. In Anspielung vermutlich auf Karl Eduard Pönitz bemerkte er weiter: »Mißlungene Versuche der Art liegen uns schon gedruckt vor, sie gehen in das Gebiet der Fiktion, die keinen praktischen Blick befriedigen kann[528].« Andererseits hatte derselbe Autor längst erkannt, daß die Eisenbahnen durch ihre viermal größere Schnelligkeit und ihre zehnmal größere Transportfähigkeit »den Kriegsoperationen größere Energie, Präzision und Nachhaltigkeit geben«. Die Eisenbahnen ermöglichten also erstmals eine detaillierte Aufmarschplanung, deren hervorstechendste Eigenschaften Schnelligkeit und Präzision waren. Der zweimalige preußische Kriegsminister Hermann v. Boyen lehnte diese neuartige Präzision jedoch ausdrücklich ab, weil derartige Planungen im Kriege nicht mehr geändert werden könnten. Überhaupt mußte nach seiner Ansicht die weitgehende Nutzung der Eisenbahnen im Falle einer Mobilisierung alle Abläufe in ein zu starres Korsett pressen[529].

Auch in Österreich tat sich die militärische Führung vorerst schwer mit dem Gedanken einer generalstabsmäßigen Vorbereitung schnell umzusetzender Eisenbahnaufmärsche für jeden denkbaren Eventualfall. Ein grundsätzliches Gutachten des Chefs des k.k. Generalquartiermeisterstabes Feldzeugmeister Hess über die militärischen Möglichkeiten der Eisenbahnen aus dem Jahre 1856 enthielt noch keinerlei Hinweise auf solche Planungen[530]. Dieses althergebrachte Kriegsbild hatte sich jedoch spätestens gegen Ende der fünfziger Jahre nachhaltig gewandelt. Seit der Krise von Ölmütz 1850 war der alte Gegensatz Preußens zu Österreich erstmals seit langem offen zu Tage getreten. Ein Krieg, in dem Preußen wie in den Tagen Friedrich II. wieder gezwungen war, sich gegen eine numerisch überlegene Koalition zu behaupten, war seitdem wahrscheinlicher geworden. Preußen müsse sich gestehen, schrieb Moltke im Februar 1850 an seinen Bruder Adolf, »daß es nirgends in ganz Europa mehr einen Freund hat, sondern ganz allein auf sich selbst angewiesen ist«[531]. Ein Krieg, in dem Preußen auf sich selbst angewiesen war, mußte unbedingt angriffsweise zunächst gegen einen der Gegner geführt werden, ehe die feindliche Koalition alle ihre Kräfte gegen Preußen mobilisieren könne.

General v. Reyher, der Nachfolger Krausenecks als Generalstabschef, entwarf schon kurz nach der Punktation von Olmütz einen Plan, der von einem Krieg Preußens gegen das mit Frankreich verbündete Österreich ausging. Ähnlich wie Friedrich II. hundert Jahre zuvor beabsichtigte v. Reyher, die feindliche Koalition

---

[528] Über das Verhältnis der Eisenbahnen zur Befestigungskunst, S. 44.
[529] Meinecke, Das Leben des Generalfeldmarschalls Hermann v. Boyen, Bd 2, S. 530 f.
[530] Gutachten des Chefs des k.k. Generalquartiermeisterstabes Feldzeugmeister Hess vom 30.9.1856, erwähnt bei Köster, Militär und Eisenbahn, S. 225.
[531] Brief Moltkes an seinen Bruder Adolf vom 17.2.1850, in: Moltke, Gesammelte Schriften, Bd 4, S. 139.

III. Die organisatorische und operative Bewältigung der Eisenbahnfrage

mit einer schnell und entschlossen vorgetragenen Offensive zu sprengen. Die preußische Armee sollte mit sechs Korps getrennt nach Böhmen eindringen und auf dem Weg nach Prag das österreichische Hauptheer entscheidend schlagen und so die »Freiheit des Handelns« gewinnen, um sich gegen den nächsten Gegner zu wenden[532]. Die Annahme eines Krieges mit sogar drei möglichen Fronten lag einem Plan zu Grunde, den General v. Reyher 1856 vorlegte. Erstmals hatte der Generalstab genau festgelegt, wie insgesamt vier der zentralen preußischen Korps gleichzeitig auf unabhängigen strategischen Bahnlinien an die kritischen Grenzabschnitte am Rhein, in Ostpreußen sowie nach Schlesien befördert werden sollten. Zwei Korps marschierten zur Verstärkung der Westgrenze per Eisenbahn nach Köln und Mainz, während gleichzeitig die grenznah stationierten Korps in Ostpreußen und Schlesien mit je einem Korps verstärkt werden sollten[533]. Eine Integration von Eisenbahntransporten und Operationsplanung ist hierbei jedoch noch nicht erkennbar. Erst Moltke entwarf in einer Denkschrift aus dem Frühjahr 1859 den Plan zu einem Krieg gegen Frankreich, der einen gemischten Aufmarsch per Eisenbahn- und Fußmarsch vorsah und offenbar schon auf einer genauen Berechnung der vorhandenen Eisenbahnkapazitäten beruhte. Drei Jahre später empfahl Moltke als einzige Rettung Preußens gegen eine im Kriegsfall drohende österreichisch-bayerisch-französische Invasion die »kräftigste Initiative«. Vier preußische Korps sollten durch die Pfalz gegen Frankreich, fünf gegen Österreich vorgehen, die Bayern, falls die Franzosen nicht sofort den Krieg beginnen, über Würzburg angegriffen und die Sachsen beim Vormarsch auf Prag gezwungen werden, Farbe zu bekennen[534]. Im Januar 1870 sah Moltke im Falle eines Krieges nach zwei Seiten Preußen »auf der inneren Operationslinie zwischen einem sogleich schlagfertigen und einem schwerfällig rüstenden Gegner«. Nur von dem rechtzeitig gefaßten Entschluß würde es abhängen, ob man den bei weitem größten Teil seiner aktiven Streitmacht erst gegen den einen, dann gegen den anderen, also doppelt zur Geltung bringt[535].

Eine derart schnelle und offensive Kriegführung setzte die rasche Versammlung einer überlegenen Truppenmasse an der Grenze voraus. Mit der Eisenbahn war inzwischen auch das Instrument dazu vorhanden. Die Nutzung dieses Mittels zu dem Zweck eines beschleunigten Aufmarsch erforderte jedoch eine minutiöse Planung der einzelnen Transporte auf der Grundlage der vorhandenen Kapazitäten bereits lange vor einem Kriegsausbruch. Im Unterschied zu den groben Entwürfen konventioneller Märsche über mehrere hundert Kilometer mußten nun genaue Pläne erarbeitet werden, mit deren Hilfe der Zeitpunkt des Eintreffens der Truppen im befohlenen Versammlungsraum auf der Basis der vorhandenen Eisenbahnkapazität realistisch bestimmt werden konnte. Schon 1862 hatte Moltke dem Kriegsminister v. Roon auf Anfrage melden können, daß für den Fall eines

---

[532] Reyhers Plan datiert vom 3.2.1852 und wird erwähnt in: Moltke in der Vorbereitung, S. 41.
[533] Chef des Stabes der Armee vom 9.12.1856, in: GStAPK, Handelsministerium, Nr. 2372, Bl. 308–320.
[534] Moltke, Militärische Werke, I, Bd 2, S. 19.
[535] Moltkes Militärische Werke, IV, Bd 1, S. 206.

Krieges gegen Dänemark die Versammlung eines preußischen Heeres bei Hamburg und Lübeck als Übungsarbeit für Eisenbahntransporte im Generalstab bearbeitet worden sei, und daß man dort überhaupt die militärische Lösung der dänischen Frage »unausgesetzt im Auge behalte«[536]. Die Eisenbahnen wurden somit »zu einem selbständigen Faktor der Kriegführung [...], der selbst auf die organischen und taktischen Einrichtungen der Heere zurückwirkt«, notierte Moltke rückblickend im Januar 1870[537]. Die Technik bestimmte fortan den Rhythmus militärischer Bewegungen. Nach den präzisen Zeitvorgaben der Eisenbahnfahrpläne hatten sich nun alle militärischen Abläufe zu richten, wodurch letztlich auch Präzision und Schnelligkeit in einem bisher nicht gekannten Ausmaß in den täglichen Dienst der Soldaten Einkehr fanden. Dies war einer der wesentlichen Schritte auf dem Wandel zur modernen Armee. Unverkennbar lag in dem modernen, alle technischen Errungenschaften integrierenden Kriegsbild auch eine Tendenz zum Absoluten. Nicht mehr die politischen Umstände schienen das militärische Vorgehen zu bestimmen, sondern ein auf der Nutzung der Eisenbahnen beruhender Operationsplan tendierte, sobald sich ein bewaffneter Konflikt abzeichnete, notwendig zur militärischen Maximallösung. Am Tage des Ultimatums dürfe daher nicht allein der Mobilmachungs-, sondern auch der Marschbefehl erlassen werden, »weil sonst besondere Tage für die Eisenbahnvorbereitungen berechnet werden müssen« schrieb Moltke in einer weiteren Denkschrift über den drohenden Krieg gegen Dänemark ebenfalls noch im Dezember 1862. »Endlich dürfen nach jenem Tage weder diplomatische Verhandlungen, noch politische Rücksichten den weiteren militärischen Verlauf unterbrechen[538].« Nach dieser Sicht endete die Politik mit dem Entschluß zum Krieg. Mobilmachung, Ultimatum und Kriegserklärung sowie der Beginn der Marschbewegungen verschmolzen zu einem einzigen, nicht mehr aufzuhaltenden Prozeß. Erstmals zeigte sich dieser Wandel bei den Vorbereitungen zum Krieg von 1866. Moltkes Konzept ging allerdings nicht vollkommen auf. Lange mußte er mit seinem Monarchen um den Entschluß zum Kriege ringen, bis dieser endlich erfolgte, standen die Armeen in gefährlichen, voneinander isolierten Positionen. Der Zeitvorteil, der dank der Eisenbahnen erzielt worden war, wurde somit vertan. Als endlich Mitte Juni 1866 der Befehl zum Losschlagen erging, befanden sich die preußischen Korps bereits seit zwei Wochen in ihren Aufstellungsräumen und wären somit auch durch herkömmliche Märsche noch zeitgerecht dorthin gelangt.

Auch wenn die praktische Umsetzung seiner Idee im Krieg von 1866 noch nicht vollkommen gelang, so hatte Moltke doch immerhin gezeigt, daß die Eisenbahnen ein unverzichtbarer Teil seines Konzepts der kurzen schnellen Kriege waren, die gewonnen werden mußten, noch ehe der Feind sein gesamtes militärisches Potential entfalten konnte oder weitere Gegner auf den Plan treten würden. Die militärische Nutzung der Eisenbahnen drohte somit die Kriegführung bis in die Ebene der Politik zu verändern, ihren Spielraum einzuengen und letztlich eine

---

[536] Denkschrift vom 6.12.1862, in: Moltke, Militärische Werke, I, Bd 1, S. 1.
[537] Ebd., S. 206.
[538] Operationsentwurf für den Krieg gegen Dänemark, ebd., S. 16.

völlig neue Art des präventiven Krieges zu ermöglichen. Allerdings verhinderte die Diplomatie des preußischen Ministerpräsidenten Otto v. Bismarck, daß Preußen in den sogenannten Einigungskriegen gegen eine Koalition kämpfen mußte. Tatsächlich waren jedesmal die Gegner politisch isoliert, während Preußen sogar über Bundesgenossen verfügte. Die Notwendigkeit, zu einer schnellen Kriegsentscheidung zu kommen, ehe andere Mächte in die Konflikte eingreifen konnten, bestand jedoch nach wie vor und machte den Einsatz der Eisenbahnen zur Vorbereitung von entscheidungssuchenden, offensiven Operationen unabdingbar.

Die konzeptionelle Entwicklung in der militärischen Nutzung der Eisenbahnen hatte somit ihre frühen Protagonisten nachhaltig widerlegt. Keineswegs führte die vollkommene Aneignung der Eisenbahnen seitens der preußischen Armee zu einer Stärkung der Verteidigung[539]. Das neue, auf der intensiven Nutzung der Eisenbahnen beruhende Kriegsbild tendierte im Gegenteil eindeutig zum Offensivgedanken. Schon zu Beginn der sechziger Jahre hatten die Militärs diesen Wert der Eisenbahnen für die Offensive entdeckt. So war auch die von der Frankfurter Bundesversammlung beauftragte Spezialkommission zur Begutachtung der Leistungsfähigkeit der deutschen Eisenbahnen zu dem Ergebnis gelangt, daß die »offensive Bedeutung des Unterrheins als umfassender Operationsbasis gegen Südwesten [und] des Terrainabschnittes zwischen der Mosel, Saar und Lauter« hin, erheblich gesteigert werden könne, wenn die Schienenverbindungen am linken Rheinufer außer der schon bestehenden Kölner Brücke durch weitere permanente Eisenbahnbrücken über den Rhein, wie sie bei Mainz und Koblenz geplant waren, ergänzt würden[540]. Nach Moltkes Vorstellungen war die schnelle grenznahe Versammlung der Armeen mit der Eisenbahn die Voraussetzung zu entscheidenden Offensivoperationen auf dem Territorium des Gegners. Folgerichtig nahm er auch von dem Gedanken Abstand, das eigene Schienennetz durch Fortifikationen zu sperren[541]. Waren die Armeen erst einmal in exponierten Räumen aufmarschiert, so blieb ihnen keine andere Handlungsalternative als der Angriff und nur eine möglichst frühzeitige Kriegserklärung konnte sie aus ihrer prekären Situation befreien[542]. Dies war schon 1866 erkennbar, zeigte sich aber vor allem 1914 bei der großen Offensive im Westen. Nicht mehr diplomatische Manöver, sondern allein militärische Notwendigkeiten bestimmten später den Zeitpunkt des Kriegsausbruchs.

Das Jahr 1866 wurde zum ersten Meilenstein der operativen Nutzung der Eisenbahn, aber die Tendenz zur Einengung des politisch-strategischen Spielraumes

---

[539] Crefeld, Supplying War, S. 87 f.: »Es ist sonderbar, und selten verstanden worden, daß alle Theorien über die strategischen Konsequenzen der Eisenbahnen absolut falsch waren. Alle rechneten damit, daß die Eisenbahnen Operationen auf der inneren Linie begünstigen würden, so wie auch List [...] Tatsächlich jedoch [...] zeigten die Ereignisse von 1866 und 1870 im Gegenteil, daß Eisenbahnen die Operationsführung auf den äußeren Linien begünstigten«.
[540] Bericht über die Leistungsfähigkeit der Deutschen Eisenbahnen zu militärischen Zwecken, in: BA, DB 5, II/221, S. 8.
[541] Moltkes Militärische Werke, IV, Bd 1, S. 206.
[542] Am 2.4.1866 notierte Moltke, daß der Erfolg dieses Krieges zum größten Teil davon abhänge, ob die Entscheidung zum Krieg hier früher als in Wien getroffen werde und zwar am besten jetzt. Moltke, Militärische Werke, I, Bd 2, S. 74.

war unverkennbar[543]. Auch der erlahmende politische Widerstand gegen die Militärs nach Bismarcks Ausscheiden aus dem Kanzleramt begünstigte diese fatale Tendenz. So wurde Moltkes Konzept eines weit gefächerten Eisenbahnaufmarsches mit anschließender operativer Umfassung des Gegners vom späteren kaiserlichen Generalstab zu einem starren, auf Wochen hinaus festgelegten Offensivplan verfälscht. Das technische Instrument der Eisenbahnen drohte nun vollends die Operationsführung zu bestimmen und seine ständige Vervollkommnung schien den operativen Spielraum bis auf eine Restgröße zu reduzieren[544]. Im Zeitalter der Eisenbahnen, so schrieb der spätere Chef des deutschen Generalstabs Alfred Graf v. Schlieffen (1833-1913), sei der Aufmarsch nur noch durch die Eisenbahnen bedingt. »Er mag etwas weiter vor oder etwas weiter zurück gelegt werden. Der Hauptsache nach ist er feststehend[545].« Spätestens das Scheitern der deutschen Westoffensive gegen Frankreich im Jahre 1914 zeigte jedoch, daß diese Anschauung in eine strategische Sackgasse geführt hatte.

---

[543] Junkelmann, Die Eisenbahnen, S. 238: »Hier wird erstmals ein Automatismus deutlich, der der politischen Führung zwischen Mobilmachung und tatsächlichem Kriegsbeginn kaum mehr Spielraum ließ. Die wie ein Uhrwerk ablaufenden Truppenbewegungen durften nicht unterbrochen werden, ohne die ganze Planung durcheinander zu bringen und nicht mehr einzuholende Zeitverluste zu verursachen«.
[544] Vgl. dazu: Salewski, Moltke, S. 101 f.
[545] Schlieffen, Cannae, S. 54.

IV. Früher und schneller als gedacht – Resümee einer Geschichte der militärischen Nutzung der Eisenbahnen in Preußen

Die Debatte um die militärische Nutzung der Eisenbahnen hatte in Preußen mit aller Intensität um das Jahr 1833 eingesetzt. Die Impulse hierzu gingen eindeutig von der zivilen Seite aus, doch die Reaktion der Armee darauf fiel keineswegs ablehnend aus. Von einer grundsätzlichen Opposition der Armee gegenüber dem Eisenbahngedanken, wie es Martin van Creveld formuliert hatte[1], konnte keine Rede sein. Die Schriften von Friedrich List waren den maßgeblichen Offizieren in Preußen durchweg bekannt. Moritz v. Prittwitz erwähnte 1834 den Schwaben in seiner Abhandlung über die schwebende Eisenbahn bei Posen, und General Rühle v. Lilienstern hatte im Frühjahr 1835 sogar eine Unterredung mit List, in der er dessen Ansichten über die Wichtigkeit einer Eisenbahn zum Rhein teilte. Auch General v. Müffling dürfte sich während seiner Zeit als kommandierender General in Münster mit Friedrich Harkort getroffen haben und dabei durchaus im Grundsatz Übereinstimmung über die militärische Bedeutung des Rhein-Weser Projektes erzielt haben.

Die wichtigsten Entscheidungen zum Bau von Eisenbahnen in Preußen wurden im Staatsministerium vorbereitet. Ihm gehörte auch der Kriegsminister an. Eine offizielle, die Leitlinien der Politik bestimmende Autorität gab es dort allerdings bis 1848 nicht. Die formal gleichgestellten Minister berieten sich über die anstehenden Fragen, tauschten Voten aus und formulierten auf der Basis einer einfachen Mehrheit Anträge an den Monarchen. Dem König blieb es vorbehalten, den Mehrheitsbeschlüssen des Staatsministeriums in einer Kabinettsordre zuzustimmen und ihnen damit Gesetzeskraft zu verleihen. Schon 1836 war im Staatsministerium der Vorschlag an den König gerichtet worden, die Möglichkeiten der militärischen Nutzung der Eisenbahnen durch ein grundlegendes Gutachten unter Leitung des Chef des Generalstabes der Armee, v. Krauseneck, prüfen zu lassen. Dessen Verfasser mochten sich in ihrer anfänglichen Beurteilung der militärischen Möglichkeiten der Eisenbahnen nicht ganz den oft euphorisch klingenden Stellungnahmen der ersten Eisenbahnprotagonisten anschließen. Angesichts der militärpolitischen Lage Preußens mit seinen exponierten Provinzen hätte die Eisenbahn vordergründig durchaus als ein willkommenes Mittel angesehen werden können, um vor allem eine schnelle Verbindung zwischen dem westlichen und östlichen Teil der Monarchie sicherzustellen. Tatsächlich aber waren die Eisen-

---

[1] Creveld, Supplying War, S. 82 f.

bahnen in ihrem anfänglich projektierten Umfang kaum in der Lage, diese strategische Aufgabe allein zu erfüllen. Die militärischen Gutachter bezweifelten vor allem, daß der zivile Eisenbahnverkehr überhaupt jemals in absehbarer Zeit die erforderlichen Kapazitäten für den Transport größerer Verbände bereitstellen könnte. Deshalb sahen sie vorerst auch keine Veranlassung, das bewährte, auf den ebenfalls noch neuen Chausseen basierende System der preußischen Militär- und Etappenstraßen zugunsten der Eisenbahnen aufzugeben. Das wirtschaftliche und soziale Potential der Eisenbahnen, d.h. ihre Fähigkeit, zu einer erheblichen Steigerung des Verkehrs und der damit verbundenen Veränderung im sozialen und politischen Bereich beizutragen, wurde von kaum einem Militär in Preußen erkannt. Die anfängliche Skepsis in der Armee gegenüber den Eisenbahnen beschränkte sich vielmehr auf technische Gesichtspunkte. Gesellschaftspolitische Bedenken wurden nicht geäußert. Die ersten militärischen Gutachten der dreißiger Jahre erkannten durchaus die Möglichkeiten der Eisenbahnen, eine schnelle Konzentration kleinerer oder sogar mittlerer Truppenverbände zustande zu bringen, besonders aber logistische Funktionen, wie etwa die Zufuhr von Verpflegung und Fourage oder den Abtransport von Verwundeten zu übernehmen. Auch hielten sie die Beförderung einer vollständigen preußische Division von etwa 12 000 Mann per Eisenbahn über eine längere Strecke mit einem erheblichen Zeitgewinn für möglich. Generell vertraten die Offiziere in ihrem Gutachten die Ansicht, daß eine Zunahme der Verbindungen in jedem Fall einen Vorteil für die Armee bedeuten würde. Aus ihrer Sicht waren die Eisenbahnen somit eine durchaus willkommene Ergänzung des bisherigen militärischen Transportwesens. Grundsätzlich befürwortete die Armeeführung die Anlage von Eisenbahnen, und auch die anfangs vereinzelt geäußerte Befürchtung, Eisenbahnen könnten im Kriegsfalle einen Angreifer begünstigen, galt spätestens mit dem Gutachten von 1837 als widerlegt. Seine Verfasser glaubten mit einfachen Maßnahmen eine Bahn vor einem anrückenden Feind rechtzeitig unbrauchbar machen zu können.

Fast alle Gutachten der Armee aus dieser Anfangszeit hatten immer wieder betont, daß Eisenbahnlinien nur durch Handelsinteressen zustande kommen könnten. Statt spezielle militärische Strecken selbst zu bauen und zu betreiben, hatte sich die Armee auf die Mitbenutzung ziviler Bahnen eingestellt. Doch dieses Prinzip konnte nicht durchgehalten werden. Militärische Forderungen und Bedenken waren schon seit Ende der dreißiger Jahre bei allen Eisenbahnprojekten privater Unternehmen an der Tagesordnung. Dies galt besonders für Eisenbahnen, die den Bereich von Festungen berühren oder sogar in ihnen auslaufen sollten. Gleichartige Forderungen hatte die Armee jedoch zuvor auch schon bei der Anlage von Chausseen erhoben, wobei sie sich auf das preußische Rayongesetz von 1828 berufen konnte.

Eine strategische Rolle, das heißt, die Fähigkeit zum Transport ganzer Armeen, traute die Armeeführung den Eisenbahnen allerdings erst dann zu, wenn die zunächst nur vereinzelten projektierten Linien schließlich zu einem ganzen Eisenbahnnetz zusammengewachsen sein würden. Schon in den ersten militärischen Gutachten aus den Jahren 1835/36 war dieser Gedanke von den Generalen Rühle

v. Lilienstern und v. Krauseneck entwickelt worden. Erst mit Hilfe eines derartigen Netzes von Strecken würde die Armee genügend Ausweichmöglichkeiten besitzen und wäre nicht durch eine einmal festgelegte Streckenführung der Eisenbahnen in ihren operativen Ausgangsdispositionen eingeschränkt oder kanalisiert.

1838 war nach jahrelangen Debatten das preußische Eisenbahngesetz verabschiedet worden. Mit der Durchsetzung seiner gesetzlichen Bestimmungen wurde das Handelsdepartment beauftragt, das mittels besonderer Eisenbahnkommissare die privaten Eisenbahngesellschaften in betriebstechnischer und auch finanzieller Hinsicht zu beaufsichtigen hatte. In dieser ersten Phase seiner Geschichte beruhte das preußische Eisenbahnwesen fast ausschließlich auf privaten Investitionen. Spätestens seit 1842 hatte der preußische Staat jedoch seine anfängliche Politik der finanziellen Zurückhaltung gegenüber den Eisenbahnen aufgegeben und begonnen, den Ausbau von fünf großen vaterländischen Bahnen mit Zinsgarantien zu unterstützen. Als Vorbild diente den Preußen das wenige Monate zuvor verabschiedete französische Eisenbahngesetz, das den Bau von sieben strategischen Linien vorsah. Alle preußischen Provinzen, besonders aber auch die militärisch bedeutenden Punkte wie Festungen und Generalkommandos, sollten durch Eisenbahnen miteinander verbunden sein. Seit 1841 schloß Preußen auch mit den Durchgangsländern seiner nach Westen geplanten Eisenbahnen bilaterale Verträge ab, die zukünftige grenzüberschreitende Militärtransporte erleichtern sollten. Mit seiner Forderung nach einer gesetzlichen Regelung für besondere Militärtarife konnte sich das Kriegsministerium 1841 nicht gegen die übrigen zivilen Ministerien durchsetzen. Das Staatsministerium verwies die Armee in dieser Frage auf Verhandlungen mit den Eisenbahngesellschaften. Die ungünstige Marktentwicklung zu Beginn der vierziger Jahre veranlaßte jedoch die meisten Gesellschaften sehr schnell, ihre Tarife für Militärtransporte zum Teil sogar um die Hälfte zu verbilligen.

Im Verhältnis zu Österreich und Frankreich hatte Preußen spätestens seit Beginn der vierziger Jahre eine führende Rolle im militärischen Eisenbahnwesen übernommen. Es verfügte über die meisten Strecken in Kontinentaleuropa und hatte auch schon 1842 erstmals Versuche zum Eisenbahntransport von Pferden, Artillerie und Militärfahrzeugen unternommen. Als erster Staat hatte es auch ein vorläufiges Konzept zur militärischen Nutzung der Eisenbahnen entwickelt. Schon 1838 war die preußische Regierung auf der Basis dieser Grundsätze beim Deutschen Bund initiativ geworden, um Maßnahmen zu einem koordinierten Ausbau eines gesamtdeutschen Eisenbahnnetzes zu vereinbaren. Dieser Anlauf gelang jedoch erst im zweiten Versuch 1845/46, als Frankreichs Fortschritte beim Bau seiner strategischen Bahnen zum Rhein und nach Belgien bereits deutlich erkennbar waren und somit die Sicherheit der Westgrenze des Deutschen Bundes ernsthaft in Frage gestellt wurde.

Hierbei zeigte sich deutlich, daß Eisenbahnpolitik in Preußen immer auch in dem größeren Zusammenhang der Militärpolitik gesehen werden mußte. Wesentliche Impulse für das preußische Eisenbahnwesen und vor allem für die Anlage militärisch wichtiger Linien gingen indirekt von Frankreich aus. Das preußische Eisenbahnfinanzierungsgesetz vom November 1842 wäre ohne das vorhergehende französische Eisenbahngesetz vom 11. Juni 1842 kaum so zügig verabschiedet worden. Mit Blick auf die Entwicklung in Frankreich hatte schon 1839 der preußische Generalpostmeister v. Nagler auf die für Preußen dringend notwendige Bahnlinie zum Rhein hingewiesen. Längst hatte die preußische Administration in den Eisenbahnen auch ein geeignetes Mittel erkannt, ihren Einfluß im Deutschen Bund, besonders bei den süddeutschen Staaten zu erweitern. Dies geschah tendenziell zu Lasten Österreichs, auch wenn beharrlich versucht wurde, den Habsburgerstaat immer wieder, wie etwa 1845/46 sogar mit partiellen Erfolg, in seine Bemühungen einzubeziehen. Etwa zur selben Zeit hatte der preußische Generalstab begonnen, systematisch Informationen über das militärisch verwendbare Betriebsmaterial der privaten Eisenbahngesellschaften zu sammeln. Auch hier zeigte sich Preußen zunächst an der Spitze der europäischen Entwicklung und konnte eine entsprechende Übersicht erstmals schon im August 1847 der Bundesversammlung in Frankfurt vorlegen. Trotz des ständig zunehmenden Interesses der Militärs an der Nutzung der Eisenbahnen haben bis 1864 in Preußen mit Ausnahme der Revolutionsjahre 1848/50 kaum größere Truppentransporte stattgefunden. Hier mögen Sparsamkeitserwägungen eine Rolle gespielt haben, möglicherweise aber auch die Besorgnis, bei der praktischen Durchführung größerer Transporte eigene Kenntnisse und Erfahrungen an ausländische Beobachter preiszugeben.

Die Eisenbahnmärsche der preußischen Armee während der Revolutionszeit unterschieden sich erheblich von den späteren Transporten in den Kriegen von 1864 und 1866, die auf der Grundlage genauer, im voraus erstellter Planungen des Generalstabes erfolgten. Unter dem Druck der politischen Ereignisse waren die Märsche während der Revolutionsphase oft äußerst kurzfristig angesetzt, überschritten in ihrem Umfang nie die Stärke einer Division und führten zwar zu einer erheblichen Anspannung, aber offenbar nie zu einer Überforderung der beauftragten Eisenbahngesellschaften. Der Abstand Preußens zum militärischen Eisenbahnwesen in Österreich, das während der sogenannten Olmützkrise eine ganze Armee von 75 000 Mann mit der Eisenbahn nach Nordböhmen transportiert hatte, war jedoch nicht so eklatant, wie es bisher in der Literatur behauptet wurde[2]. Zwar stellte ein Handbuch für den preußischen Generalstabsdienst aus dem Jahr 1862 die Transporte der österreichischen Armee im November 1850 als besondere Leistung auf diesem Gebiet heraus, überging aber sonderbarerweise die zur selben Zeit unternommenen preußischen Transporte von fast gleichem Umfang mit Stillschweigen. Während Österreich in der folgenden Dekade seine so plötzlich eingenommene führende Rolle bei der Durchführung von Militärtransporten bald wieder verlor, begann Preußen auf der Grundlage seiner Erfahrungen aus der Revolutionszeit mit dem zielstrebigen Aufbau eines militärischen Eisenbahnwesens. Vor allem nach Ausbruch des Krimkrieges 1854 wurden die noch offenen Fragen forciert angegangen. Die privaten Eisenbahngesellschaften wurden verpflichtet, alle ihre vorhandenen Güterwagen zum Transport von Mannschaften, Pferden und Artilleriefahrzeugen umzurüsten. Ebenso drang der Generalstab auf die Erweiterung der

---

[2] Dazu besonders Showalter, Railroads and Rifles, S. 38.

wichtigsten Bahnhöfe und die Einrichtung einer ausreichenden Zahl von Rampen, um mehrere Züge gleichzeitig vor allem mit Pferden und Artillerie beladen zu können. Bereits zu Beginn der fünfziger Jahre konnte die preußische Armee vier wichtige Eisenbahnstrecken als militärische Operationslinien deklarieren, auf denen sie die im Kriegsfall besonders bedrohten Provinzen der Monarchie mit ihren zentralen Korps verstärken konnte. Zwei militärische Operationslinien führten jeweils über Minden und Kassel an den Rhein, eine nach Königsberg in Ostpreußen und die letzte nach Myslowitz in Oberschlesien. Auf allen diesen Linien konnten unabhängig voneinander über drei Wochen lang täglich Truppen in Stärke einer Brigade befördert werden. Eine Integration der eisenbahntechnischen Abläufe mit den damals bestehenden operativen Planungen im Generalstab fand jedoch vorerst nicht statt. Trotzdem hatte v. Reyher mit der Erstellung der Fahrpläne von 1856 endgültig die strategische Bedeutung der Eisenbahn anerkannt, indem er sie zum Haupttransportmittel der Armee im Falle eines Aufmarsches machte. Als Ergänzung zu diesen Planungen erschien 1857, in Anlehnung an ein französisches Vorbild, eine erste, vom Kriegsministerium herausgegebene Vorschrift zur Durchführung von Militärtransporten auf Eisenbahnen. Diese wichtige Phase im Aufbau des militärischen Eisenbahnwesens in Preußen wurde zu Unrecht bisher kaum gewürdigt. Zwar gab v. Reyhers Nachfolger im Amt des Generalstabschefs der Armee, General Helmuth v. Moltke, dem militärischen Eisenbahnwesen seine vorläufig abschließende Gestalt, wie sie im Feldzug von 1866 zum Tragen kam, ohne die Vorarbeit seines Amtsvorgängers und dem energischen Eintreten des Handelsministers v.d. Heydt gegenüber den zivilen Eisenbahndirektionen für die militärischen Belange wäre dies jedoch nicht möglich gewesen.

Trotz aller Planungen und Vorbereitungen ist es jedoch in General v. Reyhers Amtszeit nie zu größeren Truppentransporten gekommen. Erst der Krieg von 1859 in Italien rückte eine solche Maßnahme in greifbare Nähe. Im Juni 1859 hatte der Generalstab einen präzisen Plan für den Transport des V. Armeekorps von Posen nach Köln vorgelegt, als der schnelle Waffenstillstand zwischen Österreich und Frankreich einen Abbruch aller entsprechenden Vorbereitungen nötig machte. Allerdings wurde noch im selben Monat in enger Zusammenarbeit mit dem Handelsministerium erstmals eine zivil-militärische Organisation ins Leben gerufen, der im Falle eines Krieges die volle Verantwortung für die Vorbereitung und Durchführung sämtlicher Truppentransporte auf den preußischen Bahnen übertragen wurde. Einer in Berlin angesiedelten Zentralkommission unterstanden fünf Exekutivkommissionen in Bromberg, Breslau, Elberfeld, Münster und Saarbrücken. Diese wiederum waren in Linienkommissariate untergliedert, die für einzelne Strecken zuständig waren. Sie hatten bei den Eisenbahngesellschaften das notwendige Betriebsmaterial anzufordern, stellten die Militärfahrpläne auf und sorgten auch bei den Befehlshabern der Truppe für deren Einhaltung. Diese Organisation zur Durchführung größerer Truppentransporte bewährte sich erstmals im Krieg von 1866. Der Feldzug gegen Österreich wurde mit dem ersten großen Transport fast der gesamten preußischen Armee eingeleitet. Ohne daß dazu jemals zuvor praktische Übungen durchgeführt worden waren, marschierten im Mai und im

Juni 1866 auf fünf großen Bahnlinien in drei Wochen acht preußische Korps in ihre Versammlungsräume nach Sachsen, der Lausitz und nach Schlesien. Während diese Truppentransporte im wesentlichen reibungslos verliefen, kam es bei der Zuführung des Verpflegungsbedarfes jedoch zu erheblichen Problemen. Eine zentrale Planung der Verpflegungstransporte durch den Generalstab oder einen Generalintendanten der Armee, wie es ihn seit 1856 in der französischen Armee gab, hatte für den böhmischen Feldzug nicht stattgefunden.

Die meisten militärischen Stellungnahmen aus der frühen Phase der Eisenbahnen hatten der neuen Technik nur einen geringen Einfluß auf das bestehende Kriegsbild eingeräumt. Spätestens jedoch seit dem Krieg von 1859, als es der französischen Armee gelungen war, über 120 000 Mann innerhalb nur weniger Wochen auf den norditalienischen Kriegsschauplatz zu befördern, hatten die Eisenbahnen nicht nur ihr Potential zu einer offensiven Operationen unter Beweis gestellt, sie hatten sich auch als das Instrument herausgestellt, mit dem sich die Konzentration größerer Truppenmassen auf einen entscheidenden Punkt nun auf die Stunde genau berechnen ließ. Der Einfluß von Witterung, Straßenverhältnissen sowie Zustand und Ausbildung der Truppe auf die Marschleistungen hatte deutlich abgenommen. Damit war die Generalstabsarbeit in allen europäischen Armeen auf eine völlig neue, kalkulierbare Grundlage gestellt.

Noch bis zur Revolution von 1848 war Preußen auf einen Krieg im Bündnis mit den süddeutschen Staaten und vor allem Österreich eingestellt gewesen, in dem der langsame Vormarsch des wahrscheinlichen Gegners und ein tiefgestaffeltes System eigener Festungen der Armee genug Zeit lassen würden, sich in ausreichender Stärke am Rhein zu sammeln, um anschließend, den eintretenden Umständen entsprechend, seine Operationen einzuleiten. Zeitfragen hatten bei allen operativen Erwägungen in der Epoche vor 1848 eine erstaunlich geringe Rolle gespielt. Marschbewegungen wurden fast ausschließlich in Wochen gemessen. Diese Lage schien sich seit 1850 grundlegend gewandelt zu haben. Für Preußen war nach der Vereinbarung von Olmütz ein Krieg gegen eine überlegene Koalition mit Österreich an der Spitze in den Bereich des Möglichen gerückt. In dieser Lage würde es für Preußen darauf ankommen, mit möglichst allen Kräften zunächst einen der Gegner schnell zu schlagen, um sich anschließend geschlossen gegen den nächsten Feind zu wenden. Diese auf der sogenannten Inneren Linie basierende Strategie, die das Operieren mit zusammengefaßten Kräften aus einer zentralen Position vorsah, würde durch die Eisenbahnen in nahezu idealer Weise unterstützt werden. Dank der erfolgreichen Diplomatie Bismarcks blieb Preußen jedoch in den Einigungskriegen die befürchtete Auseinandersetzungen an mehreren Fronten erspart. Es hatte sogar in allen drei Konflikten nacheinander Österreich, Italien und die süddeutschen Staaten jeweils zum Bündnispartner, während die Gegner stets isoliert waren. Trotzdem wurden die Eisenbahnen jetzt intensiver in die militärischen Planungen einbezogen, da auch die politische Führung in Preußen aus Sorge vor dem Eingreifen anderer Mächte an einer schnellen Beendigung der Kriege interessiert war.

IV. Früher und schneller als gedacht

Ab 1859 begann der preußische Generalstab seine Aufmarschbewegungen auf der Grundlage von Eisenbahnfahrplänen zu entwerfen. Militärische Operationen konnten nun präziser geplant und erheblich schneller ausgeführt werden. Sämtliche militärischen Abläufe mußten sich nun ihrerseits zunehmend an den technischen Gegebenheiten und den Fahrplänen der Eisenbahnen orientieren. Von einem anfänglichen Hilfsmittel wurde die Eisenbahn somit zu einem zentralen Element militärischer Planung, das schließlich sogar das traditionelle Kriegsbild vollkommen veränderte. Der wesentliche militärische Vorteil der Eisenbahnen bestand in der Möglichkeit einer schnellen Kriegseröffnung, die dem Feind zuvorkam und dem Angreifer entscheidende Ausgangspositionen sicherte. Aus diesen Möglichkeiten der Eisenbahnen entwickelte sich jedoch die Tendenz, die militärischen Planungen schon im voraus auf den gesamten Verlauf eines Krieges auszudehnen, und damit eine vermeintliche Präzision anzustreben, die in Wahrheit nur ein flexibles Reagieren auf überraschende Lageentwicklungen erschwerte. Moltke hatte es daher noch abgelehnt, weiterführende Operationsplanungen über das erste Gefecht hinaus anzustellen. Andererseits drohte das Ziel eines raschen, auf Eisenbahntransporten beruhenden Aufmarsches den Spielraum der politischen Führung einzuengen. Auch wenn diese Entwicklung im Krieg von 1866 bereits sichtbar war, und Moltke tatsächlich versucht hatte, militärtechnische Gesichtspunkte über die diplomatischen Erwägungen zu stellen, so blieb doch unter Bismarck das Primat der Politik aufrechterhalten. Erst unter den Nachfolgern Bismarcks und Moltkes kamen beide, dem neuen Kriegsbild innewohnenden mechanistischen Tendenzen auf der Grundlage des sogenannten Schlieffenplanes zu Beginn des Ersten Weltkriegs zu ihrer vollen und fatalen Auswirkung.

Dokumente

Gutachten des Generals Rühle v. Lilienstern über den militärischen Nutzen der Eisenbahnen (1835)

GStAPK, III HA, Ministerium der Auswärtigen Angelegenheiten, Nr. 6963, Politische und militärische Gesichtspunkte bei Anlegung von Eisenbahnen im Ausland, Bl. 78–82

Als Antwort auf die bayerischen Eisenbahnpläne verfaßte General Rühle v. Lilienstern Anfang 1835 ein sehr grundsätzlich angelegtes Gutachten über die militärischen Möglichkeiten der Eisenbahnen. Der General wandte sich zwar gegen alle bayerischen Bemühungen auf der Grundlage der zukünftigen Eisenbahnen eine Revision der preußisch-österreichischen Zusatzvereinbarungen von 1832 zur Verteidigung Süddeutschlands herbeizuführen. Dennoch gelangte er zu einer vorsichtig optimistischen Einschätzung des neuen Transportmittels, das er als durchaus geeignet zum Transport von Nachschub und kleineren Truppenabteilungen ansah. Für strategische Zwecke aber glaubte er auf die Chausseen weiterhin nicht verzichten zu können.

* * *

Wenn man die Eisenbahnen in spezieller Beziehung auf die Kriegführung überhaupt betrachtet, so leidet es keinen Zweifel, daß da, wo solche Schienenwege nun einmal bestehen und ungestört benutzt werden können, aus ihnen für einzelne Kriegsunternehmungen und Begebenheiten ein erheblicher Vorteil, und deshalb dem Gegner, dem sie oder andere Bahnen nicht zu Gebote stehen, ebenso empfindliche Nachteile erweisen können. Diese Vorteile werden sich aber namentlich da äußern, wo es sich um den Gebrauch geringer oder doch mäßig großer Truppenmassen handelt. Auf die Kriegführung im Großen, auf die Bewegung ganzer Armeen, auf den Entwurf von Feldzügen, Offensiv- und Defensivplänen ganzer Länder und Staaten, dürften die Eisenbahnen an sich keinen wesentlichen und großartigen Einfluß äußern, und ihn überhaupt erst dann gewinnen können, wenn ganze Netze von Eisenbahnen über weit gedehnte Strecken verbreitet sein werden. Aber auch in diesen Fällen wird ihre Benutzung für den Krieg eine höchst prekäre Sache bleiben, wegen des eingeschränkten Gebrauchs, der sich von ihnen machen läßt, und weil man nie mit Sicherheit voraussehen kann, wie lange und in welchem Umfang man hoffen darf, über diese disponieren zu können. Einmal können sie ihrer Natur nach nie die Chausseen ersetzen, und nie so vielfach vorhanden sein, als es die Beweglichkeit der heutigen Kriegführung unumgänglich erfordert. Zum anderen wird es stets schwer bleiben, die Bahnen selbst, oder die dazu gehörigen Maschinen, Werkstätten und Feuerungsmagazine bei starker Kriegsfrequenz in genügend ausreichendem Zustande zu erhalten, und noch viel leichter auf die Zerstörung aller dieser Einrichtungen hinzuwirken.

Bei Operationen, die namentlich auf die Benutzung von Eisenbahnen projektiert sind, wird die Besorgnis des Mißlingens jederzeit die Wahrscheinlichkeit des Gelingens überwiegen. Der Nutzen der Eisenbahnen wird sich in Hinsicht auf Militärzwecke namentlich bemerkbar machen:

a. bei Fortschaffung und Nachbringung von Kriegsbedürfnissen im Rücken der Armee und auf Gebieten, die nicht zum unmittelbaren Kriegsschauplatz gehören,

b. für die Sicherstellung von Gegenständen irgendwelcher Art, die vor dem ungehindert andringenden Feind gerettet werden sollen,

c. in der beschleunigten Konzentrierung zerstreuter Truppenteile auf militärisch wichtigen Punkten und für das überraschend schnelle Auftreten solcher bewaffneter Haufen an Orten, wo der Feind es gar nicht erwartet hatte,

d. in der Leichtigkeit durch unternehmende Parteigänger, politische Aufregung oder kühne Flankenoperationen, die auf der Benutzung von Eisenbahnen basieren und kalkulierte Unternehmungen des Feindes zu vereiteln, die Verfolgung geschlagener Truppen zu erschweren.

Was nun endlich noch spezieller das Kriegstheater und Operationssystem des deutschen Bundes betrifft, so läßt sich darüber, solange die Richtung der im nächsten Jahrzehnt zu bauenden Eisenbahnen – ihre Vollendung wird für die einzelnen Staaten stets mehrere Jahre erfordern – sowohl in Deutschland als in Frankreich nicht definitiv fertiggestellt ist, nicht viel Brauchbares sagen. Da aber durch die Eisenbahnen der Geist und die Methode der heutigen Kriegführung nicht wesentlich modifiziert wird, die Natur der gegenwärtigen Kriegstheater, wie immer die Richtung der im nächsten Jahrzehnt zu vollendenden Eisenbahnen beliebt werden mag, in der Hauptsache unverändert bleiben dürfte, sowohl was die vorzugsweise vorgestellten Gegenden, als auch, was die durch ihre örtlichen Verhältnisse zur Vereinigung der Bundeskorps, zur Abwehr des Feindes oder zur Bekämpfung desselben, im eigenen Lande, in Sonderheit geeigneten Landesteile und Hauptstraßenzüge betrifft, da endlich wohl auch die Politik der deutschen Bundesstaaten unerschütterlich bleiben dürfte, die bei den Besprechungen 1832 zu Grunde gelegt wurden, kurz, da alle Hauptsachen beim Alten bleiben, so scheint es nicht, daß in den damals beliebten Festsetzungen eine Modifikation nötig werden sollte, inwiefern man darunter nicht etwa eine Abrede über eine noch engere Wechselverteidigung und bestimmtere Übereinkünfte über die Modalität der gegenseitigen Hilfeleistung auf bedrohten Punkten zu verstehen geneigt ist, zu welchen Zwecken denn die beabsichtigte Eisenbahnen ihrerseits wohl günstig mitwirken können.

Wirft man einen Blick auf die Konfiguration, welche die bisher namhaft gemachten Eisenbahnlinien auf der Landkarte bilden, so ist:

A. in Beziehung auf Frankreich selbst dort nicht zu erwarten, daß militärische Rücksichten Eisenbahnen hervorrufen werden, die von den jetzt üblichen Straßenzügen bedeutend abweichen möchten. Was davon bis jetzt durchleuchtet, ist eine Verbindung der Hauptstadt mit den Haupthandelsplätzen Lyon und

Marseille, mit Bordeaux, Tours, Nantes, Havre und Dieppe, also insgesamt nach Süden und Westen gerichtet, dann die nordöstliche Kommunikation von Paris nach Brüssel, die sich an die bereits im Bau begriffene Bahn von Antwerpen nach Köln anschließt. Es wird auch ein Schienenzug von Paris nach Straßburg erwähnt, dieser ist jedoch von allen der mindest wahrscheinliche. Dann ist sicher noch zu rechnen, die von List zur Kohlenspeisung der Mannheim-Basel-Straße von Saargemünd auf Karlsruhe in Vorschlag gebrachte Bahnlinie.

Das süddeutsche einheimische Kriegstheater möchte daher selbst in der Idee und den Projekten eben nicht stärker bedroht sein als zuvor. Selbst die wegen ihrer Richtung von Metz und Karlsruhe und Stuttgart etwa bedenklich erscheinende Saargemünder Bahnlinie ist nicht einmal gefahrbringend, da sie unter der unmittelbaren Obhut der Garnison von Landau, von wo aus die Kommunikation in jedem sonderlichen Augenblick unterbrochen und verhindert werden kann durch Aufreißen des Schienenbandes, Wegführen der Lokomotiven, Verbrennung der Kohlenmagazine auf den Zwischenstationen usw.

Ernstlicher bedroht erscheint das Kriegstheater am Niederrhein durch das belgische Bahnnetz. Ob aber nicht gerade die hierdurch mit Norddeutschland und dem Rheintal neu belebten und gesteigerten Handelsinteressen in der Friedenspolitik Belgiens am Ende eine Korrektur herbeiführen möchten, welche den deutschen Bund für den dermaligen Kriegsfall mehr zu gute kommen dürfte als Frankreich, steht noch nicht abzumachen. Im schlimmsten Fall, d.h. wenn wider Erwarten und gegen das Operationsinteresse Frankreichs, dieser Staat gesonnen sein sollte, den Kriegsschauplatz eines ausbrechenden Krieges nach der Maas und dem Niederrhein verlegen zu wollen, so würde Süddeutschland davon nur eine Ermäßigung der ihm damit bevorstehenden Gefahr zu erwarten haben und ihm dadurch vielleicht eine Gelegenheit geboten werden, mit seinen Streitkräften und mittelst einer Offensivdivision in der Richtung auf Mainz und Saarbrücken der bedrängten preußischen Rheinprovinz zu Hilfe zu kommen.

B. In Beziehung auf Süddeutschland selbst sind zur Zeit zur Sprache gekommen: Drei große Eisenbahnlinien in der Richtung von Norden nach Süden:
 a. die badische im Rheintal von Basel nach Frankfurt, dann, nach Lists Entwurf, von da über Kassel, Hannover auf Hamburg,
 b. von den Endpunkten des Bodensees durch Schwaben über Ulm und durch Bayern über Augsburg, München und Ingolstadt auf Nürnberg und von da die Rednitz entlang nach dem Obermain in der Richtung auf Erfurt, endlich:
 c. von den Hansestädten über Magdeburg, Berlin und Leipzig und weiter über Dresden, Prag bis an die Donau und den Traunsee,
 d. diese drei Hauptlinien durchschneiden sämtlich die französischen Operationslinien von Hüningen, Straßburg auf Stuttgart, München und Wien, von Mainz auf Leipzig usw. oder vom Mittelrhein nach dem sächsischen Vogtlande, oder wie man sich sonst noch verzweigen will. Die Eisenbahnen können daher, wie fern dadurch das zu Hilfe eilen von Norden nach Süden

und umgekehrt aus einem Abschnitt des Kriegstheaters nach dem anderen erleichtert u. befördert wird, in der Regel nur dem Vordringen der Franzosen hinderlich werden.

Eine schnelle Vereinigung des VIII. Bundeskorps mit preußischen, sächsischen und böhmischen Heeresteilen in der Nähe des Fichtelgebirges oder am Obermain wird insonderlich dadurch begünstigt. Kurz alle Umstände, Erwägungen und Kombinationen sprechen für die Zweckmäßigkeit und unveränderte Beibehaltung der früher stattgehabten Verabredungen, auch unter der Voraussetzung, daß die projektierten Eisenbahnen wirklich ins Leben treten sollten.

Wünschenswert bleibt es bei alledem, daß die süddeutschen Höfe ihre Ansichten über diese Angelegenheit aussprechen und mitteilen mögen. Ununterbrochene Verständigung liegt sowohl im militärischen Interesse der deutschen Bundesstaaten überhaupt, als auch eine Verständigung über diesen Gegenstand in dem militärisch kommerziellen Interesse der Mitglieder des Zollvereins insonderlich, weshalb es für diese in doppelter Beziehung nützlich und angemessen erscheint, eine wechselseitig freundliche Benutzung und Übereinkunft statt finden zu lassen, sobald von ihnen Eisenbahnanlagen und Konzessionierung im Großen ernstlich beabsichtigt werden.

Vortrag des militärischen Referenten (Generalmajor Eduard v. Peucker) in der Sitzung des Hohen Staatsministeriums vom 14. Januar 1845 über den Verlauf der geplanten Ostbahn zur Weichsel und nach Königsberg
GStAPK, I. HA, Rep. 89, Zivilkabinett, 1. Abt., Nr. 29 660, die Eisenbahn zwischen Berlin und Königsberg betr.

Generalmajor v. Peuckerts Vortrag vor dem Staatsministerium faßte noch einmal alle militärischen Gründe für die Wahl einer mittleren Streckenführung der Ostbahn über Küstrin auf Bromberg und weiter nach Dirschau zur Weichsel zusammen. Wichtigster Gesichtspunkt hierbei war die Stärkung der Festung Thorn an der Weichsel, als flankierender, »offensiver Waffenplatz« gegen einen russischen Angriff auf Posen und Breslau. Für die südliche Alternative auf die Provinzhauptstadt Posen hatten vor allem politische Erwägungen gesprochen, die nördliche von Stettin entlang der pommerischen Küste war aus wirtschaftlichen Gründen attraktiver. Die Armee mußte sie jedoch ablehnen. Da Preußen keine Flotte besaß, war eine Küstenbahn gegen Angriffe der russischen Flotte von der Seeseite nicht effektiv zu schützen.

* * *

Die Provinz Preußen bildet das östlichste Flügelbollwerk unserer Landesverteidigung. Sie besitzt sowohl durch den starken natürlichen Schutz, der in ihren Terrainformationen beruht, als durch die dieser letzteren angepaßten Befestigungen eine große innere Verteidigungsfähigkeit, und ist daher mehr als irgendeine andere

Provinz des Staates zu einer hartnäckigen, selbständigen Verteidigung geeignet. Allein sie besitzt nicht die zu einem nachhaltigen Ersatz von Kriegskräften erforderlichen inneren Hilfsquellen und bedarf daher zu diesem Zweck der Verbindung mit den rückwärts gelegenen Provinzen. Da die militärische Benutzung der Eisenbahnen sich hauptsächlich auf die Zufuhr von Kriegsmitteln aller Art erstreckt, so erhält die von dem Herzen des Landes nach Preußen zu führende Eisenbahn für die künftige Kriegsfähigkeit dieser Provinz eine hohe Bedeutung.

Der Umstand, daß feindliche Flotten die Mündungen unserer Ströme und Gastgewässer in kurzer Zeit sperren können, und die Einführung der Dampfschiffe in die europäischen Kriegsmarinen den in der seichten Beschaffenheit unserer Küste seither gefundenen natürlichen Schutz sehr wesentlich verringert hat, nötigt uns, jene Verbindung im militärischen Interesse nicht zu sehr an der, feindlichen Insulten ausgesetzten Küste, dagegen aber auch nicht zu nahe an der ganz offenen Südgrenze aufzusuchen, an welcher entlang eine Eisenbahn schon bei Beginn eines Krieges in der Wirkungssphäre des Feindes liegen und daher für eine militärische Benutzung ganz wertlos sein würde.

Obgleich Eisenbahnen auf dem Kriegsschauplatz selbst nicht benutzt werden können, so werden sie doch für die Kriegführung nur in dem Maße brauchbar, als sie mit militärischer Sicherheit gegen den Bereich der Operationen führen. Nur die dem Operationsbereich zugeleiteten Zufuhren kommen der Kriegführung unmittelbar zu Gute. Die größere oder geringere militärische Brauchbarkeit einer Eisenbahnlinie wird daher sehr wesentlich bestimmt durch den größeren oder kleineren Operationsbereich, welchen sie ihre Verzweigungen mit militärischer Sicherheit zuwendet. Die Weichsel bildet offenbar die große Operationsbasis zur Verteidigung der Provinz Preußen. Allein nach Maßgabe der Wechselfälle des Krieges wird sowohl die mittlere als die untere Weichsel von vorherrschender Wichtigkeit werden, ja nach Umständen der Kampf an der ganzen Weichsellinie entbrennen könne.

Eine Eisenbahn, welche berufen ist, die Verteidigung der Provinz zu stützen, wird daher nicht ausschließlich auf die Unterstützung von einem dieser beiden Weichselgebiete gerichtet sein dürfen, sondern sie wird die Möglichkeit darbieten müssen, nach Umständen jedem von beiden rechtzeitig zu Hilfe kommen zu können. Wir besitzen demnächst in der Festung Thorn einen Waffenplatz, welcher den großen militärischen Vorteil einer vorherrschend offensiven Lage gegen die wichtigen feindlichen Operationslinien – gegen Breslau und Posen – besitzt und daher uns in den Stand setzt, bei einem gewagten und unerwarteten Vorschreiten feindlicher Kolonnen denselben von dort aus auf den Hals zu fallen, ihre Kommunikationen, Flanken und Rücken zu bedrohen, und auf diese Weise Breslau und Posen am wirksamsten zu verteidigen. Thorn liegt indessen so exponiert an der äußersten Grenze, daß es zu einer Anhäufung von Kriegsstoffen nicht benutzt werden kann. Eine Eisenbahn, die uns aber in den Stand setzt, bei eintretender Veranlassung Truppen und Kriegsmaterial mit militärischer Sicherheit gegen diesen einzigen offensiven Waffenplatz jener Grenze zu dirigieren, kann unter Umständen eine hohe Bedeutung gewinnen. Nun hat uns aber die Natur selbst, durch die Brücke der Warthe und Netze, die einen starken militärischen Abschnitt bilden, die Richtung einer mittleren Verbindung vorgezeichnet, welche alle Vorteile, die in militärischer Beziehung von einer Verbindung mit der Weichsel zu erwarten sind, vereinigt erreichen läßt, eine Richtung, die schon von den alten Beherrschern der Mark richtig erkannt und gewürdigt worden ist. Zu dieser Richtung wölbten schon die anhaltinischen Markgrafen des 13. Jahrhunderts in den Mauern der von ihnen gegründeten oder errichteten Festungen der Neumark den starken Pfeiler zu einer Brücke, über welche sie dem germanischen Osten, dem Deutschen Orden die Bruderhand reichten in jenen Kämpfen, die schon damals gegen die heran flutenden slawischen Elemente geschlagen werden mußten. In dieser Richtung bewegt sich seit 500 Jahren der große Handelsweg von Preußen nach der Mark; denn seit Jahrhunderten folgen Krieg und Handel sich wechselseitig in ihren Bahnen.

Eine Eisenbahn, welche vom Herzen des Landes, Berlin ausgeht, bei Küstrin unter dem Schutz der Festungswerke die Oder und Warthe überschreitet, durch die Terrainabschnitte der Warthe- und Netzebrücke gedeckt, Truppen und Kriegsmaterial mit militärischer Sicherheit in der Richtung auf den einzigen offensiven Waffenplatz der Grenze zu dirigieren gestattet, welche sich längs der ganzen Operationsbasis der Verteidigung von Preußen auf dem, durch den mächtigen Strom gesicherten Ufer ausbreitet, welche uns daher in den Stand setzt, nach Maßgabe des eintretenden Bedarfs sowohl der mittleren als der unteren Weichsel zu Hilfe zu kommen, eine Eisenbahnlinie, welche die Festungen Danzig, Graudenz und Thorn mit den rückwärts gelegenen Waffenplätzen Küstrin, Stettin, Posen durch ein großartiges Eisenbahnnetz in eine zweckmäßige Verbindung bringt, und uns befähigt, nicht nur eine kräftige, sondern auch eine mobile Verteidigung zu führen, eine solche Linie hat offenbar eine höhere militärische Bedeutung als jede andere. Jede andere Linie würde nur einzelne derjenigen Vorteile erweisen lassen, die von der ersten, soweit als dies überhaupt zulässig wird, vereinigt werden. Diese Linie ist es daher auch, die von Seiten des Kriegsministers dringend empfohlen werden muß. Es ist dieselbe, welche bereits im Jahre 1836 von der unter dem Vorsitz des Chefs des Generalstabes der Armee niedergesetzte Immediatkommission für die nordöstlichste Eisenbahn als die militärisch wichtigste bestimmt bezeichnet worden ist.

Gez. Peucker
Generalmajor im Kriegsministerium

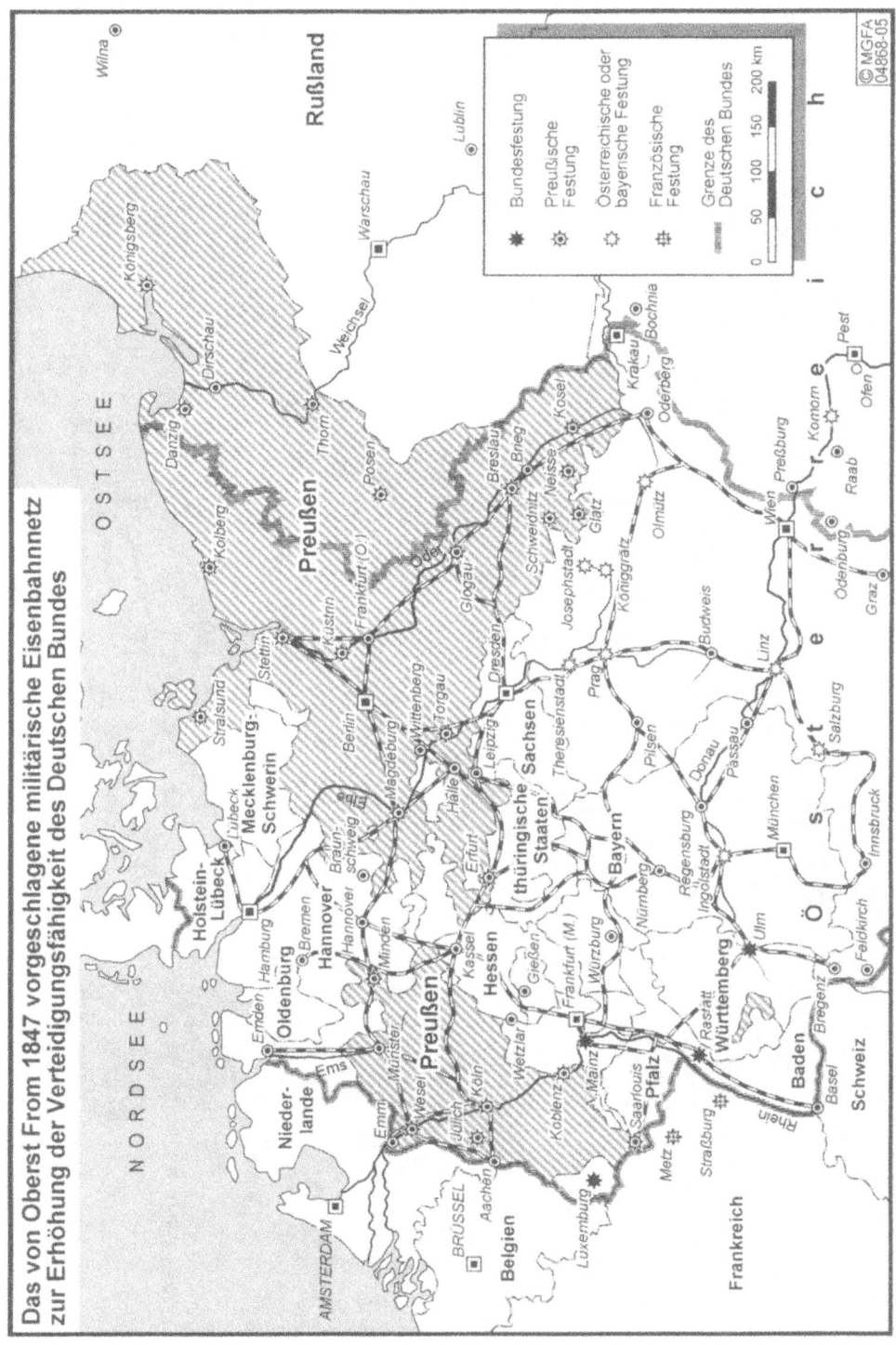

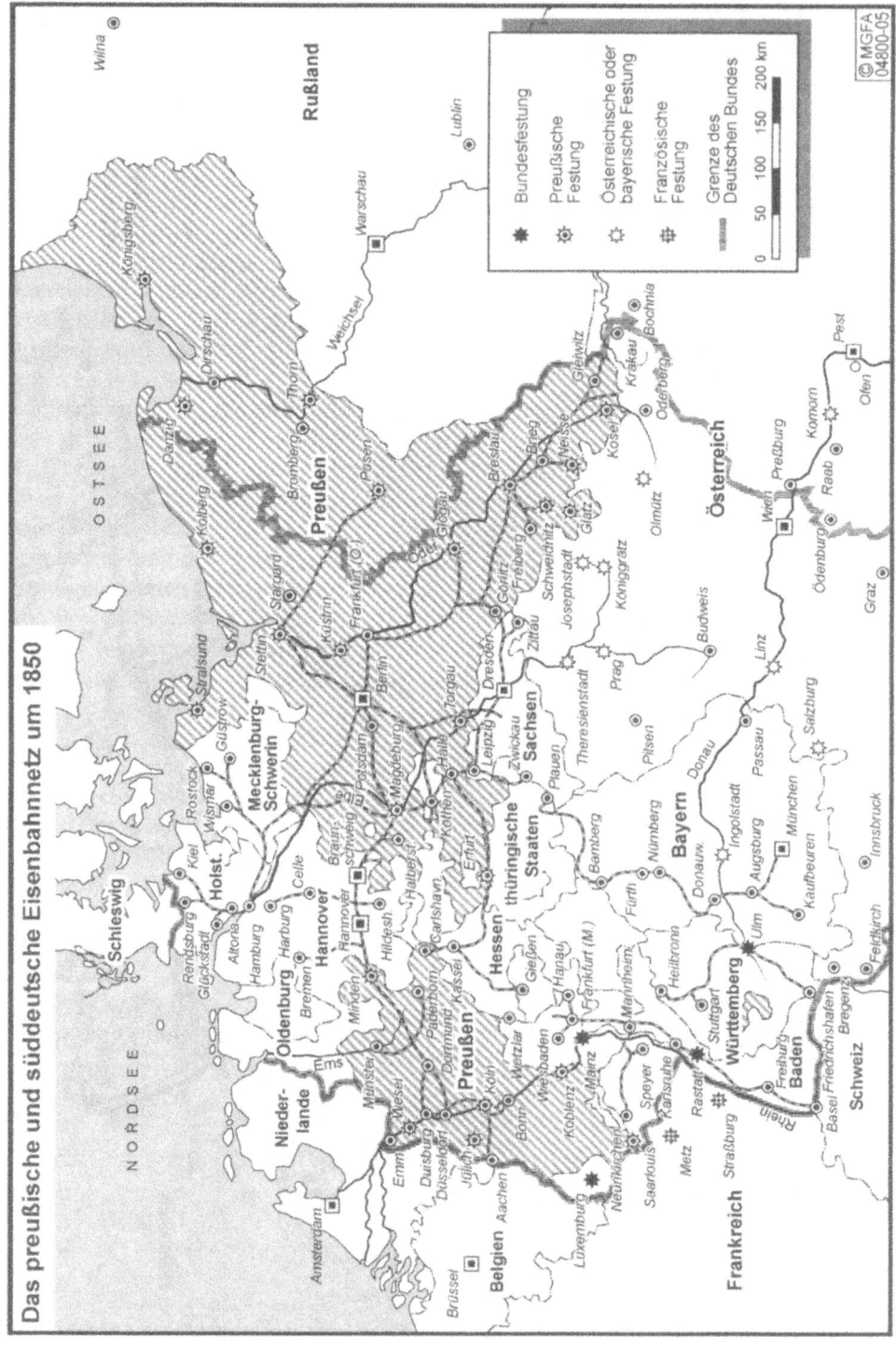

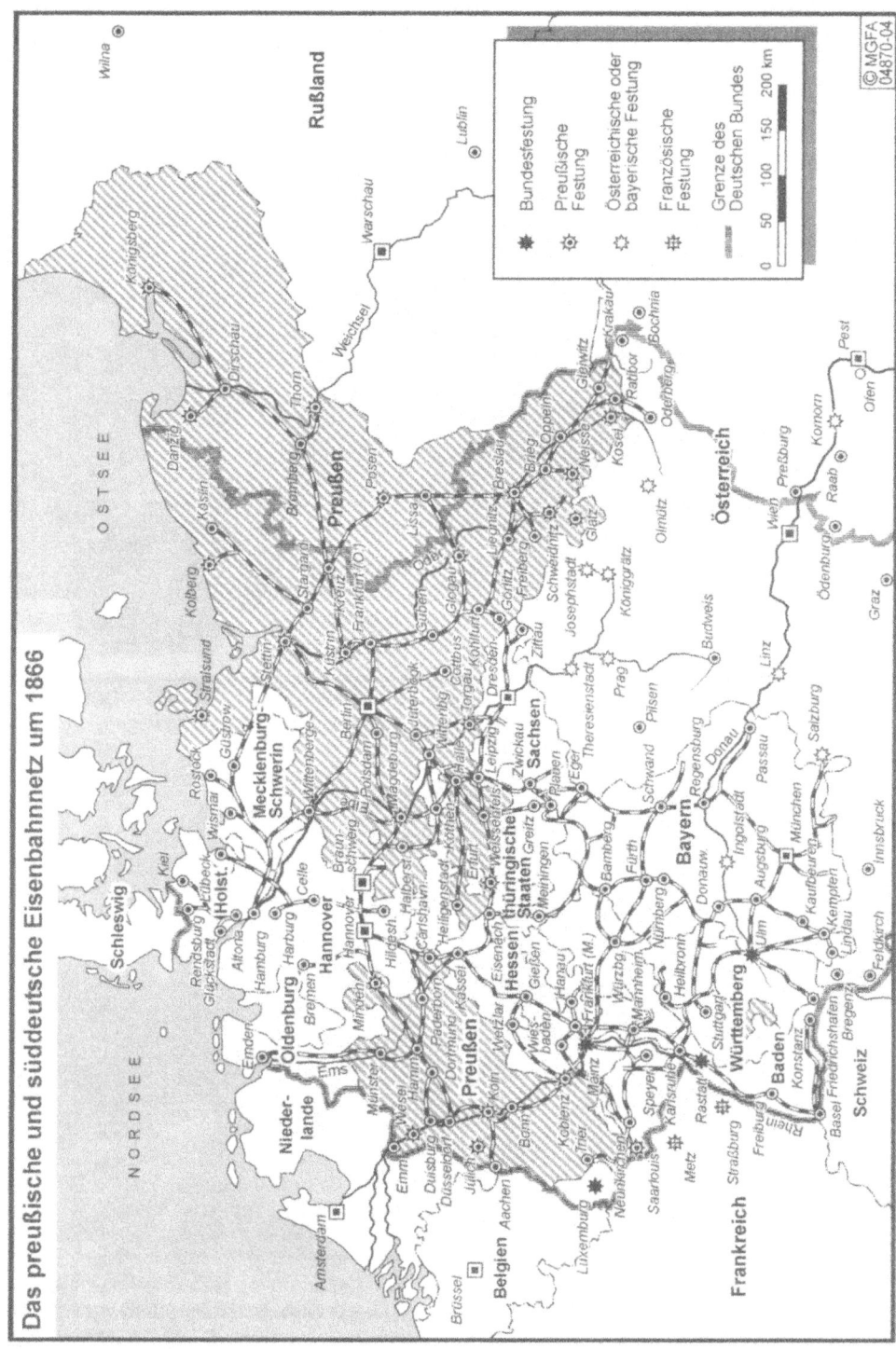

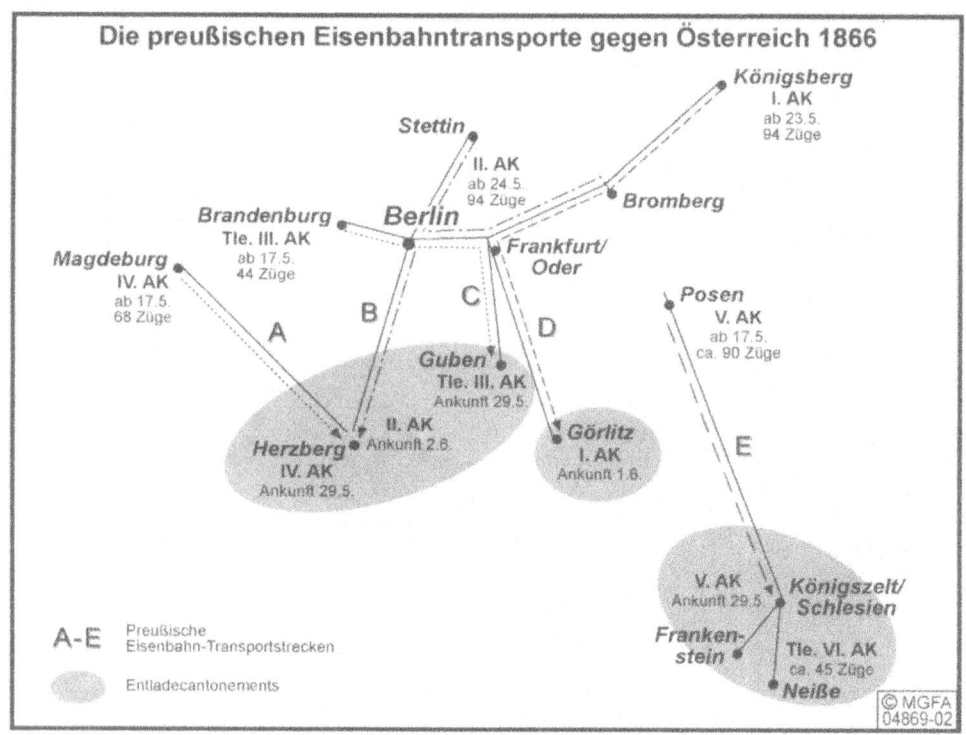

Auszug des 11. westfälischen Husarenregiments aus Düsseldorf, 1866.
Holzschnitt nach einer Zeichnung von Chr. Seil, 1866 (bpk)

Deutsch-dänischer Krieg 1864 – Truppen:
Beförderung hannoverischer Cambridge-Dragoner mit der Eisenbahn, am 30. Januar 1864.
Holzstich nach einer Zeichnung von August Beck (bpk)

Abfahrt preußischer Reserven von Halle a.d. Saale, 1866.
Holzschnitt nach einer Zeichnung von A. Muttenthaler, 1866 (bpk)

Ankunft einer Abteilung Gardekürassiere auf dem oberschlesischen Bahnhof in Breslau, 1866.
Holzschnitt nach einer Zeichnung von M. Koska, 1866 (bpk)

Tabellarische Übersicht über den Stand des Eisenbahnwesens im preußischen Staat im August 1847

	Eröffnungs-datum	Länge (km)	Betriebsmittel			Doppelgleise
			Lokom.	Pers. Wagen	Sonst. Wagen	
Magdeburg-Leipziger Bahn	18. Aug. 1840	120	20	107	181	Vollständig
Düsseldorf-Elberfelder Bahn	3. Sept. 1841	27	8	48	88	Teilweise
Berlin-Anhalter Bahn	10. Sept. 1841	153	25	102	280	Ca. 25 %
Magdeburg-Halberstadt	16. Juli 1843	58	8	32	58	Keine
Rhein. Bahn Köln-Aachen	15. Okt. 1843	86	18	61	446	Teilweise
Berlin-Stettiner Bahn	15. Aug. 1843	170	21	73	180	Keine
Oberschles. Bahn Breslau-Myslowitz	Okt. 1846	199	24	60	168	Teilweise
Breslau-Freiberg-Schweidnitz	29. Okt. 1843	67	9	56	109	Keine
Bonn-Kölner Bahn	15. Febr. 1844	30	8	42	17	Keine
Berlin-Potsdam-Magdeburg	13. Sept. 1846	147	26	80	131	Nur zwischen Berlin und Potsdam
Niederschlesisch-Märkische Bahn	Sept. 1846	392	57	91	271	Keine
Westfälische Zweigbahn	Nov. 1846	72	9	0	0	Keine
Berlin-Hamburg	15. Dez. 1846	288	33	84	205	Keine
Wilhelm-Bahn	Mai 1847	54	6	25	43	Keine
Köln-Minden	15. Okt 1847	268	14	49	128	Keine
Thüringische Bahn	24. Juli 1847	188	12	61	190	Keine
Stargard-Posener Bahn (als Teilstrecke)	10. Aug. 1847	68	0	0	0	Keine
Brieg-Neiße	25. Juli 1847	42	0	0	0	Keine
Bergisch-Märkische Bahn	Sept. 1847 (gepl.)	58	0	0	0	Keine
		2487	298	971	2495	

Quelle: Tabellarische Übersicht über den Stand des Eisenbahnwesens im preußischen Staate im August 1847. Beilage 3 zu § 24 der 2. Bundestagssitzung vom 13.1.1848 den Einfluß der Eisenbahnen auf die Wehrhaftigkeit des Deutschen Bundes betreffend, in: GStAPK, I. HA Rep. 75A, Bundesmilitärkommission Nr. 1337, Anlegung von Eisenbahnen, Bd 2.

Stand der preußischen Eisenbahnen und ihrer Betriebsmittel 1855

Eisenbahndirektionen	Länge (km)	Betriebsmittel		
		Lokom.	Pers. Wagen	Sonst. Wagen
Staatsbahnen				
Niederschles.-Märkische Bahn	367	98	142	1084
Ostbahn Küstrin-Königsberg	445	57	130	456
Prinz-Wilhelm Bahn	33	7	6	276
Westfälische Staatsbahn	138	22	59	487
Bergisch-Märkische Bahn	59	16	24	370
Aachen-Düsseldorf-Ruhrort	17	27	57	678
Privatbahnen				
Münster-Hamm	36	5	15	95
Berlin-Hamburger Bahn	288	58	109	617
Berlin-Anhalter Bahn	153	35	86	372
Berlin-Potsdam-Magdeburg	147	31	79	172
Berlin-Stettin	135	29	75	190
Breslau-Freiburg-Liegnitz	77	15	57	246
Oberschlesische Bahn Posen-Glogau-Breslau-Myslowitz	202	64	74	34
Brieg-Neißer Bahn	53	4	9	23
Stargard-Posener Bahn	205	23	46	191
Wilhelmsbahn	33	7	23	384
Niederschlesische Zweigbahn	73	7	18	59
Magdeburg-Leipzig	120	38	118	465
Magdeburg-Wittenberg	108	17	32	156
Magdeburg-Halberstadt	60	17	28	213
Köln-Mindener Bahn	268	86	119	2089
Thüringische Bahn	194	32	70	464
Düsseldorf-Elberfeld	27	11	17	156
Rheinbahn Köln-Aachen-Herbesthal	89	26	66	496
Köln-Bonner Bahn	30	8	44	21
Aachen-Maastricher Bahn	37	8	16	348
	3394	**748**	**1519**	**10142**

Quelle: Die Eisenbahnen Deutschlands mit Bezug auf deren Benutzung zu militärischen Zwecken, in: BA Koblenz, DB 5, II/ 232.

Stand der preußischen Eisenbahnen und ihrer Betriebsmittel 1860

Eisenbahndirektionen	Länge (km)	Betriebsmittel			
		davon zweigleisig	Lokom.	Pers. Wagen	Sonst. Wagen
Staatsbahnen					
Niederschlesisch Märkische Bahn	391	255	134	168	1722
Ostbahn Küstrin-Danzig-Eydtkuhnen	605	0	112	165	1396
Prinz-Wilhelm Bahn Steele-Vohwinkel	33	0	8	6	424
Westfäl. Staatsbahn Rheine-Hamm-Paderborn	210	0	46	67	712
Saarbrücker Staatsbahn	44	32	34	63	903
Bergisch-Märkische Bahn	139	49	58	59	1173
Aachen-Düsseldorf-Ruhrort	128	5	31	69	1104
Privatbahnen					
Berlin-Hamburger Bahn	300	156	76	117	929
Berlin-Anhalter Bahn	233	88	57	102	862
Berlin-Potsdam-Magdeburg-Halberstadt	201	179	67	133	751
Berlin-Stettin	135	0	35	67	307
Breslau-Freiburg-Liegnitz	173	0	30	84	633
Oberschlesische Bahn Posen-Glogau-Breslau-Myslowitz	451	200	112	140	2853
Brieg-Neißer Bahn	44	0	6	10	71
Stettin-Stargard-Posener Bahn	205	3	40	46	347
Wilhelmsbahn (Kosel-Oderberg)	163	0	23	25	914
Oppeln-Tarnowitz	77	0	8	7	206
Niederschlesische Zweigbahn	72	0	11	24	116
Magdeburg-Leipzig	147	119	51	124	954
Magdeburg-Wittenberg	108	10	20	32	205
Köln-Krefeld	52	0	7	18	110
Köln-Mindener Bahn	354	0	160	160	3828
Thüringische Bahn	282	0	58	106	1046
Rhein-Nahe Bahn	123	0	22	45	198
Rheinbahn Köln-Aachen-Herbesthal	104	5	31	69	1104
Rheinische Bahn Köln (Herbesthal)-Bingen	245	0	58	159	833
Aachen-Maastricher Bahn	65	0	17	24	418
	5084	**1101**	**1312**	**2089**	**24119**

Quelle: Boehn, Generalstabsgeschäfte.

Zeitgenössische Maße und Gewichte[1]

Längenmaße

Ein Zoll = 12 rheinische Linien = 0,026 m
Preußischer (rhein.) Fuß = 0,314 m
Österreichischer Fuß = 0,316 m
Wiener Klafter = 1,896 m
Preußische Ruthe = 12 rhein. Fuß = 3,77 m
Preußische Meile = 2000 rhein. Ruthen = 7532 m
Deutsche Meile (nach 1877) = 7500 m
Österreichische Meile = 7586 m
Russischer Werst = 1067 m
Französischer Lieu = 4500 m

Gewichte

Ein Lot = 16 Pfennig = 304 Ass = 14,6 gr
Ein Pfund = 32 Lot = 468 gr
Ein Wiener Pfund = 560 gr
Ein Pfennig = 19 Ass
Ein Zentner = 110 od. 112 alte Pfund zu 456 gr = 46,77 kg

Währungen

Preußischer Taler = 3 Mark = 30 Groschen
1 (Österr.) fl. CM = 60 kr. = 0,70 Taler = 1,225 (süddeutsche) fl.

---

[1] Nach: Tabellen alter Münzen.

Die Leiter der wichtigsten preußischen Ministerien[1]

Ministerpräsidenten 1848 bis 1866

Adolf Heinrich Graf v. Arnim-Boitzenburg, 18.3.1848 bis 29.3.1848
Ludolf Camphausen, 29.3.1848 bis 25.6.1848
Rudolf v. Auerswald, 25.6.1848 bis 21.9.1848
Ernst v. Pfuel, 20.9./21.9.1848 bis 1.11./8.11.1848
Friedrich Wilhelm Graf v. Brandenburg, 8.11.1848 bis 9.11.1850
Adalbert v. Ladenberg, 9.11.1850 (interimistisch) bis 4.12.1850
Otto Frhr. v. Manteuffel, 4.12. (interimistisch)/19.12.1850 bis 5.11/6.11.1858
Karl Anton Fürst v. Hohenzollern-Sigmaringen, 5.11.1858 bis 11.3/8.10.1862
Adolf Prinz zu Hohenlohe-Ingelfingen, 11.3.1862 bis 23.9.1862
Otto v. Bismarck, 23.9.1862/8.10.1862 bis 20.3.1890

Kriegsminister 1815 bis 1866

Generalfeldmarschall Hermann v. Boyen, 3.6.1814 bis 26.12.1819; 1.3.1841 bis 7.10.1847
Generalleutnant Karl Georg v. Hake, 1819/20 bis 20.10.1833
Generalleutnant Karl Ernst Job v. Witzleben, 30.10.1833 (ad interim)/25.4.1834 bis 19.3.1837
General der Infanterie Gustav Johann Georg v. Rauch, 31.7.1837 bis 28.2.1841
Generalmajor Ferdinand v. Rohr, 7.10.1847 bis 29.3.1848
Generalleutnant Karl Friedrich Wilhelm v. Reyher, 29.3.1848 bis 26.4.1848
Generalleutnant Karl August Wilhelm Graf v. Kanitz, 26.4.1848 bis 16.6.1848
Generalleutnant Ludwig Frhr. Roth v. Schreckenstein, 16.6.1848 bis 21.9.1848
Generalleutnant Ernst v. Pfuel, 20.9.1848 bis 1.11.1848 (zugleich auch Ministerpräsident)
Albrecht Rudolf v. Jenichen, 3.11.1848 bis 8.11.1848 (interimistisch)
Karl Adolf v. Strotha, 8.11.1848 bis 27.2.1850
Generalleutnant August Wilhelm v. Stockhausen, 27.2.1850 bis 31.12.1851
Generalmajor Alexander Friedrich Karl Frhr. v. Wangenheim, 31.12.1851 bis 13.1.1852

---

[1] Nach: Die Protokolle des Preußischen Staatsministeriums.

Generalleutnant Eduard Wilhelm Ludwig v. Bonin, 13.1.1852 bis 5.5.1854; 6.11.1858 bis 27.11.1859
Generalmajor Friedrich Gustav Graf v. Waldersee, 5.5.1854/3.8.1854 bis 6.11.1858
Generalfeldmarschall Albrecht Graf v. Roon, 5.12. 1859 bis 1.1./9.11. 1873

Außenminister 1818 bis 1866

Christian Günther Graf v. Bernstorf, 16.9.1818 bis 1832
Friedrich Karl v. Ancillion, 1832 bis 1837
Heinrich Frhr. v. Werther, 13.1.1837 bis 30.8/10.10.1841
Mortimer Graf v. Maltzan, 30.8.1841 bis 21.3.1842
Heinrich, Frhr. v. Bülow, 21.3.1842 bis 29.9.1845
Carl Frhr. v. Canitz, 29.9.1845 bis 18.3.1848
Adolf Heinrich Graf v. Arnim-Boitzenburg, 18.3.1848 (vorläufig) bis 19.6.1848 (zugleich auch Ministerpräsident bis 29.3.1848)
Alexander Frhr. v. Schleinitz, 19.6.1848 bis 25.6.1848; 21.7.1849 bis 26.9.1850; 6.11.1858 bis 31.7./10.10.1861
Rudolf v. Auerswald, 25.6.1848 bis 21.9.1848 (zugleich Ministerpräsident)
August Heinrich Graf v. Dönhoff, 21.9.1848 (auf eigenen Wunsch ad interim) bis 8.11.1848
Friedrich Wilhelm Graf v. Brandenburg, 8.11.1848 bis 4.12.1848; 30.4.1849 bis 21.7.1849; 3.11.1850 bis 6.11.1850 (zugleich Ministerpräsident)
Graf v. Bülow, 4.12.1848 (ad interim) bis 23.2.1849
Arnim, Heinrich Friedrich Graf v., 22./24.2.1849 bis 30.4.1849
Josef Maria v. Radowitz, 26.9.1850 bis 3.11.1850
Otto v. Manteuffel, 3.11.1850 (ad interim)/ 19.12.1850 bis 6.11.1858 (auch Ministerpräsident)
Albrecht Graf v. Bernstorff, 31.7./10.10. 1861 bis 8.10.1862
Otto v. Bismarck, 8.10.1862 bis 20.3.1890 (zugleich auch Ministerpräsident)

Finanzminister 1817 bis 1866

Wilhelm v. Klewitz, 2.12.1817 bis 30.6.1825
Friedrich v. Motz, 1.7.1825 bis 30.6.1830
Karl Georg v. Maassen, 14.8.1830 bis Nov. 1834
Albrecht Graf v. Alvensleben, 23.1.1835 bis 1.5.1842
Ernst Frhr. v. Bodelschwingh, 24.3/1.5.1842 bis 3.5.1844
Eduard Heinrich v. Flottwell, 3./18.5. 1844 bis 15.7./16.8.1846
Franz v. Duisberg, 16.8.1846 bis 19.3.1848
Ludwig Kühne, 19.3.1848 (ad interim) bis 29.3.1848, 8.11.1848 (vorläufige Ltg.) bis Febr. 1849

David Hansemann, 29.3.1848 bis 21.9.1848
Gustav v. Bonin, 21.9.1848 bis 8.11.1848
Rudolf v. Rabe, Febr. 1849 bis 23.7.1851
Karl v. Bodelschwingh, 23.7.1851 bis 6.11.1858; 30.9.1862 bis 2.6.1866
Robert Frhr. v. Patow, 6.11.1858 bis 17./18.3.1862
August v.d. Heydt, 17./18.3.1862 bis 23./30.9.1862; 2.6.1866 bis 26.10.1869

Innenminister 1815 bis 1866

Friedrich v. Schuckmann, 3.6.1814 bis 1834
Gustav Rochus v. Rochow, 28.4.1834 bis 1.5/13.6.1842
Adolf Heinrich Graf v. Arnim Boitzenburg, 13.6.1842 bis 7.7.1845
Ernst Frhr. v. Bodelschwingh, 10.7.1845 bis 19.3.1848
Rudolf v. Auerswald, 18.3.1848 bis 25.6.1848
Friedrich v. Kühlwetter, 25.6.1848 (ad interim)/3.7.1848 bis 21.9.1848
Franz August v. Eichmann, 21.9.1848 bis 8.11.1848
Otto Frhr. v. Manteuffel, 8.11.1848 bis 19.12.1850
Otto v. Westphalen, 19.12.1850 bis 7.10.1858
Eduard v. Flottwell, 7.10./6.11.1858 bis 3.7.1859
Maximilian Graf v. Schwerin, 3.7.1859 bis 17./18.3.1862
Gustav v. Jagow, 17./18.3.1862 bis 8.12.1862
Friedrich Graf v. Eulenburg, 8.12.1862 bis 30.3.1878

Handelsminister

1817 bis 1825 Ministerium des Handels, der Gewerbe und des gesamten Bauwesens, 1835 bis 1837 Verwaltung für Handel, Fabrikation und Bauwesen, ab 1848 Ministerium für Handel, Gewerbe und öffentliche Arbeiten

Hans Graf v. Bülow, 2.12.1817 bis 11.8.1825
Christian v. Rother, 1835 bis 1837
Robert Frhr. v. Patow, 17.4.1848 (ad interim) bis 25.6.1848
Karl August Milde, 25.6.1848 bis 21.9.1848
Gustav v. Bonin, 21.9.1848 bis 8.11.1848 (zugleich auch Finanzminister)
Adolf v. Pommer-Esche, 8.11.1848 (beauftragt zur Ltg.) bis 4.12.1848
August v.d. Heydt, 4.12.1848 bis 18.5.1862
Heinrich v. Holtzbrinck, 18.5.1862 bis 8.10.1862
Heinrich Graf v. Itzenplitz, 8.10./8.12.1862 bis 13.5.1873

Quellen und Literatur

Ungedruckte Quellen

Geheimes Staatsarchiv Preußischer Kulturbesitz, Berlin-Dahlem (GStAPK)

I. HA Rep. 77, Ministerium des Innern

Tit. 258, Nr. 27, Benutzung der Eisenbahnen für öffentliche, namentlich für militärische Zwecke 1839-1857
Tit. 258a, Nr. 46, betr. die Ausführung einer Eisenbahnverbindung zwischen Berlin und Königsberg in Ostpreußen
Tit. 332, Nr. 4, Die Bestimmung besonderer Militär-Straßen für preußische Truppen in sämtlichen Provinzen betr.
Tit. 332, Nr. 17, Bd 1 und 2, Benutzung der Eisenbahn durch das Militär bei Märschen und Transporten 1843-1850

I. HA Rep. 90, Preußisches Staatsministerium

Nr. 1674-1675, Berücksichtigung der militärischen Interessen bei der Herstellung von Eisenbahnen 1836-1895

IV. HA Rep. 5, Kriegsministerium

Nr. 11, Übersicht des Verkehrs und der Betriebsmittel auf den inländischen und den benachbarten ausländischen Eisenbahnen für militärische Zwecke; nach den beim königlichen Großen Generalstabe vorhandenen Materialien zusammengestellt, 1848, I: Inländische Bahnen, 1849, II: Deutsche Bahnen
Nr. 13, Übersicht des Verkehrs und der Betriebsmittel auf den inländischen und den benachbarten ausländischen Eisenbahnen für militärische Zwecke; nach den beim königlichen Großen Generalstabe vorhandenen Materialien zusammengestellt, 1855.

Ministerium der Auswärtigen Angelegenheiten

I. HA Rep. 75 A, Bundesmilitärkommission. Preußische Gesandtschaft am Bundestag 1816-1866
  Nr. 1336-1337, Anlegung von Eisenbahnen
  Nr. 1338, Das deutsche Eisenbahnwesen vom militärischen Standpunkt

II. HA

Nr. 2481-2485, Schriftwechsel 1834-1838.

Nr. 6963, Politische und militärische Gesichtspunkte bei Anlegung von Eisenbahnen im Ausland, Verhandlungen in der Bundesversammlung

Nr. 6971, Vorschläge, Anerbieten und Schriften in Eisenbahnangelegenheiten. Allgemeine technische Einrichtungen und Verbesserungen

I. HA Rep. 89, Zivilkabinett

Nr. 2891, betr. die Eisenbahn zwischen Köln und Amsterdam und die Verbindung der Amsterdam-Arnheimischen Bahn mit der Köln-Mindener Eisenbahn durch die Oberhausen–Wesel–Emmerich Bahn.

Nr. 29595, betr. die Eisenbahn von Halle über Kassel nach Lippstadt

Nr. 29645, betr. die Luxemburg–Trier–Saarbrücker Eisenbahn (1836-1884)

Nr. 29660, I. Abt., betr. die Eisenbahn zwischen Berlin und Königsberg

Nr. 32151, I. Abt., betr. die Etappenwege, die Militärdurchmärsche und Etappenkonventionen

I. HA Rep. 92

Nachlaß Hermann v. Boyen, Nr. 331

Nachlaß Friedrich Karl v. Müffling

I. HA Rep. 93 E, Ministerium für Handel, Gewerbe und öffentliche Arbeiten

Nr. 2360, Einrichtungen am Eisenbahnmaterial und Beschaffung von Laderampen für militärische Transporte 1849-1861

Nr. 2372, Organisation der Truppentransporte, Instruktionen und Reglements

Nr. 2374, Organisation der Truppentransporte 1863-1872

Nr. 2378, Beförderung von Truppen und Armeebedürfnissen 1849-1915

Nr. 2388, Ausrüstung und Leistungsfähigkeit der Eisenbahnen für militärische Zwecke 1854-1886

Nr. 2408-2412, Die Truppenbeförderung während der Mobilmachung im Jahre 1866

Nr. 12416-12420, Die Tätigkeit der Betriebsorganisationen für besetzte Eisenbahnstationen im Kriege 1866

Bundesarchiv, Koblenz (BA)

DB 5, Akten der Bundesmilitärkommission

I/41, Motiviertes Gutachten über den Einfluß der Eisenbahnen auf die Wehrhaftigkeit des Deutschen Bundes und über den gegenwärtigen Stand des Eisenbahnwesens mit Rücksicht auf die Verteidigungsfähigkeit Deutschlands

II/220, Truppentransporte auf Eisenbahnen und Dampfschiffen, Ideen und Vorschläge dazu 1851-1854
II/221, Eisenbahnen Deutschlands mit Bezug auf deren Benutzung zu militärischen Zwecken – Mitteilungen Preußens 1852-1856
II/222, Eisenbahnen Deutschlands mit Bezug auf deren Benutzung zu militärischen Zwecken – Mitteilungen Österreichs
II/232, Bericht über die Leistungsfähigkeit der Deutschen Eisenbahnen zu militärischen Zwecken, erstattet durch die Spezialkommission, Frankfurt 1861

Landeshauptarchiv Rheinland-Pfalz, Koblenz (LAH)

403, Bestände des Oberpräsidiums Koblenz

3581, Anlegung der Eisenbahn von Amsterdam nach Köln, von Arnheim über Wesel nach Oberhausen, Bd 1, 1833-1835, 1844-1853
11800, Bd 2, 1852-1856
11884, Anlegung der Eisenbahn von Bonn nach Koblenz–Bingerbrück–Mainz, Bd 1, 1844-1854, Bd 2, 1855-1858
1811, Militärmarsch- und Vorspannwesen, Bd 1, 1831-1859; 403/11374, Bd 2, 1859-1909
1996, Benutzung der Eisenbahnen und Dampfschiffe bei Märschen und Militärtransporten, 1843-1849
18149, Anlegung der Eisenbahn zwischen Köln und Antwerpen, Bd 1-4, 1832-1845
3088, Eisenbahnen in der Rheinprovinz

Services Historiques de l'armée de Terre, Château Vincennes (SHAT)

Mémoires et reconnaissances (MR)

MR 1511: Documents militaires recueillis de 1838 à 1848 par Paul de Bourgoing, ministre de France en Bavière, 3 Manuskriptbände, Januar 1849

Österreichisches Staatsarchiv-Kriegsarchiv, Wien

Kriegsministerium Präsidialreihe 1859
Militärkanzlei S.M. des Kaisers 1859
Hofkriegsrat Präsidialreihe 1838 und 1841
General-Geniedirektion 1837

Literatur

Abendroth, Heinrich v., Über die militärischen und technischen Grundlagen der Truppentransporte auf Eisenbahnen, Darmstadt, Leipzig 1861

Administrativ-statistischer Atlas vom Preußischen Staate, Berlin 1828. Neudr. mit einer Einf. und Erl.-Texten zu den Atlaskt. Hrsg. von Wolfgang Scharfe, Berlin 1990 (= Publikationen der Historischen Kommission zu Berlin, Reihe Kartenwerk zur preußischen Geschichte, 3)

Allgemeine Deutsche Biographie. Hrsg. durch die Historische Commission bei der Königl. Akademie der Wissenschaften, 56 Bde, Leipzig 1875-1912

Allgemeine Militär-Zeitung, Leipzig 1. 1826-77. 1902

Altpreußische Biographie. Im Auftr. der Historischen Kommission für Ost- und Westpreußische Landesforschung hrsg. von Christian Krollmann, 2 Bde, Marburg 1967-1974

Angelow, Jürgen, Von Wien nach Königgrätz. Die Sicherheitspolitik des Deutschen Bundes im europäischen Gleichgewicht 1815-1866, München 1996 (= Beiträge zur Militärgeschichte, 52)

Anleitung zur Unterbrechung von Eisenbahn-Verbindungen resp. zur Zerstörung von Eisenbahnstrecken im Kriege, so wie zur Wiederherstellung zerstörter Eisenbahnstrecken, Berlin 1861

Aster, Ernst Ludwig v., Kurzer Lebens-Abriß des weil. königlich-preußischen Generals Ernst Ludwig von Aster, Berlin 1878

August von Goeben in seinen Briefen. Hrsg. von Gebhard v. Zernin, Berlin 1903

Badische Verordnung die Beförderung des Militärs wie der militärischen Effekten auf der Eisenbahn betreffend, in: Eisenbahnzeitung, 1847, S. 152-154

Basson, Wilhelm, Die Eisenbahnen im Kriege nach den Erfahrungen des letzten Feldzuges, Ratibor 1867

Baumgart, Winfried, Eisenbahnen und Kriegführung in der Geschichte, in: Technikgeschichte, 38 (1971), S. 191-219

Beil, Johann Adam, Stand der Ergebnisse der deutschen, amerikanischen, englischen, französischen, belgischen, holländischen, italienischen und russischen Eisenbahnen am Schlusse des Jahres 1843. Mit 1 Anh., enthält Beschreibung u. detaillierte Übersicht aller ausgeführten u. in Bau befindl. englischen u. amerikanischen Eisenbahnen. Nach authentischen Quellen bearbeitet, Frankfurt 1844

Benicken, W., Friedrich Christian Adolph von Motz. Kgl. Preußischer Geheimer Staats- und Finanzminister, Ritter des rothen Adler-Ordens I. Klasse etc., Erfurt 1832

Die Benutzung der Eisenbahnen Frankreichs für militärische Zwecke während der Feldzugsepoche 1859, in: Österreichische Militärische Zeitung, 1861, Bd 3, S. 414-421

Bergengrün, Alexander, Staatsminister August von der Heydt, Leipzig 1908

Berger, Louis, Der alte Harkort. Ein westfälisches Lebens- und Zeitbild, Leipzig 1890

Berlin und seine Eisenbahnen 1846-1896. Hrsg. im Auftrag des königl. Preußischen Ministeriums der öffentlichen Arbeiten, 2 Bde, Berlin 1896

Bezzel, Oskar, Geschichte des Königlich Bayerischen Heeres von 1825 mit 1866, München 1931 (= Geschichte des Bayerischen Heeres, 7)

Biographisches Staatshandbuch. Lexikon der Politik, Presse und Publizistik hrsg. von Wilhelm Kosch. Fortgef. von Eugen Kuri, 2 Bde, Bern, München 1963

Bismarck, Otto v., Werke in Auswahl. 8 Bde, hrsg. von Gustav Adolf Rein [u.a.], Stuttgart 1962-1983

Boehn, Hubert v., Generalstabsgeschäfte. Ein Handbuch für Offiziere aller Waffen, Potsdam 1862

Bonin, Udo v., Die Geschichte des Ingenieurkorps und der Pioniere in Preußen. Bd 2: Von 1812 bis zur Mitte des 19. Jahrhunderts, Berlin 1878

Bourgoing, Paul de, Tableau de l'état actuel et des progrès probables des chemins de fer d' Allemagne et du continent européen, comparés avec ce qui se prépare en France à cet égard, Paris 1842

Brandt, Heinrich v., Aus dem Leben des Generals der Infanterie z.D. Dr. Heinrich von Brandt. Aus den Tagebüchern und Aufzeichn. seines verstorbenen Vaters zsgest. von Heinrich v. Brandt, 2 Bde, Berlin 1870

Braun, Rainer, Strategie auf Schienen? Zur Rolle des Militärs beim Ausbau des bayerischen Streckennetzes, in: Weichenstellungen. Eisenbahnen in Bayern 1835-1920. Eine Ausstellungskatalog des Bayerischen Hauptstaatsarchivs, hrsg. von der Generaldirektion der Staatlichen Archive, München 2001, S. 321-332

Brophy, James M., Capitalism, Politics and Railroads in Prussia, 1830-1870, Columbus, OH 1998

Brose, Eric Dorn, The Politics of Technological Change in Prussia. Out of the Shadow of Antiquity 1809-1848, Princeton, NJ 1993

Broucek, Peter, Die Eisenbahn als militärischer Faktor, in: Verkehrswege und Eisenbahnen. Beiträge zur Verkehrsgeschichte aus Anlaß des Jubiläums »150 Jahre Dampfeisenbahn in Österreich«, hrsg. von Karl Gutkas und Ernst Bruchmüller, Wien 1989

Buchmann, Bertraud M., Militär – Diplomatie – Politik. Österreich und Europa von 1815 bis 1835, Frankfurt a.M. 1991

Caron, François, Frankreich im Zeitalter des Imperialismus 1851-1918, Stuttgart 1991 (= Geschichte Frankreichs, 5)

Caron, François, Histoire des chemins de fer en France, t. 1: 1740-1833, Paris 1997

Charié-Marsaines, P., Les chemins de fer considérés au point de vue militaire, Paris 1862

Clausewitz, Carl v., Betrachtungen über einen künftigen Kriegsplan gegen Frankreich, in: Carl v. Clausewitz, Verstreute kleine Schriften, zsgest., bearb. und eingel. von Werner Hahlweg, Osnabrück 1979

Clausewitz, Carl v., Denkschrift über einen Krieg mit Frankreich, in: Schwartz, Leben des Generals Carl v. Clausewitz, Bd 2, S. 418-439

Clausewitz, Carl v., Vom Kriege. Hinterlassenes Werk. Mit erneut erw. hist.-krit. Würdigung von Werner Hahlweg, Bonn 1980
Clausewitz, Carl v., Zweite Abhandlung über Preußens Kriegstheater am Rhein, in: Clausewitz, Carl v., Schriften, Aufsätze, Studien, Briefe. Hrsg. von Werner Hahlweg, Bd 2, Teilbd 2, Göttingen 1990
Conrady, Emil v., Leben und Wirken des Generals der Infanterie und Kommandierenden Generals des V. Armeekorps Carl von Grolmann, 3 Bde, Berlin 1894-1896
Creveld, Martin van, Command in War, Cambrigde, MA, London 1985
Creveld, Martin van, Supplying War. Logistics from Wallenstein to Patton, Cambridge 1997
Creveld, Martin van, Technology and War. From 2000 B.C. to the present, New York 1989
Czeike, Josef, Aufmarsch der österreichischen Armee gegen die Revolution im Oktober 1848, in: Mitteilungen des k. u. k. Kriegsarchivs, 3. Folge, 4 (1906), S. 251-330
Czeike, Josef, Die Cernierung und Erstürmung Wiens im Oktober 1848, in: Mitteilungen des k. u. k. Kriegsarchivs, 3. Folge, 6 (1909), S. 307-420

Dammert, Anton Heinrich, Auszug aus einem dem Königlich-Hannoverischen Ministerio des Innern erstatteten Berichte über einen Aufenthalt in England zur Besichtigung der dortigen Eisenbahnen, Hannover 1841
Darlegung der technischen und Verkehrsverhältnisse der Eisenbahnen, nebst darauf gegründeter Erörterung derselben, Bromberg 1841
Daru, Pierre, Die Eisenbahnen aus dem militärischen Gesichtspunkte betrachtet (= Kap. 2 aus: Des chemins de fer et de l'application de la loi du 11 juin 1842, par le Comte Daru), in: Militärwochenblatt, Nr. 24 vom 17. Juni 1843, S. 189-196
Delbrück, Hans, Das Leben des Feldmarschalls Grafen Neidhardt von Gneisenau. Fortsetzung des gleichnamigen Werkes von Georg Heinrich Pertz, Bd 5, Berlin 1880
Der Deutsch-Dänische Krieg 1864. Hrsg. vom Großen Generalstab, 3 Bde, Berlin 1887
Deutsche Biographische Enzyklopädie. Hrsg. von Walther Killy, 10 Bde und 4 Reg.Bde, München 1995-2003
Deutsche Sozialgeschichte 1815-1870. Dokumente und Skizzen. Hrsg. von Werner Pöls, München 1973
Deutsche Verwaltungsgeschichte. Im Auftrag der Freiherr-vom-Stein-Gesellschaft e.V. hrsg. von Kurt G.A. Jeserich [u.a.], 6 Bde, Stuttgart 1983-1988
Deutschlands Eisenbahnen in ihrer Beziehung zur Landesverteidigung, in: Allgemeine Militär-Zeitung, Nr. 118 vom 1.12.1842, S. 941-944
Dictionaire de Biographie Française. Sous la dir. de Michel Prevost, t. 1-20, Paris 1933-2003
Dupuy, Trevor Nevitt, A Genius for War. The German Army and General Staff 1807-1945, Englewood Cliffs, NJ 1977

Du Vignau, Albert, Über die Anwendbarkeit der Eisenbahnen mit Lokomotivmaschinen zu militärischen Zwecken, in: Zeitschrift für Kunst, Wissenschaft und Geschichte des Krieges, 1837, H. 1, S. 35-72

Earle, Edward Mead, Adam Smith, Alexander Hamilton, Friedrich List. The Economic Foundations of Military Power. In: Makers of Modern Strategy. Ed. by Edward M. Earle, Princeton, NJ 1943, S. 117-154

Eichholtz, Dietrich, Junker und Bourgeoisie vor 1848 in der Preußischen Eisenbahngeschichte, Berlin (Ost) 1962

Die Eisenbahn in Deutschland. Von den Anfängen bis zur Gegenwart. Hrsg. von Lothar Gall, München 1999

Der Eisenbahn-Aufmarsch zum deutsch-französischen Kriege 1870/71, bearb. in der Eisenbahnabteilung des Großen Generalstabes, Berlin 1897

Das Eisenbahnwesen, oder Abbildungen und Beschreibungen von den vorzüglichsten Dampf,- Munitions,- Transport- und Personenwagen, von Schienen, Stühlen, Drehscheiben, Ausweich- oder Radlenk-Schienen und sonstigen Vorrichtungen und Maschinen, die auf den Eisenbahnen Englands, Deutschlands, Frankreichs, Belgiens etc. etc. in Anwendung stehen. Aus dem Franz. übers. auf Veranlassung des Kgl. Franz. Ministeriums d. Handels u. d. Öffentlichen Arbeiten. Hrsg. von Armengaud dem Älteren u. von Charles Armengaud. Repr. der Ausg. Weimar 1841, Hannover 1980

Die Entwicklung des Militäreisenbahnwesens vor Moltke, in: Militär-Wochenblatt, 1902, Beih., S. 237-246

Erfahrungen über die Benutzung der Eisenbahnen zu militärischen Zwecken, gesammelt bei einigen Versuchen und bei Zusammenziehung eines Truppen-Detachements an der Krakauer Grenze, in: Militär-Wochenblatt, 31 (1846), S. 124-126 und 128-130

Eylert, Rulemann Friedrich, Charakterzüge aus dem Leben des Königs von Preußen Friedrich Wilhelm III., gesammelt nach eigenen Beobachtungen und selbstgemachten Erfahrungen, 3 Bde, Magdeburg 1842-1846

Der Feldzug von 1866 in Deutschland, 2 Bde. Hrsg. vom Großen Generalstab, Kriegsgeschichtliche Abteilung, Berlin 1867

Fiedler, Siegfried, Kriegswesen und Kriegführung im Zeitalter der Einigungskriege, Bonn 1991

Fleck, G., Studien zur Geschichte des preußischen Eisenbahnwesens, in: Archiv für Eisenbahnwesen, 19 (1896), S. 27-55, 234-252, 858-868; 20 (1897), S. 23-61, 889-903, 1073; 21 (1898), S. 652-680; 22 (1899), S. 1-25, 234-262; 24 (1901), S. 756-781; 27 (1904), S. 359-373, S. 587-597, 854-870; 28 (1905), S. 859-874

Foerster, Roland G., Das operative Denken Moltkes des Älteren und die Folgen, in: Operatives Denken bei Clausewitz, Moltke, Schlieffen und Manstein. Hrsg. vom Militärgeschichtlichen Forschungsamt, Freiburg 1989, S. 19-42

Förster, Stig, Helmuth von Moltke und das Problem des industrialisierten Volkskrieges im 19. Jahrhundert, in: Generalfeldmarschall von Moltke. Bedeutung und Wirkung. Im Auftrag des Militärgeschichtlichen Forschungsamtes hrsg.

von Roland G. Foerster, München 1991 (= Beiträge zur Militärgeschichte, 33), S. 103-115

Fontane, Theodor, Der Deutsche Krieg von 1866. Nachdr. der Erstausg. Berlin 1870/71 in 2 Bd, Düsseldorf 1979

Fransecky, Eduard Friedrich v., Darstellung der Begebenheiten des Deutsch-Dänischen Krieges von 1848 unter besonderer Berücksichtigung des Anteiles preußischer Truppen, in: Militär-Wochenblatt, Beiheft für Juli, Aug. und Sept. 1852

Französische Ansichten über die militärische Benutzung und Bedeutung der Eisenbahnen vornehmlich für Frankreich, in: Militär-Wochenblatt, 30 (1845), Beiheft, S. 421-448

Frederick the Great on the Art of War. Ed. and transl. by Jay Luvaas, New York 1966

Fricke, Albert, Die Anfänge des Eisenbahnwesens in Preußen, Borna, Leipzig 1912

Fricke, Hans-Dierk, Der vermiedene Krieg zwischen Preußen und der Schweiz: Operationsgeschichtliche Aspekte der »Neuenburger Affaire« 1856/57, in: Militärgeschichtliche Zeitschrift, 61 (2002), S. 431-460

Frobenius, Herman, Geschichte des Preußischen Ingenieur- und Pionierkorps von der Mitte des 19. Jahrhunderts bis zum Jahre 1886. Auf Veranlassung der Königl. Generalinspektion des Ingenieur- und Pionierkorps und der Festungen nach amtlichen Quellen bearbeitet, 2 Bde, Berlin 1906

Fuchs, Achim, Die Bayerischen Eisenbahntruppen, in: Weichenstellungen. Eisenbahnen in Bayern 1835-1920. Ein Ausstellungskatalog des Bayerischen Hauptstaatsarchivs, hrsg. von der Generaldirektion der Staatlichen Archive, München 2001, S. 333-351

Fuchs, Konrad, Eisenbahnprojekte und Eisenbahnbau am Mittelrhein 1836-1903, in: Nassauische Annalen, Bd 67, 1956, S. 158-202

Fuller, John Frederic Charles, The Decisive Battles of the Western World, vol. 2, London 1957

General-Lieutenant Rühle v. Lilienstern. Ein biographisches Denkmal, in: Militär-Wochenblatt, Beiheft Oktober/Dezember 1847, S. 125-194

Gerlach, Hans-Henning, Atlas zur Eisenbahngeschichte. Deutschland, Österreich, Schweiz, Zürich, Wiesbaden 1986

Gesandtschaftsberichte aus München 1814-1848, Abt. 1: Die Berichte des französischen Gesandten, bearb. von Anton Chroust, München 1935; Abt. 3: Die Berichte des preußischen Gesandten, bearb. von Anton Chroust, München 1949-1953

Gesetzsammlung für die Königlich-Preußischen Staaten, Berlin 1810-1906

Görlitz, Walter, Der deutsche Generalstab. Geschichte und Gestalt 1657-1945, Frankfurt a.M. 1950

Gourvish, Terence, Railways 1830-1870. The Formative Years, in: Transport in Victorian Britain. Ed. by Michael J. Freeman and Derek H. Aldcroft, Manchester 1988

Graefe, Siegfried, Die Eisenbahn und das Militärwesen, in: Eisenbahn-Jahrbuch, 10 (1972), S. 58-65
La Grande Encyclopédie. Inventaire raisonné des Sciences, des Lettres et des Arts. Sous la dir. de Marcellin Berthelot, 31 t., Paris [1886-1902]
Groote, Wolfgang v., Moltkes Planungen für den Feldzug in Böhmen und ihre Grundlagen, in: Entscheidung 1866. Der Krieg zwischen Österreich und Preußen. Hrsg. vom MGFA durch Wolfgang v. Groote und Ursula v. Gersdorff, Stuttgart 1966
Gründorf von Zebegény, Wilhelm Ritter v., Memoiren eines österreichischen Generalstäblers 1832-1866. Hrsg. von Adolf Saager, Stuttgart 1913
Grundriß zur deutschen Verwaltungsgeschichte 1815-1845. Reihe A: Preußen. Hrsg. von Walther Hubatsch, Bd 12: Preußische Zentralbehörden, Marburg 1978
Gruner, Wolf D., Das bayerische Heer 1825-1864. Eine kritische Analyse der bewaffneten Macht Bayerns vom Regierungsantritt Ludwigs I. bis zum Vorabend des deutschen Kriegs, Boppard 1972

Handbuch zur deutschen Militärgeschichte 1648-1939. Hrsg. vom Militärgeschichtlichen Forschungsamt, 6 Bde, München 1979-1981
Handwörterbuch der gesamten Militärwissenschaften. Hrsg. von Bernhard v. Poten, 9 Bde, Leipzig 1877-1880
Hansemann, David, Über die Ausführung des preußischen Eisenbahn-Systems, Berlin 1843
Harkort, Friedrich, Die Eisenbahn von Minden nach Cöln. Hrsg. und eingel. von Wolfgang Kollmann, Faks.-Druck der Ausg. Hagen 1833, Hagen 1961
Hassel, Paul, Joseph Maria v. Radowitz, Bd 1: 1797-1848, Berlin 1905
Henderson, William O., Die Entstehung der preußischen Eisenbahnen 1815 bis 1848, in: Moderne deutsche Wirtschaftsgeschichte. Hrsg. von Karl Erich Born, Köln, Berlin 1966, S. 137-150
Henderson, William O., The Industrial Revolution on the Continent. Germany, France, Russia 1800-1914, London 1967
Henderson, William O., The Rise of German Industrial Power 1835-1914, Berkeley, CA 1972
Hille, Karl und Ernst Meurin, Geschichte der preußischen Eisenbahntruppen, Berlin 1910
Histoire Militaire de la France. Dir. par André Corvisier, 4 t., Paris 1992-1997
Hoeltzel, Max, Aus der Frühzeit der Eisenbahnen. Ein Beitrag zur Jahrhundertfeier der deutschen Eisenbahnen, Berlin 1935
Huber, Ernst Rudolf, Deutsche Verfassungsgeschichte seit 1789, 8 Bde, Stuttgart, Berlin, Köln 1957-1990
Hundert Jahre deutsche Eisenbahnen. Jubiläumsschrift zum hundertjährigen Bestehen der deutschen Eisenbahnen. Hrsg. vom Reichsverkehrsministerium, Leipzig 1938

Jany, Curt, Geschichte der preußischen Armee vom 15. Jahrhundert bis 1914. 4 Bde, Neudr. der Ausg. Berlin 1928-1933, Osnabrück 1967

Jardot, A., Des Chemins de fer de l'Europe centrale. Considérés comme lignes stratégiques, Paris 1842

Jeismann, Michael, Das Vaterland der Feinde. Studien zum nationalen Feindbegriff und Selbstverständnis in Deutschland und Frankreich 1792-1918, Stuttgart 1992

Joesten, Josef, Geschichte und System der Eisenbahnbenutzung im Kriege. Ein eisenbahntechnisches und militärisches Hülfsbuch, Leipzig 1896

Jomini, Antoine Henri de, Abriß der Kriegskunst. Übers. durch [Albert] v. Boguslawski, Berlin 1881 (= Militärische Klassiker des In- und Auslandes, 3)

Junkelmann, Marcus, Die Eisenbahnen im Krieg. Militärische Theorie und Kriegsgeschehen bis zum Ausbruch des Ersten Weltkrieges, in: Zug der Zeit – Zeit der Züge. Deutsche Eisenbahnen 1835-1985. Hrsg. von der Eisenbahnjahr Ausstellungsgesellschaft, Bd 1, Berlin 1985, S. 233-245

Kennedy, Paul, Aufstieg und Fall der großen Mächte. Ökonomischer Wandel und militärischer Konflikt von 1500 bis 2000, Frankfurt a.M. 2001

Kessel, Eberhard, Moltke, Stuttgart 1957

Kessel, Eberhard, Die preußische Armee 1640-1866, in: Deutsche Heeresgeschichte. Hrsg. von Karl Linnebach, Hamburg 1935, S. 146-192

Kessel, Gustav v., Geschichte des Königlich Preußischen Ersten Garde-Regiments zu Fuß 1857-1871, Berlin 1881

Keul, Wolfgang, Die Bundesmilitärkommission (1819-1866) als politisches Gremium. Ein Beitrag zur Geschichte des Deutschen Bundes, Frankfurt a.M. [u.a.] 1977

Klee, Wolfgang, Preußische Eisenbahngeschichte, Stuttgart 1982

Köster, Burkhard, Militär und Eisenbahn in der Habsburgermonarchie 1825-1859, München 1999 (= Militärgeschichtliche Studien, 37)

Koselleck, Reinhart, Preußen zwischen Reform und Revolution. Allgemeines Landrecht, Verwaltung und soziale Bewegung von 1791 bis 1848, 3. Aufl., unveränd. Nachdr. der 2. bericht. Aufl. von 1975, Stuttgart 1981

Krauseneck, Johann Wilhelm, Der General der Infanterie von Krauseneck. Ein Lebensabriß, in: Beihefte zum Militärwochenblatt, Jan.-März 1852

Laßmann, J.C., Der Eisenbahnkrieg. Taktische Studie, Berlin 1867

Lefranc, Georges, The French Railroads 1823-1842, in: The Journal of Economic and Business History, 11 (1930), S. 299-331

Lettow-Vorbeck, Oscar v., Geschichte des Krieges von 1866 in Deutschland, 3 Bde, Berlin 1896-1902

Leyen, Alfred von der, Die Eisenbahnpolitik des Fürsten Bismarck, Berlin 1914

List, Friedrich, Andeutung der Vorteile eines preußischen Eisenbahnsystems und insbesondere einer Eisenbahn zwischen Hamburg, Berlin, Magdeburg und Leipzig. In: List, Schriften, Bd 3, Teil 1, S. 214-223

List, Friedrich, Deutschlands Eisenbahnen in militärischer Beziehung, in: List, Schriften, Bd 3, Teil 1, S.260-269

List, Friedrich, Schriften, Reden, Briefe, Bd 3: Schriften zum Verkehrswesen. Hrsg. von Erwin v. Beckerath und Otto Stühler, Berlin 1930

List, Friedrich, Über den Wert der Eisenbahnen in militärischer Beziehung, in: Allgemeine Militär-Zeitung, 1834, Nr. 82 und 83, Sp. 655-656, 662-664

List, Friedrich, Über ein sächsisches Eisenbahnsystem als Grundlage eines allgemeinen deutschen Eisenbahnsystems, in: List, Schriften, Bd 3, Teil 1, S. 155-195

Löffler, Michael, Preußens und Sachsens Beziehungen zu den USA während des Sezessionskrieges 1860-1865, Münster 1999 (= Studien zu Geschichte, Politik und Gesellschaft Nordamerikas, Bd 10)

Löwenstein, Theodor, Die bayrische Eisenbahnbaupolitik bis zum Eintritt Deutschlands in die Weltwirtschaft 1825-1890, Berlin 1927

Lüders, Theodor, Generalleutnant von Willisen und seine Zeit. Acht Kriegsmonate in Schleswig-Holstein, Stuttgart 1851

Luvaas, Jan, The Military Legacy of the Civil War. The European Inheritance, Lawrence, KS 1988

McNeill, William Hardy, The Pursuit of Power. Technology, Armed Forces, and Society Since A.D. 1000, Chicago 1982

Marx, Anton, Bemerkungen über den Einfluß der Eisenbahnen auf Kriegsoperationen, in: Österreichische Militärische Zeitschrift, 1835, Bd 4, S. 113-121

Marx, Anton, Betrachtungen über das Leistungsvermögen der Truppen auf Märschen, in: Österreichische Militärische Zeitschrift, 1838, Bd 1, S. 30-47

Meinecke, Friedrich, Das Leben des Generalfeldmarschalls Hermann v. Boyen, 2 Bde, Stuttgart 1896-1899

Meinke, Bernhard, Die ältesten Stimmen über die militärische Bedeutung der Eisenbahnen 1833-1842, in: Archiv für Eisenbahnwesen, 41 (1918), S. 921-934 und 42 (1919), S. 46-74

Meinke, Bernhard, Beiträge zur frühesten Geschichte des Militäreisenbahnwesens, in: Archiv für Eisenbahnwesen, 61 (1938), S. 293-320 und 679-708

Messerschmidt, Manfred, Die Politische Geschichte der preußisch-deutschen Armee, in: Handbuch zur deutschen Militärgeschichte, Bd 2, Abschnitt IV

Messerschmidt, Manfred, Die Schleswig-Holstein-Frage und der deutsch-dänische Krieg, in: Handbuch zur deutschen Militärgeschichte, Bd 2, S. 31-33

Michaelis, Julius, Deutschlands Eisenbahnen, ein Handbuch für Geschäftsleute, Privatpersonen, Capitalisten und Speculanten, enthaltend Geschichte und Beschreibung der Eisenbahnen, deren Verfassung, Anlagecapital, Frequenz, Einnahme, Rentabilität und Reservefonds, nebst tabellarischer Übersicht der Actienkurse, Leipzig 1854

Militärische Schriften weiland Kaiser Wilhelms des Großen Majestät. Auf Befehl seiner Majestät des Kaisers und Königs hrsg. vom Königlich Preuß. Kriegsministerium, Bd 2: 1848-1865, Berlin 1897

Militärtransporte auf Eisenbahnen, in: Allgemeine Militär-Zeitung, 1846, Nr. 56-59, S. 445-448, 450-454, 457-462, 465-470, 476-479

Mitchell, Allan, The Great Train Race. Railways and the Franco-German Rivalry 1815-1914, New York, Oxford 2000

Modrach, Siegfried, Das deutsche Militärtransportwesen von der zweiten Hälfte des 19. Jahrhunderts bis zum Ende des ersten Weltkrieges, in: Militärgeschichte, 21 (1982), S. 305-317

Moltke in der Vorbereitung und Durchführung der Operationen. Hrsg. vom Großen Generalstab, Berlin 1905 (= Kriegsgeschichtliche Einzelschriften, Bd 36)

Moltke, Helmuth v., Gesammelte Schriften und Denkwürdigen des Generalfeldmarschall Grafen Helmuth v. Moltke, Bd 4: Briefe des General-Feldmarschalls v. Moltke an seine Mutter und an seine Brüder Adolf und Ludwig, Berlin 1891

Moltke, Helmuth v., Militärische Werke. Hrsg. vom Großen Generalstabe, Abtheilung für Kriegsgeschichte
  I. Militärische Korrespondenz
  Bd 1: Krieg 1864, Berlin 1892
  Bd 2: Aus den Dienstschriften des Krieges 1866, Berlin 1896
  Bd 4: Aus den Dienstschriften des Jahres 1859, Berlin 1902
  III. Kriegsgeschichtliche Arbeiten
  Bd 1: Geschichte des Krieges gegen Dänemark 1848/49, Berlin 1893
  Bd 3: Der Italienische Feldzug des Jahres 1859, Berlin 1904
  IV. Kriegslehren
  Bd 1-3, Berlin 1911

Moltke, Helmuth v., Über eine Eisenbahnverbindung der Zollvereinsländer mit der Nordsee, in: Helmuth v. Moltke, Ausgewählte Werke, Bd 3: Feldherr und Staatsmann, Berlin 1925, S. 278

Moltke, Helmuth v., Welche Rücksichten kommen bei der Wahl der Richtung von Eisenbahnen in Betracht? In: Gesammelte Schriften und Denkwürdigkeiten des General-Feldmarschall Grafen Helmuth v. Moltke, Bd 2, Berlin 1892, S. 237-274

Mruck, Armin, Die Eisenbahnen in der Kriegsgeschichte bis zum nordamerikanischen Sezessionskrieg (1861-1865), Diss. Göttingen 1950

Müffling, Friedrich Carl Ferdinand v., Aus meinem Leben, Berlin 1851

Die Nachlässe in den Bibliotheken der Bundesrepublik Deutschland. Bearb. in der Murhardschen Bibliothek der Stadt Kassel und der Landesbibliothek von Ludwig Denecke, Boppard a.Rh. 1969; 2. Aufl., völlig neu bearb. von Tilo Brandis, Boppard a.Rh. 1981 (= Verzeichnis der schriftlichen Nachlässe in deutschen Archiven und Bibliotheken, 2)

Die Nachlässe in den deutschen Archiven. T. 1.2. Bearb. von Wolfgang A. Mommsen, Boppard a.Rh. 1971-1983 (= Verzeichnis der schriftlichen Nachlässe in deutschen Archiven und Bibliotheken, 1)

Netzwerke, Stahl und Strom 1840-1914. Hrsg. von Wolfgang König und Wolfhard Weber, Frankfurt a.M. 1990 (= Propyläen Technikgeschichte, 4)

Neue Deutsche Biographie. Hrsg. von der Historischen Kommission bei der Bayerischen Akademie der Wissenschaften, Bd 1-21 ff., Berlin 1953-2003 ff.

Nipperdey, Thomas, Deutsche Geschichte 1800-1866. Bürgerwelt und starker Staat, München 1983

Nordmann, Hans, Die ältere preußische Eisenbahngeschichte, Berlin (Ost) 1950

Österreichisches biographisches Lexikon 1815-1950. Hrsg. von der Österreichischen Akademie der Wissenschaften, Bde 1-12 ff., Graz, Köln, Wien 1957-2001 ff.
Ollech, Rudolph v., Carl Friedrich Wilhelm von Reyher, 4 Bde, Berlin 1879
Osten-Sacken und von Rhein, Ottomar von der, Preußens Heer von seinen Anfängen bis zur Gegenwart, Bd 2, Berlin 1912
The Oxford Companion to British Railway History. Ed. by Jack Simmons and Gordon Biddle, Oxford 1997

Paixhans, Henri Joseph, Force et faiblesse militaires de la France. Essai sur la question générale de la défense des états et sur la guerre défensive, en prenant pour exemples les frontières actuelles, et l'armée de France, Paris 1830
Paixhans, Henri Joseph, Militärische Stärke und Schwäche von Frankreich. Ein Versuch über die Frage der Vertheidigung der Staaten und über den Defensivkrieg. Frei ins Dt. übers. von Franz Georg Friedrich v. Kausler, Stuttgart 1841
Parker, Geoffrey, Die militärische Revolution. Die Kriegskunst und der Aufstieg des Westens 1500-1800, Frankfurt a.M. [u.a.] 1990
Parker, Geoffrey, The Military Revolution. Military Innovation and the Rise of the West 1500-1800, Cambridge 1988
Paul, Helmut, Die preußische Eisenbahnpolitik von 1835-1838, in: Forschungen zur brandenburgischen und preußischen Geschichte, 50 (1938), S. 250-303
Pecheux, Julien, La naissance du rail européen (1800-1850), Paris 1970
Peyret, Henry, Histoire des chemins de fer en France et dans le Monde, Paris 1949
Pönitz, Karl Eduard, Die Bewegung der Truppen auf Eisenbahnen, in: Allgemeine Militär-Zeitung, 1840, Nr. 60 vom 25.7.1840, S. 483-486; Nr. 61 vom 1.8.1840, S. 491-494; Nr. 67 vom 19.8.1840, S. 532-536; Nr. 68 vom 22.8.1840, S. 539-543
Pönitz, Karl Eduard, Die Eisenbahnen als militärische Operationslinien betrachtet und durch Beispiele erläutert. Nebst Entwurf zu einem militärischen Eisenbahnsystem für Deutschland, Adorf 1842
Pönitz, Karl Eduard, Die Vertheidigung von Süddeutschland gegen die Franzosen mit Zuziehung der Eisenbahnen unter Berücksichtigung der verschiedenen Spurweite. Eine strategische Skizze, Stuttgart, Tübingen 1844
Pratt, Edwin A., The Raise of Rail-Power in War and Conquest 1833-1914, London 1915
Preußen im Bundestag 1851-1859. Dokumente der Königl. Preußischen Bundestagsgesandtschaft, 4 Bde. Hrsg. von Heinrich v. Poschinger, Leipzig 1882-1884
Prittwitz und Gaffron, Moritz v., Die schwebende Eisenbahn bei Posen, Posen 1834
Die Protokolle des Preußischen Staatsministeriums 1817-1934/38. Hrsg. von der Berlin-Brandenburgischen Akademie der Wissenschaften unter der Leitung von Jürgen Kocka, Hildesheim, Zürich, New York (= Acta Borussica, N.F., Reihe 1)
Bd 1: 19. März 1817 bis 30. Dezember 1829. Bearb. von Christina Rathgeber, 2001
Bd 3: 9. Juni 1840 bis 14. März 1848. Bearb. von Bärbel Holtz, 2000

Bd 5: 10. November 1858 bis 28. Dezember 1866. Bearb. von Rainer Paetau, 2001

Quellen zur Geschichte der Eisenbahn im nördlichen Rheinland, in Westfalen und Lippe von den Anfängen bis 1880. 2 Bde. Bearb. von Thomas Vährmann, Siegburg 1998

Rahne, Hermann, Die militärische Mobilmachungsplanung und -technik in Preußen und im Deutschen Reich (Mitte des 19. Jahrhunderts bis zur Auslösung des zweiten Weltkrieges), Diss. Leipzig 1972

Reden, Friedrich Wilhelm v., Die Eisenbahnen Deutschlands. Statistisch-geschichtliche Darstellung ihrer Entstehung, ihres Verhältnisses zu der Staatsgewalt, sowie ihrer Verwaltungs- und Betriebseinrichtungen. Abt. 1, Bd 2: Die preußischen Eisenbahnen. Nachdr. der Ausg. Berlin, Posen, Bromberg 1844, Frankfurt a.M. 1986

Reden, Friedrich Wilhelm v., Die Eisenbahnen Frankreichs. Statistisch-geschichtliche Darstellung ihrer Entstehung, ihres Verhältnisses zur Staatsgewalt, sowie ihrer Verwaltungs- und Betriebseinrichtungen, Berlin, Posen, Bromberg 1846

Reglement der Französischen Armee vom November 1855 über den Transport der Truppen aller Waffengattungen auf Eisenbahnen, Berlin 1855

Reglement für die Beförderung von Truppen, Militär-Effekten und sonstigen Armee-Bedürfnissen auf den Staats-Eisenbahnen, Berlin 1857

Règlements concernant le transport des troupes de toutes armes par les chemines de fer, approuvés par M. le maréchal ministre de la guerre de 6. Novembre 1855, Paris 1856

Reinhard, Carl v., Geschichte des Königlich Preußischen Ersten Garde-Regiments zu Fuß 1740-1857, Potsdam 1858

Rentzell, Dagobert v., Geschichte des Garde-Jäger-Bataillons 1808 bis 1888, Berlin 1889

Rittmann, Herbert, Deutsche Geldgeschichte 1484-1914, München 1975

Roberts, Michael, Essays in Swedish History, London 1967

Roberts, Michael, The Military Revolution, 1550-1660, Belfast 1956

Rohde, Horst, Das deutsche Wehrmachttransportwesen im Zweiten Weltkrieg. Entstehung – Organisation – Aufgaben, Stuttgart 1971 (= Beiträge zur Militär- und Kriegsgeschichte, 12)

Rübberdt, Rudolf, Geschichte der Industrialisierung. Wirtschaft und Gesellschaft auf dem Weg in unsere Zeit, München 1972

Rüstow, Wilhelm, Der deutsche Militärstaat vor und während der Revolution, Nachdr. der Ausg. Berlin 1850, Osnabrück 1971

Salewski, Michael, Geist und Technik in Utopie und Wirklichkeit militärischen Denkens im 19. und 20. Jahrhundert, in: Militär und Technik. Wechselbeziehungen zu Staat, Gesellschaft und Industrie im 19. und 20. Jahrhundert. Im Auftrag des Militärgeschichtlichen Forschungsamtes hrsg. von Roland G. Foerster und Heinrich Walle, Herford, Bonn 1992 (= Vorträge zur Militärgeschichte, 14), S. 73-97

Salewski, Michael, Moltke, Schlieffen und die Eisenbahn, in: Generalfeldmarschall von Moltke. Bedeutung und Wirkung. Im Auftrag des Militärgeschichtlichen Forschungsamtes hrsg. von Roland G. Foerster, München 1991 (= Beiträge zur Militärgeschichte, Bd 33), S. 89-102

Sarter, Adolph, Die deutschen Eisenbahnen im Kriege, Stuttgart, Berlin, Leipzig 1930

Sautter, General-Postmeister v. Nagler und seine Stellung zu den Eisenbahnen, in: Archiv für Post und Telegraphie, Nr. 7 vom Juli 1916, S. 223-238

Scharnhorst, Gerhard v., Ausgewählte Schriften. Hrsg. von Ursula v. Gersdorff, Osnabrück 1983

Schlemmer, Georges et Henri Bonneau, Recueil de documents relatif à l'histoire parlementaire des chemins de fer français, Paris 1898

Schlieffen, Alfred v., Cannae, 3. Aufl., Berlin 1936

Schneider, Hans, Der Preußische Staatsrat 1817-1918. Ein Beitrag zur Verfassungs- und Rechtsgeschichte Preußens, München 1952

Schoeps, Hans-Joachim, Preußen. Geschichte eines Staates, Berlin 1981

Schreiber, Die Verhandlungen der Vereinigten ständischen Ausschüsse über die Eisenbahnfrage in Preußen im Jahre 1842, in: Archiv für Eisenbahnwesen, 4 (1881), S. 1-21

Schubert, Franz, Über die militärische Bedeutung der Eisenbahnen, in: Streffleurs Militärische Zeitschrift, 91 (1914), S. 881-908

Schurig, Die militärische Benutzung der sächsischen Eisenbahnen im Dresdner Maiaufstand 1849, in: Deutsche Eisenbahnbeamten-Zeitung, Nr. 15 und 16, 14. und 21.4.1904

Schwann, Mathieu, Ludolf Camphausen als Wirtschaftspolitiker, Essen 1915

Schwartz, Karl, Leben des Generals Carl v. Clausewitz und der Frau Marie v. Clausewitz, geb. Gräfin v. Brühl, 2 Bde, Berlin 1878

Showalter, Dennis E., The Influence of Railroads on Prussian Planning for the Seven Weeks War, in: Military Affairs, 38 (1974), S. 62-67

Showalter, Dennis E., Railroads and Rifles. Soldiers, Technology and the Unification of Germany, Hamden, CT 1975

Showalter, Dennis E., Soldiers into Postmasters? The Electric Telegraph as an Instrument of Command in the Prussian Army, in: Military Affairs, 37 (1973), S. 48-52

Sieferle, Rolf Peter, Fortschrittsfeinde? Opposition gegen Technik und Industrie von der Romantik bis zur Gegenwart, München 1984

Sieg, Uwe, Eisenbahnen am Hochrhein und an der oberen Donau. Militärisch-politische Intentionen und Eisenbahnbau im deutschen Südwesten 1850-1914, St. Katharinen 1996 (= Beiträge zur südwestdeutschen Wirtschafts- und Sozialgeschichte, Bd 21)

Simms, Brendan, The Struggle for Mastery in Germany 1779-1850, New York 1998

Soldatisches Führertum. Hrsg. von Kurt v. Priesdorff, 10 Bde, Hamburg 1937-1942

Statistik der Eisenbahnen in Deutschland 1835-1989. Hrsg. von Rainer Fremdling und Ruth Federspiel, St. Katharinen 1995

Stoffel, Eugène, Rapports Militaires écrits de Berlin 1866-1870, Paris 1872

Strachan, Hew, European Armies and the Conduct of War, London 1983
Stürmer, G., Geschichte der Eisenbahnen. Entwicklung und jetzige Gestaltung sämtlicher Eisenbahnnetze der Welt, Nachdr. der Ausg. Bromberg 1872, Hildesheim 1978
Tabellarisch-statistische Übersicht sämmtlicher im Betriebe befindlicher, im Bau begriffener und durchaus gesicherter Eisenbahnen Deutschlands und ihrer Verwaltung bis zum Schlusse des Jahres 1854, Braunschweig 1855
Tabellen alter Münzen, Maße und Gewichte. Zum Gebrauch für Archivbenutzer, zsgest. von Franz Engel, 3., unveränd. Aufl., Rinteln 1982 (= Schaumburger Studien, 9)
Then, Volker, Eisenbahnen und Eisenbahnunternehmer in der Industriellen Revolution. Ein preußisch/deutsch-englischer Vergleich, Göttingen 1997
Thimme, Paul, Straßenbau und Straßenpolitik in Deutschland zur Zeit der Gründung des Zollvereins 1825-1835, Stuttgart 1931 (= Vierteljahrschrift für Sozial- und Wirtschaftsgeschichte, Beih. 21)
Treitschke, Heinrich v., Deutsche Geschichte im 19. Jahrhundert, 5 Bde, Leipzig 1879-1894
Treue, Wilhelm, Der Krimkrieg und die Entstehung der modernen Flotten, Göttingen 1954
Treue, Wilhelm, Wirtschafts- und Technikgeschichte Preußens, Berlin, New York 1984 (= Veröffentlichungen der Historischen Kommission zu Berlin, 56)
Tulard, Jean, Frankreich im Zeitalter der Revolutionen 1789-1851, Stuttgart 1989 (= Geschichte Frankreichs, 4)

Über das Verhältnis der Eisenbahnen zur Befestigungskunst, in: Archiv für die Offiziere des Königl. Preuß. Artillerie- und Ingenieur Corps, 1846, H. 1, S. 39-60
Über den Einfluß des Dampfes auf den Land- und Seekrieg [von Marie Theodore Graf von Rumigny, Adjutant des französischen Königs], in: Allgemeine Militär-Zeitung, 1841, Nr. 71 und 72, Sp. 564-567 und 574-576
Über die militärische Benutzung der Eisenbahnen, Berlin 1836
Über die militärischen Verhältnisse des südwestlichen Deutschlands, in: Allgemeine Militär-Zeitung, 1846, Nr. 5-7 und 10, Sp. 35-40, 43-47, 49-56, 75-77
Über die neuesten Truppen-Transporte auf Eisenbahnen in Frankreich, in: Allgemeine Militär-Zeitung, 1854, Nr. 102, Sp. 835-837
Unsere Eisenbahn im Kriege, in: Geschichte der Eisenbahnen der Österreichisch-Ungarischen Monarchie. 6 Bde, hrsg. von Hermann Strach, Wien 1898-1908

Verwendung des Militärs zur Herstellung von Eisenbahnen und Kanälen, in: Allgemeine Militär-Zeitung, 1836, Nr. 96, Sp. 762-768
Vogel, Winfried, Entscheidung 1864. Das Gefecht bei Düppel im Deutsch-Dänischen Krieg und seine Bedeutung für die Lösung der deutschen Frage, Koblenz 1987
Von Scharnhorst zu Schlieffen 1806-1906. 100 Jahre preußisch-deutscher Generalstab. Hrsg. von Friedrich v. Cochenhausen, Berlin 1933

Wartensleben-Carow, Hermann Graf v., Erinnerungen des Generals der Kavallerie Grafen Wartensleben-Carow, während der Kriegszeit 1866 Major im Großen Generalstab, Berlin 1897

Wawro, Geoffrey, The Austro-Prussian War. Austria's War with Prussia and Italy in 1866, Cambridge 1997

Webber, R.E., Notes on the Campaign in Bohemia in 1866. Papers of the Corps of the Royal Engineers, Woolwich 1868

Wehler, Hans-Ulrich, Deutsche Gesellschaftsgeschichte, Bd 2: Von der Reformära bis zur industriellen und politischen »Deutschen Doppelrevolution«, 1815-1845/49, München 1987

Wendler, Eugen, Friedrich List. Politische Wirkungsgeschichte des Vordenkers der europäischen Integration, München 1989

Wernekke, Die Mitwirkung der Eisenbahnen an den Kriegen in Mitteleuropa, in: Archiv für Eisenbahnwesen, 35 (1912), S. 930-958

Westphalen, Hugo L., Die Kriegführung unter Benutzung der Eisenbahnen und der Kampf um Eisenbahnen, Leipzig 1868

Westwood, John Norton, The Age of Steam. The locomotives, the Railroads, and their Legacy, San Diego, CA 2000

Westwood, John Norton, Geschichte der russischen Eisenbahnen, Zürich 1966

Westwood, John Norton, A History of Russian Railways, London 1964

Westwood, John Norton, Railways at War, London 1980

Wickede, Julius v., Die militärischen Kräfte Deutschlands und ihr Fortschritt in der neuesten Zeit, Stuttgart 1855

Wienhöfer, Elmar, Das Militärwesen des Deutschen Bundes und das Ringen zwischen Österreich und Preußen um die Vorherrschaft in Deutschland 1815-1866, Osnabrück 1973 (= Studien zur Militärgeschichte, Militärwissenschaft und Konfliktforschung, Bd 1)

Willisen, Wilhelm v., Theorie des großen Krieges, angewendet auf den russisch-polnischen Feldzug von 1831, Berlin 1840

Winkler, Heinrich August, Der lange Weg nach Westen. Bd 1: Deutsche Geschichte vom Ende des Alten Reiches bis zum Untergang der Weimarer Republik, München 2000

Ziegler, Dieter, Eisenbahnen und Staat im Zeitalter der Industrialisierung. Die Eisenbahnpolitik der deutschen Staaten im Vergleich, Stuttgart 1996 (= Vierteljahrschrift für Sozial- und Wirtschaftsgeschichte, Beih. 127)

Zur Entwicklung des militärischen Eisenbahnwesens im deutschen Bund. Zeitung des Vereins Deutscher Eisenbahn-Verwaltungen, Nr. 52, 1898

Namenregister

Die im Register enthaltenen Kurzbiogramme deutscher Persönlichkeiten basieren hauptsächlich auf Angaben der Neuen Deutschen Biographie. Als Ergänzung für ihren noch nicht abgeschlossenen Teil wurden entweder Daten aus der älteren Allgemeinen Deutschen Biographie oder aus der Deutschen Biographischen Enzyklopädie herangezogen. Fallweise fanden sich biographische Hinweise auch in den Altpreußischen Biographien. Darüber hinaus wurden für Personen aus dem österreichisch-habsburgischen Raum die Angaben aus dem Österreichischen Biographischen Lexikon entnommen. Für die französischen Biogramme war vor allem das Dictionnaire de Biographie Française maßgeblich, das, soweit es noch nicht abgeschlossen vorliegt, durch Angaben aus der Grande Encyclopédie. Inventaire raisonné des Sciences, des Lettres et des Arts ergänzt wurde.

Die genauen bibliographischen Angaben dieser Nachschlagewerke sind im Literaturverzeichnis enthalten.

Alvensleben, Albrecht Graf von (1794-1858), begann seine Laufbahn in der preußischen Justizverwaltung, 1831 Geheimer Justizrat, von 1835 bis 1842 preußischer Finanzminister, stand er dem konservativen Kreis der Brüder Gerlach nahe. 1850 war Alvensleben Bevollmächtigter Preußens bei den Dresdner Konferenzen über die Neugestaltung des Deutschen Bundes *24, 122*

Ancillon, Johann Friedrich von (1767-1837), Sohn eines hohen preußischen Beamten in Berlin, hugenottischer Herkunft. Nach dem Studium der Theologie in Genf war Ancillon zunächst Hofprediger der französischen Gemeinde in Berlin. Seine politischen und philosophischen Schriften galten schon bei den Zeitgenossen als bedeutungslos, trafen aber den Geschmack des Berliner Hofes. Bedeutsam für Ancillons spätere Karriere war seine Ernennung zum Erzieher des Kronprinzen im Jahre 1810. Ab 1814 im Dienst des Außenministeriums, vertrat er dort eine Politik des engen Anschlusses an Österreich. Seine Ernennung zum Außenminister 1832 war schon damals umstritten *17, 45, 52, 55, 57*

Aster, Ernst Ludwig von (1778-1855), gebürtiger Sachse, ab 1815 im preußischen Dienst, zwei Jahre später Generalmajor. Als Chef der 3. Ingenieurinspektion leitete Aster den Bau der Doppelfestung Koblenz-Ehrenbreitstein. 1837 zum Inspekteur aller preußischen Festungen und zum Chef des Ingenieurkorps ernannt, ab 1842 General der Infanterie. 1844 in den Adelsstand erhoben, schied er fünf Jahre später im Alter von 71 Jahren aus dem Dienst aus *68 f., 78*

Auersperg, Karl Graf von (1771-1850), trat 1787 in die österreichische Armee ein, Teilnahme an den Türkenkriegen, führte 1813 bei Leipzig ein Kavallerieregiment, 1829 zum Feldmarschall-Leutnant befördert und 1836 Kommandierender General im Banat *98*

Bismarck, Otto, Fürst von (1815-1898), begann seine politische Karriere 1850 als preußischer Gesandter beim Deutschen Bund in Frankfurt. Wegen seiner scheinbar konservativen Gesinnung ernannte ihn der neue preußische König Wilhelm I. während des Verfassungskonflikts 1862 zu seinem Ministerpräsidenten. Nach dem gewonnenen Krieg von 1866 wurde Bismarck zunächst Kanzler des Norddeutschen Bundes und 1871 Kanzler des unter preußischer Führung neu gegründeten Deutschen Reiches *73, 165-167, 191, 219, 227 f., 234 f.*

Bodelschwingh, Ernst Freiherr von (1794-1854), aus altwestfälischem Adel stammend, nahm unter General York an den Befreiungskriegen teil. Nach einem juristischen Studium trat er in den preußischen Staatsdienst und wurde 1822 Landrat in Tecklenburg, danach 1835 Oberpräsident der Rheinprovinz. 1842 ernannte ihn der neue preußische König Friedrich Wilhelm IV. zum Finanzminister. Damit wurde Bodelschwingh auch, da damals zu seinem Ministerium das Handelsdepartment gehörte, für den Eisenbahnbau in Preußen zuständig. Ein Jahr später übernahm Bodelschwingh das Amt des Innenministers, trat aber bereits 1846 zurück, da er in der Verfassungsfrage eine liberale Position einnahm *67, 112*

Bonin, Eduard Wilhelm von (1793-1865), preußischer General und Kriegsminister, als Dreizehnjähriger im Krieg von 1806/07, in den Befreiungskriegen Leutnant. 1842 zum Oberst befördert, führte er im März 1848 das preußische Expeditionskorps in Schleswig-Holstein. Als Kommandierender General in den beiden Elbherzogtümern reorganisierte Bonin nach dem Waffenstillstand von Malmö 1849 die dortige Armee. Bei Fortsetzung des Krieges erlitt er nach anfänglichen Erfolgen bei Frederica eine empfindliche Niederlage. 1852 wurde Bonin erstmals kurzzeitig preußischer Kriegsminister. Auch seine zweite Amtszeit als Minister 1858/59 endete schon bald wegen Differenzen mit dem neuen Prinzregenten über die Durchführung der Heeresreform. Ab 1859 war Bonin Kommandierender General des VIII. Korps in Koblenz *156, 178*

Boyen, Hermann von (1771-1848), preußischer Generalfeldmarschall, war 1787 als Fähnrich in die preußische Armee eingetreten und besuchte später die Militärschule in Königsberg. 1803 wurde er als auswärtiges Mitglied von Scharnhorst in die von ihm gegründete Militärische Gesellschaft aufgenommen. Nach Verwundung und Gefangenschaft im Krieg von 1806/07 wurde Boyen ein Jahr später Mitglied der Militärreorganisations-Kommission, danach Direktor der I. Abteilung des von Scharnhorst geleiteten Kriegsdepartementes. Im Feldzug von 1813/14 war Boyen Stabschef im Korps Bülow. Zum Generalmajor befördert, übernahm er am 3. Juni 1814 das neu geschaffene Amt des Kriegsministers. Seine bedeutendste Leistung in diesem Amt war das preußische Wehrgesetz vom 3. September des gleichen Jahres, mit dem unter Abschaffung des alten Kantonreglements die allgemeine Wehrpflicht eingeführt wurde. Mit der Landwehr wurde praktisch eine zweite Armee neben dem stehenden Heer geschaffen, die nach Boyens Absicht im Kriegsfalle unvermischt neben den Einheiten des stehenden Heeres eingesetzt werden sollte. Als König Friedrich Wilhelm III. in dieser Frage anders entschied und 1819 die Landwehr in den Divisionsverband aufzunehmen befahl, reichte Boyen seinen Abschied ein. Schon 69 Jahre alt, wurde er 1841 noch einmal für sechs Jahre Kriegsminister. 1847 schied Boyen, zum Generalfeldmarschall befördert, endgültig aus dem Dienst aus *49, 69, 121, 224*

Brandenstein, Karl Bernhard von (1831-1886), preußischer General, war 1846 in die Berliner Kadettenanstalt eingetreten und gehörte ab 1867 dem Großen Generalstab an, wo er die Leitung des militärischen Eisenbahnwesens übernahm, leitete erfolgreich den Eisenbahnaufmarsch von 1870 gegen Frankreich, 1884 Gouverneur von Straßburg und kurz darauf Chef des Ingenieurkorps *220*

Brese-Winiary, Johann Ludwig Leopold von (1787-1878), preußischer General, war 1805 in die königliche Ingenieurakademie in Potsdam eingetreten und leitete von 1819 bis 1832 die Ingenieurabteilung im preußischen Kriegsministerium. Ab 1843 Generalmajor, wurde Brese 1849 als Nachfolger Generals von Aster Generalinspekteur aller preußischen Festungen und Chef der Ingenieure und Pioniere. 1858 noch zum General der Infanterie befördert, trat er zwei Jahre später in den Ruhestand *70*

Bülow, Heinrich Freiherr von (1791-1846), preußischer Diplomat und Außenminister, war nach einem Studium der Rechts- und Staatswissenschaften und seiner Teilnahme an den Befreiungskriegen in den preußischen diplomatischen Dienst eingetreten. 1815 nahm er als Mitarbeiter Wilhelm von Humboldts an den Verhandlungen zum Zweiten Pariser Frieden teil. Ab 1820 Vortragender Rat im Außenministerium, wurde Bülow 1827 Botschafter in London. Er trat für den Zollverein und die Neutralisierung Belgiens ein. 1842 erfolgte seine Ernennung zum preußischen Außenminister *139 f.*

Bülow, Ludwig Friedrich Viktor Hans Graf von (1774-1825), westfälischem Adel entstammend, war er 1801 zunächst in die preußische Verwaltung eingetreten. 1808 wurde er Finanzminister des neuen Königreiches Westfalen. Nach dem Zusammenbruch des napoleonischen Systems wechselte er wieder in preußische Dienste und wurde 1813 preußischer Finanzminister, fünf Jahre später preußischer Handelsminister, trat jedoch wegen anhaltender Differenzen mit dem Außenministerium 1825 von seinem Amt zurück *45*

Camphausen, Ludolf (1803-1890), kam aus einer rheinischen Unternehmerfamilie, die Ölmühlen und später erfolgreich ein Bankhaus in Köln betrieb. Als Verfechter einer liberalen Wirtschaftspolitik setzte er sich vor allem für die Erschließung neuer Verkehrswege ein und leitete ab 1835 das Direktorium der Rheinischen Eisenbahngesellschaft, die eine Eisenbahn von Köln zur belgischen Grenze bauen wollte. 1839 wurde Camphausen Präsident der Kölner

Handelskammer und von 1843 bis 1845 Abgeordneter und maßgeblicher Führer der rheinischen Provinziallandtage. Im Revolutionsjahr 1848 ernannte König Friedrich Wilhelm den »noch erträglichsten Vertreter der rheinischen Opposition« zum preußischen Ministerpräsidenten. Nach Rücktritt von seinem Amt nur drei Monate später war Camphausen preußischer Bevollmächtigter bei der provisorischen Zentralgewalt in Frankfurt. Mit dem Ausklang der Revolution zog sich Camphausen Anfang der fünfziger Jahre aus der Politik zurück und widmete sich verstärkt privaten naturwissenschaftlichen Studien *15, 20-22, 24, 26-28, 66 f., 77*

Canitz und Dallwitz, Carl Wilhelm Freiherr von (1787-1850), preußischer Diplomat und Außenminister, war 1806 in die preußische Armee eingetreten, zwischenzeitlich Studium der Rechtswissenschaften, ab 1812 wieder in der preußischen Armee als Generalstabsoffizier im Yorkschen Korps. 1822 wurde er Adjutant des Prinzen Wilhelm von Preußen, danach war er vermehrt mit diplomatischen Missionen betraut, so 1829 als Sonderbeauftragter in Konstantinopel. 1832 wurde Canitz preußischer Gesandter in Hannover, 1841 Gesandter in Wien, woran sich 1845 seine Ernennung zum preußischen Außenminister anschloß. Nach seinem Rücktritt 1848 noch Divisionskommandeur *140 f.*

Clausewitz, Carl Philipp von (1780-1831), preußischer General, war 1792 im Alter von zwölf Jahren in die preußische Armee eingetreten. Am Krieg von 1806/07 nahm er als Stabskapitän und Adjutant des Prinzen August von Preußen teil. Später gehörte Clausewitz zum engeren Kreis der preußischen Reformer um Stein, Scharnhorst, Gneisenau und Boyen. Den Untergang der Armee Napoleons 1812 erlebte er auf russischer Seite. Da der König ihm einen Wiedereintritt in die preußische Armee zunächst verweigerte, nahm er an den Feldzügen von 1813/14 im Verband der russisch-deutschen Legion des Korps Wallmoden teil. Erst kurz vor dem Feldzug von Waterloo durfte Clausewitz wieder als Oberst in die preußische Armee eintreten und nahm als Stabschef des III. Korps an den Schlachten von Ligny und Wawre teil. Nach dem Krieg war er, zunächst unter Gneisenau, drei Jahre Stabschef des VIII. Korps in Koblenz. Während er für fast zwölf Jahre den bedeutungslosen Posten eines Verwaltungsdirektors der Allgemeinen Kriegsschule ausfüllte, verfaßte Clausewitz sein berühmtes Hauptwerk »Vom Kriege«. 1831 wurde er Gneisenaus Stabschef in der preußischen Observationsarmee gegen Polen und verstarb kurz nach dessen Tod in Breslau ebenfalls an der Cholera *3, 12, 29, 32, 34, 37 f., 76, 222*

Cubiéres, Amadée–Louis (1786-1853), französischer General, hatte ab 1805 an allen bedeutenden Feldzügen Napoleons teilgenommen. Als Oberst nach 1815 vorübergehend in den Ruhestand getreten, war er ab 1823 wieder im aktiven Dienst und nahm an den Operationen der französischen Armee in Spanien und Griechenland teil. 1832 leitete er die handstreichartige Besetzung der italienischen Stadt Ancona, die damals noch zum Kirchenstaat gehörte und in der revolutionäre Unruhen ausgebrochen waren. Ab 1835 im Range eines Generalleutnants, wurde Cubiéres 1847 wegen seiner Verwicklung in einen Bestechungsskandal aus der Armee entlassen, allerdings später rehabilitiert *139*

Daru, Napoleon Graf von (1807-1879), französischer Politiker, Sohn eines napoleonischen Generals, Besuch der École Polytechnique und Eintritt in die Artillerietruppe. 1836 zum Capitaine befördert, verließ Daru 1847 die Armee, um sich der Politik zu widmen. Schon ab 1832 gehörte er der Kammer der Pairs an und engagierte sich als Publizist bei allen großen öffentlichen Bauprojekten der Julimonarchie. Daru war auch Mitglied der außerparlamentarischen Kommission, die im November 1837 den Entwurf für das erste Eisenbahngesetz von 1838 erarbeitete. 1848 wurde er Abgeordneter des Departements Manche in der Nationalversammlung, zog sich jedoch nach dem Staatsstreich Napoleons III. am 2. Dezember 1851 ins Privatleben zurück und wurde erst nach dem Ende des Kaiserreiches noch einmal als Abgeordneter politisch aktiv *83 f., 87, 105, 219*

Dönhoff, August Heinrich Graf von (1797-1874), nahm 1815 als Freiwilliger am Feldzug Blüchers gegen Napoleon teil. Nach einem Studium der Kameralistik trat er 1821 in den preußischen diplomatischen Dienst ein und war Mitglied an den Gesandtschaften in Paris, Madrid und London. 1833 wurde Dönhoff preußischer Gesandter in Bayern. Nach fast zehn Jahren in München ging er 1842 als Gesandter an den Bundestag in Frankfurt. Während der Revolution von 1848 für wenige Monate preußischer Außenminister, scheiterte er jedoch mit seinen Vorstellungen von einer deutschen Einheit unter Führung einer konstitutionell gewandelten preußischen Monarchie *55-57, 129, 140 f., 145*

Dufaure, Jules Armand (1792-1882), französischer Politiker, gehörte als Rechtsanwalt und Mitglied der liberalen Partei ab 1834 der Deputiertenkammer an. 1839 wurde er Minister für öffentliche Arbeiten im Kabinett von Adolphe Thiers, mußte schon im folgenden Jahr nach der Rheinkrise sein Amt wieder aufgeben, behielt jedoch sein Mandat als Abgeordneter. 1848 wurde Dufaure auch in die Nationalversammlung gewählt. 1871 war er im zweiten Kabinett Thiers Justizminister *82*

Fischer, Friedrich Leopold (1798-1857), preußischer General, hatte 1815 seinen Dienst in der preußische Armee als Militärgeograph begonnen. Dem Großen Generalstab gehörte Fischer ab 1833 an. 1836 veröffentlichte er seine erste kritische Schrift über die Eisenbahnen. 1837 ging er, inzwischen zum Kapitän befördert, für zwei Jahre als Militärberater in die Türkei. Nach seiner Rückkehr und Wiedereintritt in den Großen Generalstab verfaßte Fischer 1841 eine zweite Schrift über die Eisenbahnen aus militärischer Sicht, in der er seine ursprüngliche skeptische Haltung nur unwesentlich modifizierte. 1848 wurde er zum Direktor des Militärökonomiedepartments ernannt. Als Oberst übernahm er 1851 die 3. Ingenieurinspektion in Koblenz. In dieser Verwendung wurde Fischer 1854 zum Generalmajor befördert *46 f., 49, 71, 79, 82, 126 f., 137*

Flottwell, Heinrich Eduard von (1786-1865), 1844 preußischer Finanzminister, 1846 Oberpräsident in Westfalen, 1861 in den Adelstand erhoben *126*

Friedrich II., genannt der Große (1712-1786), König von Preußen (1740 bis 1786), führte drei Kriege gegen Österreich um den Besitz Schlesiens, begründete Preußens Großmachtstellung, die nach den napoleonischen Kriegen 1815 wieder hergestellt werden konnte *3, 31, 153, 190, 224*

Friedrich Wilhelm III. (1770-1840), König von Preußen (1797 bis 1840), regierte in großer Abhängigkeit von seinem Beamtenapparat und neigte zu einer konservativ-restaurativen Politik im Sinne Österreichs *51, 74, 79, 116, 131, 195*

Friedrich Wilhelm IV. (1795-1861), König von Preußen (1840 bis 1858/61) *40, 49, 153*

From, Friedrich (1787-1857), preußischer General, nach Besuch der königlichen Bauakademie in Berlin 1813 in die preußische Armee eingetreten, diente als Leutnant in den Befreiungskriegen und leitete von 1818 bis 1830 als Ingenieuroffizier den Neubau der Festung Thorn. 1829 zum Major befördert, war From Lehrer an der Kriegsschule und schließlich Inspekteur der I. Pionierinspektion. Zeitweise zweiter Bevollmächtigter beim Bundestag in Frankfurt, wurde er 1842 Oberst. From schied 1854 als Generalleutnant aus dem aktiven Dienst aus *141-145*

Gerstner, Franz Anton Ritter von (1796-1840), österreichischer Eisenbahnpionier, leitete anfänglich den Bau der ersten, allerdings noch mit Pferden betriebenen Eisenbahn von der Moldau zur Donau, auch war er maßgeblich am Bau der ersten russischen Eisenbahn von St. Petersburg nach Pawlowsk beteiligt. 1838 ging er zum Studium der dortigen Verkehrsverhältnisse in die USA *52*

Gneisenau, August Wilhelm Graf Neithardt von (1760-1831), hatte seine militärische Laufbahn in Ansbach begonnen. Nach einem kurzen Aufenthalt in den Vereinigten Staaten trat er 1786 in die preußische Armee ein. Mit der Verteidigung Kolbergs im Krieg von 1806/07 gegen eine französische Übermacht erwarb er sich ersten Ruhm. Zum Oberstleutnant befördert, wurde er 1808 Mitglied der Reorganisations-Kommission, nahm aber ein Jahr später vorübergehend seinen Abschied. Erst im Frühjahr 1813 trat er wieder in die preußische Armee ein und wurde nach dem Tod Scharnhorsts erster Generalquartiermeister in der Armee Blüchers. In dieser Rolle bestimmte Gneisenau maßgeblich die Entschlüsse, die zum Sieg über Napoleon bei Leipzig führten. Entscheidend war auch seine Rolle im Feldzug von 1815. Nach dem Krieg übernahm Gneisenau vorübergehend das neu errichtete Generalkommando des VIII. Korps in Koblenz, bat aber schon kurz darauf um seinen Abschied. Im Krisenjahr 1830 wurde er, inzwischen zum Feldmarschall befördert, zum Oberbefehlshaber der preußischen Observationsarmee an der polnischen Grenze ernannt. In dieser Position verstarb Gneisenau vermutlich an der Cholera *34*

Grolmann, Karl Wilhelm Georg von (1777-1843), preußischer General, war nach seiner Teilnahme an den Feldzügen von 1813/14 im Stabe Blüchers ab 1814 Direktor des II. Departments im preußischen Kriegsministerium und mit der Reorganisation des Generalstabes beauftragt. Im Zuge der nach 1819 verstärkt einsetzenden reaktionären Tendenzen in Preußen nahm er zusammen mit Kriegsminister von Boyen seinen Abschied, trat jedoch 1825 als Divisionskommandeur wieder in die Armee ein und wurde 1837 Kommandierender General des V. Armeekorps in Posen *12, 29, 35, 37, 223*

Hansemann, David Justus (1790-1864), rheinischer Unternehmer, aus der Nähe von Hamburg stammend, hatte schon früh ein Vermögen im Textilhandel und im Versicherungsgeschäft gemacht, ehe er sich in den dreißiger Jahren den Eisenbahnen widmete. Ab 1836 Präsident der Aachener Handelskammer, gründete Hansemann als Konkurrenz zu Camphausens Rheinischer Eisenbahngesellschaft die Preußisch-Rheinische Eisenbahngesellschaft, die für eine Einbeziehung der Stadt Aachen in den Verlauf der geplanten Strecke eintrat. Mit Hilfe der preußischen Regierung setzte er schließlich die Fusion beider Gesellschaften durch. 1843 übernahm er auch die Führung der damals wieder gegründeten Köln-Mindener Eisenbahn und schloß deren Bau bis 1847 ab. Im Revolutionsjahr 1848 trat er, obwohl ein scharfer Gegner des bisherigen bürokratischen Obrigkeitsstaates, kurzzeitig als Finanzminister in das neu gebildete Kabinett seines ehemaligen Konkurrenten Camphausen ein und leitete ab Juni 1848 sogar ein eigenes Kabinett. Auf Druck der wieder erstarkten konservativen Partei mußte er jedoch schon im September desselben Jahres zurücktreten. Danach zunächst Chef der Preußischen Bank, war Hansemann ab 1851 auch maßgeblich am Aufbau der Berliner Disconto-Gesellschaft beteiligt, die durch ihre Industriebeteiligungen und Emissionsgeschäfte einen neuen Bankentyp repräsentierte *27, 107, 111*

Harkort, Friedrich (1793-1880), Fabrikant und Politiker aus einer westfälischen Unternehmerfamilie. Sein älterer Bruder Gustav war maßgebliches Mitglied des Leipziger Eisenbahnkomitees und sein Bruder Karl führte in Leipzig ein Handels- und Exporthaus. Wirtschaftlich nicht immer erfolgreich, machte sich Harkort bald einen Namen als technischer Pionier. In den Befreiungskriegen schwer verwundet, hatte er im Jahre 1818 in Wetter die erste deutsche Dampfmaschinenfabrik gegründet. Nach deren Liquidation baute er im Jahre 1837 das erste Rheindampfschiff, das in Duisburg vom Stapel lief. Vielseitig interessiert, engagierte sich Harkort auch für soziale und kulturelle Belange. 1849 war er Abgeordneter im preußischen Landtag. Dem späteren Deutschen Reichstag gehörte er bis 1873 an *15-20, 24, 26-28, 46, 51, 77, 110, 146, 222, 229*

Hess, Heinrich Freiherr von (1788-1870), österreichischer Feldmarschall, 1805 in die österreichische Armee eingetreten, hatte er an den Feldzügen von 1809 und 1813/15 teilgenommen. 1829 zum Oberst befördert, war er ab 1831 Chef der Generalstabsabteilung der mobilen Armee in Oberitalien unter dem Kommando des Grafen von Radetzky. 1840 wurde Hess zum Chef des Generalquartiermeisterstabes ernannt. Während der Revolutionskriege 1848/49 nahm er als Generalquartiermeister wiederum unter Feldmarschall Radetzky an den erfolgreichen Feldzügen gegen Piemont und die italienische Einigungsbewegung teil. Für seine Verdienste erhielt Hess 1849 die Ernennung zum Generalquartiermeister der gesamten österreichischen Armee. 1859 zum Feldmarschall befördert, legte er im Jahre darauf alle seine aktiven Ämter nieder *94, 224*

Heydt, August von der (1801-1874), kam aus einer Elberfelder Bankiersfamilie und hatte seine berufliche Laufbahn im väterlichen Unternehmen begonnen. Dort erhielt er schon früh einen Einblick in die Finanzierungsfragen der ersten Eisenbahnprojekte, vor allem der Düsseldorf–Elberfelder Eisenbahn. Später war er auch im Aufsichtsrat der Rhein-Weser-Bahn. Ab 1839 gehörte er dem rheinischen Provinziallandtag an. Im Revolutionsjahr 1848 wurde er Leiter des wieder ins Leben gerufenen Ministeriums für Handel, Gewerbe und Öffentliche Arbeiten und widmete sich besonders dem Ausbau des Post-, Telegraphen- und Eisenbahnwesens in Preußen. Hierbei erwies er sich als ein energischer Befürworter eines staatlichen Eisenbahnsystems. Kurzfristig bekleidete Heydt 1862 auch das Amt des preußischen Finanzministers, trat aber noch im selben Jahr zurück, als Otto von Bismarck Ministerpräsident wurde. Im Krieg von 1866 leitete er noch einmal das Finanzressort, schied aber schon 1869 wegen Bismarcks Finanzpolitik, die er als unsolide empfand, endgültig aus dem Amt aus und verbrachte seine letzten Lebensjahre im Ruhestand *68, 70, 156 f., 160, 164-166, 168, 179, 233*

Itzenplitz, Heinrich Graf von (1799-1883), preußischer Handelsminister, war nach einem juristischen Studium in den preußischen Staatsdienst eingetreten und 1843 Regierungspräsident in Posen geworden. Ab 1854 Mitglied des preußischen Herrenhauses, wurde er 1862 Landwirtschaftsminister und noch im selben Jahr, anstelle des zurückgetretenen von der Heydt, Handelsminister im Kabinett Bismarcks. In dieser Position war er auch für die zivile Seite der Truppentransporte in allen drei Einigungskriegen zuständig. 1873 mußte Itzenplitz auf Grund einer vermeintlichen Verwicklung in eine Eisenbahnspekulation zurücktreten *185*

Jardot, Alexandre (1804-1891), französischer Offizier, Absolvent der Kriegsschule in Saint Cyr. 1830 nahm er am Feldzug in Algerien teil und gehörte später dem Generalstab an. Einen Namen machte er sich vor allem als Verfasser zahlreicher militärischer Werke *83 f., 88 f., 105*

Johann Baptist Joseph Fabian Sebastian (1782-1859), Erzherzog von Österreich und Feldmarschall, war ab 1801 Generalgeniedirektor aller österreichischen Sappeur-, Genie- und Mineurtruppen. Als engagierter Gründer von Schulen und Gewerbevereinen war er ein Förderer von Wirtschaft und Technik vor allem in der Steiermark. Einen Namen machte er sich auch als Mitbegründer der Österreichischen Akademie der Wissenschaften. Überraschend erreichte ihn die Wahl zum Deutschen Reichsverweser durch die Frankfurter Nationalversammlung im Jahre 1848. Erzherzog Johann erlebte 1854 noch die eisenbahntechnische Überwindung des Semmering und damit die Vollendung der das ganze Land durchschneidenden Eisenbahnlinie von Galizien nach Triest *90, 100*

Jomini, Antoine Henri (1779-1869), General und Militärschriftsteller, begann seine militärische Laufbahn in der schweizerischen Armee und diente später unter Napoleon. Im Jahre 1805 war er persönlicher Adjutant Marschall Neys und trat später in russische Dienste, wo er im Range eines Generalleutnants Adjutant des Kaisers Alexander war. 1837 schied er aus dem aktiven Dienst aus. Sein Hauptwerk »Précis de l'Art de la Guerre« erschien in mehreren Auflagen, unter anderem auch 1838 in deutscher Übersetzung »Das Wesen der Kriegskunst oder neuere analytische Darstellung der Haupt-Combinationen der Strategie, der höheren Taktik und der Militär-Politik« *7*

Krauseneck, Johann Wilhelm (1774-1850), aus der Markgrafschaft Ansbach-Bayreuth stammend, war Krauseneck 1792 in preußischen Dienst getreten. Unter Blücher hatte er sich 1813 mit Auszeichnung als Generalstabsoffizier bewährt. 1815 zum Generalmajor befördert, wurde er 1829 Chef des Großen Generalstabes und trat kurz nach den Märzunruhen 1848 in den Ruhestand. Während seiner fast 20jährigen Amtszeit befaßte sich der Generalstab erstmals mit Eisenbahnangelegenheiten *28, 50 f., 57, 71, 74, 224, 229, 231*

Kübeck von Kübau, Karl Friedrich Freiherr von (1780-1855), österreichischer Politiker und Verwaltungsbeamter, Mitglied der Allgemeinen Hofkammer, übernahm später deren Geschäftsleitung und setzte sich für die Einführung der Eisenbahnen und der Telegraphie in der Habsburgermonarchie ein, 1816 in den Ritterstand erhoben, ab 1825 Freiherr *140*

Lamarque, Jean Maximilien (1770-1832), französischer General, hatte ab 1794 an allen bedeutenden Feldzügen der französischen Armee teilgenommen. Nach der Schlacht von Austerlitz diente er zunächst unter General Murat in Italien. 1809 zum Divisionskommandeur und Baron des Kaiserreiches ernannt, gehörte er bis zum Zusammenbruch des Kaiserreiches 1814 der französischen Okkupationsarmee in Spanien an. Im Auftrag Napoleons bekämpfte er 1815 erfolgreich die Royalisten in der Vendée. Nach der endgültigen Niederlage des Korsen mußte er Frankreich zunächst verlassen. Obwohl nach seiner Rückkehr in seinem Rang bestätigt, erhielt Lamarque kein neues Kommando mehr und wechselte in die Politik. Nach der Julirevolution von 1830 gehörte er als Abgeordneter der Zweiten Kammer an. Sein Eintreten für die Revision des Friedensvertrages von 1815, für die Schaffung eines unabhängigen Polens und einer Vereinigung Frankreichs mit Belgien verschaffte ihm große Popularität *81, 99*

Lamé, Gabriel (1795-1870), französischer Ingenieur, Professor am École Polytechnique und Mitglied der Academie Française. Nach langjähriger Tätigkeit als Lehrer an der Ingenieurakademie im russischen Petersburg war er in den dreißiger Jahren maßgeblich am Bau der ersten französischen Eisenbahnen von Paris nach Versailles und St. Germain beteiligt *46, 81 f.*

Latour, Baillet de, Theodor Graf von (1780-1848), aus belgischer Adelsfamilie, 1829 österreichischer Militärbevollmächtigter und Präses der Bundesmilitärkommission, 1848 letzter Hofkriegsratspräsident, als Kriegsminister am 6. Oktober 1848 von einer aufgebrachten Menge in Wien ermordet *97*

Legrand, Alexis Baptiste Victor (1791-1848), französischer Politiker und technischer Beamter, Absolvent der École Polytechnique, trat 1815 als Ingenieur dem Korps für Brücken und Chausseen bei. Ab 1832 war er dessen Leitender Ingenieur, im selben Jahr wurde er auch Unterstaatssekretär im Ministerium für öffentliche Arbeiten. Zahlreiche Straßen-, Brücken- und Kanalbauten sowie auch die wichtigsten Eisenbahnlinien wurden von ihm geplant und initiiert *85*

List, Friedrich (1789-1846), Publizist, Nationalökonom und Eisenbahnprotagonist, begann als Sekretär in der württembergischen Zivilverwaltung. Dank seiner regen publizistischen Tätigkeit wurde er im Jahre 1817 zum ordentlichen Professor an der neu eingerichteten staatswirtschaftlichen Fakultät der Universität Tübingen ernannt. Ab 1819 war er für seine Heimatstadt Reutlingen Abgeordneter in der württembergischen Ständeversammlung. Wegen seines engagierten Eintretens für den Freihandel geriet er bald in Opposition zur Regierung in Stuttgart und mußte zuletzt fliehen. Nach seiner Rückkehr kurzzeitig in der Festung Hohenasperg inhaftiert, kam er zu Beginn des Jahres 1825 gegen das Versprechen, in die Vereinigten Staaten auszuwandern, wieder frei. Dort hatte er, von seinem Gönner Lafayette gefördert, als Bergwerksunternehmer in Virginia beachtlichen Erfolg. Aber noch ehe eine von ihm begonnene Eisenbahn zum Meer fertiggestellt worden war, kehrte List als Konsul der Vereinigten Staaten in Hamburg im Herbst 1830 über Frankreich nach Deutschland zurück, wo er sich sogleich in zahlreichen Publikationen für den in Europa gerade einsetzenden Eisenbahnbau engagierte. Trotz seines immensen Wissens und seiner oft zukunftsweisenden Ideen gelang es ihm nicht, eine sichere berufliche Existenz aufzubauen. Sein Freitod in Kufstein 1846 beendete ein fast 16jähriges, letztlich erfolgloses und zermürbendes Wanderleben zwischen den Hauptstädten und Höfen Europas *22-28, 46 f., 52, 61, 77-80, 84, 105, 222, 229*

Maaßen, Carl Georg von (1769-1834), trat 1803 als Beamter in die preußische Finanzverwaltung ein. Ab 1816 war er Direktor der Generalverwaltung für Gewerbe und Handel im Finanzministerium und wurde ein Jahr darauf Mitglied des preußischen Staatsrats. Seine Ernennung zum Generalsteuerdirektor erfolgte 1818. 1830 wurde er Nachfolger von Motz als preußischer Finanzminister, verstarb jedoch nach nur vierjähriger Amtszeit *17, 23, 27, 45*

Manteuffel, Edwin von (1809-1885), preußischer General, 1857 Chef des preußischen Militärkabinetts, 1865 Militärbefehlshaber in Schleswig, ein Jahr später erhielt er den Oberbefehl im Mainfeldzug und war im Krieg von 1870/71 Kommandierender General. 1873 erfolgte seine Beförderung zum Generalfeldmarschall und sechs Jahre später wurde er Reichsstatthalter in Elsaß-Lothringen *192, 199-203*

Manteuffel, Otto Theodor von (1805-1882), studierte Rechtswissenschaften und trat in den preußischen Verwaltungsdienst ein, 1833 Landrat, 1843 Regierungsvizepräsident und ab 1844 Vortragender Rat beim Prinzen von Preußen. 1848 bis 1850 leitete er das preußische Innenministerium, ab 1850 in Personalunion preußischer Ministerpräsident und Außenminister, schloß er im selben Jahr die »Punktation« von Olmütz ab. Manteuffel verfolgte in der Außenpolitik einen streng konservativen Kurs. 1858 wurde er vom neuen Prinzregenten Wilhelm I. im Rahmen dessen Politik der neuen Ära entlassen *164 f.*

Marx, Anton (gest. 1858), österreichischer Offizier, verfaßte 1835 in der Österreichischen Militärzeitung einen weitblickenden Beitrag über den militärischen Nutzen der Eisenbahnen, der allerdings vorerst ein Einzelfall blieb, zuletzt Oberstleutnant und Platzkommandant der Festung Raab *92, 100*

Metternich, Klemens Wenzel, Fürst von (1773-1859), ab 1812 österreichischer Staatskanzler, entschiedener Gegner der Französischen Revolution und dominierender Politiker auf dem Wiener Kongreß 1814/15. Die von ihm mitgestaltete neue europäischen Staatenordnung stand im Zeichen des Gleichgewichts der Mächte und der Eindämmung der revolutionären Bewegung. Metternich galt als bedeutendster Protagonist einer antiliberalen, auf die Wiederherstellung der vorrevolutionären Verhältnisse gerichteten Politik, die 1848 endgültig scheiterte *95-97, 140*

Moltke, Helmuth Graf von (1800-1891), in Mecklenburg geboren, hatte seine militärische Laufbahn in Dänemark begonnen, war aber wegen der besseren Karriereaussichten schon 1822 in die preußische Armee eingetreten. Ab 1823 nebenamtlich Lehrer an der Allgemeinen Kriegsschule in Berlin, wurde Moltke 1828 zum Topographischen Büro des Großen Generalstabes kommandiert, dem er ab 1832 endgültig angehörte. Seiner Tätigkeit als Generalstabsoffizier beim IV. Korps in Magdeburg und beim VIII. Korps in Koblenz folgte eine Verwendung als Adjutant des in Rom lebenden Prinzen Friedrich Wilhelm von Preußen. 1857 wurde Moltke, ab 1856 zum Generalmajor befördert, zunächst kommissarisch mit den Aufgaben eines Chefs des Großen Generalstabes betraut. Die endgültige Bestätigung in diesem Amt erfolgte ein Jahr später. Durch sein erfolgreiches Wirken in den drei sogenannten Einigungskriegen, zunächst als Berater des Monarchen, dann auch als Leiter der Operationen, brachte Moltke die von ihm noch bis 1888 geleitete Institution zu höchstem Ansehen *3, 7, 11, 13, 43, 72 f., 77, 102, 109 f., 153, 178 f., 182 f., 185-197, 200-204, 212, 214 f., 217-221, 224-228, 233, 235*

Motz, Friedrich Christian Adolf von (1775-1830), ab 1795 im preußischen Verwaltungsdienst und nach der Vertreibung Napoleons im Jahre 1813 Beamter der Finanzverwaltung in Halberstadt. 1820 wurde er Präsident der Regierung in Magdeburg, nur ein Jahr später Oberpräsident der Provinz Sachsen. 1825 erfolgte seine Ernennung zum preußischen Finanzminister. In diesem Amt spielte Motz eine entscheidende Rolle beim Zustandekommen des Deutschen Zollvereins *16, 27*

Müffling, Carl Friedrich Freiherr von, gen. Weiß (1775-1851), preußischer Generalfeldmarschall, hatte sich im Feldzug von 1815 einen Namen als preußischer Verbindungsoffizier im Stab des Herzogs von Wellington gemacht. Nach dem

Sieg der Alliierten war er kurzzeitig Militärgouverneur von Paris. Mehrfach mit diplomatischen Missionen betraut, befaßte sich Müffling in den folgenden Jahren auch häufig mit topographischen Fragen. 1821 wurde er Chef des Großen Generalstabes, der damals erstmals aus dem Kriegsministerium ausgegliedert worden war. Nach einer diplomatischen Mission in Konstantinopel war er von 1829 bis 1837 Kommandierender General des VII. westfälischen Korps in Münster, 1838 wurde er Gouverneur von Berlin und Vorsitzender des preußischen Staatsrats bis zu seinem Abschied im Jahre 1847 *12, 19 f., 29, 35 f., 45, 79, 82, 120, 126, 137, 223, 229*

Münch-Bellinghausen, Joachim Graf von (1786–1866), österreichischer Diplomat, ab 1822 Bundespräsidialgesandter in Frankfurt und ein unbedingter Anhänger Metternichs und seines politischen Systems. Als Präsident der böhmischen Elbschiffahrts-Kommission hatte er sich bereits mit den Problemen des Verkehrswesens vertraut machen können, ehe ihn Staatskanzler Metternich 1821 in den Auswärtigen Dienst berief. 1831 zum Grafen ernannt, wurde er zehn Jahre später Staatsminister. Kurz nach den Märzunruhen von 1848 schied er freiwillig aus dem diplomatischen Dienst aus und zog sich ins Privatleben zurück *141, 146*

Nagler, Karl Ferdinand von (1770–1846), hatte seine Beamtenlaufbahn in den Diensten des Markgrafen von Ansbach und Bayreuth begonnen. 1804 war er in die preußische Verwaltung gewechselt und hatte dank der Förderung durch Staatsminister von Hardenberg in Berlin schnell Karriere gemacht. Schon 1809 wurde er zum Vizegeneralpostmeister ernannt und führte als Geheimer Staatsrat und Kabinettssekretär auch die Privatkorrespondenz der Königin Luise. 1811 durch politische Umstände zum Abschied genötigt, verbrachte Nagler die folgenden zehn Jahre überwiegend auf Reisen und machte sich einen Namen als Kunstsammler. 1821 kehrte er als Präsident des Generalpostamtes in den preußischen Staatsdienst zurück. Zwei Jahre später wurde er zum Generalpostmeister ernannt und in den Adelsstand erhoben. Von 1824 bis 1835 war er preußischer Gesandter beim Bundestag in Frankfurt. Nach seiner Abberufung zum Staatsminister ernannt, bekleidete er wieder bis zu seinem Tode 1846 das Amt des Generalpostmeisters *63, 74, 103, 122, 232*

Peucker, Eduard von (1791–1876), preußischer General, war 1809 in die preußische Armee eingetreten und hatte als Artillerieleutnant an den Befreiungskriegen teilgenommen. 1816 in den Adelstand erhoben, leitete er ab 1825 die Artillerieabteilung im Kriegsministerium. In dieser Funktion nahm er 1836, inzwischen zum Oberst befördert, an der unter General von Krauseneck tagenden Kommission zur militärischen Beurteilung der Eisenbahnen teil. Peuker war auch maßgeblich an der Einführung des Dreyse-Zündnadelgewehrs in die preußische Armee beteiligt. 1842 zum Generalmajor befördert, wurde er 1848 preußischer Militärkommissar bei der Bundesversammlung in Frankfurt und noch im selben Jahr Reichskriegsminister. 1849 führte er das Neckarkorps beim Feldzug in Baden, danach war er Gouverneur der Provinzen Rheinland und Westfalen. Ab 1854 Generalinspekteur des Militärerziehungs- und Bildungswesens, erhielt Peuker, ab 1858 General der Infanterie, nach über 60 Dienstjahren 1872 seinen Abschied. Im selben Jahr wurde er zum Mitglied des preußischen Herrenhauses auf Lebenszeit ernannt *110 f.*

Pfuel, Ernst von (1779-1866), preußischer General und Kriegsminister, brandenburgischer Uradel, ab 1797 in der preußischen Armee, Kriegsteilnahme 1806/07, nach Entlassung 1809 in österreichischem Dienst, wechselte erneut 1812 in die russische Armee. In die preußische Armee zurückgekehrt, nahm er 1815 an der Schlacht von Waterloo teil. 1830/32 Divisionskommandeur und Stadtkommandant in Köln, anschließend bis 1848 preußischer Gouverneur in Neuenburg (Schweiz). Im Revolutionsjahr 1848 zunächst Gouverneur von Berlin, übernahm er im September desselben Jahres das Amt des Ministerpräsidenten in Personalunion mit dem des Kriegsministers, mußte aber schon im November wieder zurücktreten, ab 1858 für die Liberalen Mitglied im preußischen Abgeordnetenhaus *109*

Pönitz, Karl Eduard (1795-1858), Offizier und Militärschriftsteller, hatte sich vom Husarenwachtmeister zum Hauptmann und Lehrer an der sächsischen Kriegsschule emporgedient. Wegen mangelnder Karriereaussichten war er 1846 in den sächsischen Postdienst gewechselt und verstarb als Oberpostrat *30, 42, 135-138, 142, 224*

Prittwitz und Gaffron, Moritz Karl Ernst von (1795-1885), preußischer General, war im Frühjahr 1813 als Student der Universität Breslau in die preußische Armee eingetreten und kurz darauf zum Leutnant in der schlesischen Festungspionierkompanie befördert worden. Im Jahre 1818 mit der Besatzungsarmee aus Frankreich zurückgekehrt und zum Hauptmann befördert, wirkte Prittwitz unter General von Aster beim Bau der Festung Koblenz-Ehrenbreitstein mit. Nach einer Verwendung als Adjutant des Festungsbauinspekteurs General von Rauch erfolgte 1828 seine Ernennung zum Festungsbaudirektor der Festung Posen. 1841 übernahm Prittwitz, inzwischen zum Major befördert, auf Wunsch der württembergischen Regierung die Leitung beim Bau der Bundesfestung von Ulm. Als Oberst wurde ihm 1850 die Leitung der I. Ingenieurinspektion in Berlin übertragen. Nachdem er bei der Besetzung der Position des Generalinspekteurs des Pionierwesens übergangen worden war, bat Prittwitz 1863, inzwischen zum Generalleutnant befördert, nach genau fünfzig Dienstjahren um seinen Abschied. Im Krieg von 1870/71 noch einmal als Gouverneur der Festung Ulm in den aktiven Dienst zurückgekehrt, erhielt Prittwitz schließlich noch den Charakter eines Generals der Infanterie *32, 46, 229*

Radetzky, Johann Josef Wenzel Anton Franz Karl Graf von (1766-1858), österreichischer Feldmarschall, in Böhmen als Sohn eines Offiziers geboren, war 1784 in die österreichische Armee eingetreten und hatte als Oberleutnant am Türkenkrieg von 1788/89 teilgenommen. In den Feldzügen Österreichs gegen das revolutionäre Frankreich und später gegen Napoleon avancierte er schnell zum Oberst (1799), später zum Feldmarschall-Leutnant (1809). Ab 1813 war er Generalquartiermeister im Stabe des Feldmarschalls Fürst von Schwarzenberg. Nach vorübergehendem Ruhestand übernahm er 1818 das Kommando über eine Division in Ungarn. Sein späterer Ruhm gründete sich auf seine Leistungen als Oberbefehlshaber in Italien, wo er ab 1830 die österreichischen Truppen auf die unausweichliche Auseinandersetzung mit der nationalen italienischen Bewegung vorbereitete. Im Jahre 1848 siegte der inzwischen zum Feldmarschall (1836) beförderte Radetzky in mehreren Schlachten (Santa Lucia, Custozza und Novara) gegen piemontesische Truppen und eroberte im darauffolgenden Jahr sogar Venedig zurück *93 f., 100*

Radowitz, Josef Maria von (1797-1853), preußischer General, Diplomat und Außenminister, war der Sohn eines österreichischen Offiziers ungarischer Herkunft. In den Befreiungskriegen kämpfte er noch auf Napoleons Seite und geriet 1813 bei Leipzig in Gefangenschaft. Nach dem Friedensschluß von 1814 setzte er seine militärische Laufbahn zunächst in der kurhessischen Armee fort, wechselte aber 1823 nach einer Auseinandersetzung mit dem Kurfürsten in preußischen Dienst. Hier zunächst Hauptmann im Generalstab, wurde Radowitz 1836 dank seiner hervorragenden Verbindungen zum Thronfolger zum Militärbevollmächtigten Berlins bei der Bundesversammlung in Frankfurt ernannt. Ab 1842 preußischer Gesandter in Baden und Darmstadt, trat er zunehmend für eine gesamtdeutsche Rolle Preußens und für ein sozialpaternalistisches Königtum ein. 1845 wurde er zum Generalmajor befördert. Während der Revolutionszeit Mitglied der Deutschen Nationalversammlung, sympathisierte Radowitz mit der Idee eines kleindeutsch-preußischen Erbkaisertums, das jedoch von den deutschen Fürsten ausgerufen werden sollte. Im September 1850 wurde er preußischer Außenminister, mußte jedoch kurz darauf wieder von seinem Amt zurücktreten, als sein Konzept einer kleindeutschen Unionspolitik unter preußischer Führung bei Olmütz auf Druck der Großmächte Rußland und Österreich scheiterte *40, 93, 132, 139-141, 163*

Rauch, Gustav Johann von (1774-1841), preußischer General, war 1788 in die damals neu eingerichtete preußische Ingenieurakademie in Potsdam eingetreten. 1803 kam er in den Generalquartiermeisterstab und nahm am Krieg von 1806/07 teil. Ab 1809 Direktor der zweiten Division des Allgemeinen Kriegsdepartments, wurde er 1812 Oberst. Nach kurzer Verwendung als Chef des Stabes im Yorkschen Korps wurde er im Juni 1813 als Generalmajor Chef des preußischen Ingenieurkorps. Ab 1831 auch Mitglied des preußischen Staatsrates, trat Rauch 1837 als Kriegsminister an die Stelle seines kränkelnden Vorgängers, General von Witzleben. Doch schon im Februar 1841 mußte er das Amt wegen seiner schlechten Gesundheit wieder aufgeben *75, 120 f.*

Reyher, Karl Friedrich Wilhelm von (1786-1857), preußischer General, war 1802 als einfacher Soldat in die preußische Armee eingetreten. Während des Krieges von 1806/07 schloß er sich, inzwischen zum Feldwebel befördert, dem Freikorps des Major Schill an und nahm an dessen Zug nach Stralsund teil. Schon 1810 wurde Reyher auf Grund hervorragender Beurteilungen zum Offizier ernannt. Als Auszeichnung für sein Verhalten in der Schlacht von Wawre (18.6.1815) wurde er mit königlicher Kabinettsordre im Oktober 1815 zum Major befördert. Ab 1823 gehörte Reyher dem Großen Generalstab an, im folgenden Jahr wurde er Chef des Stabes des VI. Korps in Breslau. 1828 erfolgte seine Erhebung in den Adelsstand. Ab 1837 unter dem Kommando des Prinzen Wilhelm Chef des Stabes des Gardekorps, wurde Reyher 1840 Direktor des Allgemeinen Kriegsdepartments im Kriegsministerium. Während der Revolution von 1848 vorübergehend Kriegsminister, wurde Reyher am 13. Mai 1848 zum Chef des Generalstabes der Armee ernannt *71, 148, 151, 157, 159, 161, 163, 167 f., 178, 190, 205, 224 f., 233*

Riepl, Franz Xavier (1790-1857), ursprünglich Professor für Mineralogie und Warenkunde am Wiener Polytechnikum, wirkte Riepl auf Vermittlung des Erzherzogs Johann als Berater an der Errichtung des ersten mit Koks betriebenen Eisenwerkes Österreichs in Witkowitz mit. Sein Entwurf für den Bau eines österreichischen Eisenbahnnetzes mit einer Hauptachse von Nordgalizien über Wien nach Triest wurde später weitgehend realisiert *91, 93*

Rochow, Gustav Adolphus (1792-1847), preußischer Innenminister, nach Jurastudium und Teilnahme an den Befreiungskriegen 1823 in die preußische Staatsverwaltung eingetreten, ab 1834 preußischer Innenminister und Chef der Polizei, 1842 aus gesundheitlichen Gründen zurückgetreten, aber weiterhin Mitglied des preußischen Staatsministeriums und des Staatsrates *24 f., 77, 122 f., 147*

Rodiczky von Sipp, Freiherr von Weichselburg (1787-1845), österreichischer General und Diplomat, 1839 Oberst, zuletzt Generalmajor und Präses der Bundesmilitärkommission in Frankfurt *93, 134*

Roon, Albrecht Theodor (1803-1879), preußischer Generalfeldmarschall und Kriegsminister, war 1816 in die preußische Armee eingetreten und nach seiner Ernennung zum Leutnant 1824 zur Allgemeinen Kriegsschule versetzt worden. 1836 wurde er als Kapitän (Hauptmann) dem Großen Generalstab zugeteilt. 1842 zum Major befördert, war Roon 1846 militärischer Begleiter des Prinzen Friedrich Karl von Preußen. 1848 wurde er Chef des Generalstabes des VIII. Armeekorps in Koblenz und nahm 1849 im Stab des Generals von Hirschfeld am Feldzug in Baden teil. Nach seiner Verwendung als Regiments- und Brigadekommandeur wurde Roon 1856 zum Generalmajor befördert und zwei Jahre später Kommandeur der 14. Division in Düsseldorf. Im September 1859 berief ihn der damalige Prinzregent Wilhelm mit dem Auftrag, die inzwischen vorliegenden Entwürfe zur Reorganisation des Heeres zu bearbeiten, ins Kriegsministerium. Nur drei Monate später wurde Roon, inzwischen Generalleutnant, als Nachfolger Bonins zum Kriegsminister ernannt. Dieses Amt bekleidete Roon nach Abschluß der Heeresreform auch während der drei Einigungskriege. 1873 zum Generalfeldmarschall befördert, bat Roon bald danach aus gesundheitlichen Gründen um seinen Abschied *183, 191, 213, 225*

Rother, Christian von (1778-1849), Leiter der Preußischen Seehandlung, stammte aus der Provinz Schlesien und war 1795 in den Staatsdienst eingetreten. Nach

1810 stieg er schnell in der preußischen Finanzverwaltung auf und wurde mit der Verwaltung und Verteilung der von Frankreich zu entrichtenden Kriegsentschädigung beauftragt. Später war Rother der langjährige Leiter der preußischen Staatsbank, der sogenannten Seehandlung, 1836 wurde er zum Staatsminister ernannt. Rother setzte sich für den Bau von Chausseen ein und unterstützte durch gezielte Ansiedlung von Fabriken vor allem die schlesische Textilindustrie *56 f., 60, 63, 79*

Rothkirch und Panthen, Leonhard Graf von (1773-1842), österreichischer General, war von 1830 bis 1840 mit der Leitung der Geschäfte des Generalquartiermeisterstabes beauftragt, 1832 Feldmarschall-Leutnant, förderte besonders die Ausbildung der Generalstabsoffiziere und die Militärgeschichtsschreibung, 1840 Kommandierender General in Innerösterreich, Illyrien und Tirol *92 f.*

Rühle von Lilienstern, Johann Jakob (1780-1847), preußischer General, war von 1820 bis 1821 Nachfolger General Grolmans als Direktor des zweiten Departments im Kriegsministerium und damit Chef des Großen Generalstabes. 1837 übernahm er, zum Generalleutnant befördert, die Leitung der Allgemeinen Kriegsschule in Berlin und trat 1844 als Generalinspekteur an die Spitze des gesamten preußischen Militärerziehungs- und Bildungswesens. Rühle von Lilienstern wurde vor allem als Publizist verschiedener militärischer Fachbücher und Feldzugsbeschreibungen bekannt. Ab 1816 Mitherausgeber des Militärwochenblattes, befaßte sich Rühle in den dreißiger Jahren in mehreren Gutachten mit der Frage der militärischen Nutzung der Eisenbahnen *25, 28, 51-55, 61, 75, 77-80, 121, 129 f., 229 f.*

Rumigny, Marie-Théodore Graf von (1789-1860), französischer General, hatte ab 1805 an allen Feldzügen Napoleons teilgenommen, zuletzt General. Sein Rang wurde ihm jedoch von der Restaurationsregierung erst im Jahre 1826 wieder zuerkannt. Unter der Protektion des Herzogs von Orleans, der ab 1830 als König von Frankreich regierte, war er von 1831 bis 1837 Mitglied der Pairkammer. 1840 zum Generalleutnant befördert, begleitete er den König nach der Revolution von 1848 ins Exil nach England. Nach seiner Rückkehr lebte bis zu seinem Tode zurückgezogen als Privatmann *82, 99*

Scharnhorst, Gerhard Johann David von (1755-1813), hatte 1778 seine militärische Laufbahn in der hannoveranischen Armee begonnen und am 1. Koalitionskrieg gegen Frankreich teilgenommen. 1801 wechselte Scharnhorst als Oberstleutnant in preußischen Dienst. 1804 wurde er Generalquartiermeister im Generalstab, organisierte die preußische Militärakademie neu und wurde anschließend zu ihrem Direktor ernannt. Nach der Niederlage Preußens gegen Frankreich 1806/07 wurde Scharnhorst Vorsitzender der Militär-Reorganisationskommission. Als Chef des neuen Allgemeinen Kriegsdepartments und Generalinspekteur der Festungen war er eine der treibenden Kräfte der preußischen Heeresreform. Bei Ausbruch der Befreiungskriege 1813 wurde er, inzwischen Generalleutnant, Stabschef in Blüchers Schlesischer Armee. In der

Schlacht von Großgörschen (2.5.1813) verwundet, starb Scharnhorst wenige Wochen später in Prag *31 f.*

Schlieffen, Alfred Graf von (1833-1913), preußischer Generalfeldmarschall, Chef des Generalstabs der Armee bis 1905, 1911 im Ruhestand zum Generalfeldmarschall befördert. Der noch unter seiner Leitung entworfene und nach ihm benannte Plan war im Ersten Weltkrieg, trotz veränderter strategischer Verhältnisse, die operative Grundlage für den deutschen Angriff im Westen *228, 235*

Schoeler, Reinhold Otto Friedrich von (1772-1840), preußischer General und Diplomat, war 1786 als Korporalgefreiter in die preußische Armee eingetreten und hatte am Feldzug von 1806/07 als Stabskapitän teilgenommen. Danach folgten verschiedene diplomatische Missionen am russischen Hof in Petersburg. Während der Befreiungskriege von 1813/15 war er, inzwischen Generalmajor, dem Hauptquartier der Verbündeten zugeteilt. 1818 folgten die Beförderung zum Generalleutnant und die Ernennung zum preußischen Gesandten am kaiserlich russischen Hof in Petersburg. 1835 wurde Schoeler, ab 1832 General der Infanterie, preußischer Gesandter in der Deutschen Bundesversammlung in Frankfurt *133*

Schorlemer, Friedrich Wilhelm Freiherr von (geb. 1786), über den westfälischen Gutsbesitzer und Mitglied des westfälischen Landtages finden sich nur einige Sätze im Handbuch »Das gelehrte Teutschland oder Lexikon der jetzt lebenden teutschen Schriftsteller«. Demnach war Schorlemer 1809 Regierungsassessor in Armsberg, avancierte 1810 zum Kammer- und Regierungsrat und diente 1813 als Leutnant im 11. Preußischen Husarenregiment. 1818 erschien seine Schrift »Zur Verfassung besonders für den landsässigen Adel des Herzogthums Westfalen«. Während der westfälischen Landtage in den dreißiger Jahren schien er eine maßgebliche Rolle gespielt zu haben und führte 1833/34 einen umfangreichen Briefwechsel mit General von Müffling *19 f., 26*

Soult, Nicolas-Jean de Dieu (1769-1851), französischer Marschall und Kriegsminister, trat im Alter von 16 Jahren in die französische Armee ein und stieg während der Revolutionskriege in nur neun Jahren zum Brigadegeneral auf. 1809 hatte er, inzwischen zum Marschall befördert, den Oberbefehl in Spanien, unterlag jedoch der Armee Wellingtons, der die Franzosen 1814 bis nach Toulouse zurückwarf. Napoleon ernannte Soult nach seiner Rückkehr 1815 zu seinem Generalstabschef. 1816 mußte Soult ins Exil gehen, konnte aber drei Jahre später unter Zuerkennung aller seiner Würden zurückkehren. In der Julirevolution von 1830 schlug er sich auf die Seite von Louis Philip, der ihn nach seiner Thronbesteigung zum Kriegsminister ernannte. Nachdem er 1839 auch vorübergehend zum Außenminister ernannt worden war, bat Soult 1845 aus gesundheitlichen Gründen um seinen Abschied *88*

Stein, Karl Reichsfreiherr vom und zum (1757-1831), trat 1780 in den preußischen Staatsdienst ein, ab 1804 Finanzminister, nach Preußens Niederlage gegen Napoleon Leitender Minister und Kopf der Reformbewegung. Auf Druck des Korsen mußte er ins Exil nach Böhmen, war schließlich 1812 politischer

Berater des Zaren. Nach dem Sieg über Napoleon verzichtete er auf eine politische Karriere, sondern widmete sich der historischen Forschung. Ab 1819 war Stein Mitherausgeber der Monumenta Germanicae Historica *16*

Steinmetz, Karl Friedrich von (1796-1877), preußischer Generalfeldmarschall, nach Teilnahme an den Befreiungskriegen und am Dänischen Krieg 1848 wurde er Kommandant in Magdeburg, 1866 war er Kommandierender General des V. Armeekorps in Posen. Im Krieg gegen Frankreich 1870 nach hohen Verlusten bei Spichern und Colombey-Nouilly wegen seiner eigenmächtigen Truppenführung Als Armeeführer abgesetzt, zuletzt Generalgouverneur in den Provinzen Schlesien und Posen, als Generalfeldmarschall in den Ruhestand verabschiedet, Mitglied des preußischen Herrenhauses bis zu seinem Tode *196*

Stoffel, Eugène, Baron von (1821-1907), französischer Offizier, Diplomat und Archäologe, Absolvent der École Polytechnique, 1859 im Generalstabsdienst, 1861 bis 1865 Ausgrabungen in Alesia im Auftrag Kaiser Napoleons III., 1866 französischer Militärattaché in Berlin, 1870 im Stab MacMahons, später Stabschef der Artillerie, 1872 aus dem Dienst ausgeschieden *212*

Stülpnagel, Ferdinand Wilhelm von (1781-1839), preußischer General, war 1794 in die preußische Armee eingetreten und hatte als Oberleutnant am Feldzug von 1806 teilgenommen. Während Napoleons Rußlandfeldzug 1812 war er vorübergehend in die Dienste des Zaren gewechselt. Nach dem Ende der Befreiungskriege war Stülpnagel zum Oberst befördert worden. 1837 zum Generalleutnant ernannt, wurde er im April 1838 mit der Leitung des Allgemeinen Kriegsdepartments im Kriegsministerium beauftragt. In dieser Stellung verstarb er am 29. Dezember 1839 *120*

Thiers, Adolphe (1797-1877), französischer Politiker, hatte seine politische Karriere in Paris als Publizist und Historiker begonnen. 1827 war der letzte Band seiner zehnteiligen Geschichte der Französischen Revolution erschienen, die bis 1847 noch 14 weitere Auflagen erlebte. 1836 und wieder 1840 war Thiers französischer Ministerpräsident und Außenminister. Wegen seiner übertriebenen Kriegsdrohungen gegen Deutschland und England, mit denen er die so genannte Rheinkrise von 1840 heraufbeschwor, mußte er von seinem Amt zurücktreten. Seitdem Gegner des Bürgerkönigs Louis Philippe, trat er nach der Revolution von 1848 auf die Seite der Konservativen. Unter Napoleon III. war er bis 1852 in der Verbannung und führte ab 1863 die Opposition gegen die kaiserliche Regierung. Nach der Niederlage Napoleons im Krieg von 1870 schloß er im Jahr darauf den Friedensvertrag mit dem Deutschen Reich. Bis 1873 war Thiers Präsident der neuen französischen Republik, mußte aber auf Druck der Monarchisten zurücktreten *84*

Treitschke, Heinrich von (1834-1896), deutscher Historiker, aus Sachsen stammend, Verfasser einer fünfbändigen Deutschen Geschichte des 19. Jahrhunderts, als Befürworter einer sogenannten kleindeutschen Lösung oft unkritisch gegenüber Preußen, bekannt auch wegen seines antisemitischen Bemerkungen in den Preußischen Jahrbüchern *107, 191*

Du Vignau, Albert (1795-1885), 1809 zunächst in die westfälische Armee eingetreten, nahm er 1812 am Rußlandfeldzug auf seiten Napoleons teil. 1814 wechselte er als Artillerieoffizier in preußischen Dienst und wurde 1848 zum Oberst befördert. Im gleichen Jahr kurzfristig zum Direktor der preußischen Telegraphie ernannt, folgte 1850 seine Ernennung zum Kommandanten der Festung Thorn. 1852 wurde du Vignau als Generalmajor verabschiedet *48 f., 74, 78, 80, 100*

Vinke, Ludwig Freiherr von (1774-1844), preußischer Beamter, ab 1815 erster Oberpräsident der Provinz Westfalen, wo er sich durch seine liberale und tolerante Politik hohe Popularität erwarb *16*

Vogel von Falckenstein, Friedrich Karl Eduard (1797-1885), preußischer General, war im März 1813 als freiwilliger Jäger in die preußische Armee eingetreten und hatte an allen Feldzügen der Befreiungskriege teilgenommen. Schon im Dezember 1813 war er zum Leutnant befördert worden. 1843 Bataillonskommandeur, wurde Falckenstein 1855 mit der Führung der 5. Infanteriebrigade in Stettin beauftragt. Als Generalmajor leitete er von 1856 bis 1858 das Militärökonomiedepartment im Kriegsministerium und führte anschließend drei Jahre die 5. Infanteriedivision in Frankfurt/Oder. 1861 befand er sich, inzwischen Generalleutnant, in diplomatischer Mission an verschiedenen süddeutschen Höfen. Im zweiten dänischen Krieg 1864 wurde Falckenstein zunächst Chef des Stabes im Oberkommando der Exekutionsarmee, im April 1864 übernahm er als Kommandierender General das Kommando über die beiden in Dänemark operierenden preußischen Divisionen. Nach dem Waffenstillstand wurde er zunächst Militärgouverneur in Jütland, übernahm aber schon am 21. November 1864 das VII. Korps in Münster. 1865 zum General der Infanterie befördert, erhielt er im Krieg von 1866 das Kommando über die sogenannte Mainarmee. Noch während des Feldzuges von seinem Kommando abgelöst, wurde er 1867 dennoch Kommandierender General in Königsberg. Einer Verwendung im Krieg von 1870/71 als Kommandeur der mobilen und immobilen Truppen in den preußischen Küstenabschnitten folgte 1873, nach sechzig Dienstjahren, sein Abschiedsgesuch *200*

Waldersee, Friedrich Gustav Graf von (1795-1864), preußischer General und Kriegsminister, hatte als Leutnant an den Feldzügen von 1813/14 teilgenommen. Sein in der anschließenden Friedenszeit verfaßter Leitfaden zur Instruktion der Infanterie war jahrzehntelang in der Armee in über hundert Auflagen im Gebrauch. 1827 zum Kommandeur der Schulabteilung des Potsdamer Lehrinfanteriebataillons ernannt, wurde er schließlich 1841 Kommandeur des gesamten Bataillons. 1848 nahm er als Kommandeur des Gardegrenadierregiments Nr. 1 am Feldzug in Schleswig-Holstein teil und war im folgenden Jahr mit zwei Bataillonen seines Regimentes an der Niederschlagung des Dresdner Maiaufstandes beteiligt. Nach Ende der Revolutionsphase wurde Waldersee 1851 Kommandeur der 14. Landwehrbrigade in Magdeburg und drei Jahre später schließlich preußischer Kriegsminister. Nach vier Jahren im Amt schied er, inzwischen zum Generalleutnant befördert, zusammen mit dem Ministerpräsidenten Otto von Manteuffel aus dem Kabinett aus. Gleichzeitig trat er, da er sich für ein ihm angebotenes Generalkommando nicht mehr rüstig genug fühlte, in den Ruhestand *71, 149, 159, 165-167.*

Wilhelm I., König von Preußen (1797-1888), ab 1871 Deutscher Kaiser, übernahm 1858 für seinen erkrankten Bruder Friedrich Wilhelm IV. als Prinzregent die Regierung, nach dessen Tod 1861 Preußischer König. Er betrieb ab 1858 verstärkt die Reform der preußischen Armee und setzte vor allem die dreijährige Dienstzeit gegen den Widerstand des Parlaments durch *153*

Willisen, Friedrich Adolph von (1798-1864), preußischer General, nach seiner Teilnahme am Feldzug von 1815 zum Leutnant befördert, gehörte Willisen ab 1824 dem Großen Generalstab an. 1830 wurde er Lehrer an der Allgemeinen Kriegsschule. In dieser Zeit gelang es ihm, enge Kontakte zum Kronprinzen zu knüpfen. 1837 erhielt er die Erlaubnis, am Feldzug der Franzosen nach Constantine (Algerien) teilzunehmen. Ein Jahr später zum Major befördert, wurde Willisen 1840 Flügeladjutant des neuen Königs Friedrich Wilhelm IV. Ab 1852 im Range eines Generals, erhielt er vermehrt diplomatische Aufträge. 1862 wurde er preußischer Gesandter in Italien, wo er, inzwischen zum Freiherrn ernannt, zwei Jahre später in der Nähe von Rom verstarb *25*

Willisen, Karl Wilhelm von (1790-1879), preußischer General, ein Bruder des Friedrich Adolph von Willisen. Trat 1805 in die preußische Armee ein und wurde bei Auerstedt schwer verwundet. Nach dem Friedensschluß von 1807 studierte er kurzzeitig in Halle, kämpfte aber schon 1809 auf österreichischer Seite wieder gegen Napoleon. 1813 trat als Oberleutnant erneut in die preußische Armee ein, wo er im Generalstab Dienst tat. Nach dem Pariser Frieden von 1815 wurde er Lehrer für Kriegsgeschichte an der Allgemeinen Kriegsschule und 1832 Chef des Stabes im V. Armeekorps in Posen. 1842 zum Generalmajor befördert, übernahm Willisen im folgenden Jahr ein Brigadekommando in Breslau. Während der Revolution von 1848/49 war er zunächst Reorganisationskommissar für das Großherzogtum Posen und handelte mit dem polnischen Nationalkomitee die in der Armee heftig kritisierte Konvention von Jaroslawiec aus, die auch vom König nicht anerkannt wurde. Ebenso glücklos verlief seine Tätigkeit als Befehlshaber der schleswig-holsteinischen Truppen im Krieg gegen Dänemark. Der Feldzug endete mit den Niederlagen von Idstedt und Missunde, woraufhin Willisen das Kommando niederlegte und sich ins Privatleben zurückzog. Dort vollendete er seine vor allem gegen Clausewitz gerichtete Theorie des großen Krieges *30, 36 f.*

Windisch-Grätz, Alfred Fürst zu (1787-1862), österreichischer Feldmarschall, 1814 Oberst und Kommandeur eines Kürassierregiments, ab 1826 in verschiedenen Verwendungen im böhmischen Generalkommando in Prag, zuletzt Kommandierender General, 1848 unter Übergehen eines Dienstgrades zum Feldmarschall befördert. Der Eroberung von Wien im Oktober 1848 folgten im Jahr darauf erfolglose Kämpfe in Ungarn *98, 149*

Witzleben, Karl Ernst Job (Hiob) von (1783-1837), preußischer General und Kriegsminister, war 1799 in die preußische Armee eingetreten und hatte im Oktober 1806 als Leutnant an der Schlacht von Auerstedt teilgenommen. Seine bald nach dem Kriege eingereichte Denkschrift »Ideen zur Reorganisation der leichten Infanterie« verschaffte ihm erstmals die Aufmerksamkeit des Monarchen sowie die Ernennung zum Stabskapitän und Kompaniechef des neu errichteten Garde-Jägerbataillons. In dieser Stellung nahm er auch an den Befreiungskriegen teil. Während des Feldzuges von 1815 war er als Oberst Chef des Stabes des kombinierten Norddeutschen Korps. 1816 ins Kriegsministerium versetzt, wurde Witzleben im folgenden Jahr Chef des Militärkabinetts und wiederum ein Jahr später zugleich mit seiner Beförderung zum Generalmajor auch Generaladjutant des Königs. Seit dieser Zeit galt Witzleben als der einflußreichste und mächtigste Offizier in der Armee. 1831 zum Generalleutnant ernannt, wurde Witzleben ein Jahr später zunächst ad interim und 1834 endgültig Preußischer Kriegsminister. Aus gesundheitlichen Gründen mußte er jedoch schon 1837 wieder von diesem Amt zurücktreten *37, 61*

Wolzogen, Justus Adolph Freiherr von (1774-1845), hatte seine militärische Laufbahn in württembergischem Dienst begonnen, war 1794 in die preußische Armee gewechselt, im Jahre 1804 aber wieder nach Württemberg zurückgekehrt. Ab 1807 in russischen Diensten, gehörte er während des Krieges von 1812 als Oberst zum Stab des Generals Barclay de Tolly. Nach der Schlacht von Leipzig zum Generalmajor befördert, nahm er im folgenden Jahr als Chef des Stabes des III. Korps am Feldzug in den Niederlanden teil. 1815 trat er wieder in die preußische Armee ein und wurde 1817 zum Mitglied der neuen Militärkommission in Frankfurt ernannt, der er bis zu seiner Verabschiedung im Jahre 1836 angehörte *33, 223*

Wrangel, Friedrich Heinrich Ernst Graf von (1784-1877), preußischer Generalfeldmarschall, 1796 in die preußische Armee eingetreten, Teilnahme als Kavallerieoffizier an den Feldzügen von 1806/07 und 1813/14, 1819 zum Oberst befördert, ließ er als Divisionskommandeur 1837 die sogenannten Kölner Unruhen militärisch unterdrücken. 1848 erhielt er den Oberbefehl im Krieg gegen Dänemark und wurde 1856 zum Generalfeldmarschall befördert. Nach einem anfänglich unglücklichen Verlauf wurde er 1864 im zweiten Krieg gegen Dänemark als Oberbefehlshaber vorzeitig abgelöst *181, 185*

www.ingramcontent.com/pod-product-compliance
Lightning Source LLC
Chambersburg PA
CBHW060420300426
44111CB00018B/2924